教員採用試験「全国版」過去問シリーズ⑤

全国まるごと

2025
年度版

過去問題集

社会科

#分野別　　#項目別

協同教育研究会 編

協同出版

はじめに

　本書は，全国47都道府県と20の政令指定都市の公立学校の教員採用候補者選考試験を受験する人のために編集されたものです。

　教育を取り巻く環境は変化しつつあり，学校現場においても，教員免許更新制の廃止やGIGAスクール構想の実現などの改革が進められており，現行の学習指導要領においても，「主体的・対話的で深い学び」を実現するため，指導方法や指導体制の工夫改善により，「個に応じた指導」の充実を図るとともに，コンピュータや情報通信ネットワーク等の情報手段を活用するために必要な環境を整えることが示されています。

　一方で，いじめや体罰，不登校，教員の指導方法など，教育現場の問題もあいかわらず取り沙汰されており，教員に求められるスキルは，今後さらに高いものになっていくことが予想されます。

　協同教育研究会では，現在，626冊の全国の自治体別・教科別過去問題集を刊行しており，その編集作業にあたり，各冊子ごとに出題傾向の分析を行っています。本書は，その分析結果をまとめ，全国的に出題率の高い分野の問題，解答・解説に加えて，より理解を深めるための要点整理を，頻出項目毎に記載しています。そのことで，近年の出題傾向を把握することでき，また多くの問題を解くことで，より効果的な学習を進めることができます。

　みなさまが，この書籍を徹底的に活用し，教員採用試験の合格を勝ち取って，教壇に立っていただければ，それはわたくしたちにとって最上の喜びです。

協同教育研究会

教員採用試験「全国版」過去問シリーズ⑤

全国まるごと過去問題集　社会科＊目次

出題傾向と対策

▌中学社会の出題傾向

　中学校社会科は，例年，「地理的分野」(日本地理・世界地理)，「歴史的分野」(日本史・世界史)，「公民的分野」(政治・経済・社会一般)に加えて，複合問題，時事問題，学習指導要領，学習指導法を問うものがまんべんなく出題されている。

　「地理的分野」では，日本も世界も，図法に関するもの，地図の見方や地方の風土，そのほか農業や工業に関するものなど，自然や産業についての出題が多く見られる。雨温図を見てその都市や国を答えるものも多く，気候，温度，降水量には敏感になっていた方がよい。これはこの分野の定番とも言える出題傾向が維持されている部分である。人口をはじめ統計資料についても毎年必ず出題されているので，国勢図会に目を通しておくことが必要である。問題形式としては説明・記述式のものも多く出されているので，簡潔でポイントを押さえた論述ができるようにしておくことが必要だろう。

　「歴史的分野」のうち日本史では，相変わらず史料の読解力を問うものが非常に多い。『魏志倭人伝』『改新の詔』『墾田永年私財法』『武家諸法度』等，教科書に頻出する重要な史料については，必ず暗記するくらい熟読しておくこと。また近年は，大きな遺跡の発掘やこれまでの定説を覆す発見が続いており，発見された都道府県をはじめ早速問題に取り上げられるケースも増えつつある。それらは従来の歴史観を変革するほどの意味を有するものであって，社会科の教師を目指す者としては，遺跡発見の意義について深い識見を備えておきたい。その他，各時代の政治・社会・文化，近現代の日本の外交とその時代の首相に関するものは，頻出問題であると考えられるので十分配慮したい。出題形式は，説明・記述式が目立つようになってきたので，歴史の大きな流れをつかみながら一連の知識を身につけた後に，個々の出来事の意味を簡潔に記述できるようにしておくこと。世界史は四大文明，ルネサンスなどの文化史に関する問題が目立つ。

　「公民的分野」では，日本国憲法の主要条文に関するもの，三権分立に

3

関する国会・内閣・裁判所の役割・権限などは定番となった感がある。関連する選挙制度についても十分検討しておく必要がある。国際機関・機構の英略語と正式名称，その働きも押さえておきたい。時事問題についても日頃から関心を持って取り組んでおくこと。最近の特徴としては環境問題が必ずどこかしらで出題されるようになってきたことがあげられる。

▌高校地理・歴史の出題傾向

「日本史」は，年度を問わず幅広い出題がなされている。史料の読み取り問題は減少傾向にあると感じられるが，それでも狙われやすい問題には違いないので重要史料には精通を要する。近年の傾向としては，2024年をめどに発行予定の新1万円札の図柄に選ばれた渋沢栄一に関する設問が目立つ。渋沢栄一が大阪紡績会社の設立に関わったことから，工業の発展につなげていく問題もあったので，心に留めておきたい。ほかには代表的な仏像や建築物の名称と年代，江戸の3大改革，幕末の擾乱（じょうらん）など，例年頻度の高い事項は複数の都道府県で出題されている。総合的な知識は怠りなく押さえておきたい。

「世界史」は，学習指導要領の改訂に伴い，高等学校学習指導要領(平成30年告示)から，「歴史総合」の目標及び内容について問われている。学習指導要領(平成30年告示)解説地理歴史編の第1章総説の中の「改訂の経緯及び基本方針」「地理歴史科改訂の趣旨及び要点」を精読し，改訂の方向性を理解して学習することが必要となる。このことは日本史，地理においても同様である。時代史・分野史の問題はまんべんなく出題されているが，近現代史に重点が置かれ，あらゆる分野から出題されている。アジア史，イスラム史，インド史，中国史は頻出分野である。

「地理」は，産業・資源，日本や世界の輸出入品や主要産業などについての出題が目立つ。他にも，地域経済統合，ヨーロッパの工業や河川について問うものもある。北米の漁業，日本の生活文化，地理学者，気候と気候区分，環境問題，ニュータウン，地図の利用と読図，図法，地図の記号など，用語説明，穴埋め，選択といったあらゆる出題形式に対応できるようにしておく必要がある。加えて最近では，日本地誌・世界地誌ともに比重が置かれるようであるので，単に地誌的背景の暗記にとどまらず，統計については国勢図会を活用して，最新のデータにより国内

外ともに現状を確実に把握しておきたい。

▌高校公民 の出題傾向 ────────

　「政治経済」は，データをもとにしたグラフや表について問う問題が見られる。時事問題に日頃から注意を払っておく必要がある。また日本国憲法からの出題も多いので，主要条文は暗記しておくとよい。司法権の独立と裁判官の身分保障について問うもの，地方自治法や戦後の国際経済も頻出である。

　「倫理」は，親鸞，最澄，西田幾多郎，和辻哲郎，内村鑑三，アリストテレス，サルトル，ソクラテス，ヘーゲル，ニーチェ，カントなど，重要人物に関する概念や，彼らの思想について詳述させる問題も多い。

　「公共」は，今回の学習指導要領の改訂により，「現代社会」に変わり新たに設けられた科目である。従来の「現代社会」においては，人間の尊重と科学的な探究の精神に基づいて，広い視野に立って，現代の社会と人間についての理解を深め，現代社会の基本的な問題について主体的に考察し公正に判断するとともに自ら人間としての在り方生き方について考察する力の基礎を養い，良識ある公民として必要な能力と態度を育てるよう，優れた実践が多く生まれた。新科目「公共」においては，この財産を継承し，更に「社会に開かれた教育課程」の理念の下，学習のねらいを明確にした上で，関係する専門家や関係諸機関などとの連携・協働を積極的に図り，社会との関わりを意識した主題を追究したり解決したりする活動の充実を図りながら，自立した主体として社会に参画するために必要な資質・能力を育成することとなる。

▌学習法 ────────

　教員採用試験の受験対策はまず，教科書や参考書によって，基礎的な事項を一通り確認するところから始まる。数年前まで自分の使っていたものを使用してもよいが，最新のデータを揃える意味では，参考書は現在市販されているものを入手するのもよいだろう。基礎的な知識の確認のためには，一問一答式の用語集も有効であるが，学習指導要領と対応させながら進めたい。教科書の内容編成とその意味を考え，その先にい

る子どもたちを意識する習慣を身につけたいからである。

　いずれにしても，個別的な知識の定着を試す問題よりも，受験者の考え方を問う論述問題が重視される傾向にある。個別的な知識の定着に努めた上で，その学習活動における意義について深く考察しておきたい。さらに，学習指導要領に関する問題は必ず出題されているので，上記のことと関連させて確実な理解を図りたい。

本書について

　本書には，各教科の項目毎に，出題率が高い問題を精選して掲載しております。前半は要点整理になっており，後半は実施問題となります。また各問題の最後に，出題年，出題された都道府県市及び難易度を示しています。難易度は，以下のように5段階になっております。

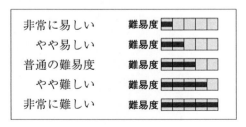

　また，各問題文や選択肢の表記については，できる限り都道府県市から出題された問題の通りに掲載しておりますが，一部図表等について縮小等の加工を行って掲載しております。ご了承ください。

中学校

● 中学校

要点整理

■■世界とその諸地域

(1) アジア

①東アジア…大韓民国（電気・電子機器，工業化促進），朝鮮民主主義人民共和国（地下資源・水産資源），中華人民共和国（米・麦・大豆・綿花・茶・石炭・鉄・石油，人口14.3億人，三人っ子政策，香港返還〈1997年〉）

②東南アジア…タイ・ミャンマー・インドシナ3国（米・チーク材），マレーシア（ゴム・すず・石油），シンガポール（中継貿易）

③西南アジア…イラン・イラク・クエート（石油），イスラエル（ユダヤ人の国家〈1948年に建国宣言〉）

(2) アングロアメリカ

①アメリカ合衆国…地域別大農法農業，北東部・五大湖付近の鉱工業，大企業，多民族国家

②カナダ…小麦，水産・林業，鉱産資源，資源・原料立地型工業，多文化主義

(3) オセアニア

オーストラリア（牧羊，鉄・石炭），ニュージーランド（酪農）

■■日本とその諸地域

1. 日本の国土

位置…国土の大部分は，およそ北緯30°〜45°，東経130°〜145°の範囲にある。

面積…約38万km²。四国・九州・北海道・本州は，およそ2：4：8：24の割合。

2. 日本の気候

特色…季節風（モンスーン），梅雨，台風。

気候区…日本海，九州，太平洋，瀬戸内，南西諸島，中央高地の各型気候に区分。

3. 九州地方

北九州…水田の二毛作，みかん，はぜ（木ろう）。東シナ海の大陸棚。
　北九州工業地帯（電子工業）。博多織，久留米がすり，有田焼。

中・南九州…畑作中心，促成栽培，牧畜。

南西諸島…薩南諸島，沖縄諸島。さとうきび，パイナップル。

4. 中国・四国地方

瀬戸内…段々畑，ため池。みかん，畳表。コンビナート。

山陰…砂丘，なし，放牧，ウラン鉱（人形峠）。

5. 南四国

　米の二期作，促成栽培（施設園芸農業），こうぞ・みつまた。かつおぶし。

6. 近畿地方

中央低地…近郊農業。阪神工業地帯。西陣織，清水焼，友禅染，灘の酒，宇治茶。

北部山地…水田単作，牧牛（但馬牛）。北山すぎ，丹後ちりめん。

南部山地…みかん，吉野すぎ。沖合・遠洋漁業，養殖真珠。

7. 中部地方

東海地方…愛知用水・明治用水。集約的農業。石垣いちご，茶，みかん。遠洋漁業。中京工業地帯，陶磁器生産（窯業）。

中央高地…棚田。りんご，ぶどう，高冷地野菜。木曽五木（ひのき・さわら・あすなろ・ねずこ・こうやまき）。水力発電。精密機械工業。

北陸地方…水田単作。原子力発電（若狭湾）。羽二重，九谷焼，輪島塗，売薬。

8. 関東地方

関東平野…東京大都市圏，近郊農業，畑作中心。京浜工業地帯。衛星都市。

山麓地帯…養蚕，製糸。絹織物業，食品工業。

諸島…伊豆諸島，小笠原諸島。火山島，サンゴ礁。

9. 東北地方

　米作中心農業，八郎潟干拓地。りんご，おうとう，ぶどう。養蚕。牧畜。津軽ひば，秋田すぎ。三陸海岸の沖合漁業，わかめ養殖。米沢織，曲げわっぱ，会津塗，南部鉄器。

10. 北海道地方

畑作中心農業，大農法，工芸作物，酪農，米作の前進。針葉樹林。沿岸漁業，北洋漁業。

▎▎地理

1. 地理的世界像の変遷

- ・古代…地球円盤説から球体説へ，エラトステネスの地球測定，プトレマイオスの世界地図（トレミーの図）
- ・中世…TOマップ，トスカネリの図，球体説
- ・近世…地理的発見の時代，メルカトルの図

2. 村落と都市

- ・村落の発達…水と地形，防衛（環濠集落），条里集落，荘園集落，新田集落，屯田兵村
- ・村落の形態…散村（北海道の屯田兵村，開拓村落），集村（奈良盆地の環濠集落，ドイツの円村）
- ・都市と村落のむすびつき…衛星都市，ドーナツ化現象
- ・大都市圏…コナベーション（連接都市）とメガロポリス（巨帯都市）

3. 農林・水産業

- ・農牧業形態…原始的農業，遊牧，アジア式米作農業，アジア式畑作農業，混合農業，酪農，地中海式農業，プランテーション，商業的穀物農業，企業的牧畜，園芸農業，オアシス農業
- ・森林…冷帯林，温帯林（針葉樹，広葉樹），熱帯林
- ・水産立地条件…大陸棚，バンク（浅堆）の発達，プランクトンの発生，寒暖二流の接触

4. 鉱工業

- ・エネルギー資源…石油，天然ガス，ウラン鉱
- ・工業地域…北半球の温帯に偏在，アジアの新興工業経済地域群（NIES）とくに韓国，台湾，香港，シンガポールなど。南半球ではブラジル，オーストラリアなど

5. 交通・貿易

- ・交通の種類…道路交通，鉄道交通，自動車交通，河川（湖沼）交通，海上交通，航空交通

- 貿易の種類…加工貿易，中継貿易，通過貿易，三角貿易，バーター貿易
- 貿易政策…保護貿易（関税），自由貿易
- 地域的貿易…南北貿易（先進地域と発展途上地域），東西貿易（自由主義国と社会主義国）

6. 国土開発

- 開発の型…河川の総合開発，干拓，灌漑，発電など
- 開発地域…アメリカ合衆国テネシー川・コロラド川・ミズーリ川の総合開発，中央アジアの自然改造，オランダのゾイデル海干拓，オランダのユーロポート建設など

7. 民族と文化

- 人種…ヨーロッパ系人種（白色人種：アーリア系，セム・ハム族），黄色人種（黄色人種：北方系・南方系・その他），アフリカ系人種（黒色人種：マサイ族，コイサン人，その他），混血（メスティソ，ムラート）
- 言語…インド・ヨーロッパ語族，ハム・セム語族，ウラル・アルタイ語族，シナ・チベット語族
- 宗教…キリスト教（カトリック，プロテスタント，ギリシア正教），イスラム教，仏教（小乗仏教，大乗仏教），民族宗教

▮▮▮世界の歴史 I

1. 原始・古代の世界

- 先史時代
- 新人（現生人類）─クロマニョン人
    狩猟，漁労，放牧，農耕，氏族社会
- 四大文明
    エジプト文明，メソポタミア文明，インダス文明，黄河文明
- 古代ギリシアとローマ
    都市国家，ギリシア文化，ヘレニズム文化，ローマ帝国，ローマ文化，キリスト教の成立
- 古代インドと中国
    カースト制，バラモン教，仏教の発展

　　　　〔殷，周，秦，漢，隋，唐〕，封建制，郡国制，均田制，律令制

2. 中世の世界

- 西ヨーロッパ

　　ゲルマン民族の移動，西ローマ帝国の滅亡（476），フランク王国，封建社会，荘園，カトリック教会

　　十字軍の遠征，教皇権の衰え，封建制の崩れ，王権の伸張，都市の発達，手工業ギルド

- 東ヨーロッパとイスラム世界

　　ヒジュラ（聖遷），サラセン帝国，ビザンチン文化

　　モスクワ公国，シベリアへ発展

- 中国とアジア

　　〔宋，モンゴル帝国（元）〕，東西交通

　　ティムール帝国，オスマントルコ，東ローマ帝国の滅亡

3. 近世の世界

- 近代ヨーロッパのめばえ

　　ルネサンス，ヒューマニズム，三大発明，地理上の発見，宗教改革（1517），反宗教改革

- ヨーロッパ諸国の発展

　　絶対主義国家，専制政治，富国強兵，重商主義

　　ポルトガル，スペイン，オランダ，イギリス，フランス，ドイツ，ロシア，諸国の強大化

- アジアの専制国家

　　〔明，清〕里甲制，宣教師による西洋文化の紹介

　　ムガール帝国，李氏朝鮮

4. 近代の世界

- イギリスの革命

　　清教徒革命（1642〜49），権利の請願，航海条例，王政復古，名誉革命（1688），権利の章典（1689）

- アメリカ独立運動

　　東部13植民地，ボストン茶会事件，独立宣言（1776）

- フランス革命

　　アンシャン・レジーム，人権宣言（1789），恐怖政治，大陸封鎖

令，ウィーン会議

・産業革命

イギリス，資本の蓄積，労働力，鉄と石炭，機械の発明，資本主義の確立，社会問題の発生

・近代化の進展

ウィーン体制の崩れ，中南米諸国の独立，七月革命，二月革命，アメリカ南北戦争（1861〜65），イタリアの統一，ドイツの統一（1871），ロシア農奴解放令（1861）

■■■世界の歴史Ⅱ　近・現代

▼市民革命

①イギリス…ピューリタン革命（クロムウェルら）→名誉革命→「権利の宣言」承認

②アメリカ独立革命…ボストン茶会事件が契機，「独立宣言」発表

③フランス革命…「人権宣言」採択→第一共和政→第一帝政（ナポレオン皇帝）

▼二つの世界大戦

①第一次世界大戦…三国同盟（独・墺・伊）×三国協商（英・仏・露）

経過…サライェヴォ事件が原因→アメリカ参戦→ロシア革命→休戦条約→ヴェルサイユ講和条約調印→国際連盟成立（米大統領ウィルソンの提案）

②戦間期の世界…世界恐慌の発生，ファシズムの台頭（伊・独・日）

③第二次世界大戦…日・独・伊×連合国（米・英・ソ・中など）→三国同盟側敗北

④大戦後…国際連合発足。米ソ対立（冷たい戦争）→インドシナ戦争・朝鮮戦争・ヴェトナム戦争などが起こる。

■■■日本の歴史Ⅰ

1. 原始・古代

・日本文化の黎明…縄文文化（狩猟・漁労），弥生文化（農耕の発生）

・大和朝廷の統一…小国の分立・邪馬台国，大和朝廷，任那の日本府，氏姓制度，国造・県主，屯倉，田荘，古墳文化，前方後円墳，大陸

文化の伝来，王仁，仏教の伝来，漢字

・飛鳥文化…聖徳太子，冠位十二階，憲法十七条（604），遣隋使，仏教中心の文化，国際性

・律令制度…大化の改新（645），公地公民，班田収授，壬申の乱，大宝律令（701），二官八省，大宰府，口分田，租・庸・調

・律令国家…平城京，和同開珎，天平文化（国分寺，古事記，日本書紀，風土記，万葉集），遣唐使，三世一身の法，墾田永年私財法

2. 中 世

・鎌倉幕府（1185）…征夷大将軍，守護・地頭，政所・公文所・問注所，六波羅探題，執権政治，承久の乱（1221），評定衆，貞永式目（1232）

・元寇…文永・弘安の役（1274，81），戦後の財政難，御家人の不満

・鎌倉の文化…産業の発達，座，定期市，問丸，新仏教，軍記物，絵巻物，似絵，天竺様，唐様

・建武の新政と南北朝…幕府の滅亡（1333），建武の新政（1334），南北朝の対立，南北朝の合体（1392）

・室町幕府（1338）…三管領，四職，守護大名の成長，日明貿易，勘合符

・産業の発達…郷村，自治組織，土一揆，二毛作，明銭，土倉・馬借，都市の発達

3. 近 世

・天下統一…鉄砲伝来，キリスト教伝来（1549），南蛮貿易，織豊政権，楽市・楽座，検地，刀狩，禁教令，朱印船貿易，日本人町，朝鮮出兵

・桃山文化…障壁画，聚楽第，城郭建築，浄瑠璃

・江戸幕府の成立…関ヶ原の戦（1600），大老・老中・若年寄，大目付・目付，三奉行（江戸町・勘定・寺社），京都所司代

・幕藩体制…親藩・譜代・外様，武家諸法度，参勤交代，禁中並公家諸法度

・身分制度…士農工商，本百姓，水呑百姓，村方三役，田畑永代売買禁止令，慶安の御触書

・江戸幕府の発展…海外発展，島原の乱（1637〜38），鎖国の完成，新田開発，問屋制家内工業，蔵屋敷，株仲間，五街道，菱垣廻船，樽廻船

- 享保の改革（1716〜45）…徳川吉宗，文武の奨励，目安箱，公事方御定書，洋書輸入の解禁，上米の制

- 寛政の改革（1787〜93）…松平定信，倹約令，寛政異学の禁，棄捐令，帰農令，海防国策

- 天保の改革（1841〜43）…水野忠邦，人返しの法，株仲間の解散，風俗取締令，上知令

- 元禄文化…綱吉の時代，上方中心，浮世草子，俳諧，歌舞伎，装飾画

- 化政文化…家斉の時代，江戸中心，こっけい本，狂歌，川柳，文人画，写生画

- 封建制の衰え…農民の困窮，百姓一揆，打ちこわし，大ききん，大塩平八郎の乱（1837）

- 外国船の来航…ラクスマン（ロシア），レザノフ（ロシア），フェートン号（イギリス），外国船打払令（1825）

▐▌▌日本の歴史 II

1. 幕末・明治維新

- 開国…ペリーの来航（1853），日米和親条約（1854），日米修好通商条約（1858）―不平等条約

- 大政奉還…経済の混乱，打ちこわし，尊王攘夷論，長州征伐，大政奉還（1867），王政復古の大号令，戊辰戦争（1868）

- 明治維新…五箇条の御誓文（1868），版籍奉還（1869），廃藩置県（1871），四民平等，地租改正，徴兵令（1873）

- 文明開化…郵便，鉄道，太陽暦，学制（1872），神仏分離令，キリスト教解禁，官営工場

2. 近代日本の発展

- 立憲政治…自由民権運動，西南戦争（1877），国会開設の勅諭（1881），自由党・立憲改進党，大日本帝国憲法発布（1889），帝国議会開設（1890），地方制度の整備

- 日清戦争（1894〜95）…朝鮮内部の対立，東学党の乱，下関条約，三国干渉

- 日露戦争（1904〜05）…義和団の乱，北清事変，日英同盟，ポーツマス条約，韓国併合（1910）

　・条約改正…治外法権撤廃，関税自主権獲得
　・近代産業…産業革命，軽工業から重工業へ，社会主義運動

3. 第一次世界大戦

　・帝国主義…アフリカの分割，アジアへの進出
　・アジアの動き…三民主義，辛亥革命（1911），中華民国の成立，スワラージ運動
　・第一次世界大戦（1914〜18）…三国同盟（独・墺・伊），三国協商（英・仏・露），サラエボ事件，日本の参戦，二十一ヵ条の要求，ヴェルサイユ条約（1919），国際連盟（1920）
　・ロシア革命（1917）…三月革命，十一月革命，ソヴィエト社会主義共和国連邦の成立
　・平和への努力…ワシントン条約，ロカルノ条約，パリ不戦条約，ロンドン条約

4. 第一次世界大戦後の日本

　・大戦と経済…大戦中の好景気，米騒動（1918），労働運動，小作争議，戦後の不況，財閥の独占
　・大正デモクラシー…護憲運動，民本主義，政党政治，男子普通選挙法，治安維持法（1925）
　・大陸への進出…軍部の台頭，満州事変（1931），国際連盟脱退，五・一五事件，二・二六事件，日華事変，日独伊三国同盟（1940），日ソ中立条約

5. 第二次世界大戦

　・世界恐慌対策…ニューディール政策（1933）（米），ブロック経済政策（英・仏），
　・全体主義…ファシズム（伊），ナチズム（独）
　・第二次世界大戦…ミュンヘン会議，独ソ不可侵条約，ドイツのポーランド侵入，独ソ開戦，太平洋戦争（1941〜45），連合国・枢軸国
　・大戦の終結…カイロ会議，テヘラン会議，ヤルタ会談，ポツダム会談，日本の降伏（1945）

■■政治・経済
1. 政治

- 民主政治…国民主権，代表原理，多数決，権力分立，直接民主制，間接民主制
- 人権保障の歴史…マグナ＝カルタ（英，1215），権利の請願（英，1628），権利章典（英，1689），独立宣言（米，1776），人権宣言（仏，1789），ワイマール憲法（独，1919），世界人権宣言（国際連合，1948）
- 大日本帝国憲法（明治憲法）…1889年。天皇主権，大権中心，統帥権の独立，兵役の義務，権利の制限，貴族院，枢密院
- 日本国憲法…1946年11月3日公布，1947年5月3日施行。国民主権，基本的人権の尊重，平和主義。改正手続：国会の発議→国民投票→天皇の公布
- 基本的人権と義務…平等権・自由権・社会権・参政権・請求権。教育・勤労・納税の義務
- 国会…国権の最高機関，唯一の立法機関。衆議院（4年，解散あり，1994（昭和6）年より小選挙区比例代表並立制導入，25歳以上），参議院（6年，3年ごと半数改選，1983（昭和58）年より比例代表制導入，30歳以上）。法律の制定，予算の議決，条約の承認，内閣総理大臣の指名，弾劾裁判，国政調査権。衆議院の優越，常会・臨時会・特別会，参議院の緊急集会。委員会制度，公聴会
- 内閣…内閣総理大臣及びその他の国務大臣。議院内閣制，国会に対し連帯責任。法律の執行，政令の制定，予算の作成，外交の処理。天皇の国事行為への助言と承認
- 裁判所…司法権の独立，裁判の公開，最高裁判所・高等裁判所・地方裁判所・簡易裁判所・家庭裁判所。違憲立法審査権，最高裁判所裁判官の国民審査。民事裁判・行政裁判・刑事裁判。三審制，上訴（第1審→控訴→上告）
- 地方自治…団体自治と住民自治。普通地方公共団体・特別地方公共団体。議決機関（議会）と執行機関（首長）。直接請求権，住民投票権
- 国際政治…国際連合，1945年成立。総会，安全保障理事会，経済社会理事会，信託統治理事会，国際司法裁判所，事務局。国連軍，国連平和維持軍，専門機関（ILO，UNESCO，WHOなど）

2. 経済

- 家計と生活水準…所得（賃金・利潤・利子・配当・地代・家賃），支

出（消費・租税・貯蓄），所得水準，消費水準，エンゲル係数

- 企業…公企業，私企業，公私協同企業。カルテル（企業連合），トラスト（企業合同），コンツェルン（企業集団）。独占禁止法，公正取引委員会
- 資本…流通資本・生産資本，可変資本・不変資本，固定資本・流動資本，自己資本・他人資本
- 価格…自由価格，独占価格，統制価格，専売価格
- 貨幣…価値尺度，交換手段，支払手段，価値貯蔵手段。金本位制度，管理通貨制度
- 金融…銀行の預金業務（普通・通知・定期・当座預金），貸付業務（当座貸越，手形割引，手形貸付，コールローン），為替業務。日本銀行（発券業務，銀行業務，金利政策，公開市場操作，支払準備率操作）
- 景気の変動…景気の波，インフレーション，デフレーション，スタグフレーション
- 財政…行政活動の基礎，国民経済の調整。所得再分配，景気政策，財政投融資。予算（本予算・追加予算・修正予算・暫定予算）
- 租税…租税法律主義。国税，地方税（都道府県税・市町村税）。直接税，間接税。比例税，累進税，逆進税
- 貿易と国際収支…加工貿易，仲継貿易，多角貿易

【1】次の1，2，3の問いに答えよ。

1　次のA，Bの史料を読んで，以下の(1)から(4)の問いに答えよ。

　A　臣，去にし寛平五年に備中介に任ず。かの国の下道郡に，邇磨郷あり。ここにかの国の風土記を見るに，@皇極天皇の六年に，大唐の将軍蘇定方，新羅の軍を率ゐ百済を伐つ。百済使を遣はして救はむことを乞ふ。天皇筑紫に行幸したまひて，将に救の兵を出さむとす。……路に下道郡に宿したまふ。一郷を見るに戸邑甚だ盛なり。天皇詔を下し，試みにこの郷の軍士を徴したまふ。即ち勝兵二万人を得たり。天皇大に悦びて，この邑を名けて二万郷と曰ふ。後に改めて邇磨郷と曰ふ。(中略)去にし延喜十一年に，かの国の介藤原公利，任満ちて都に帰りたりき。清行問ふ，「邇磨郷の戸口当今幾何ぞ」と。公利答へて曰く，「一人もあることなし」と。謹みて年紀を計ふるに，⑥皇極天皇六年庚申より，延喜十一年辛未に至るまで，纔かに二百五十二年，衰弊の速やかなること，またすでにかくのごとし。一郷をもてこれを推すに，天下の虚耗，掌を指して知るべし。

　　　　　　　　　　　　　　（「三善清行意見封事十二箇条」より）

　B　©日本准三后某，書を大明皇帝陛下に上る。日本開闢以来，聘門を上邦に通せざることなし。……特に往古の規法に遵いて，肥富をして祖阿に相副え，好みを通じ，方物を献ぜしむ。……茲に爾日本国王源道義，心王室存り，君を愛するの誠を懐き，波濤を蹂越し，使を遣わして来朝す。……朕甚だ嘉す。……今使者道彝・一如を遣わし，大統暦を班示し，正朔を奉ぜしめ，錦綺二十匹を賜う。

　　　　　　　　　　　　　　　　　　　（『善隣国宝記』より）

---

(1)　下線部@の結果起きた戦いを何というか，名称を答えよ。

(2)　下線部⑥の時期の国家の政策として適切でないものを，次のア

19

　　からエのうちから一つ選び，記号で答えよ。

　ア　6年ごとに行っていた班田を，12年ごとにして班田収授を励
　　　行させようとした。

　イ　旧来の土地を利用した場合は本人一代の間，新しく開墾した
　　　土地は三世にわたり私有を認めた。

　ウ　地方政治を改革するために，定員外の国司を廃止したり，国
　　　司に対する監督を厳しくしたりした。

　エ　財政を安定させるために，地租を全国同一の基準で豊凶にか
　　　かわらず，一律に貨幣で徴収した。

(3)　下線部ⓒの人物は誰か，人物名を答えよ。

(4)　下線部ⓒの人物によって行われた貿易には，勘合が用いられた。
　　その理由を当時の東アジアの様子にふれながら説明せよ。

2　次のA，Bの史料を読んで，(1)から(5)の問いに答えよ。

　A　イキリスは，日本に対し，敵国にては之無く，いはゞ付合
　　も之無き他人に候故，ⓐ今彼れ漂流人を憐れみ，仁義を名
　　とし，態々送り来り候者を，何事も取合申さず，直に打払
　　に相成候はゞ，日本は民を憐まざる不仁の国と存じ，若又
　　万一其不仁不義を憤り候はゞ，日本近海にイキリス属島夥
　　しく之有り，終始通行致し候得ば，後来海上の寇と相成候
　　て，海運の邪魔と罷成申すべく，たとへ右等の事之無く候
　　共，御打払に相成候はゞ，理非も分り申さざる暴国と存じ，
　　不義の国と申し触らし，礼儀国の名を失ひ，是より如何な
　　る患害，萌生仕り候やも計り難く，或は又ひたすらイキリ
　　スを恐る様に考え付けられ候はゞ，国内衰弱仕り候様にも
　　推察せられ，恐れながら，国家の御武威を損ぜられ候様に
　　も相成候はんやと，恐多くも考えられ候。

　　　　　　　　　　　　　　　　　　　　（『戊戌夢物語』より）

　B　或る日，鼻のところにて，フルヘッヘンドせしものなりと
　　あるに至りしに，この語わからず。……漸く[　　]より良沢
　　求め帰りし簡略なる一小冊ありしを見合せたるに，フルヘ
　　ッヘンドの釈註に，木の枝を断ち去れば，その跡フルヘッ
　　ヘンドをなし，また庭を掃除すれば，その塵土聚まりフル

> ヘッヘンドすといふやうに読み出せり。……時に，翁思ふ
> に，木の枝を断りたる跡癒ゆれば堆くなり，また掃除して
> 塵土聚まればこれも堆くなるなり。鼻は面中に在りて堆起
> せるものなれば，フルヘッヘンドは堆といふことなるべし。
> ……かくの如きことにて推して訳語を定めり。
>
> (『蘭学事始』より)

(1) 下線部ⓐは，当時の幕府の対外政策を批判した記述である。この批判のきっかけとなった1837年に起きた事件を答えよ。また，当時の幕府の対外政策の内容について，簡潔に説明せよ。

(2) 史料Aを書いた著者は，翌年に幕府に厳しく処罰された。この出来事を何というか答えよ。

(3) 史料Bは，オランダ語の人体解剖書を翻訳した一人が書いたものである。その人物の名称を答えよ。

(4) 史料Bの[　　]に当てはまる地名を次のア～エから一つ選び，記号で答えよ。

　　ア　江戸　　イ　大坂　　ウ　京都　　エ　長崎

(5) 史料Bの頃の文化の内容として適切でないものを，次のアからエのうちから一つ選び，記号で答えよ。

　　ア　安藤昌益が『自然真営道』を著し，武士が農民から搾取する社会や身分社会を批判した。

　　イ　本居宣長が『古事記伝』を著し，日本古来の精神に学ぼうとする国学を大成させた。

　　ウ　井原西鶴が浮世草子と呼ばれる小説を書き，文学に新しい世界を開いた。

　　エ　平賀源内が科学の知識をもとに，摩擦発電器(エレキテル)を完成させた。

3　次のA，Bの史料を読んで，(1)から(5)の問いに答えよ。

> A　ⓐこの勅令によって，数世紀の歴史を持ち，この国の政治状態を本質的に代表してきた封建制度が，一度にしてしかも最終的に廃止された。そして，政府は，天皇の帝国統治のもとに集中されたということだ。……諸侯の家臣たちに

対処するという問題はこれに比べるとはるかにむずかしい。彼らに，今まで主君の歳入によって保障されていた，横柄で怠惰な生活をやめさせ，生産に従事する大衆に対する優位の象徴として代々身に着けてきた二本の刀の代わりに，自らの糧を得るための農器具を持たせるようにしなければならないのだ。ⓑこの階級は全人口の少なくとも十分の一を占め，新体制を新しく作り出し促進している人々が彼らをⓒ「国家の糧を食べる者たち」と呼ぶように，彼らは長い間この国の資源を使い果たしてきた。……この国は，強力な敵から隔離されることによって守られているので，統合された政府には比較的小規模の軍隊しか必要とされないだろう。したがってこの家臣たちの大群は不要になるだろう。そこで先の問題に戻るが，彼らをどう処置すればよいだろう。……　　　　　　　　（『外国新聞に見る日本』より）

B　ⓓ予輩は必ずしも絶対的出兵反対論者ではない。唯兵を動かすは，陳腐なる言葉ではあるが，国家の大事である。最も慎重なる熟慮深議を尽して後，初めて決行するを許すべき問題である。……一体我国がⓔ西伯利に出兵し得るとすれば，如何なる目的を以てすべきであるか。吾人の考へ得べき出兵の目的は尠くとも三つある。一つは帝国の自衛の為めである。も一つは露国を救援する為めである。終わりには聯合予国の協同目的を後援するが為めである。……

（『中央公論』より）

(1)　下線部ⓐは，1871年に出された勅令によって行われた行政改革を示している。その行政改革は何か，名称を答えよ。

(2)　下線部ⓑに関連して，身分制度の廃止により，全人口の9割以上を占めた身分を何というか，答えよ。

(3)　下線部ⓒに関連して，江戸時代には俸禄制度がとられていた。俸禄制度とはどのような内容か説明せよ。

(4)　下線部ⓓの人物は誰か，次のアからエのうちから一つ選び，記号で答えよ。

　ア　吉野作造　　イ　山県有朋　　ウ　西郷隆盛

　エ　東条英機

(5)　下線部ⓔが示す地名を答えよ。

2024年度 ▮ 栃木県 ▮ 難易度 ▮▮▮▮▮

【2】次の[資料]を見て，以下の各問いに答えなさい。ただし，問い(1)～(4)は[資料1]について，問い(5)～(8)は[資料2]について，それぞれ答えることとする。

[資料1]「隋書」倭国伝(一部要約)

> ①607年に倭の王が使者を遣わして朝貢してきた。
> その国書には「②日がのぼる国の天子が，日が沈む国の天子に手紙を送ります。お変わりありませんか」と書かれていた。③隋の皇帝は，この国書を読んで不快に思い，役人に「今後，野蛮な国からの国書で，このように無礼なものがあれば，二度と私に取り次ぐな」と命じた。

(1)　下線部①のころに，朝鮮半島にあった国を次のア～オからすべて選び，記号で答えなさい。

　ア　渤海　　イ　新羅　　ウ　百済　　エ　高句麗　　オ　加羅

(2)　この国書を送った下線部②の人物名を漢字で答えなさい。

(3)　下線部③の国を倒し，7世紀前半に中国を統一した国を漢字で答えなさい。

(4)　8世紀ごろ，イスラム世界の都として交易で栄えた都市名を答えなさい。

[資料2]フビライの国書(一部要約)

> 大モンゴル国皇帝が，日本国王に書を差し上げる。昔から小国の君主は，国境を接していれば親交を結ぶようにつとめてきた。私の先祖は天命を受けて天下を支配したので，遠い地方からもわが国をおそれて親交を結ぼうとしてくる国が多くある。
> 高麗は，私の東方の属国である。日本は高麗に近く，以前には中国と通交していた。しかし，私が皇帝となってからは，④使者を送って親交を結ぼうとしない。

(5)　マルコ＝ポーロがベネチアを旅立ったころ，現在のドイツを含む東ヨーロッパを支配していた国を答えなさい。

(6)　(5)のベネチアやフィレンツェなどの都市がある国で，14世紀頃に起こった文化の広がりを片仮名5文字で答えなさい。

(7)　下線部④について，フビライの要求を拒否した執権の名を漢字で答えなさい。

(8)　(6)について，コペルニクスやガリレイは，カトリック教会の天文学説に対して，どのような天文学説を唱えたかを，「天動説」「地動説」「教会」という語句を使い，具体的に説明しなさい。

‖ **2024年度** ‖ **名古屋市** ‖ **難易度** ‖■■■□□□

【3】次の資料を見て，各問いに答えよ。

資料1

年	出来事
587	蘇我氏が物部氏を滅ぼす
593	聖徳太子が摂政となる
660	（　A　）が滅ぶ
663	白村江の戦い・・・・・・・・・①
668	（　B　）が滅ぶ
672	壬申の乱・・・・・・・・・・②
676	（　C　）が朝鮮半島を統一する
701	大宝律令の制定・・・・・・・③
710	都を平城京に移す
743	（　D　）の制定・・・・・・④

1　資料1の期間中に即位した，(ア)〜(エ)の四人の天皇について，即位した年代が古い順に並べ替え，記号で答えよ。

(ア)　持統天皇　　(イ)　天智天皇
(ウ)　推古天皇　　(エ)　天武天皇

2　資料1の（　A　）〜（　C　）に当てはまる国名を書け。また，それぞれの国の位置を資料2のX〜Zから選び，記号で答えよ。

資料2（7世紀初めの朝鮮半島）

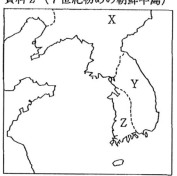

3 資料3は，他国からの攻撃に備えて作られた水城と呼ばれるものである。水城がつくられたことと関係の深い出来事を資料1の①～③から一つ選び，記号で答えよ。

資料3

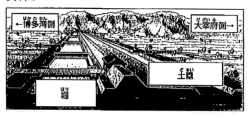

4 資料1の④に関して説明した次の文について，以下の問いに答えよ。

> 人口が増えると，しだいに口分田が不足するようになった。そこで，朝廷は開墾を奨励するために（　D　）を定めた。

(1) （　D　）に入る法律名を書け。

(2) この出来事により広がった，貴族や寺社の私有地のことを何というか書け。

5 資料1の下線部に都がおかれた時代の税のうち，租として納めるものとその量を説明せよ。

2024年度 ┃ 岡山市 ┃ 難易度 ▰▰▱▱▱

【4】 次の文章を読み，問1～問3に答えなさい。

6世紀になると，日本では，鉄製農具の普及による農業の発展などを背景に，豪族たちの力が強まった。中央では，豪族どうしの争いが激しくなったが，渡来人と結び，中央の財政を受け持った蘇我氏が，反対派の豪族をおさえて大和政権の実権を握った。

6世紀の末，蘇我馬子は，姪の推古天皇を女帝として即位させた。そして，天皇の甥にあたる A聖徳太子(厩戸皇子)は，摂政として天皇の政治を助け，馬子らとともに，天皇を中心とする政治を始めた。

その後，8世紀には大宝律令が完成し，律令制度による政治の仕組みもほぼ整った。律令制が整う中，B文書や記録の作成，情報や命令の伝達などで，貴族や役人は日常的に文字を使用するようになった。

C9世紀の中頃からは，藤原氏が他の貴族を退けて勢力を強めた。さらに藤原氏は娘を天皇の后にし，その子を幼いうちから天皇の位につけることで，朝廷の実権を握り，10世紀中頃から11世紀頃には，藤原氏による摂関政治が行われた。

問1　A——にかかわり，聖徳太子(厩戸皇子)による政治について説明した文として，正しいものを選びなさい。

ア　皇族や豪族が支配していた土地と人民を，国家が直接支配する公地公民を行うとともに，税の制度を整えた。

イ　八色の姓を定めて，豪族たちを天皇を中心とした身分秩序に編成するとともに，能力や功績のある豪族を役人に取り立てた。

ウ　仏教の力によって国家を守ろうと考え，都に東大寺を建て，地方には国分寺と国分尼寺を造った。

エ　隋との国交を開き，中国から進んだ文化を取り入れようとして，小野妹子らを遣隋使として派遣した。

オ　全国を畿内・七道に行政区分し，国・郡・里をおき，国司・郡司・里長を任じるとともに，国司には中央から貴族を派遣した。

問2　B——にかかわり，8世紀頃にまとめられた書物として，正しい

ものを選びなさい。

ア　古今和歌集　　イ　風土記　　ウ　平家物語　　エ　枕草子
オ　土佐日記

問3　C——にかかわり，次の出来事を年代の古い順に並べた組合せとして，正しいものを選びなさい。

〔出来事〕

a　平将門の乱が起こる。
b　白河上皇が院政を始める。
c　藤原頼通が平等院鳳凰堂を建立する。
d　菅原道真が太宰府に左遷される。

ア　a → d → c → b
イ　d → c → b → a
ウ　c → b → d → a
エ　d → a → c → b
オ　b → d → a → c

2024年度 | 北海道・札幌市 | 難易度

【5】「中世の日本」における「ユーラシアの動きと武士の政治の展開」の単元において，資料1の単元計画に基づき，学習を進めた。以下の(1)～(7)の問いに答えなさい。

資料1　単元計画

時	「○」は主な学習活動　「・」は主な学習内容
1	○前単元の振り返りやA　諸資料を基に、単元の課題を設定する。 【単元の課題】ユーラシアの変化、産業や文化の発達は、中世の日本の政治や貿易、文化にどのような影響を与えたのだろうか。
2	○モンゴル帝国の襲来(元寇)前後の武家政権について調べる。 ・武家政権の成立について、天皇や貴族の政治と比較し、その違いについて理解する。 ・元寇の背景について調べ、B　元寇が日本国内に及ぼした影響について理解する。
3	○武家政治の動きと東アジアにおける交流を調べ、その関わりについて考察する。 ・日明貿易やC　琉球の役割を基に、東アジア世界との密接な関わりが見られ、日本国内の政治や社会に大きな影響を与えたことを理解する。 ・南北朝の争乱の中から、室町幕府が成立した背景を理解する。
4	○日本の農業の発達、D　都市や農村の仕組みについて調べ、鎌倉時代と比較し、考察する。 ・農業や商工業の発達について具体的に調べ、民衆の成長が社会や文化にもたらした影響を理解する。
5	○応仁の乱の背景やその後の社会の変化について資料から読み取る。 ・下の者が上をしのぐ（ ア ）の風潮が広がり、戦国大名が登場し、社会全体が大きく変化したことに気付く。 ・戦国大名が自らの領国を支配するために（ イ ）を定め、城下町を形成して産業の振興に努めたことを理解する。
6	○室町文化の特徴について、東アジアとの関わりや室町幕府の政治などと関連付けて考察する。 ・E　室町文化の形成された背景について、多面的・多角的に考察しその特色を理解する。
7	○ユーラシアの変化、産業や文化の発達は、日本の政治や貿易、文化にどのような影響を与えたのか、項目（政治、貿易、文化）ごとにまとめる。

● 中学校

(1) 資料1の(ア),(イ)に当てはまる語句を書きなさい。

(2) 資料1の下線Aについて,生徒の課題意識を高めるためにどのような要素を含む資料を提示するとよいか。例を1つ書きなさい。

(3) 資料2は下線Bの後に,幕府によって出された法令である。(ウ)に当てはまる法令名を書きなさい。

資料2　北条貞時が出した法令

> (ウ) (1297年)
>
> 　　　　　　　　　　　　　　　　　　　　　　(一部要約)
>
> 領地の質入れや売買は,御家人の生活が苦しくなるもとなので,今後は禁止とする。…以前に売却した土地については,本来の持ち主に返却せよ。

(4) 資料3は資料1の下線Cに関連するものである。この資料から読み取れる,琉球王国が行っていた貿易の名前を書きなさい。

資料3　アジア諸国の貿易

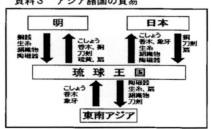

(5) 資料1の下線Dに関して,第4時のまとめとして「鎌倉時代に比べ,室町時代は民衆が力をもつようになった。」と書いた生徒がいた。教師は,その背景を捉えさせるために,町の自治と村の自治を関連付けて考えさせることとした。町の自治・村の自治について,生徒に捉えさせたい内容をそれぞれ1つずつ書きなさい。

(6) 資料4は,資料1の下線Eについて,教師が生徒に提示したものである。この資料を提示し,生徒に気付かせたいことを,室町時代と現代の関係に着目して書きなさい。

資料4　生徒に提示した資料

① 室町時代の祇園祭と現代の祇園祭の様子

（祇園祭礼図屏風より）　　　　　　（京都市観光協会より）

②室町時代の能楽と現代の能楽の様子

（能楽図屏風より）　　　　　　（公益財団法人能楽協会より）

(7)　「中学校学習指導要領(平成29年告示)解説　社会編」では，中項目「中世の日本」の学習において「中世の日本を大観して，時代の特色を多面的・多角的に考察し，表現すること」としている。他の時代との共通点や相違点に着目し，どのような活動をすることが適切と考えられるか書きなさい。

▌2024年度 ▌群馬県 ▌難易度 ▤▤▤▤▤▤

【6】日本の中世について，次の問に答えよ。

問1　14世紀から15世紀の東アジアの情勢について述べた文として適当なものを，A～Dから一つ選び，記号で答えよ。

A　朝鮮半島では，1392年に倭寇を撃退して名声を上げた李成桂が新羅を倒し，朝鮮を建国した。

B　琉球では，1429年に中山王の尚巴志が三山を統一し，琉球王国を建国した。

C　東北地方では，朝廷の進出に対し，1457年にアイヌが大首長シャクシャインを中心に蜂起した。

D　中国では，南北朝時代と呼ばれる混乱の時代が終わり，1368年に朱元璋が宋を建国した。

問2　図1は，院政期に地方で建立された建築物の位置と写真を示したものである。このような建築物が，この時代に地方に建立されるようになったのはなぜか，説明せよ。

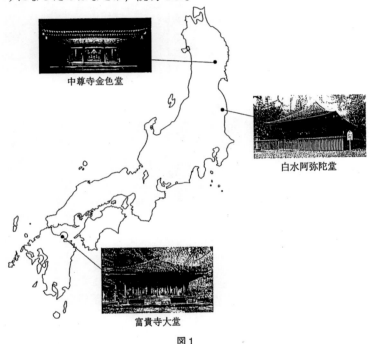

中尊寺金色堂

白水阿弥陀堂

富貴寺大堂

図1

問3　鎌倉時代の宗教について，次の(1)，(2)に答えよ。

(1)　日蓮は，法華経を釈迦の正しい教えとし，法華経に帰依しないならば，国内に内乱が起こり，他国から侵略を被るであろうと書物に書き記し，それを，鎌倉幕府の前の第5代執権であった人物に呈上した。第5代執権を，A〜Dから一つ選び，記号で答えよ。

A　北条時宗　　B　足利義満　　C　源頼家　　D　北条時頼

(2)　奈良に病人の救済施設である北山十八間戸を建てて，施療や慈善に尽くした律宗の僧侶であった人物を，A〜Dから一つ選び，記号で答えよ。

A　道元　　B　重源　　C　忍性　　D　法然

【7】次の資料1〜4を見て，以下の(1)〜(4)に答えなさい。

資料1

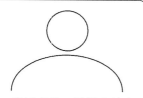

　私は自分の子孫を確実に天皇の位につけるため，位を譲って上皇となり，その後も政治を動かしました。

資料2

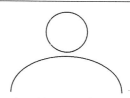

　私が将軍のときに，将軍の跡継ぎ問題をめぐって有力な守護大名同士が対立し，11年間も戦乱が続きました。

資料3

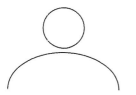

　私は幕府の財政難に対応するために享保の改革を行い，倹約令を出すとともに，有能な人材を取り立てました。

資料4

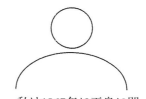

　私は1867年に天皇に即位し，翌年に元号を明治に改めました。これ以降，「一世一元の制」が採られるようになりました。

(1)　資料1について，次の①，②に答えなさい。
　①　上皇が中心となって行う政治を何というか，書きなさい。
　②　資料1の「私」として最も適切な人物名を，次のア〜エから1つ選び，その記号を書きなさい。
　　　ア　藤原道長　　イ　平清盛　　ウ　桓武天皇　　エ　白河天皇

(2) 資料2の「私」の人物名を書きなさい。また，この出来事を何というか，書きなさい。

(3) 資料3の人物が行った政策の内容として適切なものを，次のア〜クからすべて選び，その記号を書きなさい。

ア　商人に株仲間を作ることをすすめ，特権をあたえるかわりに，営業税を納めさせた。

イ　公事方御定書という裁判の基準となる法律を定め，民衆の意見を聞く目安箱を設置した。

ウ　江戸に出てきていた農民を故郷に帰し，商品作物の栽培を制限して米などの生産をすすめた。

エ　江戸に昌平坂学問所を創り，幕臣などに朱子学を学ばせた。

オ　物価の上昇の原因は，株仲間が営業を独占しているためであるとし，株仲間の解散を命じた。

カ　大名が参勤交代で江戸に住む期間を短縮する代わりに，1万石につき100石の米を幕府に納めさせた。

キ　貨幣の質を落として量を増やし，財政を安定させようとした。

ク　全国の米の価格に影響をあたえていた大阪の堂島米市場を公認し，米の価格の安定を試みた。

(4) 資料4の人物が天皇に即位した後の出来事を，次のア〜クからすべて選び，その記号を書きなさい。

ア　戊辰戦争　　　イ　薩長同盟　　　ウ　桜田門外の変

エ　地租改正　　　オ　版籍奉還　　　カ　南北戦争

キ　インド大反乱　　　ク　クリミア戦争

┃ 2024年度 ┃ 青森県 ┃ 難易度 ■■■□□□

【8】近世・近代の出来事をまとめた年表を見て，以下の各問いに答えなさい。

年表

年	出来事
1685 年	生類憐みの令が出される ……………………………………… A
1716 年	享保の改革が行われる ………………………………………… B
1772 年	（　　）が老中となり、株仲間を奨励した政策を行う …… C
1841 年	天保の改革が行われる ………………………………………… D
1858 年	日米修好通商条約が結ばれる ………………………………… E
1867 年	王政復古の大号令が出される ………………………………… F

(1) 松平定信が寛政の改革を行ったのは年表中のどの出来事の後か，A〜Fから一つ選び，記号で答えなさい。

(2) 年表中Dの頃，清はイギリスに戦争で敗れ，その後の条約により，1997年に中国に返還されるまでイギリスに支配されていた都市を答えなさい。

(3) 年表中の( )にあてはまるCの政策を行った老中の名前を漢字で答えなさい。

(4) 年表中Eの後にさかんになった「天皇を尊び，外国の勢力を排除する」考え方を何というか答えなさい。

(5) 年表中Fの後に起こった出来事を次の(ア)〜(エ)から一つ選び，記号で答えなさい。
(ア) 生麦事件   (イ) 安政の大獄   (ウ) 薩英戦争
(エ) 戊辰戦争

(6) 「民撰議院設立の建白書」を政府に提出し，後に自由党が結成された際，党首にもなった人物名を答えなさい。

(7) 「日露戦争」の前後5年間で起きた出来事として誤ったものを次の(ア)〜(エ)から二つ選び，記号で答えなさい。
(ア) 甲午農民戦争   (イ) ベルサイユ条約   (ウ) 義和団事件
(エ) 日英同盟

(8) 全人口にしめる有権者の割合の推移をまとめた表を見て，①，②に答えなさい。

表

法改正年	1889 年	1925 年	（ A ）
全人口にしめる有権者の割合	1.1%	20.0%	48.7%

① 1925年，納税額による制限を廃止して満25歳以上の男子に選挙権を与えるよう法改正した時の総理大臣を答えなさい。

② 表中の(A)にあてはまる年を次の(ア)〜(エ)から一つ選び，記号で答えなさい。
(ア) 1932年   (イ) 1936年   (ウ) 1940年   (エ) 1945年

(9) ペスト菌を発見するなど医学の面で活躍し，肖像画が新しい千円札に採用される予定の人物名を答えなさい。

┃ 2024年度 ┃ 鳥取県 ┃ 難易度 ■■■□□

【9】 次の文章を読んで，以下の問いに答えよ。

> 　江戸時代における農業や諸産業の発展は，各地の城下町や港町を中心に全国を結ぶ商品流通の市場を形成した。その要である三都は，①17世紀後半には世界でも有数の大都市となった。特に大阪は「天下の台所」と呼ばれ，西日本や全国の物資の集散地として栄えた。西日本や日本海側の諸藩は大阪で，領内の年貢米や特産物を特定の商人を通じて販売し，②貨幣の獲得につとめた。こうした全国市場が確立し，海運が活発化すると，江戸では大阪からの荷受けについて，荷物運送の安全，海損の共同保障，流通の独占を目指す問屋仲間の連合組織が作られた。

(1) 下線部①について，そのころの江戸の政治について最も適当なものを，次の①から④までの中から一つ選び，記号で答えよ。

① 　3代将軍家光のころには参勤交代の制度が整えられ，多くの大名は1年ごとに江戸と領地を行き来しその妻や子は江戸の屋敷に住まわせられた。

② 　5代将軍綱吉は，武力ではなく学問や礼節を重んじる政治へ転換し，儒学の中でも特に朱子学を重視して，文治政治の基本となる身分制の維持を目指した。

③ 　8代将軍吉宗は，質素倹約を掲げて支出を抑え，収入の中心である年貢米を増やすために，新田開発を進めて豊作や不作に関係なく一定の年貢を取り立てた。

④ 　老中となった田沼意次は，商品の流通を江戸へと集め，商工業者達の株仲間の営業権を認めて税を納めさせた。

(2) 下線部②について，江戸時代の貨幣や改鋳の説明で，適当でないものを，次の①から④までの中から一つ選び，記号で答えよ。

① 　江戸幕府は全国統一の貨幣を作り，金・銀・銭の三貨を流通させた。

② 　金貨と銭貨は数を数えるのに対し，銀貨は重さを量った。貨幣の使い方が異なることで両替商などの金融業が発達した。

③ 　江戸時代の東日本では銀の貨幣が，西日本では金の貨幣が使われていたため，上方とよばれた大阪や京都から江戸への取引では，

大量の金銀の交換が行われた。

④　17世紀後半から金銀の採掘量が減少して金銀が不足すると，幕府は貨幣の金銀の含有量を減らす改鋳を行い，貨幣の量を増やそうとした。

┃ 2024年度 ┃ 沖縄県 ┃ 難易度 ┃

【10】　次の略年表を見て，以下の(1)〜(7)に答えよ。

略年表

時代	できごと
古代	・聖武天皇と光明皇后は，都にa 東大寺を，地方に国分寺や国分尼寺を建てる
中世	・清少納言によってb 枕草子が書かれる ・c 運慶，快慶らにより金剛力士像が造られる ・イタリアの都市でd ルネサンスが始まり，ヨーロッパ各地へ広まる
近世	・畳を敷いて床の間を設けたe 書院造が生まれる ・f 三味線に合わせて語られる浄瑠璃が流行する

(1)　略年表中の下線部aに関連して，東大寺の倉庫である正倉院には，現在の中国やインド，西アジアの品など数多くの宝物がおさめられている。正倉院が建てられたころの中国の王朝を，次のア〜エから一つ選び，記号で記せ。

　　ア　漢　　イ　隋　　ウ　秦　　エ　唐

(2)　略年表中の下線部bに関連して，ある生徒は資料A，資料Bを見たところ，すぐに資料Aが下線部bと同時期に書かれた作品であると分かった。ある生徒がこのように判断したと考えられる最も適当な理由を，簡潔に記せ。

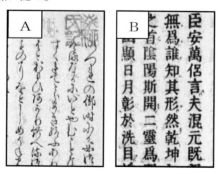

(3)　次の文は，略年表中の下線部cに関連して，この時代の文化について述べたものである。文中の(　　)にあてはまる語句を記せ。

> 　この時代には，貴族を中心とする伝統文化に加え，力を伸ばした(　　)や民衆の力強さが表れた新しい文化が生まれた。

(4)　略年表中の下線部dよりも前に起きたできごとを，次のア～エから一つ選び，記号で記せ。

ア　イギリスのエリザベス1世は，インドを拠点とした貿易会社を設立し，海外へ進出した。

イ　神聖ローマ帝国の皇帝ハインリヒ4世は，イタリアのカノッサでローマ教皇に謝罪した。

ウ　イグナティウス＝ロヨラらにより組織されたイエズス会は，海外で布教活動を行った。

エ　マゼランの率いるスペインの船隊は，世界一周を達成し，地球が丸いことを証明した。

(5)　略年表中の下線部eに関連して，この時代から盛んになり，華やかな姿をした人々が踊る風流と念仏踊りが結びついて，現代にも引き継がれている民衆芸能の名称を記せ。

(6)　略年表中の下線部fに関連して，次の図は，三味線のルーツをまとめたものである。図中の　P　にあてはまる国名を記せ。

図

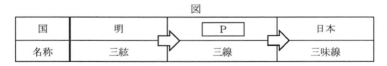

国	明	P	日本
名称	三絃	三線	三味線

(7)　次の文は，近世の各時期で見られた文化の特徴を述べたものである。次のア～ウを，年代の古い順に並び替え，記号で記せ。

ア　上方とよばれる大阪や京都を中心に，町人たちを担い手とする文化

イ　権力や富を誇った大名や豪商たちによってつくられた豪華で力強い文化

ウ　経済や文化の中心だった江戸の町人の好みを反映して生まれた文化

▌2024年度 ▌山梨県 ▌難易度 ■■■□□

【11】 次のカードは，明治時代の人物について，まとめたものである。以下の(1)～(6)の各問いに答えよ。

<カードⅠ>
この人物は，第2次伊藤内閣の外相として，日清戦争直前の1894年に，（ あ ）と関税率の引上げ，および相互対等の最恵国待遇を内容とする条約に調印した。また，朝鮮半島で起こった甲午農民戦争では，外相として，朝鮮内政改革を日清共同でおこなうことを清に提議した。

<カードⅡ>
この人物が率いる連合艦隊とバルチック艦隊とが，対馬海峡で砲火を交え，激しい戦いとなった。ウラジオストクに向かうバルチック艦隊を，連合艦隊が待ち受け，大激戦のすえにロシア艦は38隻中の19隻が沈められ，5隻が捕獲された。

<カードⅢ>
この人物は，外相としてイギリスとの同盟交渉を進め，第一次日英同盟を締結させた。また，第二次桂太郎内閣での外相時代には，関税自主権の回復を実現し，日本は条約上列国と対等の地位を得ることができた。

<カードⅣ>
この人物は，1876年に福島県で生まれ，幼い頃に手に大火傷を負ったが，医師の資格をえた。その後，渡米し，ロックフェラー研究所所員となり，梅毒スピロヘータの純粋培養に成功したとされる。（ い ）の研究中に，アフリカで病死した。

(1) 文中の（ あ ），（ い ）に入る適切な語句を，それぞれ答えよ。

(2) ＜カードⅠ＞に関連して，次の文章の（ う ），（ え ）に入る適切な語句を，それぞれ答えよ。

> 1886年に横浜から神戸に向かうイギリスの汽船が暴風雨にあって沈没した（ う ）事件をきっかけに，不平等条約に対する世論の反感が強まった。1894年に（ え ）条約の調印に成功し，ついで他の欧米諸国とも改正条約が調印された。

(3) 次のグラフは，＜カードⅠ＞の人物が外相のときに始まった戦争前後のある品目の生産と輸出入の変遷を示している。グラフから読み取れる変化を，品目を明らかにして，「生産量」「輸出量」「輸入量」の語句を用いて説明せよ。

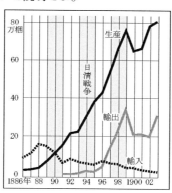

(4) ＜カードⅡ＞の人物が連合艦隊を率いた戦争の講和条約において，日本が獲得したものとして正しいものを，次の1～4から一つ選

び，記号で答えよ。

1　遼東半島の譲渡

2　旅順・大連の租借権

3　朝鮮の独立の承認

4　台湾・澎湖諸島の譲渡

(5)　＜カードⅣ＞の人物が活躍した頃の事柄として適切でないものを，次の1〜4から一つ選び，記号で答えよ。

1　伝染病研究所を創設した北里柴三郎が，ペスト菌を発見した。

2　小学校の教科書を国定教科書とし，教育に対する国家の強制が強まった。

3　与謝野晶子は，夫の与謝野鉄幹とともに雑誌『明星』を創刊した。

4　映画が大衆の娯楽として隆盛し，黒澤明の『羅生門』などは国際的な評価を得た。

(6)　次のア〜エは，＜カードⅠ＞〜＜カードⅢ＞の人物が関わった戦争の頃におこった我が国の出来事である。年代の古い順に並べ替えたとき，並び順が正しいものを，次の1〜4から一つ選び，記号で答えよ。

ア　清国では，「扶清滅洋」をとなえる排外主義団体が勢力を増して各地で外国人を襲い，北京の列国公使館を包囲した。

イ　遼東半島の割譲は東アジア進出をめざすロシアを刺激し，ロシアはフランス・ドイツ両国を誘って，同半島の返還を日本に要求した。

ウ　ロシアから韓国での権益を守る対露強硬方針をとり，日本はイギリスと同盟を結んだ。

エ　重工業の基礎となる鉄鋼の国産化をめざして，筑豊炭田のある北九州に官営八幡製鉄所を設立した。

1　イ−ア−エ−ウ　　2　エ−イ−ウ−ア

3　イ−エ−ア−ウ　　4　エ−ウ−イ−ア

┃2024年度┃山口県┃難易度■■■□□

38

【12】 次の文は,『中学校学習指導要領　第2節　社会』(平成29年3月告示)の「第2　各分野の目標及び内容」の〔歴史的分野〕に書かれている文の一部である。以下の(1)～(3)の各問いに答えなさい。

C　近現代の日本と世界
　(1)　近代の日本と世界
　　　　(中略)
　　ア　次のような知識を身に付けること。
　　　(ア)　欧米における近代社会の成立とアジア諸国の動き
　　　(イ)　明治維新と近代国家の形成
　　　(ウ)　議会政治の始まりと国際社会との関わり　　　　　　　A
　　　(エ)　近代産業の発展と近代文化の形成
　　　(オ)　第一次世界大戦前後の国際情勢と大衆の出現
　　　(カ)　第二次世界大戦と人類への惨禍　　　　　　　　　　　B
　　　　(中略)
　(2)　現代の日本と世界
　　　　(中略)
　　ア　次のような知識を身に付けること。
　　　(ア)　日本の民主化と冷戦下の国際社会
　　　(イ)　日本の経済の発展とグローバル化する世界　　　　　　C

---

(1)　A の事項を単元に設定して指導するに当たり,「日本における立憲制の成立は,当時の国際社会との関わりでどのような意義があったのだろうか」という単元を貫く問いを設定したと仮定する。次の①～③の各問いに答えよ。

①　幕末期の日本には,攘夷論が高まりを見せていた。その頃の日本の様子として最も適切なものを,次のア～エから1つ選び,記号で答えよ。

　ア　老中阿部正弘は,幕府の独断で日米修好通商条約を締結した

　イ　大老井伊直弼は,坂下門外で水戸浪士らに暗殺された

　ウ　孝明天皇の妹和宮が徳川慶喜に嫁いだことは,攘夷派を刺激した

　エ　貿易相手国としてはイギリスが1位を占め,日本は生糸や茶

などを輸出した。

② 19世紀後半，西郷隆盛らが主張した，清に服属し鎖国政策をとっていた朝鮮に対し武力で開国を迫るという考えを答えよ。

③ 単元末に，単元を貫く問い「日本における立憲制の成立は，当時の国際社会との関わりでどのような意義があったのだろうか」について，生徒に文章でまとめさせたい。授業者として，中学校での学習内容を踏まえた模範解答を作成せよ。

　　ただし，A の学習内容の一つである「欧米における近代社会の成立とアジア諸国の動き」に関する内容について，必ず触れることとする。なお，字数に制限は設けない。

(2) B の事項に関して，詳細が次のように示されている。これについて，以下の①・②の各問いに答えよ。

(オ) 第一次世界大戦前後の国際情勢と大衆の出現

　　第一次世界大戦の背景とその影響，民族運動の高まりと国際協調の動き，我が国の国民の政治的自覚の高まりと文化の大衆化などを基に，a第一次世界大戦前後の国際情勢及び我が国の動きと，大戦後に世界平和への努力がなされたことを理解すること。

(カ) 第二次世界大戦と人類の惨禍

　　経済の世界的な混乱と社会問題の発生，b昭和初期から第二次世界大戦の終結までの我が国の政治・外交の動き，中国などのアジア諸国との関係，欧米諸国の動き，戦時下の国民の生活などを基に，軍部の台頭から戦争までの経過と，大戦が人類全体に惨禍を及ぼしたことを理解すること。

---

① 下線部aに関する出来事を示した次のア～エを，年代の古い順に並べかえ，記号で答えよ。

ア　ワシントン会議が開かれる

イ　治安維持法が制定される

ウ　ロンドン海軍軍縮会議が開かれる

エ　中国で五・四運動が起こる

② 下線部bに関して，陸軍皇道派の青年将校らが高橋是清ら政府要人を暗殺し，軍部の政治への発言力が増すことにつながった出来事を答えよ。

(3) Ｃの事項では，日本の民主化が進められ国際社会へ復帰する過程や国際社会との関係に関する学習が示されている。次の①・②の各問いに答えよ。

① 日本が国際社会へ復帰する過程を示した次のア～エを，年代の古い順に並べかえ，記号で答えよ。

ア 日ソ共同宣言に調印する

イ 沖縄が日本に返還される

ウ 池田勇人内閣が「所得倍増」を掲げ，岩戸景気が発生する

エ 西側諸国とサンフランシスコ平和条約を結ぶ

② 日本と中国の国交は，田中角栄首相が中国を訪問し，戦争で中国に損害を与えたことに対する反省を表明するとともに，中華人民共和国による政府が中国を代表する政府であることを認めた合意文書が調印されたことにより，回復した。この時調印された合意文書を答えよ。

‖ **2024年度** ‖ **佐賀県** ‖ **難易度** ■■■■□

【13】次の各問いに答えなさい。

問1 日米修好通商条約に関する記述として適切ではないものを，次の①～④のうちから選びなさい。

① アメリカの代表のハリスはイギリス・フランスの脅威を説いて調印をせまった。

② アメリカ側に領事裁判権を認め，日本側に関税自主権がない，不平等な条約であった。

③ 神奈川・長崎・新潟・兵庫の開港と江戸・京都の開市が定められた。

④ 同様の条約をオランダ・ロシア・イギリス・フランスとも結んだ。

問2 次の記述は，明治時代の教育に関するものである。空欄[ア]～[ウ]に当てはまる語句の組合せとして最も適切なものを，以

下の①～⑧のうちから選びなさい。

> 　文部大臣[　ア　]のもとで，一連の学校令が制定され，小学校から帝国大学までの学校教育制度が確立された。1903年には小学校の[　イ　]が定められた。
>
> 　教育政策は国家主義を重視する方向を強めていき，1890年には[　ウ　]が出されて，忠君愛国が教育の目的として強調され，こののち長く教育の基本理念とされた。

① ア　森有礼　　イ　国定教科書制度
　ウ　教育に関する勅語
② ア　森有礼　　イ　教育令
　ウ　学事奨励に関する被仰出書
③ ア　森有礼　　イ　国定教科書制度
　ウ　学事奨励に関する被仰出書
④ ア　森有礼　　イ　教育令
　ウ　教育に関する勅語
⑤ ア　大山巌　　イ　国定教科書制度
　ウ　教育に関する勅語
⑥ ア　大山巌　　イ　教育令
　ウ　学事奨励に関する被仰出書
⑦ ア　大山巌　　イ　国定教科書制度
　ウ　学事奨励に関する被仰出書
⑧ ア　大山巌　　イ　教育令
　ウ　教育に関する勅語

問3　大正時代の出来事として適切ではないものを，次の①～④のうちから選びなさい。
① 治安維持法が成立　　　　② ヴェルサイユ条約の調印
③ ワシントン会議への参加　④ ハーグ密使事件

問4　次の略年表中の空欄[　ア　]，[　イ　]の時期に当てはまる出来事の組合せとして最も適切なものを，以下の①～⑥のうちから選びなさい。

略年表

1931年	奉天郊外の柳条湖で南満州鉄道の線路が爆破される
1932年	満州国が建国される
	[ア]
1936年	蔵相や内大臣らが陸軍の青年将校に暗殺される
1938年	国家総動員法が成立する
	[イ]
1941年	日本軍がマレー半島とハワイの真珠湾を攻撃する

① ア－日中戦争が始まる
　　イ－大東亜会議が開かれる
② ア－日本が国際連盟を脱退する
　　イ－大東亜会議が開かれる
③ ア－張作霖爆殺事件が起こる
　　イ－日満議定書が調印される
④ ア－日中戦争が始まる
　　イ－日満議定書が調印される
⑤ ア－日本が国際連盟を脱退する
　　イ－日独伊三国同盟が結ばれる
⑥ ア－張作霖爆殺事件が起こる
　　イ－日独伊三国同盟が結ばれる

問5　次の記述は，湾岸戦争に関するものである。空欄[　ア　]～
[　ウ　]に当てはまる語句の組合せとして最も適切なものを，以下
の①～⑥のうちから選びなさい。

　　1990年，イラクが[　ア　]に侵攻すると，国連はイラクの撤
退を求める決議を採択した。アメリカ軍を中心とする[　イ　]
が組織され，日本政府は[　ウ　]をおこない，その後の自衛隊
の海外派遣のきっかけとなった。

① ア　イラン　　　　イ　国連軍　　　ウ　財政支援
② ア　イラン　　　　イ　国連軍　　　ウ　軍事支援
③ ア　イラン　　　　イ　多国籍軍　　ウ　人道支援

	ア		イ		ウ	
④	ア	クウェート	イ	国連軍	ウ	人道支援
⑤	ア	クウェート	イ	多国籍軍	ウ	軍事支援
⑥	ア	クウェート	イ	多国籍軍	ウ	財政支援

‖ **2024年度** ‖ 神奈川県・横浜市・川崎市・相模原市 ‖ 難易度 ■■□□□ ‖

【14】次の[年表]を見て，以下の(1)～(12)の各問いに答えなさい。

[年表]

年	主な出来事	
1913	大正政変が起こる	……①
	A	
1918	原敬が首相となる	……②
	B	
1925	普通選挙法が成立する	……③
	C	
1929	ニューヨーク株式市場で株価が暴落する	
	D	
1931	満州事変が起こる	
	E	
1936	日本陸軍の青年将校らが反乱を起こす	……④
	F	
1940	日本がインドシナ北部へ侵攻する	……⑤
	G	
1945	米国・英国・ソ連が黒海沿岸で会談する……⑥	
	H	
1946	日本国憲法が公布される	
	I	
1949	ドイツが東西に分断される	……⑦
	J	
1955	55年体制となる	……⑧
	K	
1968	プラハの春が起こる	……⑨
	L	
1972	中国との国交が正常化する	
	M	
1989	冷戦の終結が宣言される	……⑩

(1) [年表]中の①について，総辞職に追い込まれた内閣総理大臣名を漢字で答えなさい。

(2) [年表]中の②について，原敬は藩閥と縁のない「○○宰相」として国民の期待を集めました。○○に適する語句を漢字2字で答えなさい。

(3) [年表]中の③について，この法律による選挙権の条件を答えなさい。

(4) [年表]中の④について，この出来事を何というか答えなさい。

(5) [年表]中の⑤について，インドシナ北部を植民地としていた国名を答えなさい。

(6) [年表]中の⑥について，この会談名を答えなさい。

(7) [年表]中の⑦について，西ドイツが加盟した軍事同盟の略称をアルファベットで答えなさい。

(8) [年表]中の⑧について，政権を担うこととなった政党を正式名で漢字で答えなさい。

(9) [年表]中の⑨について，この出来事が起きた国を答えなさい。

(10) [年表]中の⑩について，宣言がされた会談名を答えなさい。

(11) [年表]中の⑩について，同じ年に中国で起きた民主化運動弾圧を何というか答えなさい。

(12) ベトナム戦争が行われていた期間を[年表]中のA〜Mからすべて選び，記号で答えなさい。

┃ **2024年度** ┃ 名古屋市 ┃ 難易度 ┃

【15】古代から近世の日本と外国との関わりを説明している①〜⑤の文章を読み，以下の各問いに答えなさい。

① この貿易では，倭寇を禁じるために正式な貿易船に証明書を持たせた。この貿易では，中国の銅銭が多く輸入され，日本でも使用された。

② この貿易では，将軍から貿易を望む大名や豪商に東南アジアへの渡航許可書が発行された。その結果，多くの日本人が東南アジアに移り住み，各地に日本町ができた。

③ 　この貿易のために瀬戸内海の航路を整え，大輪田泊(神戸市)を修築した。また，この貿易での航海の安全を祈るために厳島神社が整備された。

④ 　進んだ制度や文化を取り入れるために，唐に使節を派遣した。この時，多くの留学生も唐に派遣され，阿倍仲麻呂のように，唐に残る者もいた。

⑤ 　この貿易により，多くのヨーロッパの文物がもたらされた。言葉の面では「パン」「カルタ」といったポルトガル語が日本語として使われたり，刀や屏風といった日本語がポルトガル語になったりした例もあった。

(1)　上の①〜⑤を古い順に並べなさい。

(2)　①中の下線部の名称を漢字2字で答えなさい。

(3)　②の前後の時期の様子について説明した文のうち，誤ったものを次の(ア)〜(エ)から一つ選び，記号で答えなさい。

(ア)　大名が許可なく城を作ることや，無断で婚姻を結ぶことを禁止する法律が出された。

(イ)　この頃は中央集権の体制が固まり，将軍がすべての領地を直接支配していた。

(ウ)　キリスト教が広まるのを防ぐために次第に貿易は制限された。

(エ)　外国に渡った日本人の中には，現地の国王の信頼を得て，大臣と同等の地位につく者も現れた。

(4)　③の神社を整備させた人物が武士として初めて就いた，朝廷の最高位である官職の名称を漢字で答えなさい。

(5)　④の頃の様子について説明した文のうち，正しいものを次の(ア)〜(エ)から一つ選び，記号で答えなさい。

(ア)　徴兵された兵士たちは防人となって都の警備にあたった。

(イ)　米を納める「租」，特産品を納める「庸」，労役10日のかわりに布を納める「調」があった。

(ウ)　都から地方に直線的にのびる官道や駅家を整備するために，

墾田永年私財法が出された。

(エ)　戸籍に登録された6歳以上の人々は，性別や身分に応じて口分田が与えられ，その人が死ぬと国に返すことになっていた。

(6)　⑤の頃，日本にキリスト教を初めて伝えた人物は，キリスト教のどの宗派だったか。次の(ア)〜(ウ)から一つ選び，記号で答えなさい。

(ア)　プロテスタント　　(イ)　カトリック　　(ウ)　正教会

(7)　次の図のしくみで国が治められた時代は，①〜⑤のどれとどれの間か，「　と　の間」に合うように番号を答えなさい。

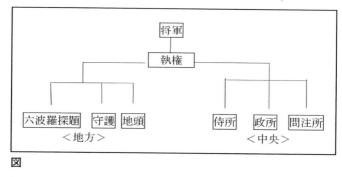

図

(8)　④の頃，現在の元号である「令和」のもととなった歌の載る歌集を編纂したといわれている者の一人で，因幡国の国司に任命された人物名を答えなさい。

2024年度 ∥ 鳥取県 ∥ 難易度 ■■□□□

解答・解説

【1】1　(1)　白村江の戦い　　(2)　エ　　(3)　足利義満　　(4)　当時の東アジアでは，中国が倭寇の取締りを行っていた。倭寇と正式な貿易船を区別するために勘合を用いた。　　2　(1)　事件…モリソン号事件　　対外政策について…外国船を追い払うという内容。
(2)　蛮社の獄　　(3)　杉田玄白　　(4)　エ　　(5)　ウ　　3　(1)　廃

● 中学校

藩置県　　(2)　平民　　(3)　徴収した年貢を蔵米として家臣に支給すること。　　(4)　ア　　(5)　シベリア

○解説○　1　(1)　史料から唐と新羅の連合軍が百済を討ったことが読み取れる。663年に朝鮮半島の白村江で行われた戦いを指す。倭は百済救援のために出兵したが，唐・新羅の連合軍に大敗した。　　(2)　下線部の「皇極天皇六年庚申より，延喜十一年辛未に至る」は663～911年のこと。エは1873年の地租改正に関する内容で明らかに時期が異なる。アとウは桓武天皇(在位781～806年)による政策。イは723年の三世一身法。　　(3)　史料Bは「書を大明皇帝陛下に上る」「肥富をして祖阿に相副え」とあり，1401年に足利義満が国交を開くために明に使者を派遣した時のものである。この時の遣明船の正使は義満の側近の僧の祖阿，副使は博多商人の肥富であった。　　(4)　勘合とは明が貿易統制のために使用した割符である。双方が勘合を持参し，勘合底簿と照合することで倭寇と貿易船を区別した。14世紀の倭寇は前期倭寇と呼ばれ，南北朝の頃，対馬・壱岐・肥前松浦地方の住民を中心とする海賊集団が朝鮮半島や中国大陸の沿岸を襲い，恐れられていた。

2　(1)　史料Aの『戊戌夢物語』は高野長英の著書で，モリソン号打払いの無謀さを批判したもの。モリソン号事件とは，漂流民返還と通商交渉のために来航したアメリカ船モリソン号が，浦賀と薩摩で異国船打払令のために砲撃された事件である。　　(2)『慎機論』で同じくモリソン号事件の無謀さを説いた渡辺崋山と高野長英らは，モリソン号事件を批判したとして処罰された。　　(3)　オランダ語の人体解剖書とは『ターヘル＝アナトミア』で，杉田玄白・前野良沢らが翻訳し『解体新書』として訳述した。史料Bは『蘭学事始』であり，杉田玄白の蘭学創始期の回想録で，内容の中心は『解体新書』翻訳の苦心談である。(4)　史料では前野良沢が持ち帰った一小冊を用いて訳語を定めている様子が分かる。前野良沢は，最初青木昆陽に学び，長崎に赴いて通詞からも蘭語習得に努めた。また，『解体新書』はオランダ語を翻訳したもので，蘭学に関する書物は通商が許可されていた長崎に集まる。(5)　史料Bの『蘭学事始』は1815年に刊行されたもので，18世紀末～19世紀にかけての化政文化にあたる。ウの井原西鶴が浮世草子と呼ばれる小説を書いたのは，17世紀末～18世紀初めの江戸時代前期の元禄

文化の頃である。　3　(1)　史料中の「この国の政治状態を本質的に代表してきた封建制度」とは幕藩体制を指す。廃藩置県は幕藩体制の旧態を解体し，全国を政府の直轄地とする改革で，これにより国内の政治的統一が完成した。　(2)　封建的身分制度の撤廃により，藩主を公家とともに華族，藩士や旧幕臣を士族とした。この2つを合わせても全体の5%程度であった。農工商の百姓・町人は平民となり，これが全体の90%以上を占めた。　(3)　17世紀半ばには地方知行制に代わって，俸禄制度がとられるようになった。俸禄制度は藩の直轄地からの年貢を，知行地を持たない武士に俸禄(禄米・俸禄米・蔵米・切米)を支給する制度である。　(4)　史料Bは『中央公論』で1899年に誕生した。史料には「露国を救援する」とあり，1917年にロシア革命が起こり，社会主義国家が生まれたロシアを指すと考えられる。

イ　山県有朋は1900年に退陣後は現役を引退している。　ウ　西郷隆盛は1877年に西南戦争で敗死。　エ　東条英機は太平洋戦争期の人物である。　(5)　1917年のロシア革命が起こると，日本・アメリカ・イギリス・フランスがロシア革命に干渉する目的でシベリア出兵を行った。

【2】(1)　イ，ウ，エ　　(2)　推古天皇　　(3)　唐　　(4)　バグダッド
(5)　神聖ローマ帝国　　(6)　ルネサンス　　(7)　北条時宗
(8)　教会の天動説に対して，地球が太陽の周りを回っているという地動説を唱えた。

○**解説**○　(1)　7世紀初めの朝鮮半島は，三国時代であった。朝鮮半島北部から中国東北地方には高句麗，朝鮮半島東南部には新羅，朝鮮半島西南部には百済があった。南部の加羅諸国は，6世紀半ばに滅亡。(2)　この国書は607年に小野妹子が遣隋使として派遣された際に，隋の煬帝に渡したものである。倭の五王時代とは異なり，中国の皇帝に臣属しない形式をとり，煬帝から無礼とされた。推古天皇は592〜628年に在位していた。　(3)　唐は，隋の官僚であった李淵によって，618年に建国された。　(4)　750年にアッバース朝が成立した。2代目のカリフであるマンスールは，ティグリス川のほとりにモスクを中心とする円形都市であるバグダッドを造営した。ハールーン=アッラシ

ードがカリフであった時代に最も繁栄し，人口は100万人を超えたとされる。　(5)　13世紀のころである。神聖ローマ帝国は，962年のオットー1世の戴冠に始まり，1806年にナポレオンの時代に解体されるまで続いた。中世後期から，諸侯が分立する状態となっていき，しだいに実体を失っていった。　(6)　ベネチアやフィレンツェは，現在のイタリアの都市。当時，イタリアはいくつかの都市共和国などに分かれていた。ルネサンスは，ギリシア・ローマの文化を手がかりにキリスト教的価値観を見直し，人間中心の価値観への転換を図った運動である。　(7)　フビライは国号を元と定め，高麗を服属させ，日本に対しても朝貢を要求してきた。北条時宗がこれを拒否したので，1274年と1281年の2度にわたって日本に侵攻してきた。　(8)　カトリック教会の天文学説は，プトレマイオスが集大成した天動説であった。コペルニクスはこれを否定し，地動説を唱えた。ガリレイは，望遠鏡の観察によりそれを支持した。ガリレイは，宗教裁判にかけられ，自説の放棄を命じられた。

【3】1　(ウ)→(イ)→(エ)→(ア)　　2　A　国名…百済　　記号…Z　
B　国名…高句麗　　記号…X　　C　国名…新羅　　記号…Y
3　①　　4　(1)　墾田永年私財法　　(2)　荘園　　5　稲の収穫の約3%

○解説○　1　それぞれの即位期間は(ア)の持統天皇は690～697年，(イ)の天智天皇は668～671年，(ウ)の推古天皇は592～628年，(エ)の天武天皇は673～686年となる。　　2　朝鮮半島では4世紀以降，中国東北部からおこった高句麗X，半島南部の馬韓から百済Zが，辰韓から新羅Yがおこり，国家を形成していた。唐と新羅が結んだことで660年に百済，668年に高句麗が滅ぼされた。新羅は唐の勢力を追い出し，676年に半島を統一した。　　3　白村江の戦いは朝鮮半島で行われた唐・新羅との戦いで，倭は大敗した。水城は白村江の敗戦を受けて防衛政策が進められた結果，唐・新羅軍の侵攻に備えて大宰府の北に設けられた堤防である。②の壬申の乱は天智天皇の死後に起きた皇位継承をめぐる戦い，③は刑部親王や藤原不比等によって編纂された律令である。　　4　(1)　人口増加による口分田の不足を補い，税の増収をはかるため，

政府は722年に百万町歩開墾計画，723年に三世一身法を施行した。743年の墾田永年私財法では開墾した田地の私有を永年にわたって保障した。　(2)　荘園は8〜9世紀の初期荘園と11世紀以降の寄進地系荘園に分けられる。墾田永年私財法を契機に成立した荘園を特に初期荘園とよぶ。貴族や寺社が農民や浮浪人を動員し，大規模に開墾して成立したものである。　5　律令制において民衆には租・庸・調・雑徭などの負担が課せられた。租は口分田などの収穫から3％程度の稲を納めるものであった。なお，庸は布2丈6尺，調は諸国の産物を納めるものである。

【4】問1　エ　　問2　イ　　問3　エ
○**解説**○ 問1　ア　改新の詔(646年)の内容。　イ　八色の姓(やくさのかばね)は天武天皇が定めたもの(684年)。　ウ　聖武天皇が国分寺建立の詔(741年)を出し，東大寺や国分寺・国分尼寺を造った。　オ　畿内・七道の行政区分は大宝律令(701年)が現存する史料では初出。
問2　イ　『風土記』は713年に編纂された。朝廷が各国に命じ，それぞれの国の産物や地名由来，伝承などをまとめさせた地誌。現存するものは，常陸，播磨，出雲，豊後，肥前の5か国の風土記のみ。
ア　『古今和歌集』は醍醐天皇による最初の勅撰和歌集。905年成立説と勅命説があるが，いずれにせよ10世紀初頭の成立。　ウ　『平家物語』は正確な成立時期は不明だが，物語の内容の中心が治承・寿永の乱であることから，12世紀末から13世紀にかけて成立した。　エ　『枕草子』は清少納言が10世紀末から11世紀初頭に随筆(風)に宮廷体験を記したもの。　問3　a　平将門の乱は939〜41年。　b　院政の開始は1086年。c　藤原頼通による平等院鳳凰堂の建立は1053年。　d　菅原道真の大宰府左遷は901年。

【5】(1)　ア　下剋上　　イ　分国法　　(2)　・資料と資料，既有の知識と資料の間にズレがある。　　・大きさ，重さ，数字等の大小に驚きがある。　　・同じものや場所の変化や継続性が分かる。・学習者によって考え方の違いがでやすい。　から1つ　　(3)　永仁の徳政令　　(4)　中継貿易　　(5)　町の自治…・町衆を中心に自治を

行った。　　　・座と呼ばれる同業組合をつくり，(武士や貴族，寺社にお金を納め)営業を独占した。　　から1つ　　　村の自治…・有力な農民は，惣と呼ばれる自治組織をつくった。　　　・寄合を開き，守るべきおきて(きまり)をつくって団結を強めた。　　から1つ　　(6)　室町の文化は，現代に受け継がれている。　　　(7)　学習した内容を比較したり関連付けたりするなどして，その結果を言葉や図などで表したり，互いに意見を交換したりする活動

○**解説**○ (1)　ア　身分の下の者が身分の上の者に剋つという意味で，具体的には，応仁・文明の乱以後顕著になった，守護大名が京都で戦っている間に，領国にいる守護代や国人に領国を乗っ取られるような現象をいう。　　イ　家法ともいう。今川氏の今川仮名目録，伊達氏の塵芥集，武田氏の甲州法度之次第，朝倉氏の朝倉孝景条々，大内氏の大内氏掟書などが有名である。　(2)　具体的には，モンゴル帝国が領土を拡大し，ユーラシア大陸にアジアからヨーロッパにまたがる大帝国を建設し，そのユーラシアの変化の中で元寇が起こったことや，東西の貿易や文化の交流が陸路や海路を通して行われるようになったことなどを示す資料などが考えられる。　(3)　永仁の徳政令は，蒙古襲来による負担の増大，撃退したにもかかわらず，恩賞がなかったことなどを理由として窮乏した御家人救済のために出された法令である。しかしこの法令は経済を混乱させ，かえって御家人の窮乏を深めることとなった。　(4)　中継貿易とは，自国産品を輸出するのではなく，他国からの輸入品を国内で消費せず，別の国に輸出して利益を得る貿易形態である。　(5)　町の自治…町衆とは，応仁の乱以降に，自治組織の町組をつくり，行政権や裁判権を自治的に運営するようになった商工業者たち。座とは中世の商工業者の同業組合で，公家や寺社の保護を受け，座役納入や労働供与をする代わりに，販売独占権などの特権を認められた。　村の自治…惣は，入会地や用水を共有，管理し，惣掟を定め，それに違反した場合の地下検断(警察権・裁判権の行使)や一括して年貢を請け負う地下請を行い，また，荘園領主や守護大名の支配への抵抗拠点ともなった。　(6)　資料4はこの時代の文化の中に現在に結びつくものが見られることを示している。その他には，書院造→和風住宅の基本様式，連歌→俳句，茶道，華道などが挙げられる。

(7) その際，各時代の特色を大きくとらえ，政治の展開，産業の発達，社会の様子，文化の特色など他の時代との共通点や相違点に着目することが求められる。

【6】問1　B　　問2　聖や上人などと呼ばれた寺院に所属していない民間の布教者が，浄土教を地方に広めたから。　　問3　(1)　D　　(2)　C

○**解説**○　問1　A　李成桂が倒したのは高麗。　C　1457年のアイヌによる蜂起の指導者はコシャマイン。　D　1368年に朱元璋が建国をしたのは明。なお，中国の南北朝時代は439〜589年である。　問2　現世の不安から逃れ，来世において極楽浄土に往生しようとする浄土教が10世紀以降に流行した。中央の貴族や庶民の間に広まった浄土教は，寺院に所属しない聖や上人と呼ばれる民間の布教者によって全国に広がり，地方豪族によって写真のような阿弥陀堂や浄土教美術の秀作が各地に残された。　問3　(1)　Aの北条時宗は8代執権，Bは室町幕府3代将軍，Cは源頼朝の子で鎌倉幕府2代将軍である。　(2)　Aの道元は曹洞宗の開祖，Bの重源は真言・浄土僧，Dの法然は浄土宗の開祖である。

【7】(1)　①　院政　　②　エ　　(2)　人物名…足利義政　　出来事…応仁の乱　　(3)　イ，カ，ク　　(4)　ア，エ，オ

○**解説**○　(1)　①　院政は上皇または法皇が，直系の子孫にあたる天皇を後見しながら国政を主導する政治形態のこと。「院」とは上皇の居所のことだが，転じて上皇を指す。　②　ア　摂関政治の全盛期の人物。イ　太政大臣となって平氏政権を樹立させた人物。ウ　平安時代初期に政治刷新を行った天皇。　(2)　応仁の乱は，1467年に室町幕府8代将軍の足利義政の将軍継嗣問題と有力大名の家督争いがからんで起きた。11年間続き，これにより将軍権威は失墜し，戦国時代となった。(3)　資料3の享保の改革は，江戸幕府の8代将軍である徳川吉宗によって行われた改革である。　ア　株仲間の公認は田沼意次の政策。ウ　農民の帰村や帰農を奨励した法令は旧里帰農令で，寛政の改革をすすめた松平定信によるもの。　エ　寛政異学の禁を発し，朱子学を

正学としたのも松平定信。　オ　株仲間の解散は水野忠邦の天保の改革。　キ　江戸幕府の5代将軍徳川綱吉は勘定吟味役の荻原重秀の意見で貨幣改鋳を行い，質を落とした元禄小判を発行した。　(4)　アの戊辰戦争は1868年，イの薩長同盟は1866年，ウの桜田門外の変は1860年，エの地租改正は1873年，オの版籍奉還は1869年，カの南北戦争は1861年，キのインドの大反乱は1857年，クのクリミア戦争は1853年。

【8】(1)　C　　(2)　香港(ホンコン)　　(3)　田沼意次　　(4)　尊王(皇)攘夷(そんのうじょうい)　　(5)　(エ)　　(6)　板垣退助(いたがきたいすけ)　　(7)　(ア)，(イ)　　(8)　①　加藤高明　　②　(エ)
(9)　北里柴三郎(きたさとしばさぶろう)

○解説○ (1)　1787年，老中首座となった松平定信は寛政の改革を断行し，旧里帰農令，囲米，七分積金，人足寄場，棄捐令，異学の禁，言論出版の統制などの政策を行った。　(2)　清はイギリスとのアヘン戦争(1840～42年)に敗れ，1842年に南京条約を結ばされた。その内容は，香港の割譲，5港の開港，公行の廃止，賠償金の支払いなどである。(3)　江戸時代の三大幕政改革が農村再建を柱とする封建再建策であったのに対し，田沼意次は，商業資本を利用した封建修正策を行い，株仲間の大幅認可，専売制の実施，印旛沼・手賀沼の干拓などを行った。(4)　尊王攘夷論とは，幕末の外圧と幕藩体制の動揺という危機に際して，尊王論(天皇尊崇思想)と攘夷論(外国人排斥思想)が結びついて形成された思想であり，開国による物価高騰が下級武士や民衆の生活を苦しくし，攘夷運動を激化させることになった。　(5)　将軍徳川慶喜が名を捨てて実をとる作戦をとって大政奉還の上表を提出すると，武力倒幕の大義名分を失った討幕派は小御所会議において王政復古の大号令を発せさせた。この挑発に乗った旧幕府側と王政復古によって樹立された新政府軍の間で，1968～69年の間戊辰戦争が繰り広げられ，結果は新政府軍の勝利となった。　(6)　征韓論政変で敗れて下野した板垣退助は，後藤象二郎らとともに，1874年民撰議院設立建白書を提出し，自由民権運動のスタートを切った。そして，1881年，明治十四年の政変で政府が国会開設の勅諭を出すと，自由党を結成しその総理となった。　(7)　日露戦争は1904年に勃発し，1905年にポーツマス講和

条約が結ばれて終了した。甲午農民戦争(1894年)は東学の乱ともいわれ、日清戦争の契機となったものである。ヴェルサイユ条約(1919年)は第一次世界大戦についての連合国とドイツとの講和条約である。

(8)　①　1925年、護憲三派の加藤高明内閣は、満25歳以上の男子全員に選挙資格を与える普通選挙法を成立させた。また、これと同時に、国体の変革や私有財産制度の否定を目的とする結社やその加入者を取り締まるための治安維持法も成立させた。　②　日本は太平洋戦争に敗北して連合国軍の占領管理下に置かれ、GHQ(連合国軍最高司令官総司令部)の指導下で民主化政策が行われた。無条件降伏から4か月後の1945年12月には選挙法が改正され、男女平等の普通選挙制(選挙権は満20歳以上)が実現した。　(9)　北里柴三郎は1890年に破傷風の血清療法を発見し、そして1894年にはペスト菌を発見した。

【9】(1)　②　　(2)　③

○**解説**○ (1)　①　参勤交代は1635年に大名統制の一つとして制度化された。　②　5代将軍綱吉は、1683年の武家諸法度で「文武弓馬の道」を「文武忠孝を励し、礼儀を正すべき事」に改めた。　③　8代将軍吉宗による定免法の採用は1722年のこと。　④　株仲間の公認は1772年である。　(2)　③　東日本ではおもに金貨が(金遣い)、西日本ではおもに銀貨が(銀遣い)が取引や貨幣計算の中心とされた。

【10】(1)　エ　　(2)　資料Aは、かな文字で書かれているため。

(3)　武士　　(4)　イ　　(5)　盆踊り　　(6)　琉球王国

(7)　イ→ア→ウ

○**解説**○ (1)　756年に聖武天皇が没すると、光明皇后は東大寺に納めた遺品を保管するために正倉院宝庫を建てた。校木と呼ばれる三角材を井桁に積み上げた校倉造の建物である。日本は630年から834年まで10数回にわたって遣唐使を送った。　(2)　894年、菅原道真の建言によって遣唐使が停止されたのをきっかけに中国の文化的な影響が薄れ、かな文字や大和絵に代表される国風文化が発展した。『枕草子』は清少納言の随筆で、11世紀初めに紫式部の長編小説『源氏物語』とともにかな文字を用いて書かれた。　(3)　鎌倉文化は公家の伝統文化を受

け継ぎつつ，武家や庶民に支持された公武二元文化である。武家文化は武士の気風に合った，簡素で力強く進取的という特徴があった。それは運慶・快慶らによる東大寺南大門の金剛力士像に象徴されている。　(4)　ルネサンスは14世紀にイタリアで始まった。　イ　カノッサの屈辱(カノッサ事件)は11世紀後半の1077年のできごとである。ア　イギリスの東インド会社設立で1600年。　ウ　イエズス会はカトリック教会による対抗宗教改革(反宗教改革)として，1534年に結成された。　エ　マゼランの船団による世界一周の達成は1522年。

(5)　室町時代，仮装や異様な風体で踊る風流踊りが神社の祭礼などで踊られ，平安時代中期の空也，鎌倉時代の一遍らによる踊念仏を源流とする念仏踊りとともに，現代まで続く盆踊りの原形となった。

(6)　三味線の起源は明の三弦で，14世紀末に琉球に伝わり，琉球王国成立後の戦国時代末期の永禄年間(1558～70年)に，琉球から堺に蛇の皮を張った三弦が伝えられ，蛇皮線と呼ばれた。その後，猫の皮を張った三味線に改良されて普及した。　(7)　イ　安土桃山時代，大名や豪商らによる豪華で力強い桃山文化が栄えた。　ア　元禄年間(1688～1704年)を中心とする江戸時代前期，上方の町人たちを主な担い手とする元禄文化が栄えた。　ウ　江戸時代後期の文化・文政期(1804～30年)を中心に，江戸の町人を主な担い手とする化政文化が栄えた。

【11】(1)　あ　領事裁判権の撤廃　　い　黄熱病　　(2)　う　ノルマントン号　　え　日英通商航海　　(3)　1890年には綿糸の生産量が輸入量を上回り，1897年には輸出量が輸入量を上回るようになった。

(4)　2　　(5)　4　　(6)　3

○解説○　(1)　あ　＜カードⅠ＞の人物は陸奥宗光である。日清戦争の直前に，外相として条約に調印したとの記述内容から判断できる。陸奥は日本と欧米諸国との不平等条約の改正に尽力し，領事裁判権の撤廃に成功した。　い　＜カードⅣ＞の人物は野口英世である。幼い頃に手に大火傷を負ったものの，後に医師として活躍したというエピソードが判断材料である。野口はアフリカで黄熱病の研究に従事したが，研究中に自身が黄熱病に罹患してしまい，命を落とした。

(2)　う　ノルマントン号の沈没に際し，船長以下イギリス人船員は全

員ボートで脱出したが，日本人乗客は全員水死してしまった。船長はイギリスの領事裁判の結果，無罪とされたため，日本国民の強い怒りを呼び起こし，領事裁判権の弊害が強く認識されるようになった。え　日英通商航海条約の調印には，日清戦争に備えてイギリスの支持を取りつけようとする目的もあった。　(3)　日本の産業革命は，軽工業，そのなかでも特に綿糸を製造する紡績業が中心となって展開された。1883年に渋沢栄一らが設立した大阪紡績会社が開業し，機械を用いた大規模生産で経営に成功した。この大阪紡績会社の成功に触発され，1880年代には機械製生産による大規模紡績がいくつも設立され，1890年には綿糸の国内生産量は輸入量を上回った。そして，日清戦争のころから中国・朝鮮への綿糸輸出が急増し，1897年には輸出量が輸入量を上回った。　(4)　日本海軍の連合艦隊がロシアのバルチック艦隊と戦ったのは，日露戦争における日本海海戦であり，この時の連合艦隊の指揮官の＜カードⅡ＞の人物は東郷平八郎である。日露戦争の講和条約であるポーツマス条約によって日本は旅順・大連の租借権を獲得した。1の遼東半島の割譲，3の朝鮮の独立の承認，4の台湾・澎湖諸島の割譲は，すべて日清戦争の講和条約である下関条約によって獲得した。　(5)　野口英世の存命期間は，1876〜1928年である。黒澤明の『羅生門』は1950年の作品であり，野口英世の存命中の作品ではない。　1　北里柴三郎によるペスト菌の発見は1894年のできごと。2　小学校の教科書が国定教科書とされたのは1903年。　3　『明星』の創刊は1900年。　(6)　ア　義和団事件であり，1900年のできごと。イ　三国干渉であり，1895年のできごと。　ウ　日英同盟の締結であり，1902年のできごと。　エ　官営八幡製鉄所の設立は，1897年のできごと。

【12】(1)　①　エ　　②　征韓論　　③　17〜18世紀，欧米では革命の結果，立憲君主制と議会政治が始まり，基本的人権や人間の平等という理想が掲げられるなど，近代的な法を備える国家が誕生した。欧米諸国は産業革命を遂げ，資本主義の仕組を成立させ，帝国主義の考えのもとに圧倒的な軍事力を武器に植民地支配を進めた。かくして日本は列強国の圧力に押され，不平等条約を締結することとなった。当

時の日本の最重要課題であった不平等条約改正のためには，近代的な法を整備し，列強から認められることが必要であった。したがって，日本における立憲制の成立は，列強国から近代国家として認められ，国際社会での地位を向上させるという意義があった。　(2)　①　エ→ア→イ→ウ　　②　二・二六事件　　(3)　①　エ→ア→ウ→イ　②　日中共同声明

○**解説**○ (1)　①　エ　1861年にアメリカで南北戦争が起こって国内の政治が混乱し，対外政策が停滞したため，1859年に始まったばかりの日米貿易は大きく減少した。日本との貿易額が最も多かったのは，当時世界一の経済大国でアジアに多くの拠点を持っていたイギリスだった。　ア　老中阿部正弘ではなく大老井伊直弼。　イ　坂下門外ではなく桜田門外。　ウ　徳川慶喜ではなく徳川家茂。　②　薩摩藩出身で明治新政府のリーダーの一人だった西郷隆盛は1873年，同じ参議の板垣退助らとともに，武力に訴えてでも朝鮮を開国させる征韓論を唱えた。しかし，岩倉使節団から帰国した大久保利通・木戸孝允らの反対派に敗れて辞職した(明治六年の政変)。　③　イギリスのピューリタン革命や名誉革命，アメリカの独立革命，フランス革命といった17〜18世紀の欧米での革命の結果，立憲制に基づく議会政治が近代国家の条件とみなされるようになった。また産業革命と資本主義の成立の結果，欧米諸国は帝国主義に基づく植民地の開拓をめざすようになり，日本も不平等条約を強いられる形で開国した。日本が欧米諸国から近代国家として認められて不平等条約を改正するためには，立憲制国家になることが必須であった。　(2)　①　エ　1919年，北京での学生集会をきっかけに五・四運動が始まり，政府に対しヴェルサイユ条約の調印を拒否するよう要求する大規模な反日・反帝国主義運動に発展した。　ア　1921〜22年，アメリカ大統領ハーディングの提唱でワシントン会議が開かれた。　イ　1925年，加藤高明内閣によって共産主義者などを取り締まるための治安維持法が制定された。　ウ　1930年，浜口雄幸内閣の時にロンドン海軍軍縮会議が開かれ，軍縮条約に調印した。　②　岡田啓介内閣の時の1936年2月26日，陸軍の青年将校らが多くの兵士を率いて首相官邸・警視庁などを襲撃し，高橋是清蔵相・斎藤実内大臣・渡辺錠太郎教育総監らを暗殺した二・二六事件が

起こった。翌27日，東京には戒厳令が布告された。決起部隊は反乱軍とされ，29日には投降を促す「下士官兵に告グ」のビラがまかれて事件は収束したが，この事件をきっかけに軍部の政治への発言力が増大した。　(3)　①　エ　1951年，日本は48か国との間でサンフランシスコ平和条約を結び，翌年発効して独立国としての主権を回復した。ア　1956年，日ソ共同宣言に調印してソ連との国交を回復した。ウ　1960年に発足した池田勇人内閣は「所得倍増」政策を掲げた。なお岩戸景気は1958〜61年。　イ　佐藤栄作内閣末期の1972年，沖縄がアメリカから日本に返還された。　②　沖縄返還の2か月後の1972年7月，自由民主党の総裁選挙で福田赳夫を破った田中角栄が首相となった。田中首相は9月に中華人民共和国の首都北京を訪問して周恩来首相らと協議した結果，中華人民共和国による政府が中国を代表する政府であることを認めた日中共同声明を発表し，日中国交正常化を実現させた。

【13】問1　③　　問2　①　　問3　④　　問4　⑤　　問5　⑥

○**解説**○　問1　③　開港された港は正しいが，開市は京都ではなく大坂が正しい。　①　清がアロー戦争の結果，イギリス・フランスと天津条約を結んだことがきっかけとなった。　②　領事裁判権容認と関税自主権の喪失は，明治時代の条約改正の重要課題となった。④　1858年に締結した5つの修好通商条約は安政の五か国条約と総称される。　問2　ア　学校令は初代文部大臣の森有礼が1886年に公布した。大山巌は軍人で，陸軍大臣を務めた人物。　イ　小学校は，1903年から文部省著作の国定教科書に統一された。教育令は1879年にアメリカの教育制度を参考に学制を改正したもの。　ウ　「学事奨励に関する被仰出書」は，1872年に公布された学制の序文で，国民皆学・教育の機会均等の原則と実学の理念などを明示した。　問3　大正時代は1912〜1926年まで。④のハーグ密使事件は，1907年に起きた事件で明治時代。①の治安維持法の成立は1925年，②のヴェルサイユ条約の調印は1919年，③のワシントン会議は1921年〜1922年にかけて行われ，いずれも大正時代のできごと。　問4　ア　日中戦争の始まりは1937年，日本の国際連盟脱退は1933年，張作霖爆殺事件は1928年のこ

とである。　イ　大東亜会議の開催は1943年，日満議定書の調印は1932年，日独伊三国同盟の調印は1940年のことである。　問5　湾岸戦争は，1990年初めにクウェートに侵攻したイラクに対してアメリカ軍を主力とする多国籍軍が開戦した。日本はアメリカに国際貢献をせまられ，多国籍軍に多額の資金援助を行った。なお，2003年のイラク戦争に対しては，イラク復興支援特別措置法を制定し，人道支援に当たった。

【14】(1)　桂太郎　　(2)　平民　　(3)　満25歳以上のすべての男子
(4)　二・二六事件　　(5)　フランス　　(6)　ヤルタ会談
(7)　NATO　　(8)　自由民主党　　(9)　チェコスロバキア
(10)　マルタ会談　　(11)　天安門事件　　(12)　K，L，M

○**解説**○　(1)　内大臣兼侍従長である桂が首相となるのは宮中と府中(政府)の境界を乱すとの非難の声が上がり，第一次護憲運動へと発展した。立憲政友会と立憲国民党が内閣を激しく攻撃し，民衆もそれを支持して議会を包囲したため，桂は退陣した。　(2)　原敬は華族でも藩閥でもなく，衆議院に議席をもつ首相であったため「平民宰相」と呼ばれた。　(3)　納税資格制限を撤廃し，25歳以上の男性に選挙権，30歳以上の男性に被選挙権が認められた。女性に参政権が与えられるのは，1945年12月の選挙法改正によってである。　(4)　陸軍皇道派青年将校たちが，首相官邸や警視庁などを襲撃し，斎藤実内大臣らを殺害して，東京の中心部を4日間にわたり占拠した。戒厳令が出され，決起した部隊は反乱軍として鎮圧された。事件後，皇道派は陸軍内で排除された。　(5)　19世紀半ば，ナポレオン3世のインドシナ出兵により，フランスはコーチシナ東部3省やカンボジアを獲得した。その後，清仏戦争を経てベトナムとカンボジアからなるフランス領インドシナを成立させた。1890年代にラオスも獲得。　(6)　1945年にはポツダム会談も開かれた。黒海沿岸のクリミア半島で開かれたのは，ヤルタ会談である。ポツダムは，ベルリンの近郊である。　(7)　西ドイツは，1954年のパリ協定で主権を回復し，NATO(北大西洋条約機構)への加盟が認められた。冷戦構造の中で，西側の一員として独立したことになる。(8)　1955年の社会党統一と保守合同(日本民主党と自由党が合流して

自由民主党を結成)以後，衆議院議席の3分の2を占める自民党が政権を保持し，3分の1を占める野党の社会党と国会で対立する構図が1993年まで続いた。　(9)　1968年にチェコスロバキアの共産党のリーダーであったドプチェクは，自由化・民主化の動きを進めた。これをプラハの春という。しかし，この動きは，ソ連を中心とするワルシャワ条約機構軍によって軍事的に鎮圧された。　(10)　アメリカのブッシュ(父)大統領とソ連のゴルバチョフ書記長が，冷戦の終結を宣言した。(11)　1989年には東ヨーロッパ諸国で次々に共産党政権が崩壊し，ベルリンの壁も崩壊した。こうした世界情勢や，ゴルバチョフ訪中，胡耀邦前総書記の死去に刺激され，中国でも民主化運動が高揚した。しかし，人民解放軍によって鎮圧された。　(12)　アメリカのジョンソン大統領は，トンキン湾事件を口実に，1965年に北爆を開始した。これがベトナム戦争の始まりである。1973年のベトナム(パリ)和平協定によって，アメリカは撤退した。

【15】(1)　④→③→①→⑤→②　(2)　勘合　(3)　(イ)　(4)　太政大臣　(5)　(エ)　(6)　(イ)　(7)　③と①の間(①と③の間)　(8)　大伴家持(おおとものやかもち)

○解説○　(1)　④　630年第1回の遣唐使派遣～894年の菅原道真の建議で廃止。　③　平安時代末期，平清盛が大輪田泊で日宋貿易を行う。①　室町時代，足利義満が日明貿易(勘合貿易)を始める。　⑤　桃山時代の1584年，スペインの貿易船が来航し南蛮貿易が始まる。②　桃山時代の1592年，豊臣秀吉が朱印船貿易を始める。　(2)　当時明は倭寇の被害に苦しんでおり，太祖洪武帝は3代将軍足利義満に倭寇の取り締まりと朝貢を求めてきた。義満はそれに応じ貿易が開始された。倭寇と区別するために「勘合」という証票を用いたので，勘合貿易とも呼ばれる。　(3)　朱印船貿易を始めたのは豊臣秀吉といわれ，それは江戸時代に入っても，徳川家康が継続し全盛期を迎え，鎖国まで続いた。豊臣政権も江戸幕府もその支配体制は中央集権制ではなく，豊臣家や徳川家は直轄領を統治し，大名はそれぞれの領地を統治し，豊臣家や徳川家は大名を統制下に置くという支配体制だった。(4)　厳島神社を整備させたのは平清盛である。保元の乱・平治の乱を

勝ち抜き後白河上皇と提携した清盛は，令の最高官職である太政大臣となった。 (5)（ア） 都の警備にあたったのは衛士で，防人は北九州の沿岸防備にあたった。 （イ） 特産品を納めるのが調で，労役10日のかわりに布を納めるのが庸である。 （ウ） 墾田永年私財法は開墾田の永久私有と売買を認める法律である。 (6) 日本に初めてキリスト教を伝えた人物はフランシスコ＝ザビエルである。ザビエルはプロテスタントに対抗してカトリックの発展をはかろうとしたイエズス会の創立者の一人であった。 (7) 図のしくみで国が治められた時代は鎌倉時代である。鎌倉時代は③の平安時代と①の室町時代の間である。 (8) 「令和」の出典は，『万葉集』第五巻にある，大友旅人邸で催された梅花の宴で詠まれた歌の詞書といわれる。『万葉集』は日本最古の歌集で，編者は大伴旅人の子の大伴家持らとされている。

実施問題

【1】以下の文章や資料を見て，次の各問いに答えよ。

問1　次の文章を読み，以下の各問いに答えよ。

> 　　イエスを救世主とするキリスト教は，_aローマ帝国に保護され，4世紀末以降にヨーロッパの人々に広まった。また，ムハンマドがはじめた_bイスラム教は，_c8世紀には北アフリカから西アジア，中央アジアにまで広がった。11世紀にはローマ教皇が，パレスチナにある_d聖地(　　　)をイスラム教徒から取り戻すための遠征を呼びかけた。この遠征は，東西の交流を促し，13世紀には_eモンゴル帝国が交通路を整備したので，ヨーロッパの人々が東アジアを多く訪れるようになった。

(1)　下線部aの説明として正しいものを，次の中から1つ選び，記号で答えよ。

　ア　巨大な長城を築き，長さ・容積・重さの基準や文字を統一し，半両銭を発行した。

　イ　政治の方針を決めるために，市民全員が参加して話し合う民会が開かれていた。

　ウ　度重なる征服戦争で平民が没落して貧富の差が広がり，内乱の末，皇帝の支配する帝政が始まった。

　エ　戦争や農業など政治における大切なことが占いによって決められ，その結果は，亀の甲や動物の骨に文字で刻まれていた。

(2)　下線部bに最も関係の深いものを，次の中から1つ選び，記号で答えよ。

ア

（新しい社会　歴史　（東京書籍）より）

イ

（新しい社会　歴史　（東京書籍）より）

● 中学校

ウ

（新しい社会　歴史　（東京書籍）より）

エ

（詳説　世界史　（山川出版社）より）

(3)　下線部cにおける日本のできごととして正しいものを，次の中から1つ選び，記号で答えよ。

ア　朝鮮半島南部からきた工人によって，硬質で灰色の須恵器の製作技術が伝えられた。

イ　邪馬台国の女王卑弥呼は，魏の皇帝から「親魏倭王」の称号と金印などを与えられた。

ウ　蘇我入鹿が山背大兄王を攻め滅ぼし，政権の独占をはかった。

エ　聖武天皇は，国分寺建立の詔，つづいて大仏造立の詔を出した。

(4)　下線部dの都市名として正しいものを，次の中から1つ選び，記号で答えよ。

ア　メッカ　　イ　エルサレム　　ウ　ローマ　　エ　カイロ

(5)　表は，下線部eと日本の関わりと影響について示したものである。次のできごとが起きた時期を，表中から1つ選び，記号で答えよ。

できごと

> 鎌倉幕府は永仁の徳政令を出して，御家人を救おうとした

表

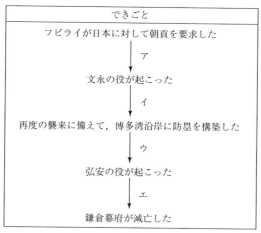

できごと
フビライが日本に対して朝貢を要求した
↓ ア
文永の役が起こった
↓ イ
再度の襲来に備えて，博多湾沿岸に防塁を構築した
↓ ウ
弘安の役が起こった
↓ エ
鎌倉幕府が滅亡した

問2　以下の資料を見て，次の各問いに答えよ。

(1)　資料Ⅰの使節団がヨーロッパへ向けて出発した頃の日本の社会とキリスト教との関わりを述べた次の文 i〜iii について，年代の古いものから順に正しく配列したものを，あとの中から1つ選び，記号で答えよ。

資料Ⅰ

（新しい社会　歴史　（東京書籍）より）

> i. イエズス会の宣教師フランシスコ＝ザビエルが鹿児島に上陸した。
> ii. 博多でバテレン追放令を出して，宣教師の国外追放を命じ布教を禁止した。
> iii. 京都に教会堂，安土にセミナリオを建設した。

ア　i−ii−iii　　イ　i−iii−ii　　ウ　ii−i−iii

エ　ii−iii−i　　オ　iii−i−ii　　カ　iii−ii−i

(2)　資料Ⅱに描かれている時代の文化について述べた文として正しいものを，以下の中から1つ選び，記号で答えよ。

資料Ⅱ

(新しい社会　歴史　（東京書籍）より)

ア　有力貴族は一族子弟の教育のために，寄宿舎に当たる大学別曹を設けた。

イ　活版印刷技術が伝えられ，「平家物語」などの書物が，ローマ字で印刷された。

ウ　雪舟が禅画の制約を乗り越えて，日本的な水墨画様式を創造した。

エ　浄土信仰が広がり，藤原頼通が宇治に平等院鳳凰堂を造らせた。

(3)　資料Ⅲを出した人物が老中だった頃に起こったできごとについて述べた文として適切なものを，以下の中から1つ選び，記号で答えよ。

資料Ⅲ

> 　寛政1年9月16日
> 総札差どもへ申し渡し
> 一　旧来の貸金はもちろん，6年以前の天明4年までに貸付けた金子は，古借・新借の差別なく棄捐とするから，そのように心得ること。
>
> 　　　　　　　　　　　　　（「日本財政経済史料」より）

ア　ラクスマンが根室に来航し，日本人漂流民を届けるとともに
　　通商を求めた。

イ　アメリカ商船のモリソン号が浦賀沖に接近し，日本人漂流民
　　を送還して日本に通商を求めようとしたが，幕府は異国船打払
　　令にもとづいてこれを撃退させた。

ウ　ポルトガル船の来航を禁止し，オランダ商館を出島に移した。

エ　イギリス・フランス・アメリカ・オランダの海軍は連合し，
　　長州藩の外国船砲撃に対する報復として，下関砲台を攻撃した。

(4)　以下のカードは，世界や日本で発表された文章の一部である。
　　資料Ⅳに最も関係が深いカードを，以下の中から1つ選び，記号
　　で答えよ。

資料Ⅳ

（新しい社会　歴史　（東京書籍）より）

ア

　　天は人の上に人をつ
　くらず人の下に人をつ
　くらず

イ

　　元始，女性は実に太
　陽であった。真正の人
　であった。今，女性は
　月である。

<table>
<tr><td>ウ</td><td>エ</td></tr>
<tr><td>経済生活の秩序は，全ての人に人間に値する生存を保障することを目指す，正義の諸原則にかなうものでなければならない。</td><td>人は生まれながらにして，自由で平等な権利を持つ。社会的な区別はただ公共の利益に関係のある場合にしか設けられてはならない。</td></tr>
</table>

┃ 2024年度 ┃ 長崎県 ┃ 難易度 ■□□□□

【2】 次の異なる時代の略地図①～④を見て，以下の(1)～(4)の問いに答えよ。

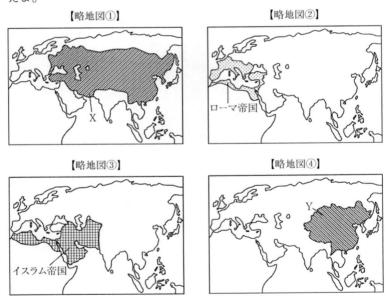

【略地図①】

【略地図②】
ローマ帝国

【略地図③】
イスラム帝国

【略地図④】
Y

(1) 略地図①中の斜線で示したX国は，東は朝鮮半島から西は東ヨーロッパまでの広大な地域を支配した。X国を建国した人物として最も適切なものを次のA～Dから一つ選び，その記号を書け。

A 煬帝　　B 毛沢東　　C チンギス・ハン　　D 始皇帝

(2) 略地図②中のローマ帝国について述べた文として最も適切なもの
を次のA～Dから一つ選び，その記号を書け。

　A　険しい山岳地帯につくられた都市で，マチュピチュなどに遺跡
　　　が残っている。

　B　キリスト教を迫害する時期があったが，後に国の宗教に定めた。

　C　オリエントの文化と融合した新しい文化が生まれ，芸術や自然
　　　科学が発達した。

　D　都市国家が形成され，男性市民による民主政が行われた。

(3)　次の絵は，略地図④の斜線で示したY国とイギリスとの間で起こ
った出来事に関係するものである。この出来事が起こった当時のY
国と日本について述べた文として正しいものを以下のA～Dから一
つ選び，その記号を書け。

【絵】

　A　日本は，鎖国政策により，Y国の人々の居住を唐人屋敷に制限
　　　した。

　B　豊臣秀吉は，Y国の征服を目指し，大軍を朝鮮に派遣した。

　C　Y国は，二度にわたり日本を攻め，集団戦法と火薬を使った武
　　　器で日本と戦った。

　D　Y国の国民党と共産党は，日本との戦争のために協力し合うこ
　　　とを決めた抗日民族統一戦線を結んだ。

(4)　略地図①～④を時代が古い順に左から右へ並べたものとして正し
いものを次のA～Dから一つ選び，その記号を書け。

　A　②→③→④→①　　　B　②→③→①→④　　　C　③→②→④→①

　D　③→②→①→④

2024年度 ▌ 愛媛県 ▌ 難易度 ■■□□□□

● 中学校

【3】 第二次世界大戦前後の時代に関する次の各問いに答えなさい。

(1) 世界恐慌への対策から，イギリス・フランスなどが関係の深い国や地域を囲い込んで，その中だけで経済を成り立たせるしくみを成立させた。このようなしくみを何というか答えなさい。

(2) 世界恐慌に対するドイツの動きを説明した文のうち，正しいものを次の(ア)～(エ)から一つ選び，記号で答えなさい。

(ア) ダム建設などの公共事業をおこして失業者を助け，労働者の権利を保護するなど，ニューディール政策を実行した。

(イ) 公共事業と軍備の拡張によって景気を回復させた一方で，個人の自由や民主主義が否定される全体主義国家となった。

(ウ) ムッソリーニ率いるナチスがユダヤ人を迫害し，共産主義者などを攻撃した。

(エ) 1928年にはじまる「五か年計画」とよばれる計画経済によって，恐慌の影響を受けることなく成長を続けた。

(3) 「朝鮮戦争」前後の様子について説明した文のうち，誤っているものを次の(ア)～(オ)から一つ選び，記号で答えなさい。

(ア) 朝鮮戦争がはじまると，日本本土や沖縄のアメリカ軍基地が使用された。

(イ) 朝鮮戦争がはじまると，日本国内の治安維持のために警察予備隊が作られた。

(ウ) 日本はアメリカ軍向けの軍需物資を大量に生産したため，特需景気により日本の経済は活気づいた。

(エ) 1951年，日本はアメリカなど48か国とサンフランシスコ平和条約を結び，独立国としての主権を回復した。

(オ) 1949年，中国国民党の毛沢東が中華人民共和国を成立させた。

2024年度 ▎鳥取県 ▎難易度 ■■□□□

【4】 次の1～8の問いに答えなさい。

1 次の文の下線部(あ)について，イスラーム教について述べたア～エの文の正誤の組み合わせとして最も適切なものを，以下のa～eの中から一つ選びなさい。

(あ)イスラーム教は，ユダヤ教やキリスト教の影響を受けて

70

誕生した一神教である。アラブ人のイスラーム教徒は，7世紀半ばから約1世紀のあいだに，東は中央アジアから西はイベリア半島に至るまでの大帝国を建設した。11世紀以降には，北アフリカやインドでもイスラーム化が進展し，さらに13世紀以降になると，商人や神秘主義者の活動を通じて東南アジアの諸島部へイスラーム教が浸透した。

ウマイヤ朝の時代にはアラブ人だけが特権階級であったが，アッバース朝の時代になってイスラーム法が整備されると，すべてのイスラーム教徒は平等であるとの原則が支配的になった。しかし，まもなく地方政権が相次いで自立し，「イスラーム帝国」は分裂し，アッバース朝カリフの権威はしだいに低下した。

14〜15世紀の中央アジア・西アジアではティムール朝のもとでトルコ＝イスラーム文化が栄えた。その後の西アジアでは，ビザンツ帝国を滅ぼしてアジア・北アフリカ・ヨーロッパにまたがる広大な領土を形成したオスマン帝国と，イランを支配したサファヴィー朝が，互いに対抗しつつ全盛期を迎えた。南アジアでは，ムガル帝国が支配を広げた。

ア　622年，ムハンマドが少数の信者を率いてメッカからメディナに移住したことをヒジュラ(聖遷)という。

イ　イスラーム暦(ヒジュラ暦)は，太陰暦であり，イスラーム暦元年は，622年にあたる。

ウ　630年，ムハンマドはメディナの多神教の神殿であったカーバをイスラーム教の聖殿とした。

エ　イスラーム教の聖典『コーラン』は，ムハンマドにくだされた神のことばの集成であり，アラビア語で記されている。

	ア	イ	ウ	エ
a	誤	正	誤	正
b	誤	正	正	正
c	誤	誤	正	誤
d	正	正	誤	正
e	正	誤	正	誤

2 ローマ共和政の政治と外交について述べた文として最も適切なものを，次のa〜eの中から一つ選びなさい。

  a ローマ共和政発足当初，最高官職である2名のコンスルは，平民・貴族から1名ずつ選出された。

  b 前287年のホルテンシウス法により，平民と貴族との政治上の権利は同等となった。

  c コンスルに選ばれたグラックス兄弟は，大土地所有を制限しようとしたが挫折した。

  d 第1回三頭政治では，カエサルがダキア遠征の成功により，指導権を獲得した。

  e 第2回三頭政治では，オクタウィアヌスがセレウコス朝の女王クレオパトラと結んだアントニウスをアクティウムの海戦で破った。

3 中世ヨーロッパにおける商業や都市の発達について述べた文として，誤っているものを，次のa〜eの中から一つ選びなさい。

  a ガン(ヘント)・ブリュージュなどのフランドル地方の都市は毛織物生産で繁栄した。

  b 大商業圏を結ぶ内陸の通商路にも都市が発達し，フランスのシャンパーニュ地方は，定期市で繁栄した。

  c 自治都市において，当初市政を独占していたのは商人ギルドであったが，これに不満をもつ手工業者が同職ギルド(ツンフト)をつくって市政参加を実現させていった。

  d リューベックを盟主とするロンバルディア同盟は，14世紀には北ヨーロッパ商業圏を支配した。

  e フィレンツェの富豪であるメディチ家は，一族から教皇をも輩出した。

4 漢代の文化について述べたア〜エの文の正誤の組み合わせとして最も適切なものを，以下のa〜eの中から一つ選びなさい。

  ア 前漢の武帝の時代には，董仲舒の提案により儒学が官学とされた。

  イ 前漢の時代，司馬遷が紀伝体で『史記』をまとめた。

  ウ 後漢の時代には，鄭玄らの学者によって訓詁学が発展した。

エ　後漢の時代，班固が編年体で『漢書』をまとめた。

	ア	イ	ウ	エ
a	正	正	正	誤
b	正	誤	正	正
c	正	誤	誤	誤
d	誤	誤	誤	正
e	誤	正	正	誤

5　次の資料は，ユグノー戦争中に起きた出来事を描いたものである。ユグノー戦争中に起きた出来事として最も適切なものを，以下のa〜eの中から一つ選びなさい。

　a　ロシアでロマノフ朝が成立した。

　b　オランダが独立を宣言した。

　c　コルテスがメキシコを征服した。

　d　オスマン軍の第1次ウィーン包囲が失敗した。

　e　イギリスがヴァージニア植民地をつくった。

6　次の写真は，ヤルタ会談に参加した各国首脳を写したものである。この写真およびヤルタ会談・ヤルタ協定について述べた文として最も適切なものを，以下のa〜eの中から一つ選びなさい。

    a　写真の人物は，左からムッソリーニ・ローズヴェルト・スターリンである。

    b　日本軍の無条件降伏要求や降伏後の日本の処遇についての方針が示された。

    c　連合国による北フランス上陸作戦が協議された。

    d　この会談で大西洋憲章を戦後構想の原則として確認した。

    e　秘密条項としてドイツ降伏後3か月以内のソ連の対日参戦などを決めた。

7　1930年代の出来事について述べたア〜エの文を，年代の古い順に並べたものとして最も適切なものを，以下のa〜eの中から一つ選びなさい。

    ア　中国共産党が八・一宣言を出した。

    イ　盧溝橋事件が起こった。

    ウ　中華ソヴィエト共和国臨時政府がつくられた。

    エ　西安事件が起こった。

    a　ウ→ア→イ→エ

    b　ウ→エ→ア→イ

    c　ウ→ア→エ→イ

    d　ア→ウ→イ→エ

    e　ア→ウ→エ→イ

8　第二次世界大戦後の世界に関する次の文章を読み，以下の(1)，(2)の問いに答えなさい。

    1959年，キューバではカストロが指導する革命運動により，バティスタ独裁体制の打倒に成功した。革命政府が土地改革を実行し，アメリカ合衆国系の砂糖企業を接収すると，1961年，(　①　)政権はキューバと断交した。合衆国が革命政府の武力打倒を支援して失敗すると，(あ)キューバは社会主義宣言を発表して，ソ連寄りの姿勢を示した。キューバ革命政府は，合衆国の経済封鎖に苦しみながらも，政権を維持した。そのような中で，合衆国では1961年，民主党の(　②　)が大統領に就任した。翌年，キューバでソ連の支援によるミサイル基地

建設が発覚すると，(②)政権は海上封鎖で対抗した。その
ため，米ソ間で一挙に緊張が高まった(キューバ危機)が，合衆
国のキューバ内政への不干渉を条件に，ソ連がミサイル基地
を撤去する合意が成立した。キューバ危機以降の合衆国では，
(②)の後を継いだ(③)大統領が，1964年に公共施設で
の人種差別を禁止する公民権法を成立させ，「偉大な社会」計
画を提唱して，「貧困との闘い」を推進した。

(1) 文中の空欄(①)～(③)に当てはまる人物の組み合わせ
として最も適切なものを，次のa～eの中から一つ選びなさい。た
だし，( )の同じ番号には同じ語句が入るものとする。

	①	②	③
a	アイゼンハワー	ケネディ	ジョンソン
b	トルーマン	ケネディ	ジョンソン
c	アイゼンハワー	カーター	ニクソン
d	アイゼンハワー	ケネディ	ニクソン
e	トルーマン	カーター	ニクソン

(2) 文中の下線部(あ)について，ソ連および社会主義陣営での出来
事について述べたア～エの文を，年代の古い順に並べたものとし
て最も適切なものを，以下のa～eの中から一つ選びなさい。

ア フルシチョフがスターリン批判を行った。

イ ワルシャワ条約機構が発足した。

ウ コミンフォルムが結成された。

エ 東ドイツにベルリンの壁が築かれた。

a ウ→ア→イ→エ

b ウ→イ→ア→エ

c ア→ウ→イ→エ

d ア→イ→ウ→エ

e イ→ウ→ア→エ

2024年度 ▌ 茨城県 ▌ 難易度 ■■■□□

【5】次の各問いに答えよ。

(1) 次の文中の[A]～[C]に入る組合せとして，正しいものを

一つ選び，番号で答えよ。

> 　中世ヨーロッパにおいて，キリスト教は，西ヨーロッパの[　A　]と，東ヨーロッパのビザンツ帝国と結び付いた[　B　]に分かれていた。[　A　]の頂点に立つ[　C　]は大きな権威を持っており，西ヨーロッパ諸国の王や貴族，都市は，[　A　]と結び付いて力をのばした。

1　A　正教会　　　　　　B　イエズス会
　　C　カール大帝
2　A　正教会　　　　　　B　カトリック教会
　　C　ローマ教皇(法王)
3　A　正教会　　　　　　B　カトリック教会
　　C　カール大帝
4　A　カトリック教会　　B　正教会
　　C　ローマ教皇(法王)
5　A　カトリック教会　　B　正教会
　　C　カール大帝
6　A　カトリック教会　　B　イエズス会
　　C　ローマ教皇(法王)

(2)　明が15世紀にはいって鄭和を数回にわたってインド洋地域へ遠征させた際の重要な拠点となったことから，国際交易都市として大きく発展した国はどこか，正しいものを一つ選び，番号で答えよ。

1　モノモタパ王国　　　2　クシュ王国　　　3　マラッカ王国
4　アクスム王国　　　5　ガーナ王国

(3)　20世紀後半の欧米諸国が関係する出来事A～Dを年代の古い順に並べた組合せとして，正しいものを一つ選び，番号で答えよ。

A　マルタ会談が開催される　　　　B　湾岸戦争が起こる
C　核拡散防止条約が発効される　　D　キューバ危機が起こる

1　A→B→C→D　　2　A→D→B→C　　3　B→C→D→A
4　B→A→C→D　　5　C→A→D→B　　6　C→B→D→A
7　D→A→B→C　　8　D→C→A→B

【6】 次の年表を見て，以下の(1)〜(5)に答えなさい。

年表

年	主な出来事
57	倭の奴国の王が<u>中国</u>に使いを送る a
239	邪馬台国の<u>卑弥呼</u>が魏に使いを送る b
478	<u>倭王武</u>が中国の南朝に使いを送る c
663	倭が<u>白村江の戦い</u>で敗れる d
894	遣唐使が停止される

(1) 下線部aについて，当時の中国の王朝名と支配者の組み合わせとして正しいものを，次のア〜クから1つ選び，その記号を書きなさい。

ア 前漢 ― 劉邦　　イ 秦 ― 煬帝

ウ 隋 ― 煬帝　　エ 後漢 ― 始皇帝

オ 前漢 ― 光武帝　　カ 秦 ― 始皇帝

キ 隋 ― 劉邦　　ク 後漢 ― 光武帝

(2) 下線部bについて，次の文の(　　)に適する語句を，漢字2字で書きなさい。

> 卑弥呼は魏に(　　)して，皇帝から「親魏倭王」という称号と金印を授けられたほか，銅鏡100枚をおくられた。

(3) 下線部cについて，次の資料1，2を見て，以下の①，②に答えなさい。

資料1

> 倭王武の手紙(部分要約)
> (「宋書」倭国伝)
> 　私の祖先は，自らよろいやかぶとを身に着け，山や川をかけめぐり，東は55国，西は66国，さらに海をわたって95国を平定しました。しかし私の使いが陛下の所に貢ぎ物を

持っていくのを, [　　]がじゃまをしています。今度こそ
[　　]を破ろうと思いますので, 私に高い地位をあたえて激
励してください。

資料2

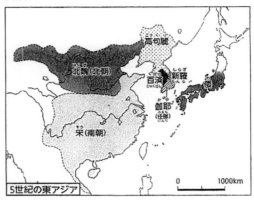

5世紀の東アジア

① 資料1の[　　]に共通して入る国名を, 資料2から選んで書きな
さい。

② 倭王武が資料1の手紙を中国の南朝に送った理由を書きなさい。

(4) 下線部dについて, 倭が戦った相手国を, 次の資料3からすべて選
んで書きなさい。

資料3

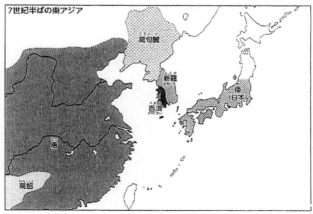

7世紀半ばの東アジア

(5) 年表中の時期におこった次のア～エの出来事を，年代の古い順に並べ替えなさい。

ア　ローマ帝国が東西に分裂する。

イ　ローマ帝国がキリスト教を公認する。

ウ　ムハンマドがイスラム教を開く。

エ　仏教が中国に伝わる。

┃ 2024年度 ┃ 青森県 ┃ 難易度 ▓▓▓▓▓▓□□□

【7】次の文章を読み，以下の問いに答えよ。

> （　A　）の援助を受けたコロンブスは，西に進めばインドなどのアジアに着くと考え，1492年にアメリカ大陸近くの西インド諸島に到達した。その後，（　B　）のバスコ＝ダ＝ガマが1498年にアフリカの喜望峰を回ってインドに到達し，アジアへの航路が開かれた。（　C　）が派遣したマゼランの一行はアメリカ大陸南端を回って西に向かった。マゼランは途中で亡くなるが，その一部は，1522年に帰着し，世界一周にはじめて成功した。

(1) 文中の（　A　）から（　C　）にあてはまる国名の組み合わせとして最も適当なものを，次の①から④までの中から一つ選び，記号で答えよ。

① A　ポルトガル　　B　スペイン　　　C　ポルトガル

② A　スペイン　　　B　ポルトガル　　C　スペイン

③ A　ポルトガル　　B　ポルトガル　　C　スペイン

④ A　スペイン　　　B　スペイン　　　C　ポルトガル

(2) ヨーロッパ人による新航路開拓の影響として適当でないものを，次の①から④までの中から一つ選び，記号で答えよ。

① アメリカ大陸では，厳しい労働や伝染病により先住民が激減した。

② フィリピンのマニラがアメリカ大陸とアジアを結ぶ貿易の拠点になった。

③ アメリカ大陸の産物であるじゃがいもがヨーロッパにもたらされた。

④　ヨーロッパの人々の貿易の中心が地中海から太平洋に移った。

2024年度 ▌ 沖縄県 ▌ 難易度■■■□□

【8】次の各問いに答えなさい。

問1　次のア～オは，紀元前3世紀から5世紀までの地中海世界で起こった出来事に関する記述である。これらの出来事を年代の古い順に並べたものとして最も適切なものを，以下の①～⑥のうちから選びなさい。

ア　テオドシウス帝の死後，帝国の東西分裂が固定化する中で，西ローマ帝国はゲルマン人傭兵隊長オドアケルによって皇帝が廃位させられ，滅亡した。

イ　ホルテンシウス法では，平民たちの民会である平民会の決議が貴族をも拘束する国法となることが認められ，法のうえで平等となった。

ウ　オクタウィアヌスは，元老院からアウグストゥス(尊厳者)の称号を授与され，共和政の形式を尊重し，市民の中の第一人者(プリンケプス)と自称した。

エ　ローマは，西地中海域の覇権をめぐってフェニキア人の植民市カルタゴと対立し，ポエニ戦争が起こった。

オ　コンスタンティヌス帝はミラノ勅令を発してキリスト教を公認し，教会組織を帝国の統治機構に組み込んで皇帝権の強化をはかった。

①　エ　→　オ　→　ウ　→　イ　→　ア

②　ア　→　イ　→　エ　→　ウ　→　オ

③　エ　→　ア　→　オ　→　ウ　→　イ

④　イ　→　ウ　→　ア　→　オ　→　エ

⑤　ア　→　オ　→　イ　→　エ　→　ウ

⑥　イ　→　エ　→　ウ　→　オ　→　ア

問2　次のア～エは，13世紀から19世紀にかけて東アジア・東南アジアで起こった出来事に関する記述である。その内容の正誤の組合せとして最も適切なものを，以下の①～⑥のうちから選びなさい。

ア　ヌルハチは国内の政治の立て直しにつとめ，土地台帳である魚

鱗図冊と租税台帳である賦役黄冊をつくらせ，徹底をはかった。

イ　康熙帝は，シベリア東部に進出してきたロシアとネルチンスク条約を結び，国境を定めて交易を約束した。

ウ　16世紀に阮朝が南北に分裂したのち，19世紀はじめに黎朝が成立して国号を越南(ベトナム)とした。

エ　鄭和の大艦隊を派遣した南海への遠征は複数回におよび，多くの国々が朝貢のために明をおとずれた。

① アー正　　イー正　　ウー誤　　エー誤

② アー誤　　イー誤　　ウー正　　エー正

③ アー正　　イー誤　　ウー正　　エー誤

④ アー誤　　イー正　　ウー誤　　エー正

⑤ アー正　　イー誤　　ウー誤　　エー正

⑥ アー誤　　イー正　　ウー正　　エー誤

問3　16世紀～19世紀の人物と関係が深い出来事の組合せとして最も適切なものを，次の①～④のうちから選びなさい。

① フェリペ2世　　　　　－　レパントの海戦

② シモン・ボリバル　　　－　ウィーン会議

③ エカチェリーナ2世　　－　バラ戦争

④ ヘンリ8世　　　　　　－　ナントの勅令

問4　次の記述は，第一次世界大戦後の欧米諸国に関するものである。この記述に関係し，中心的な役割を果たしたフランス外相とアメリカ国務長官の組合せとして最も適切なものを，以下の①～⑥のうちから選びなさい。

> 1928年に不戦条約が15か国(のちに63か国)によって調印され，国際紛争解決の手段として戦争に訴えないことが誓われた。

① エーベルト　　　　　－　マクドナルド

② ブリアン　　　　　　－　ケロッグ

③ シュトレーゼマン　　－　ケロッグ

④ ケロッグ　　　　　　－　マクドナルド

⑤ エーベルト　　　　　－　ブリアン

⑥　エーベルト　　　　　－　　シュトレーゼマン

問5　次のア～エは，第二次世界大戦後の世界に関する記述である。この内容の正誤の組合せとして最も適切なものを，以下の①～⑥のうちから選びなさい。

ア　キューバでは，カストロによってバティスタ親米政権が倒され，社会主義国家建設に向かった。

イ　ティトーの率いる抵抗運動によってナチスからの自力解放に成功したチェコスロバキアは，コミンフォルムから除名された。

ウ　アメリカ大統領トルーマンは，内戦状態にあったトルコと，海峡問題でソビエト連邦と対立していたギリシャに軍事援助を与えることを宣言した。

エ　カンボジアでは，ポル・ポトを首相とする政府が農業中心の閉鎖的な社会主義を主軸にすえ，反対派を弾圧した。

①　ア－正　　イ－誤　　ウ－誤　　エ－正
②　ア－正　　イ－正　　ウ－誤　　エ－誤
③　ア－正　　イ－誤　　ウ－正　　エ－誤
④　ア－誤　　イ－正　　ウ－誤　　エ－正
⑤　ア－誤　　イ－正　　ウ－正　　エ－誤
⑥　ア－誤　　イ－誤　　ウ－正　　エ－正

‖ 2024年度 ‖ 神奈川県・横浜市・川崎市・相模原市 ‖ 難易度 ▮▮▮▮▯▯

解答・解説

【1】問1　(1)　ウ　　(2)　ア　　(3)　エ　　(4)　イ　　(5)　エ
問2　(1)　イ　　(2)　イ　　(3)　ア　　(4)　エ

○解説○　問1　(1)　アの半両銭の発行は，秦で行われた。ローマ帝国ではハドリアヌス帝によるブリタニアでの長城建設があるが，秦では戦国時代以来の長城を修築・連結した。イの民会は，古代ギリシアについての記述。共和政ローマには，元老院や平民会があった。エは，殷(商)についての記述。　(2)　イはローマ＝カトリック教会のサン＝ピ

エトロ大聖堂。ウは神道の出雲大社。エはヒンドゥー教(のちに仏教)のアンコール＝ワット。　(3)　聖武天皇(在位724～749年)は鎮護国家の思想により，741年に国分寺建立の詔，743年に大仏造立の詔を出した。　(4)　アのメッカはヒジャーズ地方にあるイスラム教の聖地である。ウのローマには教皇庁がある。エのカイロはエジプトの中心地である。　(5)　永仁の徳政令は，元寇による負担増のほか，貨幣経済の浸透や分割相続の進展により窮乏した御家人を救おうとして出された。　問2　(1)　iは1549年，iiiは1570～1580年頃，iiは1587年。(2)　城郭建築や屏風絵などの障壁画に代表される織田信長・豊臣秀吉の時代の文化を桃山文化という。桃山文化には，宣教師などの南蛮人によって伝えられた南蛮文化の要素もあり，活字印刷機は宣教師のヴァリニャーニによって伝えられた。　(3)　資料Ⅲは，寛政の改革で老中松平定信が，1789年に出した棄捐令である。言論・出版や思想の統制も強め，『海国兵談』で対外的危機を説いた林子平を1792年に禁錮刑としたが，同年にロシアの使節ラクスマンが来航した。　(4)　資料Ⅳはフランス革命の発端となった，1789年7月14日に生じたバスティーユ牢獄の襲撃である。アは福沢諭吉の『学問のすゝめ』の一節である。イは平塚らいてうの『青鞜』創刊の辞である。ウはヴァイマル憲法の第151条第1項である。エは1789年8月26日に採択された人権宣言(人間および市民の権利の宣言)の第1条である。

【2】(1)　C　　(2)　B　　(3)　A　　(4)　B

○**解説**○ (1)　A　煬帝は隋の皇帝であり，特徴的な領土としてあげられるのは西域及びベトナムである。　B　毛沢東は中華人民共和国の初代国家主席である。　D　始皇帝は秦の皇帝であり，特徴的な領土としてあげられるのは遼東半島およびベトナム北部である。

(2)　A　マチュピチュはインカ帝国の遺跡である。山岳地帯はアンデス高地である。　C　オリエントの文化と融合した新しい文化はヘレニズム文化である。ローマ文化はギリシア文化を継承し，実用的な文化が発達した。　D　男性市民による民主政が行われた都市国家はアテネなどである。　(3)　絵は1840年に勃発したアヘン戦争である。イギリスとY国の清が交戦して，清が敗北した。　B　明である。豊臣秀

吉の朝鮮出兵は1592〜93年と1597〜98年の二度であるが，清の建国は1616年である。　C　元である。1274年と1281年に日本に侵攻したが失敗した。　D　中華民国である。清が滅亡した1912年より後の1937年に第2次国共合作によって抗日民族統一戦線が結成された。

(4)　①　Xは大モンゴル国(モンゴル帝国)であり，1206〜1388年である。　②　ローマ帝国は前27〜後395年である。　③　イスラーム帝国はアッバース朝のことであり，750〜1258年である。　④　Yは清であり，1616/36〜1912年である。

【3】(1)　ブロック経済　(2)　(イ)　(3)　(オ)

○解説○　(1)　1929年に世界恐慌が生じると，資本主義諸国はブロック経済と呼ばれる排他的な経済圏を確保することで乗り切ろうとした。代表的なブロック経済には，イギリスによるスターリング＝ブロック，フランスによるフラン＝ブロックや北欧諸国とベネルクス3国によるオスロ＝ブロックがある。またドイツも中欧にマルク＝ブロックを形成している。　(2)　(ア)　ニューディール政策はアメリカ合衆国である。フランクリン＝ローズヴェルト大統領によって1930年代前半に実施された。　(ウ)　ムッソリーニではなくヒトラーである。ムッソリーニはイタリアのファシスト党党首・首相である。　(エ)　「五か年計画」はソ連邦であるので誤り。1928年からの第1次五カ年計画で重工業化と農業集団化が推進された。　(3)　(オ)　中国共産党が正しい。中国国民党は蒋介石に率いられて，1928年の北伐成功で中国を統一したが，中国共産党との国共内戦に敗れ，1949年に台湾に逃れた。

【4】1　d　2　b　3　d　4　a　5　b　6　e　7　c
8　(1)　a　(2)　b

○解説○　1　イスラーム教の創始者であるムハンマドは，メッカで迫害され，メディナに拠点を移した後，630年にメッカを再征服した。メッカのカーバ神殿はもともと多神教の信仰の拠点であったが，ムハンマドの征服で偶像はすべて破壊され，イスラーム教のモスクとなった。一生に一度この地を巡礼することは，イスラーム教徒の五行の一つとなっている。　2　ホルテンシウス法は，平民会の議決は元老院の承

認なしに国法とすることを定めたものであり，これにより，平民と貴族の法的平等が実現した。　a　発足当初のコンスルは2名とも貴族。c　グラックス兄弟は護民官。　d　カエサルが遠征したのはガリア。e　クレオパトラはプトレマイオス朝の女王。　3　リューベックを盟主とする都市同盟は，ハンザ同盟である。ロンバルディア同盟はミラノを盟主とする都市同盟であり，神聖ローマ皇帝のイタリア政策に対抗する軍事目的の同盟であった。　4　『漢書』は紀伝体の歴史書である。中国では，成立した王朝がその前の王朝の正史を記録する。その際には，司馬遷の『史記』に倣って紀伝体で記述される。「本紀」や「列伝」からなる人物ごとに分類された叙述方法である。　5　ユグノー戦争は1562～1598年，オランダの独立宣言は1581年である。aのロマノフ朝成立とeのヴァージニア植民地建設は17世紀。cのコルテスとdの第1次ウィーン包囲は，16世紀である。　6　a　写真の左の人物は，イギリス首相のチャーチルである。　b　ポツダム会談の内容である。c　テヘラン会談の内容である。　d　大西洋会談の内容である。ヤルタ会談では，ソ連の対日参戦に加え，ドイツの戦後処理方針が決定されるなどした。　7　第一次国共合作崩壊後，共産党は農村にソヴィエトを形成し，1931年に中華ソヴィエト共和国を瑞金に樹立した。しかし，国民党の攻勢によって瑞金を離れ，長征に入る。1935年のコミンテルン第7回大会で人民戦線戦術が採用されたのを受けて，共産党が国共内戦の停止を訴えたのが八・一宣言である。しかし，蔣介石が停戦に応じなかったために，国民党の内部でも批判が高まり，西安事件が発生した。その結果，国共合作の実現に向けての合意が形成された。実際に第二次国共合作が成立するのは，1937年に盧溝橋事件が勃発した後のことである。　8　(1)　共和党のアイゼンハワーは1953年に朝鮮戦争の休戦を実現したが，1961年には，黒人公民権運動に理解を示す民主党のケネディ大統領が当選した。しかし，1963年に暗殺され，副大統領であったジョンソンが就任した。　(2)　ウ　1947年にアメリカがマーシャル・プランを発表すると，ソ連は対抗してコミンフォルムを結成した。　イ　ワルシャワ条約機構は，1954年のパリ協定で西ドイツの独立が回復され，NATO加盟が実現したことに対抗して，1955年に結成された。　ア　スターリン批判は1956年。　エ　1959年

にはフルシチョフが訪米するなど緊張緩和が進んだが，1960年にU2型
機事件が起こると再び緊張が高まり，1961年にはベルリンの壁が建設
された。

【5】 (1) 4 (2) 3 (3) 8

○**解説**○ (1) 中世ヨーロッパの西方のカトリック教会は，東方の正教会
がビザンツ帝国に結びついていたのに対して，フランク王国や神聖ロ
ーマ帝国と結びついた。東方の正教会は，コンスタンティノープル教
会のギリシア正教を各々の民族が受容し発展させたもので，ロシア正
教，ウクライナ正教などがある。 (2) 鄭和はイスラーム教徒の宦官
であり，イスラーム教を受容していたマラッカ王国を拠点として周囲
の国々に朝貢を求める活動を行った。1はアフリカ南部，2はナイル川
の中流域，4はエチオピア，5は西アフリカの国家である。

(3) 1962年のキューバ危機で，米ソの対立は核戦争勃発直前まで緊張
を高めたが，その後は，核戦争の脅威の前に緊張緩和に向かい，1968
年には核拡散防止条約が締結された。1989年にマルタ会談で冷戦終結
が宣言された後も，各地の地域紛争は続いた。その一つとして，イラ
クがクウェートを侵攻したことを機に，1991年に湾岸戦争が勃発した
ことがあげられる。

【6】 (1) ク (2) 朝貢 (3) ① 高句麗 ② ・国内での(倭の
王としての)地位をより確かなものにするとともに，朝鮮半島の国々に
対しても有利な立場に立とうとしたから。 ・鉄を確保するために，
南朝の力を借りて，朝鮮半島諸国に対して優位に立とうとしたから。
(4) 唐，新羅 (5) エ→イ→ア→ウ

○**解説**○ (1) ア・ウ 前漢は8年に滅亡している。 イ・カ 秦は前206
年に滅亡している。 ウ・キ 隋は581年に建国される。 エ 始皇
帝は秦の初代皇帝である。 (2) 朝貢は，中国に周辺諸国(たとえば
倭国)が使節を派遣してさまざまな物資を献上し，中国皇帝に対して臣
下の礼をとる(臣下として服従する)ことをいう。卑弥呼は魏の皇帝に
使いを送り，称号や金印などを授かっていることから日本と中国は朝
貢関係にある。 (3) ① 倭国は朝鮮半島南部の鉄資源を確保するた

86

めに伽耶諸国と密接な関係を持っていた。4世紀後半に高句麗が南下策を進めると，百済や伽耶とともに高句麗と争うことになった。
②　東アジアでは中国の皇帝に対して周辺国が朝貢し，皇帝がその国における王の地位を是認するという冊封体制が成立していたため，倭王武も中国に遣使することでその地位の承認を得て，倭国内や朝鮮半島において外交・軍事上の立場を有利にしようとした。　(4)　白村江の戦いは百済に救援を求められた倭が朝鮮半島に大軍を派遣し，唐と新羅の連合軍と戦ったが，大敗した。　(5)　ア　ローマ帝国の東西分裂は395年。　イ　ローマ帝国におけるキリスト教公認は313年。ウ　イスラム教の始まりは610年頃。　エ　仏教の中国伝来は紀元前後。

【7】(1)　②　　(2)　④
○解説○ (1)　1488年にポルトガルのバルトロメウ＝ディアスが喜望峰に到達すると，スペインは，ポルトガルとは逆方向でインドに到達できることを主張したコロンブスを援助し，航海を行わせた。バスコ＝ダ＝ガマは，バルトロメウ＝ディアスの業績を引き継いでインド航路を発見した。マゼランが足跡を残したフィリピンは，のちにスペインの植民地となった。　(2)　新航路が開拓されたことによって，新大陸からヨーロッパに大量の銀が流入した。この銀を媒介として，世界の一体化が進んだ。その結果，新大陸とヨーロッパをつなぐ大西洋が貿易の中心となった。これを商業革命という。

【8】問1　⑥　　問2　④　　問3　①　　問4　②　　問5　①
○解説○ 問1　ア　西ローマ帝国の滅亡は476年である。　イ　ホルテンシウス法の制定は前287年である。　ウ　オクタウィアヌスへのアウグストゥス授与は前27年である。　エ　ポエニ戦争の勃発は前247年である。　オ　ミラノ勅令の発布は313年である。　問2　ア　ヌルハチではなく朱元璋(洪武帝)である。ヌルハチは後金の建国者で，八旗・満州文字の制定を行った。　ウ　阮朝ではなく黎朝が南北に分裂し，黎朝ではなく阮朝が19世紀はじめに成立した。黎朝は1527年に莫氏に一時帝位を奪われたが，1532年に復興した。しかし復興に尽力し

た鄭氏がハノイで実権を握って北部を支配すると，ユエ(フエ)を拠点として阮氏が中・南部を支配した。　問3　②　シモン・ボリバルはラテンアメリカ独立運動の指導者の一人であり，1819年に大コロンビア共和国を樹立した。　③　エカチェリーナ2世は18世紀後半のロシア皇帝である。バラ戦争は1455年に始めるイギリス王位をめぐる内戦で，1485年にテューダー朝が成立して終戦を迎えた。　④　ヘンリ8世ではなくアンリ3世である。ヘンリ8世はイギリスのテューダー朝第2代国王で，1534年に国王至上法(首長法)を定めてイギリス国教会を成立させた。　問4　①　エーベルトはドイツのヴァイマル共和国初代大統領，マクドナルドは1920〜30年代に政権を担ったイギリス労働党の政治家である。　③　シュトレーゼマンはヴァイマル共和国の首相・外相を務めた政治家である。　④　マクドナルドは1920〜30年代に政権を担ったイギリス労働党の政治家である。　⑤，⑥　エーベルトはドイツのヴァイマル共和国初代大統領である。　問5　イ　チェコスロヴァキアではなくユーゴスラヴィアである。チェコスロヴァキアでは共産党と非共産党の協力内閣が結成されたが，マーシャル＝プラン(ヨーロッパ経済復興援助計画)の受け入れをめぐって対立し，ソ連の支援を受けた共産党勢力が1948年2月にチェコスロヴァキア＝クーデタで非共産党勢力を追放した。　ウ　内戦状態のギリシア，海峡問題のトルコが正しい。ギリシアでは1946年から米英の支援を受けた勢力と共産党ゲリラ組織との間で内戦状態となった。またギリシア内戦における共産党ゲリラへの支援のためのダーダネルス・ボスフォラス海峡の通過をめぐってソ連はトルコと対立した。

実施問題

【1】世界の自然環境や環境問題と産業について，次の各問いに答えなさい。

問1　ⅠとⅡは，地球温暖化対策の気候変動枠組条約に関する協定について述べた文である。ⅠとⅡの文の正誤の組合せとして正しいものを，以下の1〜4のうちから1つ選びなさい。

Ⅰ　1997年発効の京都議定書では，参加する全ての国が温室効果ガス排出量削減の対象で，先進国，発展途上国問わずに排出量削減目標の策定が義務付けられた。

Ⅱ　2016年発効のパリ協定では，温室効果ガスの排出削減目標を各国が決定することとなり，日本では2020年に当時の首相が2050年までに脱炭素社会(カーボンニュートラル)の実現を目指すことを宣言した。

	1	2	3	4
Ⅰ	正	正	誤	誤
Ⅱ	正	誤	正	誤

問2　グラフ1は日本の主な一次エネルギー供給量割合の推移を示したもので，ア〜ウは天然ガス，石油，石炭のいずれかである。グラフ2は日本の主な新エネルギーの発電量の推移で，A〜Cは地熱，風力，太陽光のいずれかである。グラフ1のア〜ウから石炭を，グラフ2のA〜Cから太陽光をそれぞれ選ぶとき，その組合せとして正しいものを，あとの1〜9のうちから1つ選びなさい。

グラフ1　日本の主な一次エネルギー供給量割合の推移

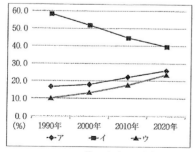

（『データブック・オブ・ザ・ワールド2023』より作成）

グラフ2　日本の主な新エネルギーの発電量の推移

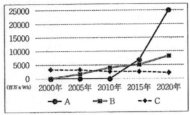

（『日本国勢図会2022/23』より作成）

	1	2	3	4	5	6	7	8	9
グラフ1　石炭	ア	イ	ウ	ア	イ	ウ	ア	イ	ウ
グラフ2　太陽光	A	B	C	B	C	A	C	A	B

問3　グラフ3は主な国の二酸化炭素排出量の割合，グラフ4は主な国の一人当たりの二酸化炭素排出量であり，A〜Cはインド，日本，アメリカのいずれかである。グラフ3を参考にして，グラフ4のA〜Cに当てはまる国の組合せとして正しいものを，あとの1〜6のうちから1つ選びなさい。

グラフ3　　主な国の二酸化炭素排出量の割合（2019年）

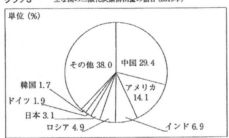

（『データブック・オブ・ザ・ワールド2023』より作成）

グラフ4　主な国の一人当たりの二酸化炭素排出量（2019年）

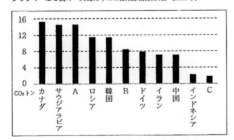

（『データブック・オブ・ザ・ワールド2023』より作成）

90

	1	2	3	4	5	6
A	インド	インド	日本	日本	アメリカ	アメリカ
B	日本	アメリカ	インド	アメリカ	インド	日本
C	アメリカ	日本	アメリカ	インド	日本	インド

問4　地図中のD〜Fは，農産物の増産によって，自然環境が大きく変化している地域である。また，以下のア〜ウの文は，D〜Fのいずれかの地域について説明したものである。D〜Fの地域とその説明文の組合せとして正しいものを，あとの1〜6のうちから1つ選びなさい。

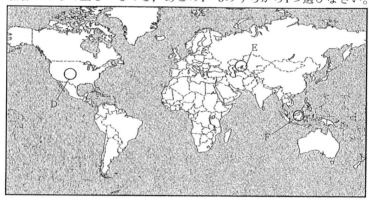

地図

ア　1960年代から綿花栽培が盛んになり，灌漑用水を大量に取水した結果，湖への河川水の流入量が減り，湖の面積が大幅に縮小し，深刻な塩害の発生や周辺の漁業の衰退が見られた。

イ　乾燥しがちな地域で世界最大級の帯水層の地下水を活用した大規模な小麦栽培が行われていたが，近年は過剰な利用により水量が急速に減少している。

ウ　食用や石けん等の多様な用途のパーム油の需要増加に伴い，油ヤシの大規模なプランテーション開発が行われ，森林伐採等による環境危機が懸念されている。

	1	2	3	4	5	6
D	ア	ア	イ	イ	ウ	ウ
E	イ	ウ	ア	ウ	ア	イ
F	ウ	イ	ウ	ア	イ	ア

▌2024年度 ▌宮城県・仙台市 ▌難易度 ███░░░

【2】「日本の様々な地域」について，次の各問いに答えなさい。

(1) 災害に対する考え方について説明した次の文の(　　)に当てはまる語句として正しい組合せを，以下の選択肢から1つ選び，記号で答えなさい。

> 日本では，明治以降，建設技術の進歩や経済発展にともなって，(　①　)対策が進められ，堤防，ダム，防潮堤が整備され，自然災害の被害は大幅に少なくなった。しかし，技術と費用には限界があり，これらの対策だけで災害を防ぐことはできないため，日本では被害をできるだけ小さくしようとする(　②　)に取り組む必要がある。その一つの例として，災害がおこったときの被害予測を示した(　③　)という地図を多くの地方公共団体でつくっている。

ア　①　減災　　②　防災　　③　ハザードマップ
イ　①　防災　　②　減災　　③　ロードマップ
ウ　①　減災　　②　防災　　③　ロードマップ
エ　①　防災　　②　減災　　③　ハザードマップ

(2) 資料1は国連が定めた目標である。この目標に関する次の各文の正誤の正しい組合せを，後の選択肢から1つ選び，記号で答えなさい。

> A　2015年に国連は，持続可能な開発目標(SDGs)を定めた。
> B　SDGsは2050年までに世界各国が取り組むべき目標を17個に整理したものである。
> C　SDGs17の目標は，人間と地球の「やるべきことのリスト」であり，持続可能な未来のための青写真である。

資料１	持続可能な開発目標

（出典：国連資料）

ア　A：正　B：正　C：正　　イ　A：正　B：正　C：誤
ウ　A：正　B：誤　C：正　　エ　A：誤　B：正　C：誤
オ　A：誤　B：誤　C：正　　カ　A：誤　B：誤　C：誤

(3)　資料2にみられる，2005年度から2008年度のリサイクル率とごみ
　　　排出量の変化の要因を説明する際に使用する資料として最も適当な
　　　ものを，以下の選択肢から1つ選び，記号で答えなさい。

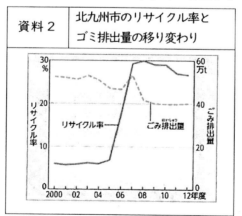

（出典：「一般廃棄物処理実態調査結果」
平成 24 年度ほか）

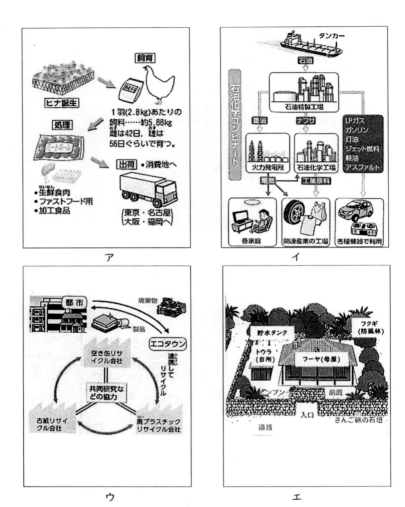

(出典：「アクティブ地理総合」浜島書店　他)

┃ 2024年度 ┃ 宮崎県 ┃☆☆)

【3】次の表は，2002年以降のFIFAワールドカップの開催国(開催予定国)をまとめたものである。以下の(1)〜(7)に答えよ。

表

開催年	開催国（開催予定国）	開催時期（予定）
2002	日本／韓国	5月下旬〜6月下旬
2006	ドイツ	6月上旬〜7月上旬
2010	南アフリカ	6月中旬〜7月中旬
2014	ブラジル	6月中旬〜7月中旬
2018	ロシア	6月中旬〜7月中旬
2022	カタール	11月中旬〜12月中旬
2026（予定）	（アメリカ／カナダ／メキシコ）	（6月中旬〜7月中旬）

（「日本サッカー協会ホームページ」等より作成）

(1) 表中の開催国(開催予定国)を見ると，世界の6州のうち，2002年以降にFIFAワールドカップが開催されていない(開催予定になっていない)州がある。その州の名称を記せ。

(2) 表中のカタールについて，開催時期が他と異なっている最も適当な理由を，簡潔に記せ。

(3) 表中の日本と韓国は，次の地図中のA〜Eのどの緯線の間に位置しているか，最も適当なものを以下のア〜エから一つ選び，記号で記せ。なお，A〜Eの緯線は15度間隔で引かれているものとする。

ア　AとBの間　　イ　BとCの間　　ウ　CとDの間
エ　DとEの間

(4) 次のグラフは，アメリカ，ドイツ，ブラジル，フランスの発電エネルギー源別割合(2019年)を示したものである。ブラジルを示しているものを，次のア〜エから一つ選び，記号で記せ。

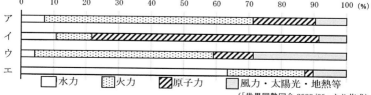

（「世界国勢図会 2022/23」より作成）

(5) 表中の南アフリカで大量に産出される，クロムやマンガンなどの希少金属の名称をカタカナで記せ。

(6) 次の文は，表中のロシアのシベリア地域などで多く見られる高床式の建物について述べたものである。文中の[　]にあてはまる最も適当な内容を，簡潔に記せ。

> 　高床式の建物はロシアのシベリア地域だけでなく，気候の異なる地域でも見られる。熱帯のインドネシアでは，夏季の河川の増水に備え，家屋内への浸水を防ぐために高床式にしている。一方，ロシアでは，[　]ために高床式にしている。

(7) 表中のアメリカ，カナダ，メキシコの間で，2020年7月1日にアメリカ・メキシコ・カナダ協定(USMCA)が発効し，それにともない終了することになった貿易協定の名称を記せ。

| 2024年度 | 山梨県 | 難易度 ■■■□□

【4】次の略地図を見て，問1〜問3に答えなさい。

略地図

問1　略地図中のA，Bの地点と次の雨温図の組合せとして，正しいものを選びなさい。

96

雨温図

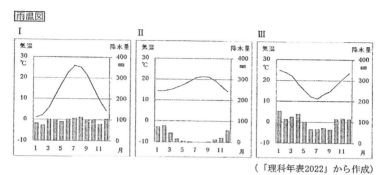

（「理科年表2022」から作成）

ア　A－Ⅰ　　　B－Ⅱ　　イ　A－Ⅱ　　　B－Ⅰ

ウ　A－Ⅱ　　　B－Ⅲ　　エ　A－Ⅲ　　　B－Ⅰ

オ　A－Ⅲ　　　B－Ⅱ

問2　略地図中のC，Dの都市とその産業の特色について説明した文の
　　組合せとして，正しいものを選びなさい。

〔産業の特色の説明〕

　Ⅰ　この都市には，ジョンソン宇宙センターがあり，石油化
　　学工業のほか，航空宇宙産業も発達している。

　Ⅱ　この都市は，20世紀の半ばに製鉄業の中心地として栄え，
　　世界各国へ鉄鋼が輸出されたが，現在はICT産業が発達して
　　いる。

　Ⅲ　この都市の近郊のシリコンバレーには，大学やICT関連の
　　企業が集中しており，先端技術産業が発達している。

ア　C－Ⅰ　　　D－Ⅱ

イ　C－Ⅰ　　　D－Ⅲ

ウ　C－Ⅱ　　　D－Ⅰ

エ　C－Ⅲ　　　D－Ⅰ

オ　C－Ⅲ　　　D－Ⅱ

問3　略地図中のアメリカ合衆国の農牧業について説明した文として，
　　正しいものを選びなさい。

　ア　センターピボット方式という大規模なかんがい農法が発達し，
　　おもにグレートプレーンズで利用されている。

　イ　高カロリーの穀物などを飼料として育てた肉牛をダーチャに移動させ，一度放牧してから出荷している。

　ウ　遺伝子組みかえ技術などのバイオテクノロジーを利用したコーヒーや天然ゴムの品種改良を進める混合農業を行っている。

　エ　熱帯や亜熱帯性の気候の地域において，大規模に様々な種類の作物を栽培するプランテーション農業を行っている。

　オ　内陸部のほとんどが砂漠で農業を行う地域が限られていることから，穀物メジャーとよばれる巨大な企業が世界各国から農産物を買い入れ，国内のみに販売している。

▌2024年度 ▌北海道・札幌市 ▌難易度 ■■■■□□

【5】以下の資料を見て，次の各問いに答えよ。

　問1　次の文章を読み，以下の各問いに答えよ。

2　内容

A　世界と日本の地域構成

(1)　地域構成

　　次の①と②の地域構成を取り上げ，位置や分布などに（ⅰ）して，（ⅱ）を追究したり解決したりする活動を通して，以下のア及びイの事項を身に付けることができるよう指導する。

①　世界の地域構成　　②　日本の地域構成

ア　次のような知識を身に付けること。

　（ア）　緯度と経度，a大陸と海洋の分布，主な国々の名称と位置などを基に，世界の地域構成を大観し理解すること。

　（イ）　b我が国の国土の位置，c世界各地との時差，領域の範囲や変化とその特色などを基に，日本の地域構成を大観し理解すること。

　　　　（平成29年3月文部科学省告示「中学校学習指導要領第2章　第2節　社会」）

---

(1)　文中の（ⅰ）と（ⅱ）に当てはまる語句をそれぞれ答えよ。

(2)　下線部aについて，資料Ⅰは世界の陸と海の面積の割合を示し

ている。資料Ⅰ中AとBに当てはまる組合せとして正しいものを，次の中から1つ選び，記号で答えよ。

資料Ⅰ

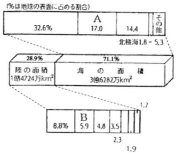

（中学校社会科地図（帝国書院）より）

	ア	イ	ウ	エ
A	大西洋	大西洋	インド洋	インド洋
B	北アメリカ州	アフリカ州	北アメリカ州	アフリカ州

(3)　下線部bについて，資料Ⅱは日本の東端に位置する島である。この島の名称を答えよ。

資料Ⅱ

（新しい社会　地図（東京書籍）より）

(4)　下線部cについて，次の資料Ⅲを見て，以下の各問いに答えよ。

資料Ⅲ

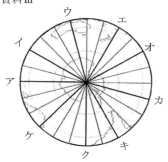

① 資料Ⅲ中の経線ア～ケのうち，日本の標準時子午線として正しいものを1つ選び，記号で答えよ。

② イギリスのロンドンが7月5日午前9時のとき，ある都市の標準時は7月5日午前2時であった。資料Ⅲ中の経線ア～ケのうち，ある都市の標準時子午線として最も適切なものを1つ選び，記号で答えよ。

問2 次の地図と資料を見て，以下の各問いに答えよ。

地図

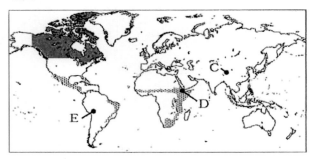

資料Ⅳ

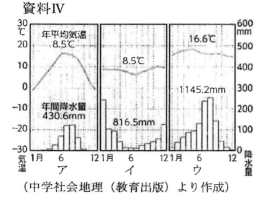

（中学社会地理（教育出版）より作成）

(1) 資料Ⅳは，地図中の都市C～Eの気温と降水量を示したものである。このうち，都市Dのものを1つ選び，記号で答えよ。

(2) 資料Ⅴは，世界各地で見られる伝統的な住居を示しており，資料Ⅵは世界各地の自然環境を説明したものである。地図中■■■の国に見られる資料Ⅴと資料Ⅵの組合せとして正しいものを，あとの中から1つ選び，記号で答えよ。

資料Ⅴ

X　丸太づくりの家

Y　日干し煉瓦の家

Z　壁のない家

（中学校社会科地図（帝国書院）より）

資料Ⅵ

| i. 高温で乾燥した地域であり，気温の日較差が大きい。 |
| ii. 寒さが厳しく，ツンドラとよばれる大地の土壌は永久凍土である。 |
| iii. 1年を通じて高温で，降水量が多く，高温多湿である。 |
| iv. 冬は長く寒さが厳しい一方，夏は比較的温暖である。 |

	ア	イ	ウ	エ	オ	カ
資料Ⅴ	X	X	Y	Y	Z	Z
資料Ⅵ	ii	iv	i	iv	i	iii

(3)　地図中の □ は，ある農産物を主食とするおもな地域を示しており，資料Ⅶはその農産物の生産量の国別割合を示している。この農産物と資料Ⅶ中の空欄に当てはまる国の組合せとして正しいものを，以下の中から1つ選び，記号で答えよ。

資料Ⅶ

ブラジル 8.6%　アルゼンチン 8.6%

アメリカ合衆国32.7%　（　　）22.8%　その他 31.5%

合計 11 億 3475 万 t　（2017 年）

（中学校社会科地図（帝国書院）より）

	ア	イ	ウ	エ	オ	カ
農産物	小麦	小麦	とうもろこし	とうもろこし	タロいも	タロいも
国	中国	インド	中国	ロシア	ロシア	インド

問3　アジアの国とその国で信仰されているおもな宗教の組合せとして正しいものを，次の中から1つ選び，記号で答えよ。

	ア	イ	ウ	エ	オ	カ
国	マレーシア	東ティモール	フィリピン	バングラデシュ	インドネシア	ミャンマー
宗教	仏教	キリスト教	イスラム教	ヒンドゥー教	キリスト教	イスラム教

2024年度 ▌ 長崎県 ▌ **難易度** � ■■□□□

【6】「日本の諸地域」における「中国・四国地方」の学習について，「本州四国連絡橋の開通は，中国・四国地方において，どのような生活の変化をもたらしたか」という単元の課題を設定し，学習を進めた。資料1は，単元のまとめの過程において，あるグループが活用した思考ツールである。以下の(1)〜(5)の問いに答えなさい。

資料1　本州四国連絡橋の開通に伴う四国・島しょ部での生活の変化

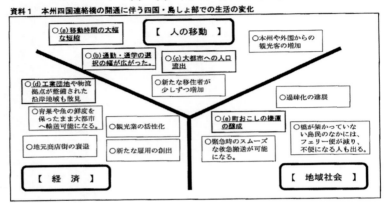

(1)　資料1の下線(a)について，生徒が本州四国連絡橋の位置関係を資料2の図にまとめた。以下の①，②の問いに答えなさい。

資料2　本州四国連絡橋

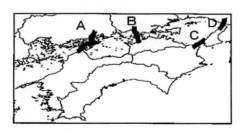

①　Aルートの総称を書きなさい。

②　Bルートは，岡山県と香川県を結ぶルートであるが，起終点にあたる香川県の都市名を書きなさい。

(2)　資料1の下線(b)について，生徒が資料3と資料4を根拠にして，Bルートの開通による通勤・通学者の推移を読み取った。2つの資料を比較して，読み取れるとよい内容を書きなさい。

資料3　本州四国連絡橋の開通年表

年	事項
1970	本州四国連絡橋公団　設立
1985	C橋開通
1988	Bルート開通
1998	D橋開通
1999	Aルート開通

資料4　岡山県・四国間の通勤・通学者の推移

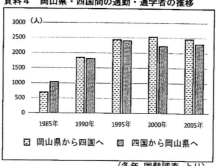

（各年　国勢調査　より）

(3)　資料1の下線(c)について，次の①，②の問いに答えなさい。

①　大都市に地方から人口が流出する現象を何というか書きなさい。

②　人口増加が著しい大都市では過密対策にどんな取組を行っているか，例を1つ書きなさい。

(4)　資料1の下線(d)について，生徒が瀬戸内工業地域の特徴を捉えるため，資料5の出荷額割合をまとめた。⑦と⑦は全国または瀬戸内工業地域のグラフである。瀬戸内工業地域に当てはまるグラフはどちらかを選び，その理由を書きなさい。

資料5　全国と瀬戸内工業地域の工業種類別出荷額割合

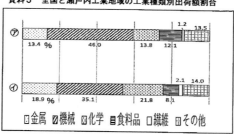

（2017年　日本国勢図会　より）

● 中学校

(5) 資料1の下線(e)について，生徒が「過疎に悩む自治体の町づくりの成功例を調べたい」と教師に提案してきた。そこで，単元の発展学習として，資料6のようにジグソー学習を取り入れて，香川県直島町の「美しい自然とアートを生かした観光による町づくり」について課題解決する学習を設定した。以下の①，②の問いに答えなさい。

資料6　ジグソー学習

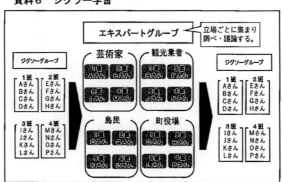

① 資料7は，島民役のエキスパートグループでの議論の一部である。観光による町づくりの議論の内容から，島民役の生徒に期待できる学習効果を下線(f)と関連付けて書きなさい。

資料7　エキスパートグループ内での島民役の議論の一部

> Cさん：「地中美術館の完成によって観光客が増えたのが分かった。島民にはどんな変化が生まれたのかな。」
>
> Gさん：「観光客が増えて，一部の住民は経済的に潤ったよ。」
>
> Kさん：「観光客に高齢者がボランティアガイドをすることで，島の魅力に気付く人も増えているんだ。」
>
> Oさん：「でも，観光客が増えたことで困っているという島民の声もあったよ。」
>
> Gさん：「それは，複雑だね。ただ，交流人口が増えるなかで，子育て世代を中心に島民同士がつながり，新しいコミュニティが生まれたり，空き家を利用した地域活性化につながったりしている例もあったよ。」

　　Cさん：「(f)同じ島民でも，観光客の受け入れについて，賛成・反対の立場等があり，新たな気付きがあったね。」

② 資料8は，エキスパートグループで島民役となった生徒の振り返りである。そのなかで，「持続可能な町づくり」というキーワードが出てきた。「持続可能な町づくり」とは一般的にどのようなものか書きなさい。

資料8　島民役の生徒の振り返り

> 芸術家，観光業者，町役場の立場からの意見や考えを聞いて，観光ビジネスありきでなく，島民を巻き込んだ環境調和型の持続可能な町づくりが成功の理由だと分かった。

‖ **2024年度** ‖ **群馬県** ‖ **難易度** ■■■■□

【7】 次の(1)～(4)に答えなさい。

(1) 次の地形図のA地点からB地点まで地形図上で6cmあり，実際の距離は1500mである。この地形図の縮尺は何分の1か，書きなさい。

地形図

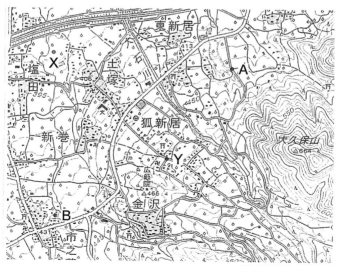

(国土地理院発行地形図)

(2) 上の地形図から読み取れることを述べている次のア〜エから，正しく読み取っているものを1つ選び，その記号を書きなさい。

ア　農地のほとんどは畑である。

イ　Y地点はX地点に比べて標高が高い。

ウ　Y地点の近くには田がある。

エ　大久保山の山頂から見て，X地点は南東である。

(3)　次の人口ピラミッドは，インド，アメリカ，中国，日本を示している。この中でインド，アメリカ，中国の人口ピラミッドはどれか，ア〜エから1つずつ選び，その記号を書きなさい。

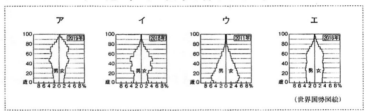

（世界国勢図絵）

(4)　次の資料は，「日本の主な鉱産資源の輸入相手国」を示している。資料の①，②に適する国名の組み合わせとして正しいものを以下のア〜クから1つ選び，その記号を書きなさい。

資料

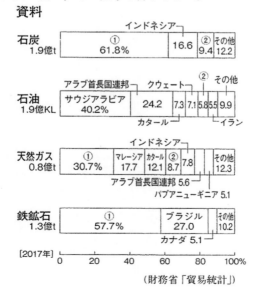

（財務省「貿易統計」）

106

ア ① 中国 ② ロシア
イ ① アメリカ ② オーストラリア
ウ ① ロシア ② 中国
エ ① オーストラリア ② アメリカ
オ ① オーストラリア ② ロシア
カ ① アメリカ ② 中国
キ ① ロシア ② オーストラリア
ク ① 中国 ② アメリカ

2024年度 ┃ 青森県 ┃ 難易度 ▇▇▇▢▢

【8】地理的分野に関する次の各問いに答えよ。

(1) 次の図Ⅰ，Ⅱは，ある現象が起こるときの海洋等の状態を示したものである。図Ⅰ，Ⅱについて述べた文A，Bについて，その正誤の組合せとして正しいものを，あとの1〜4から1つ選べ。

Ⅰ
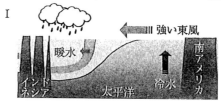

Ⅱ
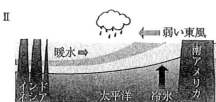

A　Ⅰの状態のときにラニーニャ現象が起こり，東南アジア島嶼部をふくむ太平洋西部の熱帯域で大干ばつが発生しやすくなる。

B　Ⅱの状態のときにエルニーニョ現象が起こり，太平洋東部の熱帯域で大雨が降りやすくなる。

1 ア 正　イ 正
2 ア 正　イ 誤
3 ア 誤　イ 正
4 ア 誤　イ 誤

(2) 次のグラフは，2019年の各国の1人あたりGNIと100人あたり自動車保有台数について示したものである。また，以下の表は，2019年の各国の自動車保有台数を示したものである。グラフ中と表中のⅠ～Ⅳに当てはまる国の組合せとして正しいものを，あとの1～4から1つ選べ。ただし，Ⅰ～Ⅳには，それぞれ同じ国が入る。

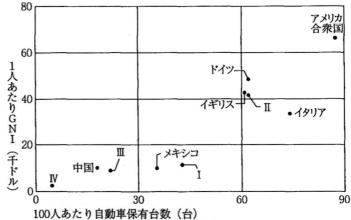

（「世界国勢図会 2022/23」より作成）

（千台）

国名	台数
アメリカ合衆国・・	286,884
中国・・・・・・・	253,764
Ⅱ・・・・・・・	78,417
Ⅰ・・・・・・・	61,924
Ⅳ・・・・・・・	61,331
ドイツ・・・・・	51,605
Ⅲ・・・・・・・	45,479
メキシコ・・・・・	44,867
イタリア・・・・・	44,837
イギリス・・・・・	41,009

（「世界国勢図会2022/23」より作成）

1	Ⅰ	日本	Ⅱ	ロシア	Ⅲ	ブラジル	Ⅳ	インド
2	Ⅰ	日本	Ⅱ	ロシア	Ⅲ	インド	Ⅳ	ブラジル
3	Ⅰ	ロシア	Ⅱ	日本	Ⅲ	インド	Ⅳ	ブラジル
4	Ⅰ	ロシア	Ⅱ	日本	Ⅲ	ブラジル	Ⅳ	インド

(3) 次の地形図から読み取れることを述べた文として最も適切なものを，以下の1〜4から1つ選べ。

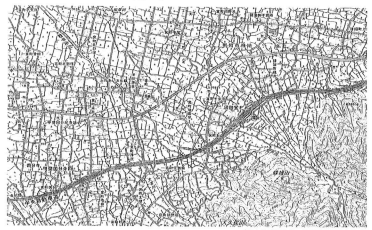

〈国土地理院発行　地理院地図より作成〉

1　中央自動車道より南側に国分寺と国分尼寺の跡地がある。

2　御手洗川の左岸に電子基準点がある。

3　中央自動車道釈迦堂PAの南東に図書館がある。

4　蜂城山の北側の扇状地に茶畑がひろがっている。

(4) 次の表は，農業形態の名称とその内容について整理したものである。表中のⅠ〜Ⅲに当てはまる語の組合せとして正しいものを，以下の1〜4から1つ選べ。

名称	内容
Ⅰ	モンスーンの影響を受けて降水量が多く，夏に高温になる東南アジアから中国南部の沖積平野で行われ，高い土地生産性が実現されている。
Ⅱ	現金収入を目的とする野菜や果樹・花卉などを栽培する。単位面積あたりの収益が大きく，多くの資本を投入して集約的に行われる。
Ⅲ	熱帯・亜熱帯の大農園で行われている。歴史的にはヨーロッパ人による植民地支配のもとで発展した。

1　Ⅰ　粗放的定住農業　　Ⅱ　園芸農業
　　Ⅲ　企業的牧畜

2　Ⅰ　粗放的定住農業　　Ⅱ　地中海式農業
　　Ⅲ　プランテーション農業

3　Ⅰ　集約的稲作農業　　Ⅱ　園芸農業
　　Ⅲ　プランテーション農業

4　Ⅰ　集約的稲作農業　　Ⅱ　地中海式農業
　　Ⅲ　企業的牧畜

(5)　次の資料は，ある資源の埋蔵量における地域別の割合を示したものである。この資料が示す資源として正しいものを，以下の1～4から1つ選べ。

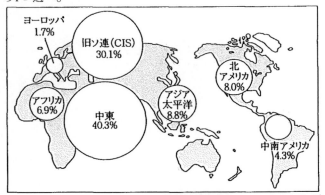

（「世界国勢図会2022/23」より作成）

1　天然ガス　　2　石炭　　3　原油　　4　鉄鉱石

(6)　北アメリカ州に関して，次の①，②の各問いに答えよ。

①　次の地図は，2015年におけるアメリカ合衆国の州別人種・民族の分布を示したものである。A～Cに当てはまる語の組合せとして正しいものを，以下の1～4から1つ選べ。

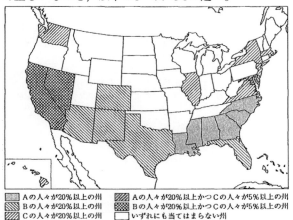

Aの人々が20％以上の州　　Aの人々が20％以上かつCの人々が5％以上の州
Bの人々が20％以上の州　　Bの人々が20％以上かつCの人々が5％以上の州
Cの人々が20％以上の州　　いずれにも当てはまらない州

（「アメリカ国勢調査局資料」より作成）

1　A　アフリカ系　　　B　アジア系　　　　C　ヒスパニック

2　A　アフリカ系　　　B　ヒスパニック　　C　アジア系

3　A　アジア系　　　　B　ヒスパニック　　C　アフリカ系

4　A　アジア系　　　　B　アフリカ系　　　C　ヒスパニック

②　次の地図は，北アメリカ州における農業地域を示したものである。A〜Cの地域でおもに行われる農業および栽培される農作物の組合せとして正しいものを，以下の1〜4から1つ選べ。

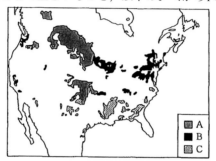

1　A　とうもろこし・大豆　　B　放牧　　C　綿花

2　A　とうもろこし・大豆　　B　酪農　　C　果樹

3　A　小麦　　　　　　　　　B　酪農　　C　綿花

4　A　小麦　　　　　　　　　B　放牧　　C　果樹

┃ 2024年度 ┃ 奈良県 ┃ 難易度 ┃ ■■■□□

【9】次の(1)〜(3)の問いに答えよ。

(1)　次の緯線と経線が直角に交わった地図と，グラフを見て，以下の①，②の問いに答えよ。

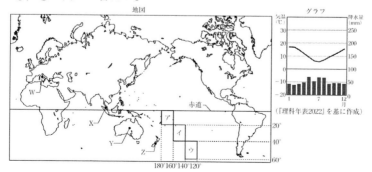

① 地図中のア〜ウで示した範囲を，地球上の実際の面積で比較したときの文として正しいものを次のA〜Dから一つ選び，その記号を書け。

A　アの面積が最も小さい。

B　イの面積が最も小さい。

C　ウの面積が最も小さい。

D　ア，イ，ウの面積はすべて同じである。

② グラフは地図中のW〜Zのいずれかの都市の気温と降水量を表したものである。グラフで示される都市を地図中のW〜Zから一つ選び，その記号を書け。

(2) 次の表は，世界のさとうきびの生産上位5か国とその生産量(2020年)を示したものである。表中の(　　)に当てはまる国を以下のA〜Dから一つ選び，その記号を書け。

国	生産量（千 t）
（　　　）	757,117
インド	370,500
中国	108,121
パキスタン	81,009
タイ	74,968

（『2022/23年版　世界国勢図会』より）

A　メキシコ　　B　インドネシア　　C　ブラジル

D　アメリカ合衆国

(3) 次の表は，日本の牛肉・豚肉の輸入先上位3か国とその割合(2020年)を示したものである。表中の(　　)に当てはまる国を以下のA〜Dから一つ選び，その記号を書け。ただし，(　　)には同じ国が入る。

〔牛肉〕

国	割合（％）
オーストラリア	45.4
アメリカ合衆国	42.2
（　　　）	5.0

〔豚肉〕

国	割合（％）
アメリカ合衆国	28.1
（　　　）	26.1
スペイン	11.9

（『2022/23版　日本国勢図会』より）

A　ブラジル　　B　カナダ　　C　中国　　D　ドイツ

▌2024年度 ▌愛媛県 ▌難易度 ▬▬▬▭▭

【10】 次の[地図]や[資料]を見て，以下の(1)～(4)の各問いに答えなさい。

[地図]

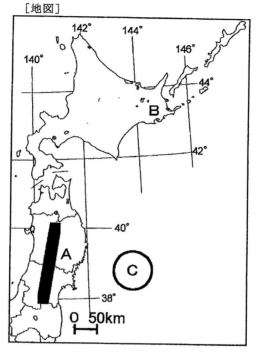

(1) [地図]中のAの山脈とBの台地の名称を漢字で答えなさい。

(2) [地図]中のCは，「潮目(潮境)」と呼ばれる暖流と寒流が出会い好漁場となる場所です。この暖流と寒流の組み合わせとして最も適するものを，次のア～エから1つ選び，記号で答えなさい。

ア 暖流：対馬海流　　寒流：親潮

イ 暖流：黒潮　　　　寒流：親潮

ウ 暖流：対馬海流　　寒流：リマン海流

エ 暖流：黒潮　　　　寒流：リマン海流

(3) [資料]は，北海道・東北地方の都道府県における海岸線距離，産業別有業者割合，人口密度，農業産出額，県民所得を示しています。②と⑥に適する都道府県をそれぞれ漢字で答えなさい。

[資料]

	海岸線距離 (m)	産業別有業者割合 2020年			人口密度 (人/km²) 2021年	農業産出額(億円) 2020年	県民所得 (億円) 2019年度
		第1次産業 (%)	第2次産業 (%)	第3次産業 (%)			
①	264,220	8.6	23.9	67.5	81.2	1,898	26,376
②	708,490	9.6	24.8	65.5	78.3	2,741	34,088
③	752,300	11.3	20.0	68.7	126.6	3,262	32,918
④	166,550	6.2	29.6	64.2	131.5	2,116	54,487
⑤	828,246	4.0	22.3	73.7	314.5	1,902	68,029
⑥	4,401,737	6.3	16.9	76.8	66.1	12,667	148,924
⑦	135,421	8.7	28.6	62.8	113.1	2,508	31,411

『理科年表2023』『データで見る県勢2023』より作成

(4) 東北地方において，梅雨明け後，太平洋側では冷たく湿った北東の風が海から吹き込みます。この風の名称を答えなさい。また，この風が長く続くとどのような影響を及ぼすか，「低温」「稲」の2つの語句を用いて説明しなさい。

▌ 2024年度 ▌ 名古屋市 ▌ 難易度 ■■■□□

【11】以下の各問いに答えなさい。

> 　九州北部では，江戸時代から[　X　]炭田をはじめ，多くの炭田で石炭が採掘されていた。[　Y　]市は，この[　X　]炭田に近く，当時の鉄鉱石の輸入先だった中国にも近かったため，1901年に官営の[　Z　]が造られ，鉄鋼業を中心に発展した。

(1) 上の文章中の[　X　]，[　Y　]にあてはまる語句の組み合わせとして正しいものを次の(ア)〜(エ)から一つ選び，記号で答えなさい。

(ア) X：天草　Y：佐世保　　(イ) X：天草　Y：北九州

(ウ) X：筑豊　Y：北九州　　(エ) X：筑豊　Y：佐世保

(2) 上の文章中の[　Z　]にあてはまる施設名を答えなさい。

(3) 九州地方では，工業の発展に伴い水質汚濁などの公害が深刻化した1950〜1960年代にかけて，化学工場から出された廃水で，有害水銀に汚染された海で育った魚を食べた住民に神経や筋肉が侵される公害病が発生した。その名称として適切なものを次の(ア)〜(エ)から一つ選び，記号で答えなさい。

(ア) イタイイタイ病　　(イ) カネミ油症　　(ウ) 水俣病

(エ) 四日市ぜんそく

(4)　次の表の(ア)〜(エ)は，名古屋港，横浜港，博多港，関西国際空港のいずれかの主要輸出品目とそれらの輸出額，輸出総額に占める割合を示したものである。横浜港を(ア)〜(エ)から一つ選び，記号で答えなさい。

表

(ア)			(イ)			(ウ)			(エ)		
輸出品目	億円	%	輸出品目	億円	%	輸出品目	億円	%	輸出品目	億円	%
自動車	25570	24.6	集積回路	11139	22.3	自動車	8062	28.7	自動車	9274	15.9
自動車部品	17332	16.6	科学光学機器	3114	6.2	集積回路	7559	26.9	プラスチック	2718	4.7
内燃機関	4317	4.1	電気回路用品	3091	6.2	タイヤ・チューブ	998	3.6	内燃機関	2585	4.4

(「日本国勢図会 2022/23」より)

2024年度　鳥取県　難易度

【12】次の図を見て，以下の各問いに答えなさい。

1　次の表は，図中のA〜Cのいずれかの国における輸出額(百万ドル)及び主要輸出品の輸出額に占める割合(%)を示したものである。ア〜ウに該当する国の組み合わせとして最も適切なものを①〜⑥の中から一つ選びなさい。

	輸出額（百万ドル）	主要輸出品の輸出額に占める割合（％）
ア	154,152	機械類 24.7　　自動車 12.9　　医薬品 7.8 紙と板紙 4.9　　鉄鋼 3.8
イ	82,699	原油 27.5　　天然ガス 14.7　　魚介類 13.1 機械類 8.1　　石油製品 4.5
ウ	65,668	機械類 24.2　　紙と板紙 9.8　　自動車 6.4 石油製品 6.0　　鉄鋼 5.1

統計年次は、2020年。

（『データブック　オブ・ザ・ワールド　2022年版』より作成）

	ア	イ	ウ
①	A	B	C
②	A	C	B
③	B	A	C
④	B	C	A
⑤	C	A	B
⑥	C	B	A

2　次のエ～カのグラフは，図中のダブリン，ワルシャワ，リスボンのいずれかの雨温図を示している。エ～カに該当する都市名の組み合わせとして最も適切なものを①～⑥の中から一つ選びなさい。

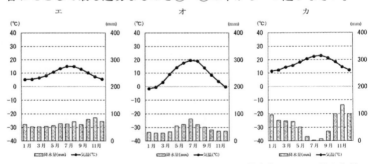

（気象庁ホームページより作成）

	エ	オ	カ
①	ダブリン	ワルシャワ	リスボン
②	ダブリン	リスボン	ワルシャワ
③	ワルシャワ	ダブリン	リスボン
④	ワルシャワ	リスボン	ダブリン
⑤	リスボン	ダブリン	ワルシャワ
⑥	リスボン	ワルシャワ	ダブリン

2024年度　三重県　難易度 ■■■■□□

【13】次の問いに答えなさい。

(1) 次の文1を読み，以下の問いに答えなさい。

文1

> 世界地図を見ると，国と国の境界線には直線的なものや曲がりくねったものなど，様々な境界線がある。こうした境界線を国境と呼び，_a山脈や河川，湖沼，海洋などの自然の地形に沿って定められている（　あ　）国境と，_b緯線や経線，建造物などを利用した（　い　）国境がある。

① 文1の（　あ　），（　い　）に当てはまる適切な語句を，それぞれ漢字3字で書きなさい。

② 文1の下線部aにかかわって，フランスとスペインの国境に利用した山脈として最も適切なものを，次のア〜エから1つ選び，記号を書きなさい。

ア　アトラス山脈　　　イ　ウラル山脈　　　ウ　アパラチア山脈
エ　ピレネー山脈

③ 文1の下線部bにかかわって，アフリカ州には，まっすぐな国境線がいくつか見られる。その理由として考えられることを，アフリカ州の歴史にふれながら簡潔に書きなさい。

④ 資料1は，北アメリカ大陸において国境を挟み接するカナダ，アメリカ，メキシコについてまとめたものである。カナダに当たるものを資料1のア〜ウから1つ選び，記号を書きなさい。

**資料1　カナダ，アメリカ，メキシコの人口密度と
1人当たりのGNI（2020年）**

	人口密度（人／km²）	1人あたりのGNI（ドル）
ア	34	64310
イ	4	43093
ウ	65	8033

（「世界国勢図会 2022/23」より作成）

⑤ 次の文2は，日本の領域についてまとめたものである。文2の（　う　）〜（　お　）に当てはまる語句や数として適切なものを，以下のア〜キからそれぞれ1つ選び，記号を書きなさい。

文2

> 日本の領域は広域におよぶ。東端の(う)と西端の(え)の経度差は約(お)度あり，日の出と日の入りの時刻が約2時間ずれる。

ア　択捉島　　イ　南鳥島　　ウ　沖ノ鳥島　　エ　与那国島
オ　20　　　　カ　30　　　　キ　45

(2)　次の文3を読み，以下の問いに答えなさい。

文3

> 経済の_cグローバル化が進展し，さまざまな活動が地球規模で行われるようになった現在では，_d地域ごとの経済的な結び付きが重要となっている。また，_eそれぞれの地域内で経済圏がつくられ，貿易の自由化などによって活発な経済活動が行われている。

①　文3の下線部cにかかわって，複数の国に生産・販売の拠点を置く企業を何と呼ぶか，漢字5字で書きなさい。

②　文3の下線部dにかかわって，資料2は，アメリカ合衆国，日本，ASEAN，EU，MERCOSURの面積，人口，GDP(名目)，貿易額についてまとめたものである。ASEAN，EUを示すものとして最も適切なものを，資料2のA～Cからそれぞれ1つ選び，記号を書きなさい。

資料2　主な経済地域等の面積，人口，GDP（名目），貿易額（2020年）

	面積（千k㎡）	人口（百万人）	GDP（名目）（億ドル）	貿易額（億ドル）輸出	貿易額（億ドル）輸入
アメリカ合衆国	9834	336	208937	14249	24069
日本	378	125	50578	6413	6355
A	4132	445	152922	50759	45164
B	13921	309	20597	2915	2401
C	4487	669	29962	13852	12687

（「世界国勢図会 2022/23」より作成）

③　文3の下線部eにかかわって，北アメリカにおいて，2020年にNAFTAにかわり発効した貿易協定を何と呼ぶか，書きなさい。

(3) 資料3は，世界における大豆の生産国，輸出国，輸入国及び生産量，輸出量，輸入量の割合をまとめたものである。資料3から読み取ることができることとして適切なものを，次のア〜オから2つ選び，記号を書きなさい。

ア　ブラジルは，大豆の生産量，輸出量，輸入量のいずれも上位5か国に含まれている。

イ　アルゼンチンは，大豆の輸入量に比べ，輸出量が多い。

ウ　中国の大豆の輸入量は，中国の大豆の生産量の10倍以上である。

エ　アメリカの大豆の輸出量は，アルゼンチンの大豆の生産量を上回っている。

オ　大豆の輸出量の上位5か国は，南アメリカ州の国々より北アメリカ州の国々の方が国の数が多い。

資料3　大豆の生産国，輸出国，輸入国及び生産量，輸出量，輸入量の割合（2020年）

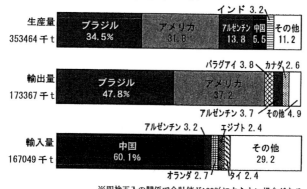

※四捨五入の関係で合計値が100%にならない場合がある
（「世界国勢図会2022/23」より作成）

(4) 日本の漁業にかかわって，資料4は，日本の漁業と養殖業の生産量の推移をまとめたものである。また，資料5は，日本の沖合漁業生産量の主要魚種別内訳の推移についてまとめたものである。次の問いに答えなさい。

① 資料4について，日本の遠洋漁業の生産量が300万t以上の時期に起きた世界や日本の出来事として最も適切なものを，次のア〜エから1つ選び，記号を書きなさい。

ア　第四次中東戦争の影響を受けて，第1次石油危機が発生した。

イ　吉田茂内閣がアメリカなど48か国とサンフランシスコ平和条約を結んだ。

ウ　マルタ会談で米ソの首脳が冷戦の終結を宣言した。

エ　気候変動枠組条約第3回締約国会議(COP3)で京都議定書が採択された。

②　養殖漁業は，一般的に，稚魚を生け簀などで飼育し，食べられる大きさになったら出荷する。一方で，栽培漁業とはどのような漁業か，「卵」，「稚魚」の2語を用いて簡潔に書きなさい。

③　資料4，5から読み取れることとして適切なものを，次のア～オから3つ選び，記号を書きなさい。

ア　日本の海面養殖業が，日本の遠洋漁業の生産量を上回ったのは1990年以降である。

イ　日本の沿岸漁業は，日本の遠洋漁業と沖合漁業のいずれの生産量も上回った年がある。

ウ　日本の遠洋漁業の生産量が最も多い年は，1965年の遠洋漁業と比べ，生産量が4倍以上に増えた。

エ　日本の沖合漁業の生産量が600万t以上の時期において，日本の沖合漁業生産量の主要魚種別内訳の50%以上をマイワシが占めた年がある。

オ　1998年と2008年を比べると，2008年には日本の沖合漁業生産量の主要魚種別内訳でマイワシが占める割合は低くなる一方，サンマが占める割合は高くなった。

資料4　日本の漁業・養殖業の生産量の推移

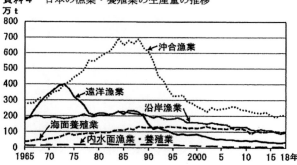

資料5　日本の沖合漁業生産量の主要魚種別内訳の推移

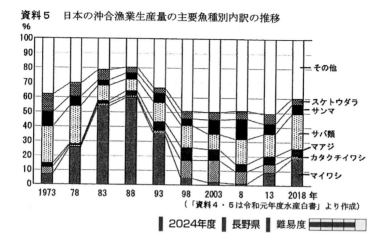

（「資料4・5は令和元年度水産白書」より作成）

▌2024年度 ▌長野県 ▌難易度▐▬▬▬▬▌

【14】次の資料1は，オセアニア州を示した地図である。次の(1)～(5)の各問いに答えよ。

(1)　資料2は，資料1中の1～4の都市における，いずれかの雨温図である。どの都市の雨温図か，資料1の1～4から最も適当なものを一つ選び，記号で答えよ。

(2)　資料3は，資料1中のA～Cのいずれかの国の貿易等の統計を示したものである。Bの国にあてはまるものを，資料3中のa～cから一つ選び，記号で答えよ。また，その答えの理由を，資料3から読み取れることを踏まえて説明せよ。

資料1

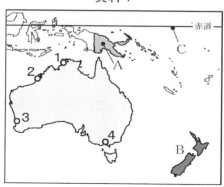

● 中学校

資料2

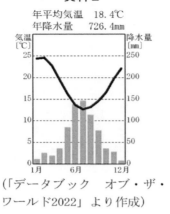

年平均気温　18.4℃
年降水量　726.4mm

（「データブック　オブ・ザ・
ワールド2022」より作成）

資料3

	国民総所得 （億ドル）	輸出額 （億ドル）	輸入額 （億ドル）	輸出品の上位品目
a	2081	389	372	酪農品26.5%、肉類14.0%、 野菜と果実8.0%、木材6.8%
b	244	82(16)	21(16)	白金33.1%、パーム油11.2%、 銅鉱9.0%、貴金属鉱7.1%(12)
c	1.8	1.2	0.3	鉱産物98.7%、機械類0.6%、 プラスチックとゴム0.4%(15)

（無印は2020年、（16）は2016年、（15）は2015年、（12）は2012年のデータである）
（「データブック　オブ・ザ・ワールド2022、2023」より作成）

資料4

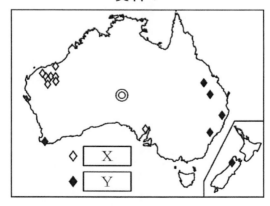

122

(3) オーストラリアについて，次のア，イの各問いに答えよ。

ア 資料4は，主な鉱産資源の分布を示したものである。 X と Y に入る適切な語句を，それぞれ答えよ。

イ 資料4中の◎は，先住民アボリジニの聖地の一つであり，世界遺産に登録されている。その写真として最も適切なものを，次の1〜4から一つ選び，記号で答えよ。

(4) 資料5は，オーストラリアの貿易相手国の推移を，資料6は，オーストラリアの地域別の移民人口の推移を示したものである。次のア，イの各問いに答えよ。

ア 資料5中の Z に入る国名を答えよ。

イ 1901年〜1973年まで，オーストラリアで行われていた移民に関する政策を説明せよ。

資料5

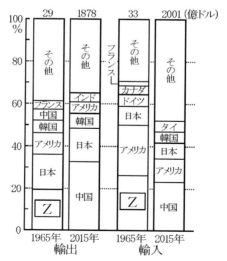

（「International Trade Statistics Yearbook（2010）」ほかより作成）

資料６

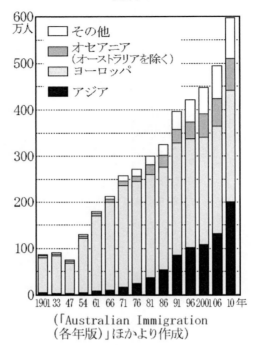

600
万人

□ その他
■ オセアニア
（オーストラリアを除く）
□ ヨーロッパ
■ アジア

500

400

300

200

100

0
1901 33 47 54 61 66 71 76 81 86 91 96 2001 06 10 年

（「Australian Immigration
（各年版）」ほかより作成）

(5) 資料7は現在のオーストラリアで見られる取組を示したものである。オーストラリアは，どのような社会を築こうとしていることがわかるか，資料5〜7から読み取れることを踏まえて説明せよ。

資料7

> テレビ放送やラジオ放送においては，英語以外の多言語放送が行われたり，学校教育においては，公用語の英語だけでなく，日本語や中国語，フランス語などの外国語の教育に力を入れたりしています。
>
> また，近年では，先住民であるアボリジニの人々に対する政策も見直され，先祖が住んでいた土地の所有権も認められました。

【15】 次の資料1～3を見て，あとの(1)～(3)の問いに答えよ。ただし，資料1～3の(①)～(④)にはそれぞれ同じ語句が入る。

資料1　日本の主な発電所の分布

```
● ( ① )
△ ( ② )
★ ( ③ )
■ ( ④ )

(2017年現在)
2020年現在で、廃炉が
決定した原子力発電所
を除く。
```

0　　　　400km

（「電気事業便覧2017年版」ほかより）

資料2　一次エネルギー供給割合の推移（会計年度）

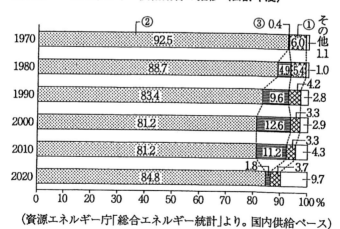

（資源エネルギー庁「総合エネルギー統計」より。国内供給ベース）

資料3　先生と生徒の会話

> 先生　：日本のエネルギーについて学習したことを振り返りま
> しょう。資料1の日本の発電所分布を示す地図を見てく
> ださい。どのような特徴がありますか。
>
> 生徒A：日本は山地や丘陵が多いので，それらを利用した
> （　①　）発電があります。
>
> 先生　：そうですね。ただ，工業化が進んでくることで，より
> 大きな電力を活用する必要が出てきました。
>
> 生徒B：そこで，（　②　）発電が始まりました。
>
> 先生　：（　②　）発電は，発電量を調整しやすいという利点があ
> りましたね。
>
> 生徒C：でも，地球温暖化の原因になる温室効果ガスを排出す
> るという課題があります。
>
> 生徒B：（　②　）発電は，燃料を海外からの輸入に頼るので，沿
> 岸部に立地します。ただ，エネルギーの安定供給の課
> 題もあります。そこで，（　③　）発電もあります。
>
> 生徒C：資料2を見ると，（　③　）発電の割合が2010年と2020年
> を比較すると急減しています。
>
> 生徒A：反対に，資料2を見ると2010年から2020年にかけてその
> 他の割合が増えています。
>
> 生徒B：火山国である日本にとっては資料1の■にあたる
> （　④　）発電は重要な役割をもつと思います。なぜなら，
> （　X　）と考えるからです。

(1)　資料1，2を参考にして，資料3の①〜③にあてはまる語句の組み
合わせとして最も適切なものを，次のア〜エから一つ選んで，その
記号を書け。

　　ア　①　水力　　　②　火力　　　③　風力

　　イ　①　水力　　　②　火力　　　③　原子力

　　ウ　①　火力　　　②　水力　　　③　風力

　　エ　①　火力　　　②　水力　　　③　原子力

(2)　資料1，3の（　④　）にあてはまる最も適切な語句は何か。書け。

(3)　資料3の(　X　)にあてはまる最も適切な文章を，「再生可能エネルギー」，「環境汚染」の二つの語句を使って，簡潔に書け。

■ 2024年度 ■ 香川県 ■ 難易度 ■■■■■

解答・解説

【1】問1　3　　問2　1　　問3　6　　問4　3

○**解説**○ 問1　Ⅰ　最大の排出国である中国など途上国に削減義務はなかった。　問2　石油代替エネルギー利用の進展や自動車の燃費向上等により，石油の供給量は減少基調で推移している。石炭や天然ガスの需要の増加は東日本大震災の影響で原子力発電が止まったことがあげられる。2022年末の時点で日本では太陽光発電の累積導入量は中国，アメリカに次ぐ世界第3位となっている。日本では陸上風力の設置が進んでいるが，地形的に導入可能な適地は限定的である。地熱発電が進まない理由は，国立公園の中に火山があることが多く，景観の問題から建設できないことが大きい。　問3　インドの人口は約14億人と非常に多いため，一人当たりの二酸化炭素排出量は小さくなる。アメリカの人口は約3.3億人で，日本は約1.2億人である。そのことから一人当たりの二酸化炭素の排出量は日本がアメリカを上回ることはないと判断でき，Aがアメリカでバが日本となる。　問4　D　グレートプレーンズでオガララ帯水層の地下水を利用して灌漑農業を行っているためイが該当する。　E　アラル海があり，旧ソ連がアラル海に流入するアムダリア川とシルダリア川から取水し，綿花栽培を過剰におこなったためアラル海の面積が縮小したためアが該当する。　F　カリマンタン島で熱帯雨林が広がるが，油ヤシのプランテーションによる開発で森林伐採が問題となっているためウが該当する。

【2】(1)　エ　　(2)　ウ　　(3)　ウ

○**解説**○ (1)　防災はダムや防潮堤などで自然災害を未然に防いだり，災害による被害をなくしたりすることを目的としたものであり，減災は

災害は起きるものとしてその時の被害を減らすことを目的にしたものである。ロードマップはプロジェクトの達成に向けて必要な項目をまとめた計画書のことで，ハザードマップはGISを用いて被害予測や避難場所を記したものである。　(2)　SDGsは持続可能な開発目標の略で，2015年の国連サミットで2030年までの15年間で達成すべき17の目標が決められた。　(3)　ア　資料はニワトリの誕生から鶏肉として出荷されるまでを図示した資料である。　イ　石油が輸入されてからどのように使われるのかを図示した資料である。　ウ　リサイクルがどのようにされているかを図示した資料である。　エ　石垣島の伝統的な家屋を図示した資料である。

【3】(1)　オセアニア州　　(2)　6月～7月のカタールは厳しい暑さが続くため。　　(3)　イ　　(4)　エ　　(5)　レアメタル　　(6)　建物から出る熱が永久凍土をとかし，建物が傾いてしまうのを防ぐ

(7)　北米自由貿易協定(NAFTA)

○解説○ (1)　世界の6州は，ヨーロッパ州，アジア州，アフリカ州，オセアニア州，北アメリカ州，南アメリカ州である。　(2)　カタールは緯度が低く砂漠気候であるため，夏の猛暑がスポーツの試合に適さないとして夏開催でなく冬開催となった。　(3)　韓国と日本の大半は北緯45度から北緯30度の間にある。Eが赤道であり，15度間隔であるためBとCである。　(4)　イ　原子力発電の割合が高いフランス。ウ　2035年に再生可能エネルギーの割合を100%にすることを目標にしているドイツ。　エ　三峡ダムに次いで発電量の多い，イタイプダムや流域面積の広いアマゾン川などの水資源が豊富なブラジル。

(5)　レアメタル(レアアース)は希土類ともいわれ，触媒や電池に用いられる。約8割の産出を中国が占めており，中国の輸出に依存していることが問題となっている。そのため使い終わった携帯電話の基盤などから再利用できるレアメタルや金属を再回収しており，都市鉱山と呼ばれる。　(6)　建物から出る熱が永久凍土を溶かし，建物が傾いてしまうのを防ぐために高床式住居となっている。熱帯地域の高床式住居はカンボジアのトンレサップ湖のものが有名である。　(7)　北米自由貿易協定(NAFTA)はアメリカ，カナダ，メキシコの頭文字を取って，

USMCAとなった。NAFTAとの大きな違いはFree Tradeの文字が消えた
ように，北米原産地規則が厳しくなり，北米の企業や材料を保護する
ようとなるようになった。

【4】問1　イ　　問2　エ　　問3　ア

○**解説**○　問1　Aはロサンゼルス，Bはニューヨーク付近と考えられる。
雨温図を見ると，Ⅰは一年を通してほぼ雨が毎月100mm，最低気温が
0℃より高く，最高気温が30℃に満たないので温暖湿潤気候でBに該当
する。Ⅱは夏の降水量が少なく，地中海性気候である。したがって，
Aのロサンゼルス。Ⅲの雨温図は，1月や12月に気温が高く，南半球の
雨温図であると判断できる。　問2　Ⅰのジョンソン宇宙センター，
航空宇宙産業などからヒューストン。Ⅱは製鉄業，現在はICT産業か
らピッツバーグ。Ⅲはシリコンバレーからサンノゼ。地図を見ると，
Dはヒューストン付近であり，Ⅰの説明と合致する。Cはサンノゼかサ
ンフランシスコか判別しにくいが，Ⅲの説明が該当することは明らか。
問3　アメリカ合衆国は農牧業が盛んであり，それを支える手段とし
てセンターピボット方式という大規模なかんがい農法がある。

【5】問1　(1)　ⅰ　着目　　ⅱ　課題　　(2)　イ　　(3)　南鳥島
(4)　①　ウ　　②　カ　　問2　(1)　ウ　　(2)　イ　　(3)　ウ
問3　イ

○**解説**○　問1　(1)　位置や分布に着目して，課題を追究することを意識
しながら地理の授業を展開していきたい。　(2)　世界の海洋の面積は，
太平洋，大西洋，インド洋の順に大きい。陸地の面積は，1番目に大
きいものをアジア，ユーラシアいずれとした場合にも，アフリカが2
番目となる。　(3)　南鳥島は，日本の最東端に位置する島で，東京都
に属する。気象庁の観測所などが設置されている。　(4)　①　日本の
標準時子午線は，東経135°である。南極中心の地図で分かりづらい
が，オーストラリアを通過するウが該当する。　②　資料の図中の経
線は24本引かれており，1本ごとに15°の経度差，1時間の時差となる。
ウは東経135°で，135÷15＝9から，ロンドンはウから反時計回りに9
本目。ロンドンとある都市の時差は7時間あり，ある都市の方が遅れ

ていることから，ロンドンより西にあり，ロンドンから反時計回りに7本目。該当するものはカ。　問2　(1)　アは気温の年較差があることから，内陸部のC。イはアンデス山中に位置し，年中気温も低い高山気候のE。ウは年中気温が高いD。　(2)　Xは亜寒帯で見られる住居でiv，Yは乾燥帯で見られる住居でi，Zは熱帯で見られる住居でiii。ちなみにiiは寒帯の文章。地図中の着色されているカナダは，亜寒帯が広く分布している。　(3)　アメリカ合衆国の生産量が多いことから，とうもろこしである。アメリカ合衆国に次いで多いのは中国である。問3　東ティモールは，かつてポルトガルの支配下におかれ，宗教はキリスト教(カトリック)を信仰する人が多い。宗教に関して，フィリピンも同様。マレーシア，バングラデシュ，インドネシアはイスラム，ミャンマーは仏教。

【6】(1)　①　しまなみ海道(尾道今治ルート)　②　坂出市
(2)　Bルート開通により，四国側から岡山県への移動だけでなく，岡山県から四国側への通勤・通学者が増え，相互交流が盛んになった。
(3)　①　ストロー現象　②　・ベッドタウンの開発　・大学や企業の郊外への移転　から1つ　(4)　グラフ…①　理由…瀬戸内工業地域は全国に比べて化学工業の割合が高いから。　(5)　①　世代や働き先等が異なる複数の島民の立場から捉え直すことで，観光による町づくりについて，多面的・多角的に考察できる。　②　誰もが暮らしやすく，次の世代も住み続けられる町づくり。

○解説○　(1)　①　本州四国連絡橋には3つのルートがある。西からA尾道・今治ルート，B児島・坂出ルート，CとDは神戸・鳴門ルート。それぞれ，西瀬戸自動車道，瀬戸中央自動車道，神戸淡路鳴門自動車道の有料道路がある。尾道今治ルートは通称しまなみ海道といい，いくつもの島を結ぶ。　②　Bルートは，通称，瀬戸大橋。岡山県倉敷市児島地区と香川県坂出市を結ぶ。岡山市から児島駅を通り，瀬戸大橋を渡って香川県高松市の高松駅に至るルートで，岡山市から児島駅はJR西日本，児島駅から高松駅はJR四国の路線である。　(2)　1985年のC大鳴門橋開通時には，岡山県と四国の行き来は連絡線によるものと思われるが，四国から岡山県に向かう方が多い。1988年の瀬戸大橋開

通によって倍増するもののその数は等しくなった。この資料からは，交通手段が増えたことによって相互に移動が増加し，就業や進学の選択肢が広がったと考えられる。　(3)　①　大都市には雇用が多く，交通網の発展によって人口が集中することをストロー現象という。大都市から地方都市へ移住することのうち元々地方出身者の場合はUターン，大都市から地方都市へ移住することをIターン，故郷の近くの都市に移住することをJターン現象という。　②　人口が増加する大都市では家賃の高騰，交通渋滞，電車の混雑，ゴミ問題，大気汚染などの問題が起こることがある。その対策としては，住居の高層化やベッドタウンの開発，就業時間の分散，オフィスの分散などが考えられる。日本では少子高齢化が進み，それぞれが新たな局面を迎えつつある。(4)　瀬戸内工業地域の工業製造品出荷額は，中京工業地帯，阪神工業地帯，関東内陸工業地域に次ぐ4位で，およそ10％を占める。石油化学コンビナートを中心に発展した経緯から，化学工業の割合が高いことで知られる。また，全体での割合は小さいが，繊維工業の割合も高い。　(5)　①　島民には何世代も前から居住している人もいれば新しい島民もいるし，男性か女性か，年齢，家族構成など様々なケースがある。それぞれ見解が異なることに気づくことで，賛成・反対の立場の違いに理解を示すことができ，深い考察につながる。　②　持続可能というフレーズと町づくりを結びつけると，長く住み続けることができる，ということになる。すなわち，現在だけがよければいいという考え方ではなく，次の世代以降も住み続けることを念頭に，どんな立場の人も相応に暮らしやすいことが求められる。地域作りの基本として，大切な考え方である。

【7】(1)　25,000(分の1)　　(2)　イ　　(3)　インド…ウ　アメリカ…エ　中国…イ　　(4)　オ
○解説○　(1)　150,000(cm)÷6(cm)＝25,000と求めることができる。なお，主曲線が10m間隔で引かれていることから，25,000分の1地形図と判断することもできる。　(2)　ア　畑ではなく果樹園である。　イ　扇状地の地形図であり，YはXより標高が高い。　ウ　田ではなく果樹園である。　エ　南東ではなく西北西である。　(3)　ア　少子高齢化が

● 中学校

進行している日本。　イ　1979年以降，人口抑制策により人口増加が鈍化した中国。　ウ　多産少子型のインド。　エ　釣鐘(ベル)型の人口ピラミッドになっているアメリカ。年少人口から生産年齢人口の構成比がほぼ同じになっているのが特徴。　(4)　①　日本の石炭・天然ガス・鉄鉱石の輸入相手国第1位はオーストラリア。　②　石炭，石油，天然ガスいずれも上位であることから，ロシア。

【8】(1)　3　　(2)　4　　(3)　2　　(4)　3　　(5)　1　　(6)　①　2
②　3

○解説○ (1)　ラニーニャ現象が起こると，東南アジア付近では上昇気流が活発となり，多くの降水をもたらす。　(2)　Ⅱは，1人あたりGNIが高く，自動車保有台数も多い日本。Ⅳは，国内人口が多く，1人あたりGNIが低く，100人あたり自動車保有台数が少ないインド。残りのⅠとⅢを比較すると，Ⅰは100人あたり自動車保有台数が多いロシア。少ないⅢがブラジル。　(3)　1は，南側ではなく北側。3は，図書館ではなく博物館。4は，茶畑ではなく果樹園(ぶどう)。　(4)　集約的稲作農業は，経営規模が小さく，自給的な側面が強いとされる。園芸農業は，近郊農業の形態をとることが多かったが，近年では輸送技術の発達で都市から離れた場所でも行われている。プランテーション農業は，商品作物を輸出用に単一耕作するという特徴がある。　(5)　原油の埋蔵量は中東で多く，ベネズエラ，カナダ，アメリカ合衆国でも多い。天然ガスの埋蔵量も，中東で多いが，ロシアでも多いことが特徴である。　(6)　①　アフリカ系の人々は，かつて奴隷として連れてこられたという歴史をもつ。南東に位置する州に多く居住する。ヒスパニックは，スペイン語を話す移民またはその子孫の人々である。特にメキシコ国境に近い州に多い。アジア系の人々は，太平洋岸で10%を超す州があって人口が多く，特にカリフォルニア州で多い。　②　小麦の生産地帯は，西経100°付近に分布している。北の方では冬小麦が，より南の方では春小麦が栽培されている。酪農地帯は，五大湖周辺に分布している。都市部の大消費地向けに，牛乳や乳製品を生産している。綿花地帯は，国土の南東の地域に広がっている。

【9】(1) ① C ② Z (2) C (3) B

○**解説**○ (1) ① この地図は緯線と経線が直角に交わったメルカトル図法である。ア～ウはいずれも20°四方に囲まれており，一見すべて同じ面積にみえるが，例えば20°の緯線は低緯度になるほど実際の距離は短くなるので，ウが最も面積が小さくなる。 ② 1，2月の気温が高く，7月の気温が低いことから南半球の都市の雨温図であることが分かる。また，最暖月平均気温が22℃未満であること，最寒月平均気温が−3℃～18℃，降水量が年間を通じてあることから，西岸海洋性気候のグラフであり，ニュージーランドのZとなる。ニュージーランドは偏西風の影響により，年間を通じて降雨がある。Wは地中海性気候，Xは熱帯雨林気候，Yは砂漠気候である。 (2) さとうきびは熱帯地域で生産が盛んであり，ブラジルが世界第1位の生産を誇る。 (3) 中国は牛肉・豚肉ともに生産量が多いが，国内人口も多いため，生産の多くが自国消費に回る。穀物生産が豊富なカナダでは豚肉の生産が盛ん。

【10】(1) A 奥羽山脈 B 根釧台地 (2) イ (3) ② 岩手県 ⑥ 北海道 (4) 名称…やませ 影響…日照不足と低温から稲の生育が遅れて冷害が起こりやすくなる。

○**解説**○ (1) Aの奥羽山脈は，東北地方を縦断する脊梁山脈である。Bの根釧台地は，日本最大規模の台地であり，酪農が盛んに行われている。 (2) 潮目(潮境)では，海底から栄養分が上昇して植物プランクトンが豊富で，よい漁場となることが多い。 (3) ①は，県民所得が最も低いことから秋田県。②は，③に次いで第1次産業の割合が高いことから岩手県。③は，第1次産業の割合が最も高いことから青森県。④は，海岸線距離が2番目に短いことから福島県。⑤は，人口密度が高く，県民所得も多いことから宮城県。⑥は，海岸線が長く，農業産出額も高いことから北海道。⑦は，海岸線距離が最も短いことから山形県。 (4) やませは夏にオホーツク海気団から吹きだしてくる冷涼多湿の風であり，特に三陸地方に強い影響を及ぼす。

【11】(1) (ウ) (2) 八幡製鉄所 (3) (ウ) (4) (エ)

○**解説**○ (1) 筑豊炭田は，九州北部でみられ，産出された石炭は北九州

市の八幡製鉄所での鉄鋼生産に利用された。　(2)　八幡製鉄所は1901年に官営模範工場として操業を開始した。　(3)　熊本県の水俣市で起きた公害病を水俣病と呼ぶ。　(4)　(ア)　自動車の輸出額が2兆円を超え，多額であるためトヨタの本拠地が近い名古屋港。　(イ)　小さくて高付加価値の集積回路の輸出が盛んであるため，航空輸送の行われる関西国際空港。　(ウ)　集積回路の輸出額が多いため博多港である。九州は半導体工場が多く立地し，シリコンアイランドと呼ばれる。(エ)　プラスチックの輸出がみられるため石油化学工業が行われる神奈川県に位置する横浜港である。

【12】1　③　　2　①
○解説○　1　北欧3ヵ国は隣接しているが相違点も多い。　ア　輸出額が最も多く，自動車や医薬品の輸出があるスウェーデン。　イ　北海油田での原油や天然ガスの産出があるノルウェー。　ウ　最も大陸寄りのフィンランドは森と湖の国で，製材・パルプ産業のほか高度ICT産業も進展している。　2　ポルトガルの首都リスボンは，地中海性気候で，夏の降水量が少ないカ。アイルランドの首都ダブリンは，西岸海洋性気候で，年中湿潤なエ。ポーランドのワルシャワも西岸海洋性気候だが，内陸で年較差が大きいオが該当する。

【13】(1)　①　あ　自然的　　い　人為的　　②　エ　　③　かつてヨーロッパの国々が，植民地として支配した時に引いた境界の名残があるため。　④　イ　　⑤　う　イ　　え　エ　　お　カ
(2)　①　多国籍企業　　②　ASEAN…C　EU…A　　③　USMCA
(3)　イ，エ　　(4)　①　ア　　②　卵から稚魚まで人の手で育て，その後，川や海へ放流し，成長したものをとる漁業。　　③　ア，エ，オ
○解説○　(1)　あ　自然的国境はノルウェーとスウェーデンの間のスカンディナヴィア山脈やフランスとドイツの間のライン川などがあり，日本を囲む海もその一つである。　い　人為的国境は数理国境ともいう。アメリカとカナダの間の北緯49度や西経141度やパプアニューギニアとインドネシアの東経141度などがある。　②　ア　アトラス山脈は

モロッコとアルジェリアにまたがる山脈である。　イ　ウラル山脈はロシアにある山脈でボスポラス海峡と共にアジアとヨーロッパを隔てる境界である。　ウ　アパラチア山脈はアメリカ東海岸にある古期造山帯である。　エ　ピレネー山脈はスペインとフランスの間にあるアルプスヒマラヤ造山帯に属する新期造山帯で，自然国境の役割を果たしている。またアンドラ公国もピレネー山脈上に存在している。

③　アフリカはヨーロッパに植民地支配されており，宗主国同士が民俗や部族を無視した国境線を引いたため内戦の火種となり，社会不安が続いている。　④　ア　3か国で人口が最も多く，世界で一番GNIの高いアメリカ。　イ　3か国で人口が最も少なく，面積の大きいカナダは人口密度が最も低い。　ウ　3か国で最も1人当たりのGNIが低いメキシコ。　⑤　日本の最東端は東京都の南鳥島で東経153度，最西端は沖縄県の与那国島で東経122度であるため緯度差は30度である。知識がなかったとしても，日の出，日の入りの時間が2時間違うということから緯度差は30度は予想ができる。　(2)　①　複数の国にわたって生産販売の拠点を置く企業を多国籍企業という。現在は，現地法人の機能が高まっていることが多い。　②　A　EUのGDPは域内合計が米国，中国に次ぐ値となっている。　B　MERCOSURは南米南部共同市場の略で，資格停止されたベネズエラを除く南米大陸すべての国が正加盟国もしくは準加盟国として参加しており，面積は他の経済地域と比べて大きい。ただし人口1億人超えの加盟国がブラジルのみであるため人口は少ない。　C　ASEANは東ティモールを除く東南アジア諸国が加盟しており，人口2.7億人のインドネシア，1.1億人のフィリピンなど域内人口が多いことが特徴である。　③　アメリカ，カナダ，メキシコの頭文字を取って，USMCAとなった。NAFTAとの大きな違いはFreeTradeの文字が消えたように，北米原産地規則が厳しくなり，北米の企業や材料を保護するようになった。　(3)　ア　ブラジルは自国での生産が多いが消費量が多いわけではないので輸入量は上位に含まれない。　イ　アルゼンチンも同様に中国への輸出用に育てているため輸入量より多い。　ウ　計算をすると輸入量は生産量の約5倍である。　エ　生産量と輸出量の比は約2:1であるため，アメリカの輸出量とアルゼンチンの生産量の比が約2.5:1であるため正しい。

オ　大豆の輸出の上位5か国は南アメリカがブラジル，パラグアイ，アルゼンチン，の3か国で，北アメリカがアメリカ，カナダである。
(4)　①　遠洋漁業の生産量が300万トンを超えているのは1970年から1980年頃までである。ア　第4次中東戦争が1973年に勃発し，中東の政情不安から石油危機が起きた。　イ　サンフランシスコ講和条約が結ばれたのは1951年である。　ウ　マルタ会談は1989年に地中海のマルタで開かれた。　エ　京都議定書が採択されたのは1997年であり，2005年に発行された。　②　魚介類の卵を人工的にふ化させて，稚魚にまで育て，自然界に放流して成長した魚を再び獲得する漁業である。自然界では卵の孵化から稚魚にまで育つのが難しいため，その期間を人工的に行うことで水産資源の確保を行うことを目的としている。
③　イ　沖合漁業は1970年代前半に遠洋漁業に抜かれた以外は常に日本の漁業別生産量でトップに立っている。　ウ　遠洋漁業の生産量は1965年に比べて最大の1975年と比べて約2倍である。

【14】(1)　3　(2)　記号…a　理由…酪農品，肉類など牧畜業による生産物が上位を占めているため。　(3)　ア　X　鉄鉱石　Y　石炭　イ　3　(4)　ア　イギリス　イ　白人以外の移民を厳しく制限する政策である白豪主義をとっていた。　(5)　結び付きの強い地域がヨーロッパからアジアへと変化してきたため，民族などの異なる人々が，様々な文化を互いに尊重し合い，平等に社会参加できる多文化社会を築こうとしている。
○解説○(1)　ア　資料2の雨温図は，最寒月平均気温が−3度〜18度にあるため，温帯と判断でき，夏に乾燥がみられる地中海性気候であるとわかる。地中海性気候はオーストラリアの南西部でみられる。
(2)　資料1中のAはパプアニューギニア，Bはニュージーランド，Cはナウルである。資料3中のaは輸出品の上位品目に酪農品や肉類がみられるため牧畜業が盛んなニュージーランドが該当する。cは輸出品の大部分が鉱産物で占められているためリン鉱石の産出で有名なナウルが該当し，残ったbはパプアニューギニアが該当する。　(3)　ア　一般的に，古期造山帯では石炭が，安定陸塊では鉄鉱石が産出することが多い。オーストラリア大陸では，東側に古期造山帯が中央部から西

側に安定陸塊が分布しているため，Yでは石炭が，Xでは鉄鉱石が産出する。　イ　3はアボリジニの聖地として有名なエアーズロック(ウルル)である。かたい岩石が侵食から取り残されてできた丘である残丘(モナドノック)である。1はペルーのマチュピチュ，2はカンボジアのアンコールワット，4はオーストラリアのオペラハウスである。

(4)　ア　イギリスはオーストラリアの旧宗主国で，かつてはオーストラリアとの経済的結びつきが強かったが，イギリスが1973年にECに加盟したことで，オーストラリアとの貿易が減少した。　イ　19世紀にアジアの移民が増えたことで，白人以外の移民を締め出す動きが強まり，白豪主義をとった。　(5)　オーストラリアは，イギリスとの経済的結びつきが弱まったため，アジアとの結びつきを強める必要が生じ，白豪主義から多文化主義へと移行していった。その結果アジア諸国との貿易やアジアからの移民が増加した。

【15】(1)　イ　　　(2)　地熱　　　(3)　再生可能エネルギーを利用することで，環境汚染を減らすことができる。

○**解説**○ (1)　①　山地や丘陵の高低差を使って発電すると書いてあり，水を高いところから低いところへ流した時のエネルギーで発電する水力発電である。日本は川幅が狭いためイタイプダムのような大規模発電所は建設しづらい。　②　温室効果ガスを発生させるとあるので石炭を燃やす火力発電である。石炭は今の日本ではほぼ自給できず，海外依存であることが問題である。　③　海沿いに立地しているため大量の冷却水が必要な原子力発電であるとわかる。2011年に発生した福島第一原発事故により日本国内のすべての原子力発電所が停止し，安全確認ののち再稼働させているため割合は急減している。　(2)　火山国であるという言葉から地熱を用いた地熱発電であるとわかる。大分県は温泉の数が日本一であり，八丁原発電所は日本最大の地熱発電所である。火山は災害の危険があるが，温泉による観光資源と地熱発電というメリットがある。　(3)　地熱発電は石炭を用いる火力発電と違い，地熱という再生可能エネルギーを用いるため資源が減ることなく，またCO_2といった温室効果ガスを排出せず環境汚染を減らすことができるメリットがある。

【1】 次の各問いに答えなさい。

(1) 人権について述べた次の文1を読み，以下の問いに答えなさい。

　文1

> 　日本国憲法制定後，急激な経済変化をとげ，社会も国民生活も大きく変容した。そのような中，私たち一人ひとりが人間らしく生きていくために，_a知る権利，_bプライバシーの権利，_c環境権などに代表される_d「新しい人権」が主張されるようになってきた。

① 文1の下線部a〜cの権利について述べた文として最も適切なものを，次のア〜オからそれぞれ1つ選び，記号を書きなさい。

　ア 国民が，その能力に応じてひとしく教育を受けることができる権利

　イ 良好な環境を維持し，環境を破壊する行為を差し止めたり予防したりすることを請求できる権利

　ウ 私生活や個人の情報がみだりに公開されない権利

　エ 政治や政策を通して権利の実現をはかるための権利

　オ 国民が，政府や地方公共団体に対し情報公開を求めることができる権利

② 文1の下線部bの権利にかかわって，2016年から国民一人ひとりに固有の「個人番号」を割り当てる制度が開始された。この制度を何というか，書きなさい。

③ 次の資料は，文1の下線部cの権利の根拠とされる，憲法第25条の条文である。資料の(あ)に当てはまる語句を，日本国憲法の条文に即して書きなさい。

　資料

> 第25条 すべて国民は，健康で文化的な(あ)を営む権利を有する。

④ 文1の下線部dにかかわって，医療の分野では，患者が治療方

法などを自分で決定できるように，手術の方法などを十分に説明して同意を得ることが求められている。このことを何というか，最も適切なものを，次のア～エから1つ選び，記号を書きなさい。

ア　アカウンタビリティ　　イ　インフォームド・コンセント
ウ　ノーマライゼーション　　エ　環境アセスメント

(2)　日本の税制について述べた次の文2を読み，以下の問いに答えなさい。

文2

○1949年に日本政府とGHQが招聘した使節団により出された（　い　）により，直接税を中心とした制度と地方財源の強化など税制の近代化が図られた。

○現在，日本の税金は，所得税などの直接税と，消費税などの間接税に分けることができる。所得税は高所得者ほど高い税率を適用する（　う　）制度をとっている。これに対して間接税は，同じ商品を買うと誰でも同額の税金を負担しなければならないというように，所得にかかわりなく同率で課税されるので，（　え　）という傾向がある。

①　文2の（　い　）に当てはまる語句として最も適切なものを，次のア～エから1つ選び，記号を書きなさい。

ア　マーシャル・プラン　　イ　プラザ合意
ウ　シャウプ勧告　　　　　エ　スミソニアン協定

②　文2の（　う　）に当てはまる語句を漢字4字で書きなさい。

③　文2の（　え　）に当てはまる文を，「所得」，「税負担」の2語を使って25字以内で書きなさい。

④　日本の税制とそれにかかわることについて述べた文として最も適切なものを，次のア～エから1つ選び，記号を書きなさい。

ア　地方交付税は，地方公共団体が自由に使い道を決定できるが，国庫支出金は定められた目的にしか支出できない。

イ　所得税・法人税・自動車税は国税で，相続税・住民税・事業税は地方税である。

　　　ウ　2000年代には，地方税の一部を国に移譲する税源移譲，国庫
　　　　支出金の削減等「三位一体の改革」が行われた。

　　　エ　法人税や相続税は，納税者と担税者が一致する税金である間
　　　　接税に分類される。

(3)　日本の企業について書かれた次の文3を読み，以下の問いに答え
　　なさい。

　　文3

> 　　日本の企業の多くは(　お　)の発行によって得られた資金を
> もとに(　お　)会社の形態をとり，<u>e利潤を追求している</u>。ま
> た，企業活動は社会に対して大きな影響を及ぼすことから，
> 企業を外部に開かれた存在にする取り組みとして，<u>f芸術活動
> への支援</u>や，寄付活動やボランティア活動など，企業の社会
> 的責任(CSR)を問う声が高まっている。

　①　文3の(　お　)に当てはまる語句を，漢字2字で書きなさい。

　②　文3の下線部eにかかわって，ある会社では，製品を製造する原
　　料をアメリカから輸入した。原料代として5万ドル支払うとした
　　場合，日本円に換算すると，より多くの日本円を支払うのは，円
　　高時，円安時のどちらか，書きなさい。

　③　文3の下線部fを何というか，最も適切なものを，次のア〜エか
　　ら1つ選び，記号を書きなさい。
　　ア　コンプライアンス　　イ　メセナ　　ウ　フィランソロピー
　　エ　イノベーション

┃2024年度┃長野県┃難易度■■■□□□

【2】公民的分野に関する次の各問いに答えよ。

(1)　次の図で示されている政治制度をとっている国として正しいもの
　　を，以下の1〜4から1つ選べ。

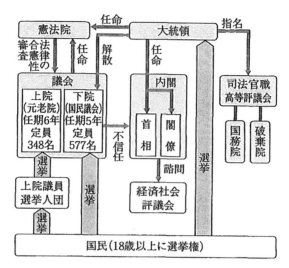

1　中国　　2　フランス　　3　イギリス　　4　アメリカ

(2)　次の図は，日本の憲法改正の流れを示したものである。図中の
（　A　），（　B　）に当てはまる語の組合せとして正しいものを，以
下の1～4から1つ選べ。なお，図は衆議院先議の場合を示している。

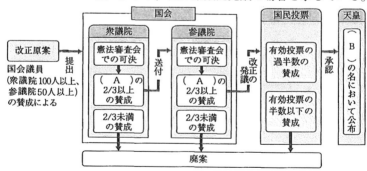

1　A　総議員　　　　B　国民
2　A　総議員　　　　B　天皇
3　A　出席議員　　　B　国民
4　A　出席議員　　　B　天皇

(3)　次のグラフは，給与収入に対する所得税と住民税の負担水準の国
際比較を示したものである。A～Dに当てはまる国の組合せとして

正しいものを，以下の1～4から1つ選べ。

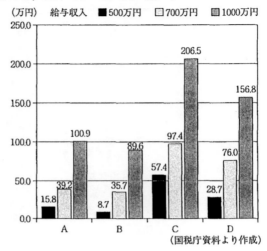

（国税庁資料より作成）

1　A　日本　　　　B　アメリカ　　C　ドイツ　　　　D　イギリス

2　A　日本　　　　B　アメリカ　　C　イギリス　　　D　ドイツ

3　A　アメリカ　　B　日本　　　　C　イギリス　　　D　ドイツ

4　A　アメリカ　　B　日本　　　　C　ドイツ　　　　D　イギリス

(4)　次の年表は，おもな消費者問題と，行政の動きを示したものである。年表中の（　A　），（　B　）に当てはまる法律の組合せとして正しいものを，以下の1～4から1つ選べ。

年	出来事
1955	森永ヒ素ミルク中毒事件が発生
1962	サリドマイド事件が発生
1968	（　　　　A　　　　）が成立（2004年に全面改正） カネミ油症事件が発生
1970	国民生活センター発足
2000	（　　　　B　　　　）が成立
2009	消費者庁発足

1　A　消費者保護基本法　　B　消費者契約法

2　A　消費者保護基本法　　B　食品安全基本法

3　A　製造物責任法　　　　B　消費者契約法

4　A　製造物責任法　　　B　食品安全基本法

(5)　知的財産権について述べた文として適切でないものを，次の1～4から1つ選べ。

1　特許権は，新規性・進歩性のある発明が対象である。

2　意匠権は，物の外観としてのデザインが対象である。

3　著作権は，文芸，美術，音楽，ソフトウェアなどが対象である。

4　商標権は，物のかたちや構造，組合せを工夫した考案が対象である。

(6)　1992年に調印されたEUの創設に関する基本条約として正しいものを，次の1～4から1つ選べ。

1　アムステルダム条約

2　マーストリヒト条約

3　ニース条約

4　リスボン条約

(7)　アジア太平洋地域において高い水準の自由化を目標とするEPAとして，2018年に発効した協定を，次の1～4から1つ選べ。

1　AFTA　　2　RCEP　　3　APEC　　4　TPP11

‖ 2024年度 ‖ 奈良県 ‖ 難易度 ■■□□□

【3】次の各問いに答えなさい。

問1　次の記述は，2022年における為替相場の変動について述べたものである。空欄[　ア　]，[　イ　]に当てはまる語句の組合せとして最も適切なものを，以下の①～④のうちから選びなさい。

　　1ユーロ＝130円であった1月に，日本のある企業が自社製品をユーロ圏で販売した結果，2億ユーロの売り上げがあった。その後，1ユーロ＝142円になった7月に，この企業が同じ製品を1月と同じ数量だけユーロ圏で販売した結果，2億ユーロの売り上げがあった。1月に比べ7月は[　ア　]のため，日本円に換算すると，この企業の売り上げは[　イ　]した。

---

①　ア　円安　　イ　増加

②　ア　円安　　イ　減少

③　ア　円高　　イ　増加

④　ア　円高　　イ　減少

問2　次の表は，2019年の日本の国際収支を示したものである。この表から計算した経常収支として最も適切なものを，以下の①～④のうちから選びなさい。

表　国際収支の内訳　　　　　（単位：兆円）

貿易収支	0.4
サービス収支	0.1
第一次所得収支	21.0
第二次所得収支	-1.4
資本移転等収支	-0.4
金融収支	24.3
誤差脱漏	4.6

（財務省資料より作成）

①　0.5兆円の黒字

②　20.1兆円の黒字

③　19.7兆円の黒字

④　44.4兆円の黒字

問3　戦後の日本の出来事を年代の古い順に並べたとき，3番目にあたるものとして最も適切なものを，次の①～⑥のうちから選びなさい。

①　OECD加盟　　　　　　②　GATT加盟

③　戦後初のマイナス成長　④　消費税3％実施

⑤　郵政民営化法成立　　　⑥　TPP11協定調印

問4　次の記述は，財政の役割について述べたものである。空欄[　ア　]，[　イ　]に当てはまる語句の組合せとして最も適切なものを，以下の①～④のうちから選びなさい。

> 　財政の役割の一つに，民間の企業に委ねることのできない公共財を提供する[　ア　]がある。また，公共投資は，公共財の提供に加え，[　イ　]として景気の調整を図ることができる。

①　ア　所得の再分配　　　イ　ビルトーイン・スタビライザー

②　ア　所得の再分配　　　イ　フィスカル・ポリシー

③　ア　資源配分の調整　　イ　ビルトーイン・スタビライザー

④　ア　資源配分の調整　　イ　フィスカル・ポリシー

問5　ASEANは冷戦終結後に加盟国を増やしたが，冷戦終結後に加盟した国として最も適切なものを，次の①〜④のうちから選びなさい。

①　シンガポール　　②　タイ　　③　ベトナム

④　フィリピン

問6　発展途上国の経済発展のために国際機構が行ったこととして適切ではないものを，次の①〜④のうちから選びなさい。

①　1961年，国連の経済社会理事会の下部組織として，開発援助委員会(DAC)が設置された。

②　1964年，南北問題についての協議を行うために，国連貿易開発会議(UNCTAD)が創設された。

③　1974年，国連で新国際経済秩序(NIEO)樹立に関する宣言が採択された。

④　2000年，国連で開発分野における国際社会共通の目標としてミレニアム開発目標(MDGs)が設定された。

問7　次の記述は，日本の雇用環境の変化について述べたものである。空欄[　ア　]，[　イ　]に当てはまる語句の組合せとして最も適切なものを，以下の①〜④のうちから選びなさい。

　　終身雇用，年功序列賃金，[　ア　]という3つの労使慣行は，日本的経営の特徴とされてきたが，低成長の時代において，終身雇用や，年功序列賃金を維持することが困難になっている。

　　このような動向とともに，労働者の働き方にも変化が生じており，実際の労働時間にかかわらず使用者と従業員代表との間であらかじめ合意した時間を働いたものとみなす[　イ　]を導入する企業もある。

①　ア　企業別組合　　イ　裁量労働制

②　ア　企業別組合　　イ　フレックスタイム制

③　ア　職業別組合　　イ　裁量労働制

④　ア　職業別組合　　イ　フレックスタイム制

● 中学校

【4】 公民的分野に関する各問いに答えよ。

1 日本国憲法の一部を読んで，以下の各問いに答えよ。

> 日本国民は，正当に選挙された(a)国会における(①)を通じて行動し，われらとわれらの子孫のために，諸国民との(②)による成果と，わが国全土にわたつて自由のもたらす(③)を確保し，政府の行為によつて再び戦争の(④)が起ることのないやうにすることを決意し，ここに(b)主権が国民に存することを宣言し，この憲法を確定する。

(1) 文章中の(①)～(④)に当てはまる語句の組合せとして正しいものを，次の(ア)～(エ)から一つ選び，記号で答えよ。

(ア) ①－代表者 ②－協和 ③－恵沢 ④－惨禍

(イ) ①－代表者 ②－権利 ③－恵沢 ④－権威

(ウ) ①－信託者 ②－協和 ③－福利 ④－惨禍

(エ) ①－信託者 ②－権利 ③－福利 ④－権威

(2) 下線部(a)に関して，委員会において利害関係者や有識者などを呼んで意見を聴くことを何というか，答えよ。

(3) 下線部(b)に関して，大日本帝国憲法では天皇主権を基本原理としていたが，日本国憲法では，国民主権となり天皇は国事行為のみを行うこととなった。国事行為に当てはまらないものを，次の(ア)～(エ)から一つ選び，記号で答えよ。

(ア) 衆議院の解散 (イ) 外国の大使・公使の接受

(ウ) 栄典の授与 (エ) 条約の締結

2 経済に関する次の各問いに答えよ。

(1) 大規模小売業者が流通の合理化を図る場合，どのような方法が考えられるか，「生産者」「消費者」の二つの語句を用いて説明せよ。

(2) 企業の社会的責任の略称を何というか，アルファベットで答えよ。

(3) 金融に関して，銀行などの金融機関からの借り入れで資金を集める仕組みを何というか，答えよ。

(4) 税に関して，直接税であり，国税に当たるものを次の(ア)～(エ)から一つ選び，記号で答えよ。

(ア) 固定資産税 (イ) 消費税 (ウ) 相続税

(エ) 自動車税

(5)　バングラデシュのグラミン銀行では，自助努力する意思を持っているが，担保を持っていないために，金融機関からの融資を受けられない貧困層に対して，無担保で少額の融資を行っている。このような融資を何というか，答えよ。

3　2000年代に入って広大な国土や多くの人口，豊富な資源などを背景に，急速に経済成長した国々はBRICSと呼ばれるようになった。これら5か国の国名を全て答えよ。

┃ 2024年度 ┃ 岡山県 ┃ 難易度 ▆▆▆□□□

【5】次の資料1～4を見て，あとの(1)～(5)の問いに答えよ。ただし，資料1，4の（　①　）には同じ語句が入る。

資料1　内閣と他の機関との関係

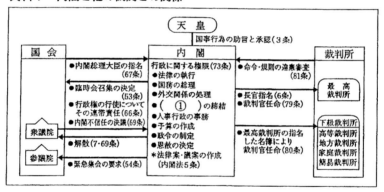

資料2　日本の行政機構

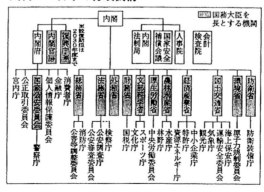

資料3　議員立法と政府立法の推移

＊横軸の(回)の□は国会の回次を表す。

（内閣法制局資料より）

資料4　先生と生徒の会話

> 先生　：みなさん，資料1を見てください。日本国憲法に基づい
> 　　　　て規定されている内閣と他機関の関係が示されていま
> 　　　　す。行政権を担当する内閣にはさまざまな役割がありま
> 　　　　す。
>
> 生徒A：（　①　）の締結は，内閣の仕事なのですか。
>
> 先生　：そうですね。ただし，国会の承認が必要です。資料1の
> 　　　　国会と内閣の関係を示す矢印を見てください。特に衆議
> 　　　　院との関係の中で，内閣不信任決議や解散が記されてい
> 　　　　ますね。内閣と国会の関係は資料1のような関係性があ
> 　　　　ります。憲法第66条3項には「内閣は，行政権の行使に
> 　　　　ついて，国会に対して連帯して責任を負う」とされてお
> 　　　　り，日本が採用しているこのような政治制度を（　②　）
> 　　　　制と呼びます。
>
> 生徒B：行政の仕事は，内閣が担っているのですか。
>
> 先生　：資料2を見てみましょう。日本の行政機構は内閣を中心
> 　　　　にして多くの種類があります。
>
> 生徒B：ニュースで見たことがある省庁の名前がたくさんありま
> 　　　　す。
>
> 先生　：国の行政は，内閣総理大臣を中心に，資料2にある様々

な省庁などが分担しています。内閣は(③)を開いて，行政の仕事に関する物事を決めます。

生徒C：(③)には，だれが出席するのですか。

先生　：(③)には，内閣総理大臣とその他の国務大臣が出席します。

生徒B：資料2を見ると，国務大臣は多くの省庁の長になっています。

生徒A：だから(③)で行政に関する物事が決まるのですね。

先生　：そうですね。ₐ国務大臣の任命については憲法で定められています。

生徒A：立法については，内閣が関わることはないのですか。

先生　：では資料3を見てください。この資料は，議員立法と政府立法の推移を示したものです。このグラフから何か気づくことはありますか。

生徒A：過去には内閣提出法案のほうが多かったのですが，近年は議員提出法案も増えています。

生徒C：法案成立率を比較すると，(X)です。

(1) 資料1，4の(①)に共通してあてはまる最も適切な語句は何か。書け。

(2) 資料4の(②)にあてはまる最も適切な語句は何か。書け。

(3) 資料4の(③)にあてはまる最も適切な語句は何か。書け。

(4) 資料4の下線部aについて，憲法で定められた内容として適切でないものを，次のア～エから一つ選んで，その記号を書け。

　ア　文民でなければならない。

　イ　男女の数を同数にしなければならない。

　ウ　過半数は国会議員の中から選ばれなければならない。

　エ　内閣総理大臣が任命する。

(5) 資料4の(X)にあてはまる最も適切な文章を，資料3から読み取ることができる内容をもとに，「政府」，「議員」の二つの語句を使って簡潔に書け。

▌2024年度 ▌香川県 ▌難易度 ▉▉▉▉▉□□□

149

【6】経済分野に関する次の問に答えよ。

問1　次のa，b及び①，②は，金利や債券について説明した文である。正しい文の組み合わせを，A～Dから一つ選び，記号で答えよ。

a　資金の供給を一定にした場合，一般に，資金を借りたい人や企業が多いときには金利は上昇し，資金を借りたい人や企業が減れば金利は下落する。

b　資金の供給を一定にした場合，一般に，資金を借りたい人や企業が多いときには金利は下落し，資金を借りたい人や企業が減れば金利は上昇する。

①　受け取る利子が変わらなければ，債券価格が上昇すると利回りは低くなり，債券価格が下落すると利回りは高くなる。

②　受け取る利子が変わらなければ，債券価格が上昇すると利回りは高くなり，債券価格が下落すると利回りは低くなる。

A　a－①　　B　a－②　　C　b－①　　D　b－②

問2　次のa～cは，国債について説明した文である。a～cの文の正誤の組み合わせとして正しいものを，A～Fから一つ選び，記号で答えよ。

a　建設国債は，道路や港湾，橋などを建設する公共事業費，出資金および貸付金の財源となるもので，財政法で閣議決定の金額の範囲内で発行が認められている。

b　特例国債は，一般会計のうち，建設国債を発行しても歳入が不足する場合，公共事業費以外の歳出にあてるために発行される。

c　国債は，日本銀行引き受けによる発行は財政法により原則として禁止されており，個人や一般金融機関が買い入れる形で発行される。

	a	b	c
A	正	正	正
B	正	正	誤
C	正	誤	誤
D	誤	正	正
E	誤	誤	正
F	誤	誤	誤

問3　図1は，市中銀行などの金融機関が金融を通じて行う活動に関し

て説明したものである。図1のように預金の受け入れと貸し出しを相互に繰り返すことによって，最初の預金額の数倍の貸し出しを銀行全体で行うことができることを何というか，答えよ。

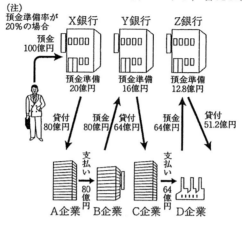

(『高等学校　改訂版　現代社会』(第一学習社)より作成)

図1

問4　次の文は，ある法律の条文からの引用である。この法律の名称を答えよ。

(不当労働行為)
第7条　使用者は，次の各号に掲げる行為をしてはならない。
一　労働者が労働組合の組合員であること，労働組合に加入し，若しくはこれを結成しようとしたこと若しくは労働組合の正当な行為をしたことの故をもつて，その労働者を解雇し，その他これに対して不利益な取扱いをすること又は労働者が労働組合に加入せず，若しくは労働組合から脱退することを雇用条件とすること。(後略)
二～四(略)

| 2024年度 | 島根県 | 難易度 ■■■□□ |

【7】「私たちと現代社会」「私たちと経済」について，次の各問いに答えなさい。

(1) 次の文を読んで，各問いに答えなさい。

> 　（　　）とは，人間社会で起こる対立を解消し，人々が共に生きることができるよりよい社会をつくるための取り決めです。よりよい（　　）を作るために<u>効率</u>や公正といった見方・考え方を踏まえる必要があります。

① 上の文の（　　）に当てはまる最も適当な語句を，次の選択肢から1つ選び，記号で答えなさい。ただし，（　　）には同じ語句が入るものとする。

ア　合意　　イ　意見　　ウ　自由　　エ　権利

② 上の文の下線部に関する説明として，最も適当なものを，次の選択肢から1つ選び，記号で答えなさい。

ア　互いの意見を尊重し，結論が一人一人に最大限配慮したものになっているかどうかを大切にする考え。

イ　ほかの人の権利や利益を不当に侵害していないか，立場が変わっても受け入れられるかといった考え。

ウ　できるだけ少ない資源や費用などを使って社会全体でより多くの利益を得られる結果になっているかどうかを大切にする考え。

エ　よりよい社会をつくるために，さまざまな立場の人に配慮しつつ，多様な点について考え，総合的に判断する考え。

(2) 資料1に関する説明の正誤の組合せとして正しいものを，後の選択肢から1つ選び，記号で答えなさい。

資料１　電子マネーに対応したさい銭箱

> A 自分の返済限度を超えた金額を使ってしまうことはない。
> B カードの紛失や情報流出による被害も少なくない。
> C 生活を便利にしてくれるが，見えないことの危険性には注意が必要である。

ア A：正 B：正 C：誤 イ A：正 B：誤 C：誤

ウ A：正 B：誤 C：正 エ A：誤 B：正 C：正

オ A：誤 B：正 C：誤 カ A：誤 B：誤 C：正

(3) 株式会社の説明として適当なものを，資料2を参考に，以下の選択肢から全て選び，記号で答えなさい。

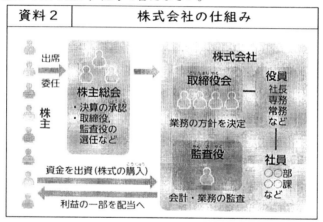

資料2 株式会社の仕組み

ア 株主は，株主総会などを通じて経営の基本方針に対して意見を述べることができる。

イ 保有する株式数に応じて，会社が得た利益の一部が株主に支払われる。

ウ 株主は，企業が倒産すると出資額以上の負担を負うことがある。

エ 発行された株式は，人々の間で売買されて購入時より株価が下がることがある。

オ 株主は経営がうまくいかない場合に，取締役会で経営者を交代させることができる。

2024年度 宮崎県 難易度

● 中学校

【8】 次の各問いに答えよ。

1 次の会話文を読んで，各問いに答えよ。

> 先生：前回の授業では，商品の選択について学習しました。皆さん，（　A　）とはどのような状態か覚えていますか？
>
> 生徒：（　A　）とは，資源が不足した状態のことをいいます。資源とは，お金や時間，土地や情報などが含まれます。
>
> 先生：その通りです。私たちは，限られたお金や時間のなかで，商品を選択しています。また，私たちのお金の使い方は，価格によって大きな影響を受けます。
>
> 生徒：価格はどのように決まっているのですか。
>
> 先生：それでは，今日は価格の決まり方について確認していきましょう。

(1) （　A　）に当てはまる語句を漢字3文字で書け。なお，同じ記号には同じ語句が入るものとする。

(2) 価格のうち，需要量と供給量が一致する価格の名前を書け。

(3) 価格には，国や地方公共団体が決めている価格がある。この価格の名前を書け。

(4) (3)の価格の決まり方についてまとめた資料1中の(　B　)に当てはまるものを以下の(ア)～(エ)から一つ選び，記号で答えよ。

資料1

国会・政府が決定するもの	（　B　）
政府が認可するもの	鉄道運賃　バス運賃 高速自動車国道料金
政府に届け出るもの	手紙・はがきなどの郵便料金
地方公共団体が決定するもの	公立学校授業料 公衆浴場入浴料

(ア)　社会保険診療報酬　　(イ)　都市ガス料金
(ウ)　国内航空運賃　　(エ)　公営水道料金

2 企業の競争によっておこる，独占と寡占の違いについて，「生産」という語句を用いて簡潔に説明せよ。

154

3　次の各問いに答えよ。

(1)　金融は大きく2種類に分けられる。そのうち，銀行などの金融機関からの借り入れで資金を集める仕組みを何というか書け。

(2)　次の文中の（　C　）に当てはまる語句を漢字2文字で書け。なお，同じ記号には同じ語句が入るものとする。

> お金を借りたことの証明書を（　C　）という。（　C　）には，企業が発行する社債，国や地方公共団体が発行する国債や地方債などがある。

(3)　次の文中の（　D　）に当てはまる語句を(ア)～(エ)から一つ選び，記号で答えよ。

> 今日では，（　D　）とよばれる，ICTと金融の融合がめざましく進んでいる。例えば，スマートフォンを使った支払方法が普及しつつある。

(ア)　ベンチャーキャピタル　　　(イ)　ビッグデータ
(ウ)　ノンバンク　　　　　　　(エ)　フィンテック

2024年度 ▌ 岡山市 ▌ 難易度 ■■■■□

【9】国会と内閣のはたらきについて，次の(1)～(7)の各問いに答えよ。

(1)　次の文は，日本国憲法第41条の条文を示したものである。（　あ　），（　い　）に入る適切な語句を，それぞれ答えよ。

> 国会は，（　あ　）の最高機関であって，国の唯一の（　い　）である。

(2)　内閣の主な仕事を，次の1～5から二つ選び，記号で答えよ。

1　弾劾裁判所の設置　　　2　条約の締結

3　法律の制定　　　　　　4　予算の議決

5　最高裁判所長官の指名

(3)　資料1は，議院内閣制について示したものである。

①　資料1中の　　X　　に入る適切な語句を答えよ。

②　資料1中の下線部のあと，新しい内閣が成立するまでの正しい流れについて，ア～ウを左から順に並べ替えて答えよ。

● 中学校

ア 特別国会が召集される イ 内閣が総辞職する

ウ 衆議院議員総選挙が行われる

資料1

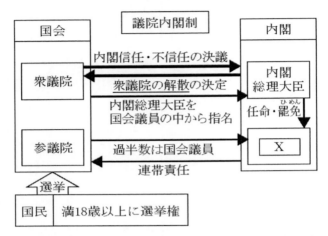

(4) 国会で法律案の議決が次のように行われた際の，議決の結果を正しく述べたものを，以下の1～4から一つ選び，記号で答えよ。

○○法の法律案の議決

衆議院(2020年4月) 賛成328票 反対124票

参議院(2020年5月) 賛成100票 反対139票

衆議院(2020年6月) 賛成333票 反対126票

1 衆議院と参議院の議決が異なっているが，衆議院の出席議員の3分の2以上の賛成で再可決したため，法律として成立する。

2 参議院が衆議院と異なった議決をしたため，法律として成立しない。

3 両議院の議決が一致しているため，法律として成立する。

4 参議院が衆議院の可決した法律案を受け取ったあと，60日以内に議決していないため，法律として成立する。

(5) 図1は，日本国憲法が改正されるまでの手続きを示したものである。☐にある，「憲法改正の発議」と「国民投票による国民の承認」がなされるにはそれぞれ，どのような条件が必要となるかを説

明せよ。

図1

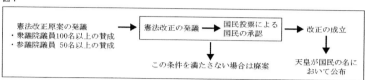

(6) 憲法改正案について，国民投票ができるようになるのは，満何歳
以上か答えよ。

(7) 近年，コンビニエンスストアで薬が販売されるようになるなどの
規制緩和が行われている。こうした行政改革の一環として，規制緩
和を進める目的を説明せよ。

▌2024年度 ▌山口県 ▌難易度 �\[███ ░░\]

【10】次の資料を見て，以下の(1)〜(5)に答えなさい。

資料

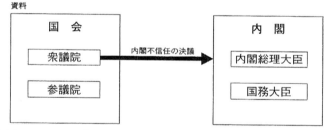

(1) 国会について，毎年1月に招集され，150日間の会期で行われる国
会を何というか，書きなさい。

(2) 内閣について述べた次の文の(①)，(②)に適する語句の
組み合わせとして正しいものを，以下のア〜エから1つ選び，その
記号を書きなさい。

> 内閣総理大臣は，国務大臣を(①)する。ただし，その
> (②)は，国会議員の中から選ばなければならない。

ア ① 指名 ② 3分の2以上
イ ① 指名 ② 過半数
ウ ① 任命 ② 3分の2以上
エ ① 任命 ② 過半数

(3) 国会と内閣の仕事について，日本国憲法に定められた内容として正しいものを，次のア～コからすべて選び，その記号を書きなさい。

ア　予算の審議・議決

イ　最高裁判所長官の指名とその他の裁判官の任命

ウ　条約の締結

エ　法律の違憲審査

オ　弾劾裁判所の設置

カ　条例の制定・改廃の請求

キ　条約の承認

ク　天皇の国事行為に対する助言と承認

ケ　予算の作成・提出

コ　憲法改正の発議

(4) 衆議院が内閣不信任の決議案を可決した場合，日本国憲法ではどのように定めているか，30字以上45字以内で書きなさい。

(5) 国会と内閣の関係について述べた次の文の(①)，(②)に適する語句を書きなさい。

> 　内閣は，国権の(①)である国会が選んだ首相を中心に組織され，国会に対して(②)を負う。

‖ 2024年度 ‖ 青森県 ‖ 難易度 ■■■□□

【11】次の文を読んで，以下の(1)～(11)の各問いに答えなさい。

> 　国際連盟は，第一次世界大戦後の世界平和実現のために設立されたが，第二次世界大戦の発生を防ぐことはできなかった。国際連盟の失敗を教訓として，設立されたのが国際連合である。1945年に国際連合憲章が採択され，51か国で発足し，現在では193か国が加盟する組織となっている。国際連合は，毎年9月から開催される(①)，A世界の平和と安全を維持するため強い権限を与えられている安全保障理事会，経済社会理事会など6つの主要機関で構成されている。
> 　国際連合は，国際連盟より強い権限をもち，B安全保障理事会の決定に基づいて平和を乱す侵略をした国に制裁を加えること

ができる。また，国際連合は，全加盟国の負担が義務づけちれている_C国連分担金と，各国が政策上の必要に応じて拠出する任意拠出金を財源に活動している。国連分担金は，国際連合の活動を実施するための経費で，その経費の中には，政務，軍縮，国際司法，経済社会開発，人権・人道等の分野において加盟国の決定に基づき国際連合が行う活動を支えるための通常予算分担金と，_D（　②　）活動(PKO)を支えるためのPKO分担金の2種類がある。

(1)　文中の（　①　）・（　②　)にあてはまる語句を，それぞれ漢字で答えよ。

(2)　文中の下線部Aについて説明した文のうち，最も適切なものを，次のア～エから1つ選び，記号で答えよ。

　　ア　世界の平和及び安全の維持に責任を負い，加盟国に対し法的拘束力のある決定を行い得る唯一の機関である

　　イ　常任理事国5か国と，非常任理事国10か国から構成され，ともに2年ごとに改選される

　　ウ　非常任理事国は，任期2年で，全加盟国による秘密投票により選出され，連続再選も可能である

　　エ　総会の決定に従う義務があるのと同じく，加盟国はこの会の決定には，必ず従わなければならない

(3)　文中の下線部Bについて，このような考え方や制度を何というか，漢字で答えよ。

(4)　【資料1】を見て，なぜウクライナを侵攻したロシアへの非難決議が採択されないのか，理由を説明せよ。

【資料1】国連安保理　ロシア非難決議の投票

賛成	※米国、※英国、※フランス、アルバニア、ブラジル、ガボン、ガーナ、アイルランド、ケニア、メキシコ、ノルウェー
反対	※ロシア
棄権	※中国、インド、UAE

（※は安保理常任理事国）

出典　西日本新聞　(2022年2月27日)

(5) 文中の下線部Cについて，一部の加盟国は，文中（ ① ）の議決の票数を分担金の額に比例して与えるべきだと主張している。主張がなされる理由を【資料2】，【資料3】を参考に考察し，説明せよ。

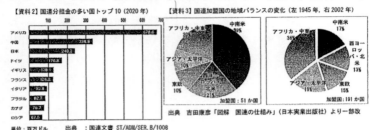

【資料2】国連分担金の多い国トップ10（2020年）

アメリカ 678.6
中国 338.8
日本 240.2
ドイツ 170.8
イギリス 128.1
フランス 124.2
イタリア 92.8
ブラジル 82.7
カナダ 78.7
ロシア 67.5

単位：百万ドル　　出典：国連文書 ST/ADM/SER.B/1008

【資料3】国連加盟国の地域バランスの変化（左1945年，右2002年）

加盟国：51か国　　加盟国：191か国

出典　吉田康彦「図解　国連の仕組み」（日本実業出版社）より一部改

(6) 文中の下線部Dについて，日本の協力について説明した文のうち，最も適切なものを，次のア～エから1つ選び，記号で答えよ。

ア 国際平和協力法施行以来，世界各地でのPKOに対し，物的支援，協力のみ行ってきた

イ 国際平和協力法に定める参加五原則により，いかなる場合も武力の行使が認められている

ウ 紛争当事者同士の停戦が合意している場合のみ，参加することができる

エ 平和維持活動への参加の決定は，国会の議決により決定される

(7) 近年，国際連合のような大きな枠組みではなく，特定の地域でいくつかの国がまとまり，政治や環境，安全保障の分野などで協力関係を強めようという動きが世界各地でみられる。このような動きを何というか，答えよ。

(8) (7)について，日本が2018年に署名したアジア・太平洋地区の経済関係を強化する取り決めを何というか，答えよ。

(9) (7)や(8)のような動きがある一方，近年，自国中心の主張も見られる。なぜそのような主張が出てきたのか，【資料4】と【資料5】を参考にして，理由を述べよ。

【資料4】イギリスのEU離脱を伝える新聞記事

英、EU離脱を選択

欧州分裂 世界に打撃

キャメロン首相辞任へ

国民投票で51.9%支持

「開国型成長モデルに試練」

出典 日本経済新聞 2016年6月25日

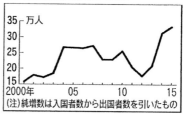

【資料5】英国の移民純増数 （出所 英政府）

(注) 純増数は入国者数から出国者数を引いたもの

出典 日本経済新聞 2016年6月22日 （一部改）

(10) 世界では貧困や紛争から多くの人々が難民として周辺国へ逃れる生活を余儀なくされている。こうした問題に対応するための国際連合の機関を何というか，答えよ。

(11) 貧困問題を解決するために，次の説明文のようなことが行われている。説明文の空欄（　①　）・（　②　）にあてはまる語句をそれぞれカタカナで答えよ。

説明文

> 貧困問題を解決するためには，食料などの援助だけではなく，人々の自立を促し，支える取り組みも大切である。近年では途上国産の農産物や製品を公正な価格で取引する（　①　）や，貧しい人々が事業を始める際に，少額のお金を貸し出す（　②　）などの事業によって途上国の人たちが収入を得る機会を与える取り組みが盛んになっている。

▌2024年度▐ 佐賀県 ▐ 難易度■■■□□

【12】近代以前の思想に関する次の問に答えよ。

問1 ストア派の哲学者の思想について説明した文として適当でないものを，A〜Dから一つ選び，記号で答えよ。

A 善・悪や幸・不幸は心の問題であり，自分の内に喜びを見出すべきである。

B 自分のものではないものを何一つ求めないことが，自分の精神を真の自由にするものである。

C 災害・病気，富・地位などは善でも悪でもなく，それをどう考えるかを検討することが大切である。

D 富や名誉など現実社会の欲望を捨て，思慮深く美しく正しく生きることが大切である。

問2 史料1は，江戸時代中期に著されたある書物の内容について示したものである。その著者である国学の大成者は誰か，答えよ。

史料1

> 「あはれ」というのはもと，見るもの聞くもの触れることに心の感じて出る嘆息（なげき）の声で，今の世の言葉にも「あゝ」といい「はれ」というのがそれである。……そして何事にしろ感ずべきことに出会って感ずべき心を知って感ずるのを，「物のあはれを知る」というのであり，当然感ずべきことにふれても心動かず，感ずることのないのを「物のあはれを知らず」といい，また心なき人とは称するのである。

▌ 2024年度 ▌ 島根県 ▌ 難易度 ▌■■■□□

【13】以下の資料や会話文は，ななこさんたちが社会科の授業で「環境問題」について調べ，まとめたときのものである。次の(1)〜(4)の問いに答えよ。

(1) 次のカード中の（ ア ），（ イ ）に当てはまる国名をそれぞれ書け。

① 国連気候変動枠組条約第21回締約国会議
【開催地：フランス】
産業革命前からの気温上昇を、地球全体で2℃未満におさえることなどを定めたパリ協定が採択された。

② 国連人間環境会議
【開催地：（ ア ）】
「かけがえのない地球」をキャッチフレーズに、国連による環境問題についての国際会議が開かれた。

③ 国連環境開発会議（地球サミット）
【開催地：（ イ ）】
気候変動枠組条約や生物多様性条約などが調印された。

④ 地球温暖化防止京都会議
【開催地：日本】
先進国に対して温室効果ガスの排出量の削減を義務付ける京都議定書が採択された。

(2) 上のカード①〜④は，ななこさんたちが国際的な地球保全に関する取組についてまとめたものである。このカードを年代が古い順に左から右へ並べたものとして正しいものを次のA〜Dから一つ選び，

その記号を書け。

A ②→③→①→④　　　B ②→③→④→①　　　C ③→②→①→④

D ③→②→④→①

(3) ななこさんたちは，世界各国の地球温暖化対策の実態を調べ，そのうちの6か国(アメリカ合衆国，イギリス，オーストラリア，ドイツ，日本，ロシア)について，温室効果ガス総排出量の推移(1990年〜2019年)を表に，温室効果ガス排出量増減率(植林吸収量を含む)と一人当たりの国内総生産(GDP)の関係(2020年)を図に表した。表，図中の(ア)〜(エ)は，アメリカ合衆国，ドイツ，日本，ロシアのいずれかに当てはまる。ドイツ，日本に当てはまる組合せとして正しいものをあとのA〜Hから一つ選び，その記号を書け。ただし，同じ記号には同じ国が入る。

表　6か国の温室効果ガス総排出量の推移（単位　百万ｔ）

国	1990年	2000年	2010年	2019年
（ア）	5112	6045	5701	5246
（イ）	2685	1927	2046	2209
（ウ）	1064	1162	1147	1071
（エ）	957	830	777	658
イギリス	567	540	489	354
オーストラリア	278	362	419	430

図　6か国の温室効果ガス排出量増減率と一人当たりの国内総生産（ＧＤＰ）の関係

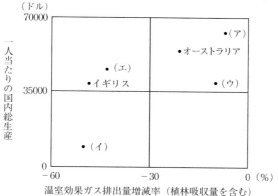

温室効果ガス排出量増減率（植林吸収量を含む）

（『2022/23年版　世界国勢図会』を基に作成)

163

	ドイツ	日本
A	(ア)	(イ)
B	(ア)	(エ)
C	(イ)	(ア)
D	(イ)	(ウ)
E	(ウ)	(ア)
F	(ウ)	(エ)
G	(エ)	(イ)
H	(エ)	(ウ)

(4) 次の文章は，ななこさんたちが授業の中で，環境問題について話し合っている場面の会話である。この文章を読んで，以下の①，②の問いに答えよ。

> ななこ： 前回の授業で，各国の地球温暖化について調べたら，環境保全のために，法律で厳しく規制している国があることが分かったよ。こういった地球保全策を先進的に行っている国を参考に，日本も地球温暖化防止に更に取り組むべきだと思うよ。
>
> ゆうた： 日本は温室効果ガスの削減に対して，1990年代からすでに取組を続けていて，これ以上の削減は難しいんじゃないかな。国際会議で決まった他国と同じような削減目標は公正ではないと思うよ。途上国の中には急速な工業化でたくさんの温室効果ガスを排出している国があるから，地球温暖化の問題には，もっと二酸化炭素排出量の多い国々に積極的に取り組んでもらう方がいいと思うよ。温室効果ガスの削減は大切だけど，日本は現在の水準を維持して，経済成長を優先すべきだと思うよ。
>
> さつき： 環境問題対策を優先すると，確かに経済活動がにぶるかもしれないね。でも，日本は1人当たりの二酸化炭素排出量は他国と比べて高い水準であることが分かったよ。日本などの先進国は地球環境問題に対して大きな責任をもっているから，国際社会で決まった温室効果ガスの削減目標をきちんと達成する義

務を果たして，世界を引っ張っていく必要があると思うよ。火力発電の割合を下げるために再生可能エネルギーの利用を推進したり，環境を保護する商品には減税する政策を行ったりすることで，二酸化炭素を確実に削減して，地球温暖化対策に向けた努力が必要だと思うよ。

とおる：　私も，地球温暖化によって水没する可能性のある島々にとっては深刻な問題だし，どの国も同じように経済成長を目指しているのだから，地球の平均気温の上昇をおさえるために，他国と足並みをそろえて二酸化炭素の排出量を削減していく必要があると思うよ。でも，あまり規制をかけすぎると，国内の経済状況が悪化する心配もあるよね。だから，パリ協定の目標達成に向けて[　X　]することで，地球温暖化の防止に向けて取り組んでいくことが大切だと思うよ。

ななこ：　これからの未来を考えると，地球温暖化問題は軽視できないよね。日本も経済と環境の両立を図っていきながら，地球温暖化問題の解決に向けて責任をもって政策を進めていく必要があると思うよ。

先生：　　大切なことは，今日の話合いを踏まえて，よりよい社会を築いていくために自分にできることを実践していくことだよ。エアコンの設定温度を考えたり，買い物に行くときはマイバッグを持参したりするなど，一人一人が二酸化炭素の排出を抑制するような個人の取組も大切だけど，例えば，[　Y　]するような取組ができると，周囲の人と協力して，広がりのある活動をすることができるんじゃないかな。

①　会話中の[　X　]に入る文を「先進国」という言葉を使って書け。

②　会話文中の[　Y　]に当てはまる適切な言葉を書け。ただし，

この授業のねらいは，中学校学習指導要領(平成29年3月告示)「社会」の『よりよい社会を目指して』の単元におけるねらいの達成を目標としていることを踏まえて具体的に書くこと。

┃ 2024年度 ┃ 愛媛県 ┃ 難易度 ▮▮▮▮▮▯▯▯

【14】日本の財政・経済に関する次の各問いに答えなさい。

(1) 「間接税」を次の(ア)～(オ)からすべて選び，記号で答えなさい。

(ア) 消費税 　　(イ) 所得税 　　(ウ) 法人税 　　(エ) 酒税

(オ) たばこ税

(2) 間接税は，所得が低い人ほど所得にしめる税金の割合が高くなる(A)性という問題が生じやすい。(A)にあてはまる語句を答えなさい。

(3) 国の一般会計予算(歳出)の上位3項目を抜き出した表1を見て，(B)にあてはまる語句として正しいものを以下の(ア)～(エ)から一つ選び，記号で答えなさい。

表1

項目	(B)	国債費	地方交付税交付金など
割合（％）	33.3	24.1	16.0

(2017年度当初予算　財務省資料)

(ア) 社会保障関係費 　　(イ) 文教および科学振興費

(ウ) 公共事業関係費 　　(エ) 防衛関係費

(4) 景気の安定を図るために行う日本銀行・政府の政策をまとめた表2を見て，(①)～(④)にあてはまる語句の組み合わせとして適切なものを次の(ア)～(エ)から一つ選び，記号で答えなさい。

表2

	不景気のとき	好景気のとき
日本銀行の政策	・(①)。 ・銀行からの企業への資金の貸し出しを増やそうとする。	・(②)。 ・銀行から企業への資金の貸し出しを減らそうとする。
政府の政策	・公共投資を増やす。 ・税の額を(③)して企業や家庭の消費を増やそうとする。	・公共投資を減らす。 ・税の額を(④)して企業や家計の消費を減らそうとする。

(ア) ① 銀行から国債を買う 　② 銀行へ国債を売る

　　 ③ 減ら 　④ 増や

(イ) ① 銀行へ国債を売る 　② 銀行から国債を買う

　　 ③ 増や 　④ 減ら

(ウ) ① 銀行から国債を買う 　② 銀行へ国債を売る

③　増や　　④　減ら

(エ)　①　銀行へ国債を売る　　　②　銀行から国債を買う

③　減ら　　④　増や

(5)　「円安」の説明として誤っているものを以下の(ア)～(エ)の中から
すべて選び，記号で答えなさい。

(ア)　日本の輸出による利益が少なくなる。

(イ)　輸入品の価格が上がる。

(ウ)　海外旅行での費用が多くかかる。

(エ)　円安とは1ドル＝100円だったのが1ドル＝90円になることである。

┃ 2024年度 ┃ 鳥取県 ┃ 難易度 ┃

【15】国際社会に関する次の各問いに答えなさい。

(1)　2017年に国際連合で採択された，核兵器は非人道的で違法なもの
であると明示し，核兵器の開発や使用及び核兵器を使った威嚇行為
を法的に禁じた条約名を答えなさい。

(2)　1992年の国連環境開発会議(地球サミット)において，気候変動枠
組条約や生物多様性条約が調印されたことを受けて，毎年1回締約
国会議が開かれている。この締約国会議の略称をアルファベット3
文字で答えなさい。

(3)　2030年までに達成すべきものとして2015年の国連でSDGsが採択
された。SDGsとは何か。日本語で答えなさい。

(4)　発展途上国の人々の生活を支えるため，発展途上国産の農産物や
製品をその労働に見合う公正な価格で先進国が取り引きすることを
何というか答えなさい。

(5)　国際連合の安全保障理事会の説明として誤ったものを次の(ア)～
(エ)から二つ選び，記号で答えなさい。

(ア)　常任理事国は拒否権を持ち，重要な問題は1か国でも反対する
と決定できない。

(イ)　安全保障理事会は常任理事国と総会で選出される任期2年の非
常任理事国とで構成される。

(ウ)　国際連合の加盟国は安全保障理事会の決定に従う義務はない。

(エ)　安全保障理事会の常任理事国はアメリカ・ロシア・フランス・イギリス・ドイツの5か国である。

(6)　創設以来，数千万人以上の人々の生活再建を支援してきた，世界各地にいる難民の保護と支援を行う国際連合の機関である「国連難民高等弁務官事務所」の略称として正しいものを次の(ア)〜(オ)から一つ選び，記号で答えなさい。

(ア)　WFP　　(イ)　UNICEF　　(ウ)　WHO　　(エ)　UNHCR
(オ)　UNESCO

難易度 ■■■■■

解答・解説

【1】(1) ① a オ　b ウ　c イ　② マイナンバー(制度)(社会保障・税番号(制度)，個人番号(制度))　③ 最低限度の生活　④ イ　(2) ① ウ　② 累進課税(制度)　③ 低所得者ほど，所得に占める税負担の割合が高くなる。(25字)　④ ア
(3) ① 株式　② 円安時　③ イ

○解説○ (1) ① a 行政機関に情報開示請求ができるよう情報公開法が制定されている。ただし，この法律に「知る権利」の文言はない。
b 『宴のあと』の東京地裁判決で，法的権利として認められた。
c 大阪空港訴訟の原告が環境権を主張したが，最高裁が環境権を法的権利として認めた例はない。　② マイナンバーは，社会保障，税，災害対策の分野での効率的な情報管理と，複数の機関が保有する個人情報が同一人の情報であることの確認のために活用される。国籍を問わず，日本国内に住民票を有する者すべてに付番されている。　③ 憲法第25条の理念に基づき，生活困窮者でも最低限度の生活は送れるよう，その生活を公費で支える制度として，生活保護がある。また，国が国民に対して提供すべき最低限度の生活水準のことを，ナショナルミニマムという。　④ 現在では，医師の一方的判断による医療ではなく，医師が病状や治療方針，治療の選択肢を示し，患者が納得した上での医療が求め

られている。　ア　説明責任のこと。　ウ　障害者らが健常者と分け隔てなく社会で共生すること。　エ　大規模開発が環境に及ぼす影響を事前評価すること。　(2)　①　アメリカの経済学者のシャウプを団長とする税制調査団による報告だったので，このように呼ばれている。　ア　アメリカによる欧州復興援助計画。　イ　1985年のG5によるドル高是正に関する合意。　エ　ニクソンショック後の1971年に締結された固定相場制維持のための協定。　②　所得が高くなるほど高い税率が適用されることを累進課税という。所得の再分配のために導入されている。なお，担税能力の高い者ほど高い税率で課税されることを垂直的公平というが，この制度により所得税は垂直的公平に優れた税となっている。　③　累進課税に対して，所得が低くなるほど高い税率が適用されることを逆進課税という。消費税の税率は一律だが，所得に占める消費支出の割合が高い低所得者ほど，重税感が強まる。ゆえに，消費税には逆進性があるとされている。　④　地方交付税は地方公共団体の財政力格差の解消のために交付されるので，使途は自由。対して，国庫支出金は補助金など，国が使途を定めて支出する資金の総称である。　イ　自動車税は地方税で，相続税は国税。　ウ　税源が国から地方に移譲された。　エ　直接税に分類される。　(3)　①　日本企業の多くは株式会社であり，株式の発行によって事業資金を調達している。なお，株式を保有する人を株主といい，株主は株式会社のオーナーである。ゆえに，株主総会が株式会社の最高議決機関となっている。　②　例えば1ドル＝100円から1ドル＝150円に推移することを円安，その逆を円高という。1ドル＝100円の場合，5万ドルは日本円で500万円。1ドル＝150円ならば750万円となる。このように，円安は輸入に不利となる。　③　メセナは古代ローマの政治家マエケナスが芸術家への支援に積極的だったことに由来する言葉。　ア　法令遵守のこと。　ウ　社会貢献活動のこと。「人類愛」を意味する古代ギリシャ語に由来する言葉。　エ　技術革新のこと。

【2】(1)　2　　(2)　1　　(3)　2　　(4)　1　　(5)　4　　(6)　2

(7)　4

○**解説**○　(1)　大統領とあるので，フランスかアメリカ。さらに，大統領が首相などを任命するので，フランスと確定。中国は権力集中制，イ

ギリスは議院内閣制，アメリカは大統領制である。　(2)　日本国憲法第96条では，第1項に「この憲法の改正は，各議院の総議員の3分の2以上の賛成で，国会が，これを発議し」とあり，第2項には「憲法改正について前項の承認を経たときは，天皇は，国民の名で，この憲法と一体を成すものとして，直ちにこれを公布する」とある。　(3)　税負担の最も大きいCは，イギリスである。AとBとでは，税率の高いAが日本，低いBがアメリカ。なお，グラフのDは，実際はドイツではなくてフランスの数値を示している。　(4)　情報の非対称性などから売り手より不利である買い手の消費者を保護するため，Aの消費者保護基本法が制定された。2004年には，消費者の自立支援を促す趣旨で，消費者基本法に改正。契約に関しては，キャッチセールスやマルチ商法などの犯罪があとを絶たないため，Bの消費者契約法が制定された。(5)　4の内容は，実用新案権について述べたものである。商標権とは，自社の商品・サービスであることを示すための商標を独占的に使用できる権利である。　(6)　すべてEUに関する条約。1は，1997年に調印されたもので，多数決制の導入などがなされた。3は，2001年にEUの東方拡大に備えて締結。4は，2007年に調印され，大統領制の導入や脱退の条件などが規定された。　(7)　1のAFTA(ASEAN Free Trade Area)は，1993年発足の「ASEAN自由貿易地域」のこと。2のRCEP(Regional Comprehensive Economic Partnership)は，2022年に発効した「地域的な包括的経済連携」のことで，日本，中国，韓国，ASEAN10か国，オーストラリア，ニュージーランドの15か国が参加。3のAPEC(Asia-Pacific Economic Cooperation)は，1989年に発足した「アジア太平洋経済協力」のこと。4のTPP11は，正式には「環太平洋パートナーシップに関する包括的及び先進的な協定」(Comprehensive and Progressive Agreement for Trans-Pacific Partnership：CPTPP)といい，環太平洋パートナーシップの協定からトランプ政権のアメリカが離脱した後に，残りの11か国で2018年に発効させたものである。

【3】問1　①　　問2　②　　問3　③　　問4　④　　問5　③　問6　①　　問7　①

○**解説**○　問1　ア　円の外貨に対する相対的価値が下落することを円安，

上昇することを円高という。　イ　1ユーロ＝130円の時，2億ユーロは円換算で260億円。1ユーロ＝142円の時，2億ユーロは円換算で284億円，1ユーロ＝130円の時よりも24億円増える。　問2　経常収支を構成するのは貿易収支，サービス収支，第一次所得収支，第二次所得収支。これらを合計すると，20.1兆円となる。なお，経常収支＋資本移転等収支－金融収支＋誤差脱漏＝0の関係にある。　問3　②　1955年の出来事。GATTは現在のWTOの前身である。　①　1964年の出来事。OECDは「先進国クラブ」の異名を持つ。　③　1974年の出来事。第一次石油危機の影響による。　④　1989年の出来事。　⑤　2005年の出来事。小泉政権による聖域なき構造改革の一環で実現した。

⑥　2016年の出来事。アメリカが離脱したTPPの代替で調印された。

問4　ア　公共財の提供は資源配分の調整である。所得の再分配は，累進課税や社会保障を通じて所得格差を是正することをいう。また，経済の安定化も財政の役割の一つ。　イ　フィスカル・ポリシーは補正的財政政策と訳される。ビルト・イン・スタビライザーとは，財政にもともと備わっている，自動的に景気を安定化する仕組みのこと。

問5　ベトナムのASEAN(東南アジア諸国連合)の加盟は1995年であり，冷戦が終結した1989年よりも後の出来事。ベトナムは現在に至るまで政治的には社会主義体制だが，ドイモイと呼ばれる，市場経済を導入した経済改革を実施している。①②④はASEANの原加盟国である。

問6　開発援助委員会は，経済協力開発機構(OECD)に設置された機関である。　②　第1回会議には，特恵関税制度の導入などを提言するプレビッシュ報告が提出された。　③　背景に資源ナショナリズムの台頭があった。　④　現在は「持続可能な開発目標(SDGs)」に継承されている。　問7　ア　企業別組合とは，職種の違いに関係なく，同じ企業の従業員が加入する労働組合のこと。　イ　フレックスタイム制とは，所定の条件下で出退勤の時間を従業員が自由に決められる制度のことをいう。

【4】1　(1)　(ア)　(2)　公聴会　(3)　(エ)　2　(1)　生産者から大量に商品を直接仕入れ，より安い価格で消費者に販売する。

(2)　CSR　(3)　間接金融　(4)　(ウ)　(5)　マイクロクレジット

3　ブラジル，ロシア，インド，中国，南アフリカ共和国

○**解説**○　1　(1)　①　憲法第43条に「全国民を代表する選挙された議員」とある。　②　世界平和には協和を要する。　③　恵沢が該当する。ただし，引用部分以降に「その福利は国民がこれを享受する」とある。④　日本国憲法は，世界の人々が第二次世界大戦の惨禍を経験した後に制定された。　(2)　わが国の国会には，実質的審議を委員会で行う委員会中心主義が採用されており，公聴会も委員会で行われる。公聴会は重要法案の審議において開催され，特に総予算や重要な歳入法案の審議，憲法改正原案の審査では開催が義務づけられている。

(3)　条約の締結は内閣の職務だから，エは誤り。天皇が行うのは条約の公布である。なお，ア，イ，ウは憲法第7条に定められた天皇の国事行為だが，天皇は国政に関する権能を有しておらず，国事行為にはいずれも内閣の「助言と承認」を要する。　2　(1)　一般的に，生産者から卸売業者を経て小売業者に商品が流通するが，生産者から直接仕入れる「中抜き」ができれば，小売業者の仕入価格は安くなる。しかも，仕入量が大量であれば，交渉によって仕入価格を安くしやすい。

(2)　Corporate Social Responsibilityの略でCSRと呼ばれている。例えばコンプライアンス(法令遵守)の徹底やフィランソロピー(社会貢献活動)などの取組みなどが求められている。また，現代企業には人権への配慮も求められている。　(3)　間接金融に対し，株式や社債の発行によって投資家から直接的に事業資金を調達することを，直接金融という。わが国の中小企業は主に間接金融によって事業資金を調達しているが，大企業では直接金融が主となっている。　(4)　相続税は国税であり，相続者に課せられる直接税である。　ア　直接税だが，市町村税である。　イ　国税だが間接税である。一般に消費税とされている税は，国税である消費税と地方税である地方消費税を合わせたものをいう。　エ　直接税だが，都道府県税である。　(5)　グラミン銀行の創立者のムハマド・ユヌス氏は，マイクロクレジットの考案により，ノーベル平和賞を受賞した。全ての人が金融サービスを利用可能になることを金融包摂というが，マイクロクレジットは金融包摂を実現する取組みの一つといえる。　3　各国の国名の頭文字と，brics(レンガ)をかけて，BRICSと総称されている。かつてはブラジル，ロシア，イン

ド，中国の4か国でBRICsとされていたが，後に南アフリカ共和国も加
えられるようになり，BRICSと表記されるようになっている。

【5】(1) 条約　(2) 議院内閣　(3) 閣議　(4) イ　(5) 政府
提出法案のほうが議員提出法案よりも成立率が高い

○**解説**○ (1) 条約締結は内閣の権限の一つ。ただし，事前，時宜によっ
ては事後に国会の承認を得ることが必要である。条約の承認について
は衆議院の優越が認められており，衆議院で出席議員の過半数の賛成
で可決されれば，参議院で否決されても最終的には承認されたことに
なる。　(2) 議院内閣制は責任内閣制ともいう。対して，大統領が議
会に責任を負わない立場で行政権を行使する制度を大統領制という。
フランスのように，大統領制と議院内閣制が併存する，半大統領制が
採用されている国もある。　(3) 閣議とは，内閣総理大臣と国務大臣
による会議のこと。閣議決定は全員一致によることとされているが，
内閣総理大臣には国務大臣の罷免権があるので，自身の意志をもって
内閣全体の意志とすることが可能である。　(4) わが国に国務大臣の
男女比を同じとしなければならないとする制度はない。　ア　文民と
は非軍人のこと。内閣総理大臣も文民でなければならない。　ウ　半
数未満なら非議員でもよい。　エ　天皇は国務大臣を認証する。
(5) 事前の調整や党議拘束があるから，与党議員は政府提出法案に賛
成するのが通例であり，与党が衆参で過半数の議席を制していれば，
その成立率は高い。その一方，議員提出法案は野党議員によって提出
されることが多く，与党議員の賛成を得られにくい。

【6】問1　A　　問2　D　　問3　信用創造　　問4　労働組合法
○**解説**○　問1　a・b　金融市場における金利は，一般の市場における価
格であり，資金の需要が高まれば金利も上昇する。　①・②　債券の
購入価格に利回りを上乗せされた分が返済されるわけだから，債券の
市場価格の上昇は利回りの低下を意味する。　問2　a　建設国債は，
国会が議決した予算に基づいて発行されなければならない。　b　特
例国債は赤字国債のこと。財政法は発行を禁止しているため，特例法
に基づいて発行されている。　c　国債の乱発によるインフレを防ぐ

ため，国債には市中消化の原則がある。　問3　信用創造によって，預金通貨は最大で，最初の預金額÷預金準備率の額にまで膨張する。なお，預金準備率とは，準備預金制度により市中銀行が受け入れた預金額の一部を準備預金として日銀に預け入れた資金の，受け入れた預金額に対する比率のことをいう。　問4　不当労働行為とは，使用者が労働者の団結権，団体交渉権，団体行動権(労働三権)を侵害する行為のことであり，労働組合法によって禁止されている。不当労働行為の例には，労働組合に加入しないことを雇用の条件にすること(黄犬契約)などがある。

【7】(1)　①　ア　　②　ウ　　(2)　エ　　(3)　ア，イ，エ
○解説○　(1)　①　中学校社会科の公民的分野においては，現代社会を捉える見方，考え方の基礎として，対立と合意，効率と公正などを理解させることになっている。対立から合意に至る際には，効率と公正の見方，考え方を踏まえることが有用である。　②　一般的に，投入した資源に比して得られる結果が大きくなるほど，効率的とされる。だが，能力主義型の賃金制度を導入すれば従業員間で賃金格差が拡大するというように，効率性の追求は公正を損なう結果になる例が多い。
(2)　A　電子マネーには，残高が不足するとクレジットカードなどをとおして自動的にチャージされるものがある。　B　拾ったカードを支払いに使われることなどがある。　C　カードに記録された購入履歴などの個人情報が流出する危険がある。　(3)　ア　株主総会では株主は発言権や議決権を持つ。　イ　株主は利潤から配当を得ることができる。　ウ　株主は有限責任であり，出資額を超える責任を負わない。　エ　上場企業の株式は市場で取引される。　オ　株主総会で解任できる。

【8】1　(1)　希少性　　(2)　均衡価格　　(3)　公共料金　　(4)　(ア)
2　生産が少数の企業に集中することが寡占であり，生産が一つの企業に集中することが独占である。　　3　(1)　間接金融　　(2)　債権
(3)　(エ)
○解説○　1　(1)　経済学における希少性とは，一般で使われる意味合い

とはやや異なり，人々の欲望に対して資源の量が不足していることをいう。また，人々は希少性の高いものほど価値を感じるという法則を，希少性の法則という。　(2)　市場価格が均衡価格と異なると需要量と供給量は一致しないが，市場メカニズムではおのずと市場価格は均衡価格に近づいていき，それに従って需要量と供給量の不均衡が解消されていく。これを価格の自動調整機能という。　(3)　市場経済においては需給の変化によって価格が急激に変動することがあるが，光熱費や交通費などが乱高下すると国民生活に多大な悪影響を及ぼす。ゆえに，これらの財の価格は公共料金として政府の管理下に置く必要がある。　(4)　診療報酬とは，医療保険から医療機関に支払われる保険診療にかかる費用のこと。審議会の答申に基づき，厚生労働大臣が改定を行っている。なお，(イ)は政府が認可するもの，(ウ)は政府に届け出るもの，(エ)は地方公共団体が決定するものである。　2　生産や供給が少数の企業に集中すると，それらの企業が価格をコントロールする力を持つようになる。そして，市場メカニズムは機能しなくなり，消費者は損失を受けるようになる。ゆえに，政府は独占禁止政策を実施する必要がある。　3　(1)　株式や社債の発行によって投資家から直接的に資金を調達することを直接金融というのに対し，銀行から融資を受けることを間接金融という。わが国の中小企業は，主に間接金融によって事業資金を調達している。　(2)　株式の発行によって調達した資金は，借金ではないから，株式を債券とは呼べない。また，債権という言葉もあるが，これは債券の保有者が金銭の返済を求める権利など，特定の行為や給付を請求できる権利のことをいう。
(3)　Finance(金融)とTechnology(技術)の合成語でFintech(フィンテック)。という。　(ア)　ベンチャービジネスに投資する会社のこと。
(イ)　インターネット上などにある膨大な量のデータのこと。
(ウ)　銀行以外の金融機関のこと。

【9】(1)　あ　国権　　い　立法機関　　(2)　2，5　　(3)　①　国務大臣　　②　ウ→ア→イ　　(4)　1　　(5)　憲法改正の発議…衆議院と参議院で審議された後，それぞれ総議員の3分の2以上の賛成が必要である。　　国民投票による国民の承認…国民投票で有効投票の過半数

の賛成が必要である。　　(6)　満18歳以上　　(7)　競争による料金の引き下げや，サービスの質の向上をめざし，自由な経済活動を促すため。

○**解説**○ (1)　あ　この規定から，国会中心主義の原則が導かれる。ただし，国会が国政の中心にあっても，三権は対等とするのが通説である。い　この規定から，国会単独立法の原則と国会中心立法の原則が導かれる。ただし，内閣の政令制定権や地方自治特別法の際の住民投票など，例外はある。　　(2)　条約の締結は内閣の権能だが，国会による承認が必要。また，最高裁長官は内閣が指名し，天皇が任命する。なお，最高裁のその他の裁判官は内閣が任命する。下級裁判所の裁判官も最高裁が指名した者の名簿により，内閣が任命する。1，3，4はいずれも国会の権能。　　(3)　①　内閣総理大臣は国務大臣の任命権を持つが，その過半数を国会議員から任命しなければならない。また，内閣総理大臣には国務大臣の罷免権もあり，自己の方針に反対する国務大臣を罷免することで，閣内一致を保つことができる。　②　ウ　解散後40日以内に総選挙が行われることになっている。　ア　解散総選挙後30日以内に特別国会(特別会)が召集される。　イ　総選挙後の国会で内閣は総辞職し，内閣総理大臣の指名が行われることになっている。(4)　原則的には，法律案の成立には，衆参各院での出席議員の過半数の賛成を要する。だが，参議院で否決された法律案も，衆議院が出席議員の3分の2以上の賛成で再可決すれば，成立する。なお，予算などとは異なり，法律案では，衆参で議決が異なっても両院協議会の開催は不要。　　(5)　憲法改正の発議とは，国会が憲法改正を国民に提案すること。憲法改正原案は，各院の憲法審査会で審議され，本会議で発議の是非につき，採決が行われる。なお，憲法改正の具体的手続は，国民投票法(憲法改正手続法)に定められている。　　(6)　憲法改正の国民投票の投票権が18歳以上の日本国籍を持つ者に認められているのに合わせ，選挙権年齢も18歳以上とされた。また，憲法では選挙権は成年者に認められているとしているため，成年年齢も18歳とされた。(7)　規制緩和により，市場競争が活性化することが期待される。1980年代以降，ケインズ主義的な経済政策の行き詰まりから，市場の機能を再評価する新自由主義が台頭し，公営企業の民営化や規制緩和政策

などが進められた。

【10】(1)　通常国会(常会)　　　(2)　エ　　　(3)　国会…ア，オ，キ，コ　内閣…イ，ウ，ク，ケ　　　(4)　内閣は10日以内に衆議院の解散を行うか，総辞職しなければならない。(33字)　　　(5)　①　最高機関　②　連帯責任(連帯して責任)

○**解説**○　(1)　通常国会の会期は原則として150日間だが，1回だけ延長が可能である。主に本予算の審議が行われる。このほか，国会には，臨時に召集される臨時国会(臨時会)や衆議院の解散総選挙後30日以内に召集される特別国会(特別会)がある。　　　(2)　①　内閣総理大臣を任命するのは天皇だが，国務大臣は内閣総理大臣が任命し，天皇が認証する。また，内閣総理大臣には国務大臣の罷免権もある。　　　②　内閣総理大臣は必ず国会議員の中から指名されなければならないが，国務大臣はそうではない。　　　(3)　ア・ケ　予算は内閣のみが作成，提出できるが，国会での審議，議決を要する。　　　ウ・キ　条約の締結と承認の関係も，予算と同様。　　　オ　弾劾裁判所は裁判官を罷免する裁判所であり，国会議員がその裁判員を務める。　　　エ・カ　エは裁判所，カは地方自治体の権限。　　　(4)　内閣不信任決議に対抗して，内閣は衆議院を解散できる。ただし，衆議院の解散は内閣の「助言と承認」による天皇の国事行為なので，不信任決議の有無に関係なく，内閣はいつでも衆議院を解散できる。日本国憲法施行後における衆議院の解散のほとんどは，内閣の判断によるものである。　　　(5)　①　日本国憲法第41条に，国会は「国権の最高機関であつて，国の唯一の立法機関」と定められている。　　　②　憲法第66条第3項に「内閣は，行政権の行使について，国会に対し連帯して責任を負ふ」とある。ゆえに，わが国では議院内閣制が採用されているといえる。

【11】(1)　①　総会(国連総会)　　　②　平和維持(国連平和維持)　(2)　ア　　　(3)　集団安全保障　　　(4)　制裁決議を行おうとしても，ロシアが拒否権を行使するため。　　　(5)　アジア・アフリカの加盟国が増えたことで，分担金を多く負担する国の意見が通りにくくなったから。　　　(6)　ウ　　　(7)　地域主義(リージョナリズム)　　　(8)　環太

平洋経済連携協定(TPP11，TPP)　　(9)　移民の増加によって，自国民の失業率の上昇や社会保険の質が低下する恐れがあるから。

(10)　国連難民高等弁務官事務所(UNHCR)　　(11)　①　フェアトレード　②　マイクロクレジット

○**解説**○ (1)　①　総会には国連の全加盟国が参加し，決議の際には等しく1票を行使することが認められている。　②　PKOは国連が行う平和維持活動の略。紛争の平和的解決を促すための，停戦監視や兵力の引き離しなどの活動をいう。　(2)　総会などでの決議は，勧告的効力しか有さない。これに対し，安全保障理事会は，国際平和と安全の維持のために必要な措置に関し，法的拘束力が生じる決議を行うことができ，国連加盟国はその決議に従う義務が生じる。　(3)　集団安全保障とは，敵対関係にある国どうしも含めた大きな国際機構を設立して，平和を乱した加盟国には他の加盟国が共同で制裁すると取り決めておくことで，平和を維持する仕組みのこと。国際連盟で導入され，国際連合に引き継がれた。　(4)　15理事国中9理事国以上の賛成により決議は成立するが，常任理事国には実質事項の決議において拒否権の行使が認められている。アメリカ，イギリス，フランス，中国とともにロシアも常任理事国であり，ロシアの拒否権行使により，ロシアのウクライナ侵略につき，安全保障理事会は有効な対応ができないでいる。　(5)　国連加盟国が負担する分担金は，各加盟国の経済力などに応じて定められている。一方で，国連創設後，それまで植民地だったアジア・アフリカ諸国が独立して国連に加盟し，国連内で大きな勢力となるに至ったが，アジア・アフリカ諸国の多くの分担金額は著しく低い。　(6)　わが国では，PKOに参加するための要件として五つの原則(PKO参加五原則)が定められており，ウがその原則の一つとされている。　ア　自衛隊の派遣が行われてきた。　イ　武器使用は参加五原則により制約されている。　エ　PKOへの参加は内閣が決定する。　(7)　経済分野におけるFTA(自由貿易協定)やEPA(経済連携協定)の締結は，リージョナリズムの典型例である。また，「自由で開かれたインド太平洋」の実現のため，安全保障問題などを話し合うQUAD(日米豪印度戦略対話)も，リージョナリズムの取組みの例と言える。　(8)　TPPの拡大会合にはアメリカも参加し，2016年に署名に至ったが，アメリカは

その後TPPから離脱した。ゆえに，残る会合参加国によってTPPの代替として2018年に署名，発効に至ったのがTPP11(CPTPP)である。TPP11は，単にTPPと呼ばれることもある。2023年にはイギリスの加盟が認められるに至った。　(9)　2016年，イギリスではEUの離脱の是非を問う国民投票が実施された結果，離脱が決まった。その際，EU離脱派はEUからの移民の急増や，EU法による自国の主権侵害などを主張した。なお，イギリスは2020年にEUから正式に離脱した。

(10)　国連難民高等弁務官事務所は，国連総会の補助機関の一つ。国連難民条約に基づく難民の救援だけでなく，国内避難民と呼ばれる，居住地を逃れたもののまだ自国内にとどまっている人々の救援も実施している。日本人では，緒方貞子が国連難民高等弁務官を務めた例がある。　(11)　①　フェアトレードの取組みによる，カカオやコーヒー豆などの生産に従事する労働者の労働条件の改善が期待されている。　②　バングラデシュのグラミン銀行で始まった金融サービスで，その創立者のムハマド＝ユヌスはノーベル平和賞を受賞した。

【12】問1　D　　問2　本居宣長
○**解説**○　問1　D　エピクロス派の思想に関する記述である。エピクロスはアタラクシア(魂の平安)のために，俗世から「隠れて生きよ」とした。一方，ストア派のゼノンは不動心(アパティア)に達することを理想とし，「自然に従って生きる」ことを唱えた。　問2　本居宣長は，江戸時代における国学の大成者。もののあはれとは，平安時代の文芸理念であり，しみじみとした情趣のことを意味するが，本居宣長は『源氏物語』の本質をもののあはれに求めて，これを重視した。

【13】(1)　ア　スウェーデン　　イ　ブラジル　　(2)　B　　(3)　H
(4)　①　地球温暖化の解決に向けて，先進国は途上国に対し技術提供を行ったり，途上国も削減目標を設定したりするなど，先進国だけでなく途上国を含めた全ての国が協力して二酸化炭素の排出量を削減　②　国や自分の住んでいる地方公共団体の取組を調べて，文化祭などでみんなに伝えて積極的に実践
○**解説**○　(1)　ア　国連人間環境会議は，スウェーデンのストックホルム

で開催された。人間環境宣言が採択され，これにより国連環境計画
(UNEP)が設立された。　イ　国連環境開発会議は，ブラジルのリオデ
ジャネイロで開催された。リオ宣言やアジェンダ21が採択された。
(2)　②　1972年の出来事。国連が初めて主催した環境問題に関する国
際会議だった。　③　1992年の出来事。　④　1997年の出来事。気候
変動枠組条約第3回締約国会議(COP3)の別称である。　①　2015年の
出来事。パリ協定は，京都議定書の後継となる地球温暖化対策のため
の国際的枠組みである。　(3)　ウ　日本は，もともと国民一人当たり
の温室効果ガス排出量は少ないものの，その削減幅は小さい。
エ　ドイツは環境先進国と呼ばれているが，温室効果ガスの排出削減
も進んでいる。　なお，アはアメリカ，イはロシアが該当する。
(4)　①　パリ協定では，途上国も温室効果ガス排出削減・抑制目標を
作成，提出することを求めている。だが，地球温暖化につき，より重
い責任を負っているのは先進国で，途上国は温室効果ガスの削減の技
術力や資金面で先進国に劣っている。　②『よりよい社会を目指して』
の取り扱いは，「身近な地域や我が国の取組との関連性に着目させ，
世界的な視野と地域的な視点に立って探究させること」とされている
ため，国の政策だけに注目した内容では不十分である。

【14】(1)　(ア)・(エ)・(オ)　　(2)　逆進　　(3)　(ア)　　(4)　(ア)
(5)　(ア)・(エ)
○**解説**○ (1)　間接税とは納税者と担税者が異なる租税。消費税がその代
表。したがって，酒税やたばこ税がそれに該当する。所得税は所得を
得た個人が，法人税は法人が担税者で納税者。これらを直接税という。
(2)　間接税は，低所得者にとって収入に対する負担の割合が高くなり，
それを逆進性の問題という。　(3)　表1は国の一般会計予算の上位3項
目である。もっとも割合が高いのは社会保障関係費で，一般会計の約
3割を占めている。国の歳出・歳入の表は，HPでも最新のものが見ら
れるので，一度は目を通しておこう。　(4)　日本銀行の政策を金融政
策，政府の政策を財政政策という。不景気のとき，金融政策としては，
企業も家計もお金を借りやすくするために金利が下がるように誘導す
る。そうすれば，銀行からの企業への資金の貸し出しが増えるからで

ある。そのために国債を市中銀行から買って，市中の貨幣量を増やす政策を行う。また，政府は減税をして，家計のお金を増やす。両者によって，企業は投資を家計は消費を増やせば，景気は上向く。好景気のときは反対の政策を行う。　(5)　円安とは，外国の通貨に対して日本の通貨である「円」の価値が低くなることをいう。そのため，円安になると，外国製品に対して日本の製品は割安になるので輸出が伸びる。輸出産業にとっては利益が増える。

【15】(1)　核兵器禁止条約　　(2)　COP　　(3)　持続可能な開発目標
(4)　フェアトレード　　(5)　(ウ)・(エ)　　(6)　(エ)

○**解説**○ (1)　2017年に国際連合で核兵器を非合法化し，廃絶を目差して核兵器禁止条約が採択された。実際は，日本もアメリカの所謂「核の傘」に守られているため参加していない。また，安全保障理事会の常任理事国5カ国はいずれも参加していない。　(2)　国連気候変動枠組み条約締約国会議Conference of the Partiesの略称をCOP(コップ)という。1992年に採択され，同じ年にブラジル・リオデジャネイロで開かれた国連開発環境会議(地球サミット)で署名が始まった。　(3)　SDGsとは，Sustainable Development Goalsの略で，日本語では「持続可能な開発目標」という。　(4)　発展途上国でつくられた農作物や製品を適正な価格で継続的に取引することにより，生産者の生活を支える貿易のありかたをフェアトレード(Fair Trade：公平貿易)という。消費者が日常生活でコーヒーやバナナ，チョコレートなど，商品の購入から生産者の生活を支えられる取り組みで，貧困課題の解決策のひとつである。(5)　(ウ)　国際連合の6つの主要機関の中で最も大きな権限を持ち，法的に国連加盟国に拘束力を持つ決議を行うことが可能。　(エ)　常任理事国は，第二次世界大戦の五大戦勝国で，アメリカ，ロシア，フランス，イギリスとドイツではなく中国。　(6)　国連難民高等弁務官事務所The Office of the United Nations High Commissioner for Refugeesで，略称: UNHCR。難民を保護するための国連の機関で1950年に設立された。

【1】中学校学習指導要領(平成29年告示)「第2章　第2節　社会」に示されていることについて，次の各問いに答えよ。

(1)　次の文は，「第1　目標」の一部である。文中の[　　]にあてはまるものを一つ選び，番号で答えよ。

> (1)　我が国の国土と歴史，現代の政治，経済，国際関係等に関して理解するとともに，調査や諸資料から様々な情報を[　　]に調べまとめる技能を身に付けるようにする。

1　効果的　　2　多面的　　3　主体的　　4　多角的
5　効率的

(2)　次の各文は，各分野における「2　内容」の一部である。文中の[　　]にあてはまるものをそれぞれ一つずつ選び，番号で答えよ。

ア　地理的分野「B　世界の様々な地域　(1)　世界各地の人々の生活と環境　イ　次のような思考力，判断力，表現力等を身に付けること。」

> (ア)　世界各地における人々の生活の特色やその変容の理由を，その生活が営まれる場所の自然及び[　　]的条件などに着目して多面的・多角的に考察し，表現すること。

1　宗教　　2　環境　　3　社会　　4　地域　　5　空間

イ　歴史的分野「B　近世までの日本とアジア　(2)　中世の日本　ア　次のような知識を身に付けること。」

> (ウ)　民衆の成長と新たな文化の形成
> 　　　農業などの諸産業の発達，畿内を中心とした都市や農村における[　　]的な仕組みの成立，武士や民衆などの多様な文化の形成，応仁の乱後の社会的な変動などを基に，民衆の成長を背景とした社会や文化が生まれたことを理解すること。

1　自治　　2　律令　　3　封建　　4　文化　　5　身分

ウ　公民的分野「D　私たちと国際社会の諸課題　(1)　世界平和と
人類の福祉の増大　ア　次のような知識を身に付けること。」

> (ア)　世界平和の実現と人類の福祉の増大のためには，国際
> [　　]の観点から，国家間の相互の主権の尊重と協力，
> 各国民の相互理解と協力及び国際連合をはじめとする国
> 際機構などの役割が大切であることを理解すること。そ
> の際，領土(領海，領空を含む。)，国家主権，国際連合の
> 働きなど基本的な事項について理解すること。

1　平和　　2　協力　　3　社会　　4　理解　　5　協調

‖ 2024年度 ‖ 愛知県 ‖ 難易度 ■■□□□

【2】中学校学習指導要領(平成29年告示)の「第2章　第2節　社会」につ
いて，次の(1)～(4)の問いに答えよ。

(1)　次の文は，「第1　目標」の一部を示そうとしたものである。文中
の①，②の[　　]にあてはまる最も適切な語句は何か。それぞれ書
け。

> 　社会的な見方・考え方を働かせ，[　①　]を追究したり解決
> したりする活動を通して，広い視野に立ち，グローバル化す
> る国際社会に[　②　]に生きる平和で民主的な国家及び社会の
> 形成者に必要な公民としての資質・能力の基礎を次のとおり
> 育成することを目指す。

(2)　公民的分野の目標は，3項目から成り立っている。この3項目のう
ちの一つを示したものとして正しいものはどれか。次のア～エから
一つ選んで，その記号を書け。

ア　日本や世界の地域に関わる諸事象について，よりよい社会の実
現を視野にそこで見られる課題を主体的に追究，解決しようとす
る態度を養うとともに，多面的・多角的な考察や深い理解を通し
て涵養される我が国の国土に対する愛情，世界の諸地域の多様な
生活文化を尊重しようとすることの大切さについての自覚などを
深める。

イ　社会的事象について，主体的に学習の問題を解決しようとする
態度や，よりよい社会を考え学習したことを社会生活に生かそう
とする態度を養うとともに，多角的な思考や理解を通して，我が
国の歴史や伝統を大切にして国を愛する心情，我が国の将来を担
う国民としての自覚や平和を願う日本人として世界の国々の人々
と共に生きることの大切さについての自覚を養う。

ウ　社会的事象の意味や意義，特色や相互の関連を現代の社会生活
と関連付けて多面的・多角的に考察したり，現代社会に見られる
課題について公正に判断したりする力，思考・判断したことを説
明したり，それらを基に議論したりする力を養う。

エ　現代の諸課題について，事実を基に概念などを活用して多面
的・多角的に考察したり，解決に向けて公正に判断したりする力
や，合意形成や社会参画を視野に入れながら構想したことを議論
する力を養う。

(3)　次の文は，歴史的分野の内容の一部を示そうとしたものである。
文中の[　]にあてはまる語句は何か。以下のア～エから一つ選ん
で，その記号を書け。

〔歴史的分野〕2　内容　B　近世までの日本とアジア　(2)
中世の日本

ア　次のような知識を身に付けること。

(イ)　武家政治の展開と東アジアの動き
南北朝の争乱と室町幕府，[　]貿易，琉球の国際的
な役割などを基に，武家政治の展開とともに，東アジア
世界との密接な関わりが見られたことを理解すること。

ア　日宋　　イ　朱印船　　ウ　日朝　　エ　日明

(4)　次の文は，地理的分野の内容の一部を示そうとしたものである。
文中の[　]にあてはまる語句は何か。以下のア～エから1つ選んで，
その記号を書け。

〔地理的分野〕2　内容　A　世界と日本の地域構成　(1)　地域
構成

ア　次のような知識を身に付けること。

　（イ）　我が国の国土の位置，世界各地との[　　]，領域の範
　　　　囲や変化とその特色などを基に，日本の地域構成を大観
　　　　し理解すること。

　ア　時差　　イ　通信　　ウ　貿易　　エ　交通

┃ 2024年度 ┃ 香川県 ┃ 難易度 ▉▉▉▉▉□

【3】次の文は，「中学校学習指導要領(平成29年告示)解説　社会編　第2
章　社会科の目標及び内容　第1節　教科の目標」の一部である。下
線部に関する説明として誤っているものを，以下の選択肢から1つ選
び，記号で答えなさい。

> 　<u>社会的な見方・考え方を働かせ</u>，課題を追究したり解決した
> りする活動を通して，広い視野に立ち，グローバル化する国際
> 社会に主体的に生きる平和で民主的な国家及び社会の形成者に
> 必要な公民としての資質・能力の基礎を次のとおり育成するこ
> とを目指す。

　ア　社会的な見方・考え方とは，社会的事象等の意味や意義，特色や
　　　相互の関連を考察したり，社会に見られる課題を解決したりする際
　　　の「視点や方法(考え方)」である。
　イ　中学校社会科における「社会的な見方・考え方」とは，地理的分
　　　野における「社会的事象の地理的な見方・考え方」，歴史的分野に
　　　おける「社会的事象の歴史的な見方・考え方」，公民的分野におけ
　　　る「近代社会の見方・考え方」を総称しての呼称である。
　ウ　「社会的な見方・考え方を働かせ」ることは，社会科，地理歴史
　　　科，公民科としての本質的な学びを促し，深い学びを実現するため
　　　の思考力，判断力の育成はもとより，生きて働く知識の習得に不可
　　　欠である。
　エ　「社会的な見方・考え方を働かせ」るとは，「視点や方法(考え方)」
　　　を用いて課題を追究したり解決したりする学び方を表すとともに，
　　　これを用いることにより児童生徒の「社会的な見方・考え方」が鍛
　　　えられていくことである。

┃ 2024年度 ┃ 宮崎県 ┃ 難易度 ▉▉▉▉□□

【4】「中学校学習指導要領(平成29年告示)解説　社会編」で示されている歴史的分野の目標，内容及び内容の取扱いについて，次の各問いに答えよ。

(1)　次の文は，「歴史的分野　(1)　目標　(2)　及び　(3)」を一部抜粋したものである。文中の(a)(b)(c)にあてはまるものの組み合わせとして正しいものを，以下の①から④までの中から一つ選び，記号で答えよ。

> (2)　歴史に関わる事象の意味や意義，(a)の特色などを，時期や年代，推移，比較，相互の関連や現在とのつながりなどに着目して多面的・多角的に考察したり，(以下省略)
>
> (3)　歴史に関わる諸事象について，(途中省略) 国家及び社会並びに文化の発展や人々の生活の向上に尽くした歴史上の人物と現在に伝わる(b)を尊重しようとすることの大切さについての自覚などを深め，(c)の精神を養う。

①　a　歴史と伝統　　b　文化財　　c　国際協力
②　a　国土と歴史　　b　歴史遺産　　c　国際理解
③　a　伝統と文化　　b　文化遺産　　c　国際協調
④　a　歴史と文化　　b　文化財　　c　国際理解

(2)　次の文は，「歴史的分野　(2)　内容　B及びC」の一部である。文中の下線について，適当でないものを次の①から④までの中から一つ選び，記号で答えよ。

①　武家政治の展開と東アジアの動き
　　南北朝の争乱と室町幕府，日明貿易，琉球の国際的な役割などを基に，武家政治の展開とともに，東アジア世界との密接な関わりが見られたことを理解すること。

②　世界の動きと統一事業
　　ヨーロッパ人来航の背景とその影響，織田・豊臣による統一事業とその当時の対外関係，武将や豪商などの生活文化の展開などを基に，中世社会の基礎がつくられたことを理解すること。

③　欧米における近代社会の成立とアジア諸国の動き
　　欧米諸国における産業革命や市民革命，アジア諸国の動きなど

を基に，<u>欧米諸国が近代社会を成立させてアジアへ進出したこと</u>を理解すること。

④　第一次世界大戦前後の国際情勢と大衆の出現

　　第一次世界大戦の背景とその影響，民族運動の高まりと国際協調の動き，我が国の国民の政治的自覚の高まりと文化の大衆化などを基に，第一次世界大戦前後の国際情勢及び我が国の動きと，<u>大戦後に国際平和への努力がなされたこと</u>を理解すること。

(3)　次の文は，「歴史的分野　(2)　内容　B及びC」の内容の取扱いの一部である。文中の下線について適当でないものを，次の①から④までの中から一つ選び，記号で答えよ。

①　「日本列島における国家形成」については，狩猟・採集を行っていた人々の生活が農耕の広まりとともに変化していったことに気付かせるようにすること。また，考古学などの成果を活用するとともに，<u>古事記，日本書紀，風土記などにまとめられた神話・伝承などの学習</u>を通して，当時の人々の信仰やものの見方などに気付かせるよう留意すること。

②　「鎖国などの幕府の対外政策と対外関係」については，<u>オランダ，中国との交易のほか，ロシアとの交流や琉球の役割，北方との交易をしていたアイヌについて取り扱う</u>ようにすること。

③　「我が国の民主化と再建の過程」については，国民が苦難を乗り越えて新しい日本の建設に努力したことに気付かせるようにすること。その際，<u>男女普通選挙の確立，日本国憲法の制定などを取り扱う</u>こと。

④　(2)のア(イ)(「日本の経済の発展とグローバル化する世界」)については，<u>沖縄返還，日中国交正常化，石油危機などの節目となる歴史に関わる事象を取り扱う</u>ようにすること。

┃ 2024年度 ┃ 沖縄県 ┃ 難易度 ■■■■□□

【5】「中学校学習指導要領」(平成29年告示)第2章　第2節　社会　について，次の問いに答えなさい。

(1)　第2　各分野の目標及び内容　に即して，以下の問いに答えなさい。

〔公民的分野〕

1 目標

　略

2 内容

A～C　略

D　私たちと国際社会の諸課題

　(1)　世界平和と人類の福祉の増大

　　　対立と(A)，(B)と公正，(C)，持続可能性などに着目して，課題を追究したり解決したりする活動を通して，次の事項を身に付けることができるよう指導する。

　　ア　次のような知識を身に付けること。

　　　(ア)　略

　　　(イ)　略

　　イ　次のような思考力，判断力，表現力等を身に付けること。

　　　(ア)　略

　(2)　よりよい社会を目指して

　　　持続可能な社会を形成することに向けて，(D)な見方・考え方を働かせ，課題を(E)する活動を通して，次の事項を身に付けることができるよう指導する。

　　ア　私たちがよりよい社会を築いていくために解決すべき課題を多面的・多角的に考察，構想し，[X]，論述すること。

① (A)～(E)に当てはまる適切な語句をそれぞれ書きなさい。

② [X]に当てはまる適切な語句を，次のア～エから1つ選び，記号を書きなさい。

　ア　社会的事象について説明　　イ　自分の考えを説明

　ウ　よりよい社会について説明　　エ　持続可能性を説明

(2)　第3　指導計画の作成と内容の取扱い　に即して，（　F　）～
（　I　）に当てはまる適切な語句を，以下のア～コからそれぞれ1つ
選び，記号を書きなさい。

第3　指導計画の作成と内容の取扱い

1　指導計画の作成に当たっては，次の事項に配慮するものと
する。

（1）～（5）略

2　第2の内容の取扱いについては，次の事項に配慮するもの
とする

（1）　略

（2）　情報の収集，処理や発表などに当たっては，（　F　）や
地域の公共施設などを活用するとともに，コンピュータ
や情報通信ネットワークなどの情報手段を積極的に活用
し，指導に生かすことで，生徒が主体的に調べ分かろう
として学習に取り組めるようにすること。その際，課題
の追究や解決の見通しをもって生徒が主体的に情報手段
を活用できるようにするとともに，（　G　）の指導にも留
意すること。

（3）　調査や諸資料から，社会的事象に関する様々な情報を
効果的に収集し，読み取り，まとめる技能を身に付ける
学習活動を重視するとともに，作業的で具体的な（　H　）
を伴う学習の充実を図るようにすること。その際，地図
や年表を読んだり作成したり，現代社会の諸課題を捉え，
多面的・多角的に考察，構想するに当たっては，関連す
る新聞，読み物，統計その他の資料に平素から親しみ適
切に活用したり，観察や調査などの過程と結果を整理し
報告書にまとめ，発表したりするなどの活動を取り入れ
るようにすること。

（4）　社会的事象については，生徒の考えが深まるよう様々
な（　I　）を提示するよう配慮し，多様な（　I　）のある事
柄，未確定な事柄を取り上げる場合には，有益適切な教

材に基づいて指導するとともに，特定の事柄を強調し過ぎたり，一面的な（　Ⅰ　）を十分な配慮なく取り上げたりするなどの偏った取扱いにより，生徒が多面的・多角的に考察したり，事実を客観的に捉え，公正に判断したりすることを妨げることのないよう留意すること。

3　略

ア　情報モラル　　イ　見方や考え方　　ウ　体験
エ　経験　　　　　オ　学校図書館　　　カ　情報リテラシー
キ　郷土博物館　　ク　見解　　　　　　ケ　技術
コ　理論

▎2024年度 ▎長野県 ▎難易度 ▎■■■□□

【6】「中学校学習指導要領(平成29年告示)解説　社会編」で示されている公民的分野の目標及び内容の取扱いについて，次の各問いに答えよ。

(1)　次の文は，「公民的分野　目標(1)」である。文中の（　a　）（　b　）（　c　）（　d　）にあてはまるものの組み合わせとして正しいものを，以下の①から④までの中から一つ選び，記号で答えよ。

(1)　個人の尊厳と（　a　）の意義，特に自由・権利と（　b　）との関係を広い視野から正しく認識し，民主主義，民主政治の意義，国民の生活の向上と（　c　）との関わり，現代の社会生活及び国際関係などについて，個人と社会との関わりを中心に理解を深めるとともに，諸資料から現代の（　d　）に関する情報を効果的に調べまとめる技能を身に付けるようにする。

①　a　人権の尊重　　b　責任・義務　　c　経済活動
　　d　社会的事象
②　a　人権の尊重　　b　統制・特権　　c　納税の義務
　　d　世界情勢
③　a　公共の福祉　　b　責任・義務　　c　経済活動
　　d　世界情勢
④　a　公共の福祉　　b　統制・特権　　c　納税の義務

d　社会的事象

(2)　次の文は,「A　私たちと現代社会　(1)　私たちが生きる現代社会と文化の特色」の内容及び内容の取扱いの一部である。文中の(a)(b)にあてはまるものの組み合わせとして正しいものを,以下の①から④までの中から一つ選び,記号で答えよ。

> (1)　私たちが生きる現代社会と文化の特色
> 　　位置や空間的な広がり,推移や変化などに着目して,課題を追究したり解決したりする活動を通して,次の事項を身に付けることができるよう指導する。
> 　ア　次のような知識を身に付けること。
> 　(ア)　現代日本の特色として少子高齢化,情報化,グローバル化などが見られることについて理解すること。

> (内容の取扱い)
> (2)　内容のAについては,次のとおり取り扱うものとする。
> 　ア　(1)については,次のとおり取り扱うものとすること。
> 　(ア)「情報化」については,(a)の急速な進化などによる産業や社会の構造的な変化などと関連付けたり,(b)における防災情報の発信・活用などの具体的事例を取り上げたりすること。

①　a　科学技術　　b　災害時
②　a　人工知能　　b　災害時
③　a　人工知能　　b　緊急時
④　a　科学技術　　b　緊急時

(3)　次の文は「D　私たちと国際社会の諸問題　(1)　世界平和と人類の福祉の増大　ア　(ア)」の内容及び内容の取扱いの一部である。文中の(a)(b)にあてはまるものの組み合わせとして正しいものを,以下の①から④までの中から一つ選び,記号で答えよ。

> (1) 世界平和と人類の福祉の増大
>
> 　　対立と合意，効率と公正，協調，持続可能性などに着目
> して，課題を追究したり解決したりする活動を通して，次
> の事項を身に付けることができるよう指導する。
> 　　ア　次のような知識を身に付けること。
> 　　　(ア)　世界平和の実現と人類の福祉の増大のためには，
> 　　　　国際協調の観点から，国家間の相互の主権の尊重と
> 　　　　協力，各国民の相互理解と協力及び国際連合をはじ
> 　　　　めとする国際機構などの役割が大切であることを理
> 　　　　解すること。その際，領土(領海，領空を含む。)，国
> 　　　　家主権，国際連合の働きなど基本的な事項について
> 　　　　理解すること。

> (内容の取扱い)
> 　　内容のDについては，次のとおり取り扱うものとする。
> 　　ア　(1)については，次のとおり取り扱うものとすること。
> 　　　(ア)　アの(ア)の「国家間の相互の主権の尊重と協力」と
> 　　　　の関連で，(途中省略)「領土(領海，領空を含む。)，国
> 　　　　家主権」については関連させて取り扱い，我が国が，
> 　　　　固有の領土である(　a　)に関し残されている問題の平
> 　　　　和的な手段による解決に向けて努力していることや，
> 　　　　(　b　)をめぐり解決すべき領有権の問題は存在してい
> 　　　　ないことなどを取り上げること。「国際連合をはじめと
> 　　　　する国際機構などの役割」については，国際連合にお
> 　　　　ける持続可能な開発のための取組についても触れるこ
> 　　　　と。

① 　a　尖閣諸島　　　　　b　竹島や北方領土
② 　a　尖閣諸島　　　　　b　北方領土
③ 　a　竹島　　　　　　　b　北方領土や尖閣諸島
④ 　a　竹島や北方領土　　b　尖閣諸島

【7】 次の文は，平成29年3月告示の中学校学習指導要領　社会　歴史的分野　目標　の一部を示したものです。下線部の「社会的事象の歴史的な見方・考え方」は，どのようなものですか。簡潔に書きなさい。

> <u>社会的事象の歴史的な見方・考え方</u>を働かせ，課題を追究したり解決したりする活動を通して，広い視野に立ち，グローバル化する国際社会に主体的に生きる平和で民主的な国家及び社会の形成者に必要な公民としての資質・能力の基礎を次のとおり育成することを目指す。

2024年度 ┃ 広島県・広島市 ┃ 難易度 ■■■□□

【8】 次の文は，「中学校学習指導要領　社会(平成29年3月)」の地理的分野の目標および内容の一部抜粋です。この文を読んで，以下の(1)〜(3)の各問いに答えなさい。

＜目標(一部)＞

> (1)　我が国の国土及び世界の諸地域に関して，地域の諸事象や地域的特色を理解するとともに，調査や諸資料から地理に関する様々な　あ　を効果的に調べまとめる　い　を身に付けるようにする。

＜内容(一部)＞

> B　世界の様々な地域
>   (2)　世界の諸地域
>   イ(ア)　世界の各州において，地域で見られる(a)課題の要因や影響を，州という地域の広がりや地域内の(b)などに着目して，それらの地域的特色と関連付けて多面的・多角的に考察し，表現すること。

(1)　文中の　あ　・　い　に適する語句を，それぞれ漢字2文字で答えなさい。

(2)　文中の(a)・(b)に適する語句を，次のア〜カから1つ選び，それぞれ記号で答えなさい。

　　ア　結び付き　　イ　多様性　　ウ　地域的　　エ　地球的

オ　環境　　　カ　社会的

(3)　東南アジアについて，[資料]を見て以下の①～③の各問いに答えなさい。

①　1993年，日本は米が記録的な不作となり，米不足となりました。この問題を，日本は[資料]中の国と協力して解決しようとしました。この時，日本がとった措置はどのようなものであったか答えなさい。

②　あなたは，東南アジアの授業で[資料]を使って学習を進めることにしました。[資料]からまず生徒にどのようなことをとらえさせますか。[資料]をもとに，次の文中の(X)，に適する数字を整数で答えなさい。

> 　タイ，マレーシアともに，近年は輸出額に占める(X)割以上が工業製品となっている。

③　この授業では，「東南アジアの産業の(Y)とその変化の様子を捉えよう」という学習課題を設定して生徒に追究させることにしました。Yに適する最も適当な語句を，次のア～オから1つ選び，記号で答えなさい。

ア　人種との関わり　　イ　地域的特色　　ウ　宗教的特色
エ　国内の結び付き　　オ　持続可能性

[資料] タイ、マレーシアの輸出品

（国連資料より作成）

┃ 2024年度 ┃ 名古屋市 ┃ 難易度 ┃

【9】次の(1)～(3)の問いに答えなさい。

(1)　次の文は，中学校学習指導要領(平成29年3月告示)「第2章　各教科　第2節　社会」の「第1　目標」の一部である。文中の[　ア　]と[　イ　]に当てはまる語句を書きなさい。

> 社会的な[　ア　]を働かせ，課題を追究したり解決したりする活動を通して，広い視野に立ち，[　イ　]化する国際社会に主体的に生きる平和で民主的な国家及び社会の形成者に必要な公民としての資質・能力の基礎を次のとおり育成することを目指す。

(2)　次の文は，中学校学習指導要領(平成29年3月告示)「第2章　各教科　第2節　社会」の「第2　各分野の目標及び内容」の中の〔地理的分野〕，〔歴史的分野〕，〔公民的分野〕の「1　目標」の一部である。文中の[　ウ　]～[　キ　]に当てはまる語句を書きなさい。

〔地理的分野〕

> (2)　地理に関わる事象の意味や意義，特色や相互の関連を，位置や分布，場所，人間と自然環境との相互依存関係，[　ウ　]，地域などに着目して，[　エ　]に考察したり，地理的な課題の解決に向けて公正に[　オ　]したりする力，思考・判断したことを説明したり，それらを基に議論したりする力を養う。

〔歴史的分野〕

> (2)　歴史に関わる事象の意味や意義，伝統と文化の特色などを，時期や年代，[　カ　]，比較，相互の関連や現在とのつながりなどに着目して[　エ　]に考察したり，歴史に見られる課題を把握し複数の立場や意見を踏まえて公正に[　オ　]したりする力，思考・判断したことを説明したり，それらを基に議論したりする力を養う。

〔公民的分野〕

> (2)　社会的事象の意味や意義，特色や相互の関連を現代の[　キ　]と関連付けて[　エ　]に考察したり，現代社会に見られる課題について公正に判断したりする力，思考・判断したことを説明したり，それらを基に議論したりする力を養う。

● 中学校

(3) 次の文は，中学校学習指導要領(平成29年3月告示)「第2章　各教科　第2節　社会」の「第3　指導計画の作成と内容の取扱い」の一部である。文中の[　ク　]と[　ケ　]に当てはまる語句を書きなさい。

> 2　第2の内容の取扱いについては，次の事項に配慮するものとする。
>
> (3)　調査や諸資料から，社会的事象に関する様々な情報を効果的に収集し，[　ク　]，まとめる技能を身に付ける学習活動を重視するとともに，[　ケ　]で具体的な体験を伴う学習の充実を図るようにすること。(以下省略)

| 2024年度 ‖ 福島県 ‖ 難易度 ■■■□□

【10】中学校学習指導要領「社会」について，次の(1)～(3)に答えなさい。

(1) 次の文は，「各分野の目標及び内容」の「地理的分野」の「目標」の一部である。(　①　)～(　③　)にあてはまる語句を書きなさい。

> 　社会的事象の地理的な(　①　)を働かせ，課題を追究したり解決したりする活動を通して，広い視野に立ち，グローバル化する国際社会に主体的に生きる平和で民主的な国家及び社会の形成者に必要な公民としての(　②　)の基礎を次のとおり育成することを目指す。
>
> 　(中略)
>
> (2)　地理に関わる事象の意味や意義，特色や相互の関連を，位置や分布，場所，人間と自然環境との相互依存関係，(　③　)，地域などに着目して，多面的・多角的に考察したり，地理的な課題の解決に向けて公正に選択・判断したりする力，思考・判断したことを説明したり，それらを基に議論したりする力を養う。

(2) 次の文は，「各分野の目標及び内容」の「歴史的分野」の「目標」の一部である。(　①　)～(　③　)にあてはまる語句を書きなさい。

> (3)　歴史に関わる諸事象について，よりよい社会の実現を視
> 野にそこで見られる課題を主体的に追究，解決しようとす
> る(　①　)を養うとともに，多面的・多角的な考察や深い理
> 解を通して涵養される我が国の歴史に対する愛情，国民と
> しての自覚，国家及び社会並びに文化の発展や人々の生活
> の向上に尽くした歴史上の人物と現在に伝わる(　②　)を尊
> 重しようとすることの大切さについての自覚などを深め，
> (　③　)の精神を養う。

(3)　次の文は，「各分野の目標及び内容」の「公民的分野」の「内容」
の一部である。(　①　)～(　④　)にあてはまる語句を，以下のア
～シから1つずつ選び，その記号を書きなさい。

> C　私たちと政治
> 　(1)　人間の尊重と日本国憲法の基本的原則
> 　　　対立と(　①　)，(　②　)と公正，個人の尊重と
> 　(　③　)の支配，民主主義などに着目して，課題を追究
> したり解決したりする活動を通して，次の事項を身に付
> けることができるよう指導する。
> 　ア　次のような知識を身に付けること。
> 　(ア)　人間の尊重についての考え方を，基本的人権を
> 　　　中心に深め，(　③　)の意義を理解すること。
> 　(イ)　民主的な社会生活を営むためには，(　③　)に基
> 　　　づく政治が大切であることを理解すること。
> 　(ウ)　日本国憲法が基本的人権の尊重，国民主権及び
> 　　　平和主義を基本的原則としていることについて理解
> 　　　すること。
> 　(エ)　日本国及び(　④　)の象徴としての天皇の地位と
> 　　　天皇の国事に関する行為について理解すること。

ア	地方自治	イ	主権	ウ	日本国民統合
エ	法	オ	国民の権利	カ	効率
キ	国際貢献	ク	議会制民主主義	ケ	希少性

コ　合意　　　　サ　協調　　　　　　シ　持続可能性

2024年度 ┃ 青森県 ┃ 難易度

解答・解説

【1】(1)　1　　(2)　ア　3　　イ　1　　ウ　5

○**解説**○　(1)　社会科の教科の目標は頻出事項である。分量が多いわけではないので，すべて覚えておく。「調査や諸資料から様々な情報を効果的に調べまとめる技能」とは，調査活動などの手段を考えて課題の解決に必要な社会事象に関する情報を収集する技能，収集した情報を社会的な見方・考え方を働かせて読み取る技能，読み取った情報を課題解決に向けてまとめる技能を身に付けることを意味している。
(2)　ア　「世界各地における人々の生活の特色やその変容」は，自然的条件と社会的条件が関わって現れるものである。　イ　「都市や農村における自治的な仕組みの成立」とは，日本の中世から見られるようになった惣村や一揆などのことを意味する。　ウ　「国際協調」はグローバル化が進行する現代社会において求められているものであり，頻出用語である。

【2】(1)　①　課題　　②　主体的　　(2)　ウ　　(3)　エ　　(4)　ア

○**解説**○　(1)　①・②　中学校学習指導要領(平成29年告示)の社会の目標として，社会的な見方・考え方を働かせ，課題を追究したり解決したりする活動を通して，広い視野に立ち，グローバル化する国際社会に主体的に生きる平和で民主的な国家及び社会の形成者に必要な公民としての資質・能力の基礎を育成することを目指すとある。　(2)　公民的分野の目標として，社会的事象の意味や意義，特色や相互の関連を現代の社会生活と関連付けて多面的・多角的に考察したり，現代社会に見られる課題について公正に判断したりする力，思考・判断したことを説明したり，それらを基に議論したりする力を養うとする。
(3)　室町幕府という言葉から日明貿易を当てはめることが可能であ

る。　(4)　我が国の国土の位置，世界各地との時差，領域の範囲や変化とその特色などを基に，日本の地域構成を大観し理解することが内容にある。

【3】イ
○**解説**○　公民的分野の近代社会の見方・考え方が誤り。現代社会の見方・考え方である。

【4】(1)　③　　(2)　②　　(3)　②
○**解説**○　(1)　歴史的分野の目標(2)は「思考力，判断力，表現力等」に関わるねらいを示している。「伝統と文化の特色などを，時期や年代，推移，比較，相互の関連や現在とのつながりなどに着目して多面的・多角的に考察したりする」ことなどが目標とされている。目標(3)は，「学びに向かう力，人間性等」に関わるねらいを示している。「国家及び社会並びに文化の発展や人々の生活の向上に尽くした歴史上の人物と現在に伝わる文化遺産を尊重しようとすることの大切さについての自覚などを深め，国際協調の精神を養う」ことなどが目標とされている。　(2)　正しくは「近世社会の基礎がつくられたこと」である。江戸幕府成立以降は中世ではなく近世の区分になる。　(3)　正しくは，「オランダ，中国との交易のほか，朝鮮との交流や琉球の役割，北方との交易をしていたアイヌについて取り扱うようにすること。」である。対馬藩が朝鮮との窓口になっていた為である。学習指導要領だけでなく，基礎的な歴史知識の確認も必要となる。

【5】(1)　①　A　合意　　B　効率　　C　協調　　D　社会的
　　　E　探究　　②　イ　　(2)　F　オ　　G　ア　　H　ウ　　I　ク
○**解説**○　(1)　①　公民的分野「2　内容」「D私たちと国際社会の諸課題」(1)世界平和と人類の福祉の増大においては対立と合意，効率と公正，協調，持続可能性などに着目して，課題を追究したり解決したりする活動が設定されている。また，「(2)よりよい社会を目指して」においては持続可能な社会を形成することに向けて，社会的な見方・考え方を働かせ，課題を探究する活動が設定されている。　②　①で説明し

た活動について，わたしたちがよりよい社会を築いていくために解決すべき活動を多面的・多角的に考察，構想し，自分の考えを説明，論述することを身につけることが述べられている。　(2)「第3　指導計画の作成と内容の取扱い」においては学校図書館や地域の公共施設などの活用，情報モラルの指導，具体的な体験を伴う学習の充実が求められる。また，一面的な見解を取り上げるのではなく様々な見解を取り上げることが述べられている。

【6】(1)　①　　(2)　②　　(3)　④

○**解説**○ (1)「個人の尊厳と人権の尊重」や「自由・権利と責任・義務との関係」などは公民的分野の「知識及び技能」に関わるねらいうちでも重要事項からの出題である。学習指導要領の各分野における目標については十分に理解しておく必要がある。　(2)　情報化については，高度情報通信ネットワーク社会の到来により，世界中の人々と瞬時にコミュニケーションをとることが可能になったことや，様々な情報が公開，発信，伝達される状況であることを理解できるようにすることを意味しているため，科学技術ではなく，人工知能などについて取り上げることが求められている。　(3)　内容の取り扱いについては膨大な量であるため，すべてを理解しておくことは難しいが，公民分野の基礎知識を身に付けておくことが有効となる。また，領土(領海，領空を含む。)については地理的分野や歴史的分野との関わりも重要である。

【7】社会的事象を時期，推移などに着目して捉え，類似や差異などを明確にし，事象同士を因果関係などで関連付けることであり，考察，構想する際の視点や方法(考え方)。

○**解説**○ 学習指導要領では「社会的事象を，時期，推移などに着目して捉え，類似や差異などを明確にし，事象同士を因果関係などで関連付けること」を考察する際の，「視点や方法(考え方)」と整理されている。論述する際には時系列に関わることや，比較などをするという視点が含まれることが重要である。

【8】(1)　あ　情報　　い　技能　　(2)　a　エ　　b　ア
(3)　①　タイから米を輸入した。　　②　5　　③　イ

○**解説**○ (1)　学習指導要領で示されている目標は，問題として頻出する
項目である。　　(2)　学習指導要領で示されている内容も，膨大な量で
あるが，広く全体に目を通しておく必要がある。地理的分野において
は，世界の諸地域でみられる地球的な課題について，地域の結び付き
などに着目することが求められている。　　(3)　学習指導要領で示され
ている地域的特色と，地理的分野に関しての実際の資料からの読み取
りを結び付けた問題になっている。学習指導要領と教科の具体的な知
識を関連させた学習も進めておく必要がある。

【9】(1)　ア　見方・考え方　　イ　グローバル　　(2)　ウ　空間的相
互依存作用　　エ　多面的・多角的　　オ　選択・判断　　カ　推移
キ　社会生活　　(3)　ク　読み取り　　ケ　作業的

○**解説**○ (1)　「目標」は最も頻出度の高い内容であるため確実に覚えら
れるように学習を進められたい。「社会的な見方・考え方」とは社会
科，地理歴史科，公民科の特質に応じた見方・考え方の総称であり，
各分野に応じた視点や考え方を用いて課題を追究したり解決したりす
る学び方を表す。　　(2)　「空間的相互依存作用」とは，それぞれの地域
でのお互いモノや人などを補い合い，提供し合うことで，それぞれの
地域を維持，発展されているという考え方である。　　(3)　「指導計画の
作成と内容の取扱い」は膨大な量があるものの，多く自治体が出題す
るため，大まかな内容は把握できるよう学習指導要領に目を通された
い。直接的な活動を通して社会的事象を捉え，認識を深めていくこと
が期待されており，「作業的で具体的な体験を伴う学習」が重視され
ている。

【10】(1)　①　見方・考え方　　②　資質・能力　　③　空間的相互依
存作用　　(2)　①　態度　　②　文化遺産　　③　国際協調
(3)　①　コ　　②　カ　　③　エ　　④　ウ

○**解説**○ (1)　①　社会的事象の　「見方・考え方」は頻出であるので覚
えておきたい。　　②　「公民としての資質・能力」の育成は社会科を通

201

しての目標であり，小・中学校社会科ではその基礎を育成する。

③　地理的分野の目標として着目するべきものとして，位置や分布，場所，人間と自然環境との相互依存関係，空間的相互依存作用，地域がある。　(2)　①　地理的分野・歴史的分野で共通して「課題を主体的に追究，解決しようとする態度を養う」ことを目指している。

②　歴史的分野の目標のなかで尊重するものとして，歴史上の人物と現在に伝わる文化遺産が挙げられている。　③　歴史的分野では国際協調の精神を養うことが目指されている。　(3)　公民的分野では，対立と合意，効率と公正，法の支配，民主主義などに着目することが言及されている。また，天皇が日本国民統合の象徴であるのは公民分野の知識としても必須事項であるので覚えておきたい。

中高・高校
日本史

要点整理

▮▮原始・古代

旧石器時代から平安時代に至る原始・古代の学習では，考古学の研究成果を含め，海外との交流が日本文化の形成にどのような影響を与えたか，という観点をしっかり押さえることが必要である。

▮▮中世・前期封建制（鎌倉時代〜室町時代）

1. 平氏政権の性格について十分に考究し，古代的な側面と中世的な側面について整理しておく。
2. 鎌倉幕府の成立過程を政治機構の整備と関連させて研究しておく。
3. 執権政治の性格について，合議政治の変遷に着目して正しく認識しておく。
4. 鎌倉文化の特色を公家の伝統文化と武家趣味との関連に注意し，それぞれの傾向の中での代表的な文学作品や美術作品を室町文化への発展をふまえて整理しておく。

▮▮近世・後期封建制

1. 織豊政権の性格について，土地支配の構造的変化を中心に学習を深めておく。
2. 庶民の台頭に注目し，安土桃山文化の特色を押さえる。
3. 幕藩体制の意味を江戸幕府の統治組織や諸藩の政治との関連の中で正しくつかんでおく。
4. 江戸幕府の身分制度について，農民統制の幕政のあり方を中心に，十分研究しておく。
5. 鎖国体制について，その原因や影響に関する学問的な論争をふまえて，十分に研究しておく。

▮▮日本の政治制度史

〔**原始**〕宗教的権威と未分化

〔**古代**〕大和時代：成文法のない時代（盟神探湯や太占の法など呪術

　的な風習がさかん）

　　飛鳥時代：憲法十七条（官吏の心構えを強調）

　　白鳳時代：律令の創成期（近江令・飛鳥浄御原令）

　　奈良時代：律令時代（大宝律令，養老律令，律・令・格・式）

　　平安時代：初期の法制整備（三代格式，令義解・令集解），荘園整
　　　理令

〔**中世**〕武家法の成立とその発展

　　鎌倉時代：貞永式目（最初の武家法）

　　室町時代：建武式目（南北朝時代に成立），分国法（戦国大名による
　　　家臣統制）

〔**近世**〕封建体制をささえた法令（武士・農民の統制令）

　　安土・桃山時代：刀狩令・身分統制令（検地との関連）

　　江戸時代：武家諸法度などの諸法度，公事方御定書，御触書寛保集
　　　成など

〔**近現代**〕近代法の成立から戦後の民主的改革法への変遷。

　　大日本帝国憲法，民法・商法

　　日本国憲法・教育基本法・改正民法など

▍▍近代の文化

蘭学（洋学）の受容と発達：鎖国下の西洋事情吸収（オランダ風説書，
西川如見「華夷通商考」，シドッチ，新井白石「采覧異言・西洋紀
聞」→漢訳洋書輸入の緩和（徳川吉宗，青木昆陽，野呂元丈）→**医
学・諸科学の発達**（山脇東洋「蔵志」，前野良沢・杉田玄白「解体
新書」，宇田川玄随「西説内科撰要」，大槻玄沢「蘭学階梯」，杉田
玄白「蘭学事始」，稲村三伯「ハルマ和解」，志筑忠雄「暦象新書」，
伊能忠敬「大日本沿海輿地図」，平賀源内（エレキテル），帆足万里
「窮理通」，宇田川榕庵「舎密開宗」，芝蘭堂，鳴滝塾，適塾，蛮書
和解御用）→洋学所→蕃書調所→洋書調所→開成所→**洋学の弾圧**
（シーボルト事件，蛮社の獄）

国学の発達：歌学の革新運動（戸田茂睡，下河辺長流，契沖「万葉代
匠記」）→**国学の発展**（荷田春満，賀茂真淵「万葉考・国意考・歌

意考」，本居宣長「古事記伝・直毘霊・玉勝間・秘本玉くしげ・うひ山ぶみ」，平田篤胤「古道大意・古史伝」，伴信友，塙保己一「群書類従」，県居，鈴屋，和学講談所）

▮▮近代

地租改正と新貨幣制度　作付制限，田畑永代売買の禁の廃止→1872年：地券の発行→課税の基準は地価，税率は地価の3％→1876年：地租改正反対一揆（三重，愛知，岐阜）→地租2.5％に引き下げ　1871年：新貨条例（円・銭・厘の単位の導入）→1872年：国立銀行条例，渋沢栄一により第一国立銀行設立

条約改正の経過　岩倉具視（主に法権回復をめざし予備交渉，内治の必要性痛感）→寺島宗則（税権回復を主眼，米国は賛成，英国反対で失敗）→井上馨（欧化政策，法権・税権の一部回復を主眼，外国人判事任用・内地雑居で失敗）→大隈重信（国別秘密交渉，外国人判事の大審院任用問題）→青木周蔵（法・税権6年後回復で英国同意，大津事件で挫折）→陸奥宗光（法権回復，税権一部回復で英国と調印，ほか14国とも調印）→青木周蔵（改正条約を実施－有効期間12年）→小村寿太郎（関税自主権回復）

▮▮大正期の政権推移と文化

西園寺内閣（友愛会成立，陸軍2個師団増設議案否決）→桂内閣（大正政変－第1次護憲運動）→山本内閣（中華民国承認，シーメンス事件，文官任用令改正）→大隈内閣（第一次世界大戦参加，対華21カ条要求，第4次日露協約，工場法成立，二科会成立，日本美術院再興，吉野作造の民本主義，北里研究所設立）→寺内内閣（金輸出禁止，西原借款成立，石井・ランシング協定，シベリア出兵開始，米騒動起こる，理化学研究所設立，KS磁石鋼〔本多〕）→原内閣（ヴェルサイユ条約調印，戦後恐慌の襲来，大学令・高等学校令公布，森戸事件，黄熱病病原体発見）→高橋内閣（4カ国条約成立，ワシントン海軍軍縮条約，9カ国条約，全国水平社成立，日本農民組合結成）→加藤（友）内閣（シベリア出兵軍撤退，日本共産党結成）→山本内閣（関東大震災，虎の門事件）→清浦内閣（第2次護憲運動，築地小劇場）→加藤

（高）内閣（治安維持法，普通選挙法公布）

▌▌▌戦後の日本

①1950（昭和25）年，朝鮮民主主義人民共和国と大韓民国の間に戦争が始まった。

②1951（昭和26）年，中国，インドが欠席のまま，サンフランシスコで対日講和会議が開かれた。

③ソ連圏の3国（ソ連・ポーランド・チェコスロヴァキア）を除く48ヵ国と日本はサンフランシスコ講和条約を結んだ。

④サンフランシスコ講和条約締結と同時に，日本はアメリカと日米安全保障条約を結んだ。

⑤日米安全保障条約により，アメリカ軍は講和後も引き続き日本に駐留し基地を使用することになった。

⑥1956（昭和31）年，国連総会は日本の国連加盟を認めたので日本は国際社会に復帰した。

▌▌▌日本と国際関係

①日ソ共同宣言　1956（昭和31）年，日ソ国交回復のため日ソ共同宣言に調印，ソ連は平和条約締結後に歯舞，色丹島を日本に返還することを認めた。

②日韓基本条約　1965（昭和40）年，日本は韓国に経済援助・賠償を行うことを条件に調印，同時に紛争が絶えなかった漁業協定も結ばれた。

③アメリカは沖縄を国連の信託統治に移さず施政権を持ち続けたが，住民の基地反対闘争，反米運動が盛んになったので，1971（昭和46）年，沖縄返還に同意した。

【1】古代の政治・経済・外交・文化について，次の(1)～(8)の問いに答えよ。ただし，史料に関わる文章は，一部改訂している部分もある。

(1) 縄文文化に関して述べた文ア～オについて，誤っているものの組合せとして最も適当なものを，以下の1～9のうちから一つ選べ。

　　ア　今からおよそ1万年前，最後の氷期が終わり，東日本に落葉広葉樹林，西日本には照葉樹林が広がるようになると，日本列島に住む人々の暮らしも大きく変わり，縄文文化が成立した。

　　イ　縄文文化を特徴づけるのは，食料を煮るための土器，狩猟具の弓矢，石器を磨いてつくった磨製石器などである。このうち草創期の土器は世界でも最も古い土器の一つであり，日本列島に住む人々が素早く環境の変化に対応したことがわかる。

　　ウ　縄文時代の人々は獲物や植物性の食料を求めて，絶えず小河川の流域など一定の範囲を移動していた。このため住まいも簡単な小屋で，時には洞穴などを使用することがあった。

　　エ　縄文時代の遺跡からは丸木舟も発見されており，外洋に航海する技術も持っていたと考えられている。石器の材料となる黒曜石やヒスイなどの出土状況からは，かなり遠方との交易も行われていたことがわかる。

　　オ　縄文時代にはすでに原始的な農耕が行われていた証拠が見つかっており，それを基盤として，縄文時代終末期には大陸の水稲耕作を基本とする文化が，100年足らずの短期間に日本列島の各地に普及した。

　　1　ア・イ　　　2　ア・ウ　　　3　ア・エ　　　4　ア・オ
　　5　イ・ウ　　　6　イ・エ　　　7　イ・オ　　　8　ウ・エ
　　9　ウ・オ

(2) 次の史料ア～ウに記述されている出来事について，時代の古い順に並べ替えたものとして最も適当なものを，以下の1～6のうちから一つ選べ。

　　ア　倭女王遣大夫難升米等詣郡，求詣天子朝献

　　イ　百済王世□奇生聖音故為倭王旨造
　　ウ　建武中元二年，倭奴国奉貢朝賀，使人自称大夫
　1　ア→イ→ウ　　　2　ア→ウ→イ　　　3　イ→ア→ウ
　4　イ→ウ→ア　　　5　ウ→イ→ア　　　6　ウ→ア→イ

(3)　次の史料は，神亀三年の計帳について示したものである。この史料に関して述べた文ア～エについて，正しいものの組合せとして最も適当なものを，以下の1～6のうちから一つ選べ。

```
戸主出雲臣嶋呂戸
　去年帳定良口捌人　男四　女四
　帳後破除壱人　緑子
　新附壱人
　今年計帳定見良大小口捌人　男四　女四
　不課口捌人　旧七　新一
　男参人　資人一　小子二
　女伍人　丁女三　小女一　緑女一
戸主出雲臣嶋麻呂　年肆拾捌歳　正丁　右頬黒子従五位下大生部直美
　保万呂資人　和銅二年、逃近江国斯我郡
庶母出雲臣玉虫売　年肆拾肆歳　丁女　右米食黒子
男出雲臣嶋主　年拾弐歳　小子　右頬黒子
男出雲臣嶋足　年伍歳　小子
女出雲臣逆売　年拾壱歳、丁女、右中指黒子
女出雲臣得売　年玖歳　小女　右頬黒子
女出雲臣波閉売　年壱歳　緑女
出雲部美都岐売　年弐拾玖歳　丁女　右頬黒子
戸主出雲臣嶋麻呂戸別項
出雲臣嶋麻呂　年弐歳　死　神亀三年五月廿日
右人、帳後破除
```

　ア　計帳は戸籍と並んで重要な帳簿であり，毎年作成される，調や庸を賦課するための基本台帳である。課税の台帳のため，氏名，年齢，身体的特徴なども記載されていた。
　イ　史料中の課口とは，課役の全部または一部を負担する人のことである。成人男子のうち，皇親，八位以上，廃疾，篤疾などを除いたものを指す。
　ウ　史料中の資人とは，賤民のことで，陵戸・官戸・公奴婢・家人・私奴婢の5種類があり，五色の賤といわれている。
　エ　史料中の「逃近江国斯我郡」とは，近江国に逃げたことを示す。

　律令の規定では本貫地を離れたものは課役を負担しなくてもよい
 こととされていた。

1　ア・イ　　2　ア・ウ　　3　ア・エ　　4　イ・ウ

5　イ・エ　　6　ウ・エ

(4)　9世紀から10世紀の政治について述べた文X〜Zについて，正誤の
　組合せとして最も適当なものを，以下の1〜8のうちから一つ選べ。

　X　嵯峨天皇は桓武天皇の政治改革の方針を引き継いで，延喜格式
　　の編纂や皇朝十二銭の最後になる乾元大宝を発行するなど，律令
　　制の復興を目指した。

　Y　藤原基経は宇多天皇の即位に当たって出した阿衡に任ずるとい
　　う勅に抗議して，最終的にはこれを撤回させ，関白の政治的地位
　　を確立させた。

　Z　摂政・関白は，藤原氏の氏長者を兼ね，人事の全体を把握して，
　　絶大な権力を握った。そのため，政務は太政官で公卿によって審
　　議されることはなくなった。

1　X　正　　Y　正　　Z　正　　2　X　正　　Y　誤　　Z　正

3　X　正　　Y　正　　Z　誤　　4　X　正　　Y　誤　　Z　誤

5　X　誤　　Y　誤　　Z　正　　6　X　誤　　Y　正　　Z　誤

7　X　誤　　Y　正　　Z　正　　8　X　誤　　Y　誤　　Z　誤

(5)　10世紀以降の土地制度について述べた文X，Yについて，正誤の
　組合せとして最も適当なものを，以下の1〜4のうちから一つ選べ。

　X　受領は有力農民に田地の耕作を請け負わせ，官物と臨時雑役を
　　課すようになった。課税の対象となる田地は名という徴税単位に
　　分けられ，負名という請負人の名がつけられた。

　Y　開墾した田地の私有が永年にわたって認められるようになり，
　　東大寺などは国司や郡司の協力のもとに浮浪人などを使って，大
　　規模な原野の開拓を行った。田地の経営は主に周辺農民の賃租に
　　よって行われた。

1　X　正　　Y　正　　2　X　正　　Y　誤

3　X　誤　　Y　正　　4　X　誤　　Y　誤

(6)　次の史料が書かれた時代の文化の特徴について述べた文として最
　も適当なものを，以下の1〜4のうちから一つ選べ。

　　それ往生極楽の教行は，濁世末代の目足なり。道俗貴賤，誰か帰せざる者あらむや。ただし顕密の教法は，其の文，一にあらず。事理の業因，其の行惟れ多し。利智精進の人は，未だ難しと為さざるも，予の如き頑魯の者，豈に敢てせむや。

1　災厄・反乱などによる社会不安と末法思想の広がりの中で，阿弥陀仏を念ずることで極楽浄土へ生まれ変わろうとする信仰が盛んとなった。

2　唐風文化が発展し，文芸を中心として国家の繁栄を目指す文章経国の思想が広まり，漢文学が隆盛を極めた。

3　密教は，加持祈禱によって災いを避け，幸福を追求する現世利益の面から貴族に受け入れられ，円仁・円珍は天台宗にも密教を導入した。

4　武士の素朴で質実な気風が文化にも取り入れられ，阿弥陀の誓いを信じ，念仏を唱えれば死後は極楽浄土に往生できるという教えが，法然や親鸞によって唱えられた。

(7)　次のア，イの文が説明している遺跡を示す地図上①～④の場所の組合せとして最も適当なものを，以下の1～9のうちから一つ選べ。

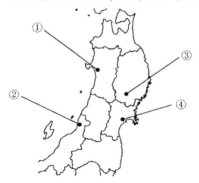

ア　蝦夷の反乱の拠点として征討の対象となったが，阿弖流為を屈服させた坂上田村麻呂が城柵を築き，鎮守府が移され，政治・軍事上の拠点となった。

イ　陸奥の鎮守府や国府が置かれた。内部で官衙，工房，住居，外部の周辺で国司の館や町などの遺構も見つかっている。壺の碑などの歌枕や歌名所も多い。

```
1  ア ①    イ ②    2  ア ①    イ ③
3  ア ②    イ ③    4  ア ②    イ ④
5  ア ③    イ ①    6  ア ③    イ ④
7  ア ④    イ ①    8  ア ④    イ ②
9  ア ④    イ ③
```

(8) 次の文は，弘仁・貞観期の彫刻に関してまとめたものである。(①)，(②)に当てはまる語句の組合せとして最も適当なものを，以下の1～4のうちから一つ選べ。

　天台・真言宗が盛んになると，神秘的な密教芸術が新たに登場した。彫刻では，密教と関わりの深い如意輪観音や不動明王などの仏像がつくられた。これらの仏像は(①)でつくられ，量感あふれるものが多い。また，神仏習合を反映して，神像彫刻もつくられるようになった。その代表的作品として薬師寺の(②)などが有名である。

1　①　一木造　　②　吉祥天像
2　①　一木造　　②　僧形八幡神像
3　①　寄木造　　②　僧形八幡神像
4　①　寄木造　　②　吉祥天像

2024年度 ▌ 大分県 ▌ 難易度 ■■□□□

【2】次の(1)，(2)の問いに答えよ。ただし，それぞれ指定した字数で記せ。

(1)　墾田永年私財法(743年)について，この内容と目的，影響を100字以内で説明せよ。

(2)　寛政異学の禁について，この内容と政策が出された目的を120字以内で説明せよ。

2024年度 ▌ 山梨県 ▌ 難易度 ■■■■□

【3】次の1から4の問いに答えよ。

1　次の史料を読み，以下の(1)から(4)の問いに答えよ。

　　【史料】(仁寿二年十二月)癸未(廿二日)。参議左大弁従三位小野朝臣篁薨ず。篁は参議正四位下岑守長子なり。(小野)岑守

ⓐ弘仁の初め，陸奥守となる。篁父に随ひて客遊し，拠鞍に便なり。後京師に帰り，学業を事とせず。嵯峨天皇これを聞き，歎じて曰く，既にその人の子となりて，何ぞまた弓馬の士となるかと。篁これによりて慚じ悔い，すなわち始めて学に志す。(弘仁)十三年春ⓑ文章生試を奉じて及第す。……ⓒ(承和)五年春，聘唐使等の四舶，次第に海に泛かぶ。しかるに大使参議従四位上藤原常嗣駕する所の第一舶，水沃ぎて穿欠す。詔有りて副使の第二舶を以て改めて大使の第一舶となす。篁抗論し…執論確乎たり。復た舶に駕せず。……六年春正月，遂に詔に捍ふを以て除名して庶人となり，隠岐国に配流す。ⓓ路に在りて謫行吟七言十韻を賦す。文章奇麗，興味優遠にして，文を知るの輩吟誦せざるなし。凡そ当時の文章，天下無双。草隷の工，古の二王の倫。後生これを習ふ者，皆師摸となす。七年夏四月，詔有りて特に徴さる。八年秋閏九月，本位に叙す。……薨ずる時年五十一。篁身長六尺二寸。家素より清貧，母に事へて至孝。公俸当つる所，皆親友に施す。

(原漢文，『日本文徳天皇実録』より)

　　※拠鞍(きょあん)…乗馬すること。
　　　謫行吟(たっこうぎん)…小野篁が隠岐国に配流される
　　　　　　　　　　　　　　道中に制作した詩。
　　二王…王羲之と王献之父子。

(1)　下線部ⓐに関して，小野岑守は9世紀初頭に陸奥守に任じられた。この出来事に最も近い時期の陸奥国に関して述べた文章として正しいものを，次のアからエのうちから一つ選び，記号で答えよ。

　ア　朝廷から数次の遠征を命じられた阿倍比羅夫は，北方の蝦夷を従えた。

　イ　朝廷は多賀城を築いて朝廷の支配拠点とし，人々を服属させた。

　ウ　征夷大将軍として派遣された坂上田村麻呂は，蝦夷の首長を屈服させた。

エ　金などの産物の富や北方との交易によって繁栄した平泉では，中尊寺金色堂が建立された。

(2)　下線部ⓑに関連して，平安時代に入ると，有力な貴族たちは一族子弟の教育のために寄宿施設を作った。その寄宿施設の名称を答えよ。

(3)　下線部ⓒに関して，次の①，②の問いに答えよ。

①　この頃の日本と中国との通交に関して述べた文章として正しいものを，次のアからエのうちから一つ選び，記号で答えよ。

ア　日本の使者の中国皇帝に臣属しない態度は無礼としたが，日本への使者を送り外交関係を結んだ。

イ　日本から中国への航路は朝鮮半島沿岸を避けていたため，海上で遭難する可能性が高かった。

ウ　商人を招くため摂津にある港を修築し，彼らを通じて漢籍や陶磁器などの工芸品を日本に輸入した。

エ　日本から中国に渡った僧たちは仏教の教義だけでなく，その精神を具体化した水墨画や庭園様式などを広く日本に伝えた。

②　この時中国に渡航して天台教学を学び，帰国後天台座主に任じられ比叡山の基礎をゆるぎないものにした人物名を記せ。

(4)　下線部ⓓに関して，この頃の貴族に下線部ⓓのような能力が求められたのはなぜか。【史料】の頃の天皇の政治の方針に触れながら，次の語を用いて説明せよ。なお，解答にあたっては，指定した語に下線を付すこと。

〔　中国　〕

2　次の史料を読み，以下の(1)から(4)の問いに答えよ。

【史料】差上ケ申願書之事

一　延宝四辰年(1676)，諸国ⓐ鉄炮御改の節，下野国真壁郡小貫村の百姓鉄炮六人所持仕り候処，六挺とも御取上げ遊ばされ候，右のうち喜兵衛・長左衛門・勘右衛門三人は猟師にて狩をいたし渡世送り申し候間，御預け下され候様にと願い奉り候処，それ以降貞享四辰年(1687)三人の鉄炮御預け狩をいたし渡世送り有り難く存じ奉り候，小貫村は山方にて，ⓑ近年

猪・鹿多く出で，作毛荒し惣百姓迷惑仕り候，相残りて七右衛門・伝右衛門・太郎右衛門三人の鉄炮御預け下され候様願い奉り候，玉込申さず，ⓒ畜類おどし申したく存じ奉り候，もっともこれ鉄炮他人は申すに及ばず，親子兄弟なりとも借し申す儀かつて仕りまじく候，畜類防に事よせ，悪事仕り出で候か，又は殺生など仕り候はば，鉄炮持主は申すに及ばず，ⓓ名主・五人組まで何様の曲事にも仰せ付けらるべき候，御慈悲をもって右の鉄炮御預け下され候はば，ありがたく存じ奉り候，已上

小貫村高六百五拾石

元禄六年(1693)酉五月	鉄炮持主	七右衛門㊞
	同	伝右衛門㊞
	同	太郎右衛門㊞
	組頭	善右衛門㊞
	同	孫左衛門㊞
	同	茂兵衛㊞
	名主	武兵衛㊞

堀家伊兵衛殿

八木沢喜右衛門殿

(栃木県立文書館『学校教材史料集』第10号より，一部を書き下し。)

※鉄炮御改…幕府が庶民の所持している鉄砲を監視・検査すること。

渡世…なりわい。　他人…原文では侘人。

もっとも～仕りまじく候…預かった鉄砲は，他人はもちろん親子兄弟であっても貸借してはならない，の意。

小貫村…現茂木町。

曲事…法に背いた者・行為を処分すること

(1)　下線部ⓓに関連して，江戸時代以前における鉄砲に関して述べ

た文として誤っているものを，次のアからエのうちから一つ選び，
記号で答えよ。

ア　ポルトガル人を乗せた中国船が種子島に漂着した時鉄砲が伝
　えられ，それを島主が購入した。

イ　織田・徳川連合軍が甲斐の武田氏との合戦の中で足軽に持た
　せ，武器として大量に使用した。

ウ　鉄砲の登場以降，戦国大名の居城は平野部の平城から敵の攻
　撃を避けやすい山間部へと移っていった。

エ　豊臣秀吉は刀狩令を出して農民が持っている鉄砲を取り上
　げ，一揆を未然に防ぐと共に兵農分離を進めた。

(2)　下線部ⓑに関連して，鳥獣被害が増加した原因の一つに，新田
　開発が行われたことが挙げられる。江戸時代に入ってから全国的
　に新田開発が行われた背景を説明せよ。

(3)　下線部ⓒに関連して，次の問いに答えよ。

①　17世紀後半にこれらの殺生を禁じた将軍を答えよ。

②　①の将軍の頃の政治に関わる出来事として当てはまるもの
　を，次のアからエのうちから一つ選び，記号で答えよ。

　ア　朝廷の統制や西国大名の監視などをおこなう京都所司代を
　　新設した。

　イ　大嘗祭などの朝廷儀式の復興を認めるとともに，禁裏御料
　　を増やした。

　ウ　貨幣鋳造を命じ，質・量ともに慶長金銀と同品位の金銀貨
　　に戻した。

　エ　孝明天皇の妹と将軍との結婚を実現させ，公武合体を目指
　　した。

(4)　下線部ⓓに関して，江戸時代の農民について述べた文とし
　て誤っているものを，次のアからエのうちから一つ選び，記号
　で答えよ。

　ア　麻や綿などを商品作物として生産し，貨幣を得る機会が増え
　　た。

　イ　入会地・用水路・橋などの管理や防災などを自治的に行っ
　　た。

　　ウ　要求を実現しようとする時，集団の力で領主に強訴すること
　　　があった。

　　エ　寺院または神社の檀家になり，本末制度に属することになっ
　　　た。

3　次の文章を読み，以下の(1)から(6)の問いに答えよ。

　　@日本とロシアの交渉は1904年初めに決裂し，同年2月に始まった
　日露戦争は，日本が戦局を有利に展開した。1905年には，日本は多
　くの兵を失いながらも旅順要塞を陥落させ，奉天会戦で辛勝したの
　ち，日本海海戦でヨーロッパから回航してきた⒝バルチック艦隊を
　全滅させた。しかし©日本もロシアも戦争継続が困難となり，　　⒟
　アメリカ大統領のあっせんによって⒠ポーツマス条約が調印された。

(1)　下線部@に関して，日本とロシアが対立した背景として最も当
　てはまるものを，次のアからエのうちから一つ選び，記号で答え
　よ。

　　ア　日本が石油・ゴム・ボーキサイトなどの資源を獲得しよう
　　　と，アジア南方に進出しようとしたこと。

　　イ　日本がシベリア占領計画を立て，関東軍特種演習という名目
　　　で満州に兵力を集結したこと。

　　ウ　ロシアが朝鮮で減税と排日を要求する農民の反乱が起きた
　　　時，日本に通達せず一方的に出兵したこと。

　　エ　ロシアが北清事変を機に中国東北部を事実上占領し，この地
　　　域における独占的権益を清に承認させたこと。

(2)　下線部⒝に関して，このような結果になった背景の一つに，こ
　の艦隊が日本に到達するまでに十分な補給や修理をすることがで
　きなかったことがあると言われている。この艦隊が十分な補給や
　修理ができなかった理由について【地図】に含まれている情報と
　当時の国際関係を踏まえ，次の語を用いて説明せよ。なお，解答
　にあたっては，指定した語に下線を付すこと。

　　〔　イギリス　〕

（山川出版社『中学歴史　日本と世界』により作成）

(3)　下線部ⓒに関して，日本またはロシアが戦争継続困難になった
　　理由として最も当てはまるものを，次のアからエのうちから一つ
　　選び，記号で答えよ。

　　ア　日本において金輸出解禁が実施され，日本が保有する金が海
　　　　外に大量に流出したこと。

　　イ　日本がミッドウェー島沖において主力空母とその艦載機を失
　　　　う大敗北を喫したこと。

　　ウ　ロシアで専制体制の転換を求める声が高まり，労働者のスト
　　　　ライキが発生したこと。

　　エ　ロシアではレーニンらが無賠償・無併合・即時講和を唱えて
　　　　社会主義政権を樹立したこと。

(4)　下線部ⓓについて，この時のアメリカ大統領名を答えよ。

(5)　下線部ⓔに関して，この条約の内容に不満を持った日本の労働
　　者らは集会を開き，やがて暴動に発展したことが知られている。
　　その暴動の名称を答えよ。

(6)　この戦争後，日本とアメリカ間の関係は悪化していったのに対
　　し，日本とロシアは接近していった。その理由を説明せよ。

4　次の(1)から(4)の問いに答えよ。

(1)　縄文時代から弥生時代にかけて，埋葬方法は変化した。その変
　　化について，次の語を用いて説明せよ。なお，解答にあたっては，
　　指定した語に下線を付すこと。

〔　身分　〕

(2)　足利義満が全国統一政権としての幕府を確立した経緯について，朝廷との関係に触れながら次の語を用いて説明せよ。なお，解答にあたっては，指定した語に下線を付すこと。

〔　段銭　〕

(3)　徳川吉宗と田沼意次の財政再建策の特徴について，具体的な方法を明らかにし，それぞれ説明せよ。

(4)　次の【グラフ】は，1870年から1925年における日本の銅の生産量と輸出量の推移を示したものである。大戦景気の時期にみられる【グラフ】の特徴を，【資料1】【資料2】を踏まえ，大戦景気の時期以降の人々の生活の変化と関連付けて説明せよ。

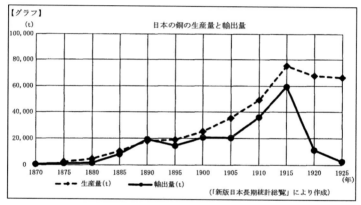

【グラフ】
日本の銅の生産量と輸出量
(「新版日本長期統計総覧」により作成)

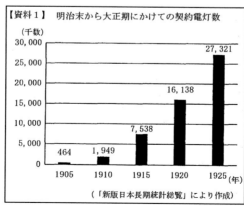

【資料1】　明治末から大正期にかけての契約電灯数
(「新版日本長期統計総覧」により作成)

【資料2】 生活改善展覧会出品ポスター

明るい　　　　　暗い

（国立科学博物館縮刷理工電子資料館ホームページにより作成）

| 2024年度 | 栃木県 | 難易度 ■■■■□ |

【4】 次の(1)～(4)に答えなさい。

(1) 次の文を読んで，以下の①～③に答えなさい。

> 　中大兄皇子は667年に都を（　A　）宮に移し，翌年即位して天智天皇となり，670年には最初の戸籍である庚午年籍を作成した。天智天皇が亡くなると，翌672年に天智天皇の子で近江朝廷を率いる（　B　）皇子と天智天皇の弟大海人皇子との間で _a皇位継承を巡る戦いが起きた。大海人皇子は東国の美濃に移り，東国豪族たちの軍事動員に成功してこの戦いに勝利し，翌年_b飛鳥浄御原宮で（　C　）天皇として即位した。

① 文章中の空欄A～Cに適する語句を書きなさい。

② 下線部aを何というか，戦いの名称を書きなさい。

③ 下線部bがあった場所を次の地図中のア～エから1つ選び，その記号を書きなさい。なお，地図中の点線は現在の県境を示している。

地図

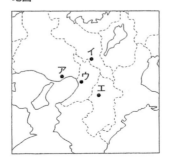

(2)　次の資料を読んで，以下の①〜③に答えなさい。

資料

> 去々年の兵乱以後，諸国の庄園郷保に補せらるる所の地頭，沙汰の条々
>
> 一，得分の事
>
> 　右，宣旨の状の如くば，仮令，田畠各拾一町の内，十町は領家国司の分，一丁(町)は地頭の分，広博狭小を嫌はず，この率法を以て免給の上，加徴は段別に五升を充て行はるべしと云々。…
>
> 　　　　　　　　　　※貞応二年七月六日　前陸奥守判
>
> 　　　　　　　　　　　　　　　　　　　相模守殿
>
> 　　　　　　　　　　　　　　　　　　　（『新編追加』）
>
> ※　　1223年

①　下線部の兵乱とは何か，書きなさい。

②　この資料について述べた文として適切なものを次のア〜エから1つ選び，その記号を書きなさい。

　　ア　資料中にある宣旨とは征夷大将軍から御家人に出された指示書である。

　　イ　資料によれば，地頭は田地の11町ごとに1町の給田が認められた。

　　ウ　資料によれば，給田の割合は土地の広さによって変化した。

　　エ　この資料は分国法の一部であり，武士の先例と道理が重んじられた内容になっている。

③　次のア〜エの出来事を古い順に並べ替えなさい。

　　ア　六波羅探題の設置　　イ　比企氏の乱　　ウ　弘安の役

　　エ　永仁の徳政令

(3)　江戸時代の農業について，次の①〜③に答えなさい。

①　江戸時代の農民の暮らしについて述べた文として適切なものを次のア〜エから1つ選び，その記号を書きなさい。

　　ア　村を運営する村方三役は，村の本百姓と水呑百姓により組織された。

イ　本百姓は田畑・屋敷に対して課せられる，本年貢と呼ばれる国役を米で納めた。

ウ　商品作物が発達した村では，刈敷や草木灰などが金肥として普及した。

エ　多くの農民は，衣服は麻や木綿の筒袖が普通で，日常の主食は雑穀が中心であった。

② 農村復興政策である旧里帰農令について，その内容を説明しなさい。

③ 性学を説き，先祖株組合を組織させて農業経営の安定を図った農民指導者は誰か，人物名を書きなさい。

(4)　次の表は，第一次農地改革と第二次農地改革についてまとめたものである。このことに関連して，以下の①，②に答えなさい。

表

	第一次農地改革（案）	第二次農地改革
内閣	幣原喜重郎内閣	第一次吉田茂内閣
不在地主	小作地保有を認めず	小作地保有を認めず
在村地主	隣接市町村在住者を含める	農地のある市町村に在住する者
小作地保有制限	5町歩内（ア）	内地1町歩（北海道5町歩）
農地委員会	地主・自作・小作　各5人（ウ）	地主3人・自作2人（エ）・小作5人
小作料	金納（物納も可）	金納

① 表中のア〜エの数値について，誤っているものを1つ選び，その記号と正しい数値を書きなさい。

② 戦後の農業について述べた文として誤っているものを次のア〜エから1つ選び，その記号を書きなさい。

ア　戦後の食糧不足は深刻であり，米配給も遅れたため，闇市では白米が公定価格の100倍以上で売買された。

イ　農地改革により，自作農経営が戦前に比べて大幅に増え，寄生地主制は崩壊した。

ウ　兼業農家が増えたため，高齢者や主婦が農家の主体となり，1970年には「三ちゃん農業」という言葉が生まれた。

エ　減反政策により米の供給量が減少したため，1961年に食料需要調整のための農業基本法が制定された。

┃2024年度┃青森県┃難易度

【5】次の1・2の問いに答えなさい。

1　次の(1)～(3)の問いに答えなさい。

(1)　藤原氏北家の発展に関して述べた次の文X・Yについて，その正誤の組み合わせとして正しいものを，以下のa～dから一つ選びなさい。

　　X　幼少の清和天皇を即位させた藤原良房は摂政になり，応天門の変がおこると伴健岑・橘逸勢ら他氏を没落させた。

　　Y　菅原道真は藤原時平の策謀によって大宰府に追放され死去すると，道真は怨霊として恐れられ，これを鎮めるため京都に北野天満宮(北野神社)がつくられた。

　　a　X－正　　　Y－正　　　b　X－正　　　Y－誤
　　c　X－誤　　　Y－正　　　d　X－誤　　　Y－誤

(2)　10世紀に我が国でおこったできごととして正しいものを，次のa～dから一つ選びなさい。

　　a　後三条天皇が延久の荘園整理令を出した。

　　b　源頼信が平忠常の乱を鎮圧して，源氏の東国進出のきっかけをつくった。

　　c　称徳天皇が宇佐神宮の神託によって道鏡に皇位をゆずろうとする事件がおこった。

　　d　尾張国では，郡司や有力農民が受領である藤原元命の暴政を訴えた。

(3)　次の図はある寺院の境内を示したものである。図中のXで示した金堂に安置されている仏像として正しいものを，以下のa～dから一つ選びなさい。

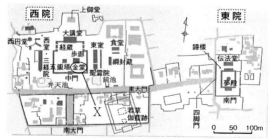

（『詳説日本史図録（第7版)』より）

a

b

c

d

2　次の(1)～(4)の問いに答えなさい。

(1)　江戸幕府が，参勤交代の江戸在府期間の半減を代償に実施した政策について述べた文として正しいものを，次のa～dから一つ選びなさい。

　　a　金銭貸借訴訟を幕府に訴えさせず，当事者間で解決させることとした。

　　b　大名・旗本に替地を与え，江戸・大坂周辺の土地を幕府直轄地とすることを図った。

　　c　諸大名に，石高1万石について100石を臨時に上納させた。

　　d　各地に社倉・義倉を設けさせ，米穀を貯蔵させた。

(2)　元禄文化に関する人物について述べた文として正しいものを，次のa～dから一つ選びなさい。

　　a　彼は，大首絵の手法を駆使して，個性豊かな役者絵・相撲絵

224

を描いた。

b 彼は，江戸の遊里を描いた作品などで人気を博したが，松平定信によって処罰された。

c 彼は，文章主体の小説で歴史や伝説を題材にし，安房国里見家の八犬士による主家再興の作品を描いて評判となった。

d 彼は，京都の町衆出身の人物の装飾的な画法を取り入れて一派をおこし，白梅と紅梅を左右に配し，その間に水流を図案的に配した屏風などの作品を残した。

(3) 江戸時代に我が国でおこった一揆に関して述べた次の文Ⅰ～Ⅲについて，年代の古いものから順に正しく並べたものを，以下のa～dから一つ選びなさい。

　Ⅰ 全村民が参加する惣百姓一揆がおこるようになり，陸奥でおこった元文一揆のように藩領全域におよぶ全藩一揆もおこった。

　Ⅱ 物価高騰などを背景におこった武州一揆のように，世直しをとなえる百姓一揆がおこった。

　Ⅲ のちに義民として伝説化された下総の佐倉惣五郎のように，村の代表者が百姓全体の要求をまとめて領主に直訴する代表越訴型一揆がおこった。

　a Ⅲ → Ⅱ → Ⅰ

　b Ⅲ → Ⅰ → Ⅱ

　c Ⅱ → Ⅰ → Ⅲ

　d Ⅰ → Ⅱ → Ⅲ

(4) 我が国の近世における対外関係に関して述べた次の文X・Yと，それに該当する地図上の位置ア～エとの組み合わせとして正しいものを，下のa～dから一つ選びなさい。

　X 1613年にイギリスは，幕府から貿易の許可を得て，この場所に商館を開いた。

　Y この場所には，朝鮮との貿易を独占するとともに，朝鮮との外交業務を幕府にかわって行った藩の藩庁が置かれた。

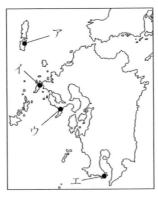

a　X－イ　Y－エ　　b　X－イ　Y－ア
c　X－ウ　Y－ア　　d　X－ウ　Y－エ

| 2024年度 | 高知県 | 難易度 |

【6】次の＜Ⅰ＞〜＜Ⅳ＞の文章を読んで，以下の(1)〜(8)の問題に答えなさい。

＜Ⅰ＞　8世紀の初めは，皇族や中央の有力貴族間で勢力が比較的均衡に保たれる中，藤原不比等を中心に律令制度の確立がはかられた。(1)藤原不比等は，娘の宮子を文武天皇に嫁がせ，その子の皇太子(のちの聖武天皇)にも娘の(2)(　ア　)を嫁がせて，天皇家と密接な関係を築いた。

＜Ⅱ＞　南北朝の動乱も，足利義満が3代将軍になる頃にはしだいにおさまり，(3)室町幕府はようやく安定の時を迎えた。(4)足利義満は1392年，南朝側と交渉して南北朝の合体を実現し，内乱に終止符を打つことに成功した。

＜Ⅲ＞　1841年，12代将軍徳川家慶のもとで老中水野忠邦を中心に(5)天保の改革が行われた。物価騰貴の原因は(6)(　イ　)による商品流通の独占にあると判断して，(　イ　)の解散を命じた。また，物価騰貴は，旗本・御家人の生活も圧迫したので，幕府は(6)(　ウ　)を出し，あわせて札差などに低利の貸し出しを命じた。

＜Ⅳ＞ (7)<u>浜口雄幸内閣</u>は協調外交の方針を復活させ，ふたたび (8)<u>（　エ　）</u>を外相に起用した。軍縮の方針に従って，1930年，補助艦の保有量を取り決めるロンドン海軍軍縮条約の調印に踏み切った。これに対して，野党の立憲政友会・海軍軍令部・右翼などは (8)<u>（　オ　）</u>であると激しく攻撃した。

(1)　藤原不比等以降の時代の出来事について，次の事項を古いものから順に並び替えなさい。

① 長屋王の変　　② 恵美押勝(藤原仲麻呂)の乱

③ 藤原広嗣の乱

(2)　文中の(　ア　)に入る最も適当な人物を答えなさい。

(3)　室町幕府の組織等について，将軍を補佐する中心的な職を次の中から1つ選び，番号で答えなさい。

① 執権　　② 鎌倉公方　　③ 管領　　④ 土倉役

(4)　足利義満の保護を受け，芸術性の高い猿楽能を完成した人物を次の中から1つ選び，番号で答えなさい。

① 市川団十郎　　② 雪舟　　③ 出雲阿国　　④ 世阿弥

(5)　この改革の前，1837年にアメリカ商船が浦賀沖に接近し，日本人漂流民を送還して交易を図ろうとしたが，幕府は異国船打払令にもとづいて撃退する事件が起こった。この事件を次の中から1つ選び，番号で答えなさい。

① フェートン号事件　　② モリソン号事件

③ ゴローウニン事件　　④ サン＝フェリペ号事件

(6)　文中の(　イ　)・(　ウ　)に入る最も適当な語句の組合せとして正しいものを次の中から1つ選び，番号で答えなさい。

① イ　株仲間　　ウ　棄捐令　　② イ　株仲間　　ウ　上知令

③ イ　座　　　ウ　棄捐令　　④ イ　座　　　ウ　上知令

(7)　浜口雄幸内閣の財政政策・経済状況について述べた2つの文の正誤の組合せとして正しいものを次の中から1つ選び，番号で答えなさい。

あ　積極財政を行って物価の引上げを図り，産業の合理化を促進し

て国際競争力の強化を目指した。

い　金解禁を実施した頃，世界恐慌が起こったため，解禁による不況とあわせて二重の打撃を受けた。

① あ：正　い：正　　② あ：正　い：誤

③ あ：誤　い：正　　④ あ：誤　い：誤

(8)　文中の（　エ　）・（　オ　）に入る最も適当な人物と語句の組合せとして正しいものを次の中から1つ選び，番号で答えなさい。

① エ　若槻礼次郎　　オ　閥族打破

② エ　若槻礼次郎　　オ　統帥権の干犯

③ エ　幣原喜重郎　　オ　閥族打破

④ エ　幣原喜重郎　　オ　統帥権の干犯

┃ 2024年度 ┃ 名古屋市 ┃ 難易度 ■■■□□

【7】次の会話文を読み，(1)～(5)の問いに答えなさい。

先　生：中世とは，どのような時代だったと思いますか。

浜太郎：武士が活躍した時代というイメージがあります。

先　生：鎌倉幕府の成立による支配秩序の変容から，そのようなイメージがあると思います。9世紀末から10世紀にかけて地方政治が大きく変化していく中で，土着した国司の子孫や地方豪族は，勢力を維持・拡大するために武装し，⒜各地で紛争が発生しました。これに対して，政府はその鎮圧のために中・下級貴族を派遣しました。その中には，そのまま在庁官人となって現地に残り，有力な武士となるものが現れました。

会津子：鎌倉幕府成立以前の院政期も武士は，活躍したのですか。

先　生：[資料Ⅰ]は，院政関係略系図です。　　ア　　天皇はときの摂政・関白を外戚としないこともあって，新たな政治を進めました。次の白河天皇は，父の　　ア　　天皇にならって親政を行いました。1086年に幼少の　　イ　　天皇に位をゆずると，自ら上皇として政治の実権を握り⒝院政の道を開きました。

先　生：白河上皇は人事権を握り，荘園整理の断行を歓迎する国司を支持勢力に取り込み，北面の武士を組織して院の権力を強化し「治天の君」として君臨しました。しかしながら，上皇で

日本史 ●

　　　　も意のままにならないものがあったと嘆いたとされるものを
　　　　示したのが，[史料Ⅱ]です。
中次郎：[史料Ⅲ]は，史料中の「所領」や「公田」などのことばから
　　　　土地に関する史料だと思います。この史料を読み解くことで，
　　　　この時代の理解が深まるように思います。
会津子：[資料Ⅰ]において，即位順序の12番目にいる後鳥羽上皇は中
　　　　学校までに学びました。1221年にⒸ承久の乱を起こした中心
　　　　人物ですね。
先　生：そうですね。朝廷では，幕府の成立と勢力拡大に直面して，
　　　　政治の立て直しが行われました。その中心にあったのが後鳥
　　　　羽上皇です。上皇は，新たに軍事力の増強を図るなどして院
　　　　政を強化し，朝廷の勢力を挽回する動きを強めました。

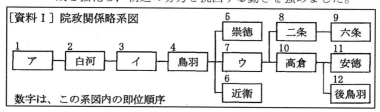

[資料Ⅰ] 院政関係略系図

数字は、この系図内の即位順序

[史料Ⅱ]
白河の院は，賀茂川の水，双六の賽，⒟山法師，是れぞ朕が心に
随はぬ者と，常に仰せの有りけるとぞ申し伝へたる。
　　　　　　　　　　　　　　　　　　　　　　　　（『源平盛衰記』）

[史料Ⅲ]
コノ　ア　位ノ御時，……延久ノ　エ　トテハジメテヲカレ
タリケルハ，諸国七道ノ所領ノ宣旨・官符モナクテ公田ヲカス
ムル事，一天四海ノ巨害ナリトキコシメシツメテアリケルハ，
スナハチ宇治殿ノ時，一ノ所ノ御領御領トノミ云テ，庄園諸国
ニミチテ受領ノツトメタヘガタシナド云ヲ，キコシメシモチタ
リケルニコソ。　　　　　　　　　　　　　　　　　（⒠『愚管抄』）

(1)　文中及び[資料Ⅰ]・[史料Ⅲ]中の　ア　，　イ　に当てはまる
　ことばを書きなさい。

(2) 下線部@に関して，10世紀から12世紀に起きた紛争について述べた文として適当でないものを，次のa〜dから一つ選び，その記号を書きなさい。

a 939年，前伊予掾の藤原純友は，瀬戸内海の海賊を率いて瀬戸内海の諸国や大宰府を攻撃したが，平貞盛や藤原秀郷らによって平定された。

b 1028年，房総半島で平忠常の乱がおこると，源頼信がこれを鎮めて東国に影響力をもつようになった。

c 1051年，陸奥で安倍頼時・貞任が反乱をおこすと，源頼義・義家親子は東国の武士をひきい，出羽の豪族清原氏の助けを得て，これを平定した。

d 1159年，院政を主導する藤原通憲(信西)に対して，藤原信頼が源義朝と結んで挙兵した。そして藤原通憲を自殺させて内裏を占領したが，平清盛によって鎮圧された。

(3) 下線部ⓑに関して，次の①，②の問いに答えなさい。

① 院が政治の主導権を握ると天皇家の荘園群が形成された。そのうち，[資料Ⅰ]中の　ウ　上皇が持仏堂に寄進した荘園群を何というか。書きなさい。

② 院政期には，有力寺院は下級僧侶を中心に僧兵として組織し，朝廷に強訴した。[史料Ⅱ]中の下線部ⓓは，ある寺院の僧兵をさす。その寺院名を書きなさい。

(4) 下線部ⓒに関して，この乱の結果，朝廷と幕府の関係はどのように変化したのか。次のことばを用いて説明しなさい。

二元的支配

(5) [史料Ⅲ]に関して，次の①，②の問いに答えなさい。

① [史料Ⅲ]中の　エ　には，このとき，中央(太政官)に設けられたある役所が入る。役所名を明らかにしながら，これが設けられた目的とその結果を簡潔に述べなさい。

② 下線部ⓔについて，これは承久の乱を前にして倒幕計画をいさめるねらいから著された。これを著した天台座主の要職にもあった人物は誰か。書きなさい。

【8】絵画作品(ア)～(ウ)とその解説(a)～(c)の組合せとして最も適切なものを，あとの①～⑥の中から一つ選べ。

（イ）

（ア）

（ウ）

(a) 鎌倉時代の僧一遍の生涯を描いた絵巻である。弟子の聖戒が編んだものに，円伊が絵を描いたもので，神奈川県の清浄光寺に伝わる。

(b) 12世紀に制作された絵巻である。僧命蓮の奇跡を描き，毘沙門天の功徳を説いたもので，奈良県の信貴山朝護孫子寺に伝わる。

(c) 奈良時代の中期以降に書写されたものである。釈迦が祇園精舎にとどまっていた時に過去に種えた因と現在の果とを説いた物語を描いたもので，原本は中国から輸入したものと推定される。

① （ア）＝(a)　　（イ）＝(b)　　（ウ）＝(c)
② （ア）＝(a)　　（イ）＝(c)　　（ウ）＝(b)
③ （ア）＝(b)　　（イ）＝(a)　　（ウ）＝(c)
④ （ア）＝(b)　　（イ）＝(c)　　（ウ）＝(a)
⑤ （ア）＝(c)　　（イ）＝(a)　　（ウ）＝(b)
⑥ （ア）＝(c)　　（イ）＝(b)　　（ウ）＝(a)

2024年度 ┃ 岐阜県 ┃ 難易度

【9】 近世について，次の(1)〜(4)の各問いに答えよ。

(1) 江戸幕府の職制について，次の文章を読み，以下のア〜エの各問いに答えよ。

> 　江戸幕府の職制は，3代将軍①徳川家光の頃までに整備された。幕政全般を統括する最高職は②大老であるが，常置ではなく臨時の職であった。江戸時代の初期には年寄とよばれていた将軍の重臣が，やがて（　a　）とよばれるようになり，常置の役職として全国統治の諸政務を統括した。重要事項は評定所で（　a　）と三奉行らが合議して裁決した。三奉行とは，将軍直属で譜代大名から選任される（　b　），旗本から選ばれて幕領の租税徴収や訴訟を担う③勘定奉行，旗本から選ばれて江戸府内の行政・司法・警察を担う町奉行をいう。
>
> 　地方の主な職制としては，（　c　）に朝廷および西国大名を監視させ，重要都市には城代や町奉行をおいた。幕領には，関東・飛彈・美濃などに郡代を，それ以外には代官を設置して民政を担当させた。郡代も代官も勘定奉行に従う役職であった。

ア　（　a　）〜（　c　）に入る適切な語句をそれぞれ答えよ。

イ　下線部①の在職中のできごとでないものを，次の1〜4から一つ選び，記号で答えよ。

1　島原の乱

2　田畑永代売買の禁止令の発布

3　分地制限令の発布

4　参勤交代の制度化

ウ　下線部②に関連して，将軍徳川綱吉の時代のはじめに大老として将軍を補佐したが，のちに暗殺された人物は誰か。次の1〜4から一つ選び，記号で答えよ。

1　間部詮房　　2　柳沢吉保　　3　大岡忠相　　4　堀田正俊

エ　下線部③に関連して，将軍徳川綱吉の時代の勘定吟味役荻原重秀(後に勘定奉行)が行った貨幣改鋳について，その背景，目的，経過及び結果を説明せよ。

(2)　近世の主要な災害・飢饉に関する資料1について，次のア～ウの各問いに答えよ。

　ア　（　a　），（　b　）に入る適切な語句をそれぞれ答えよ。

　イ　下線部①の後に政権を担った松平定信が飢饉対策を含めて行った農村の復興政策について説明せよ。

　ウ　下線部②の中の1837年に起こった大塩の乱は半日で鎮圧されたが，幕府や諸藩に大きな衝撃を与えたのはなぜか。その理由を説明せよ。

　資料1

年	主なできごと
1657	明暦の大火
1707	富士山の大噴火
1732	西日本を中心とする（　a　）の飢饉
1782～87	①天明の飢饉
1783	（　b　）の大噴火
1833～39	②天保の飢饉

(3)　近世の著作について，次のA～Cの説明に該当する著作名を以下の1～4から，著者名を以下の5～8から一つずつ選び，それぞれ記号で答えよ。

　A　8代将軍徳川吉宗の諮問に答えて幕政改革を提案した著作

　B　開国交易・属島開発などにより国を経営し富を増す政策を説いた著作

　C　万人が直接耕作する世を理想とし，封建社会や身分制度を厳しく批判した著作

　　1　慎機論　　　2　経世秘策　　3　自然真営道
　　4　政談　　　　5　荻生徂徠　　6　本多利明
　　7　安藤昌益　　8　渡辺崋山

(4) 資料2の絵画と資料2の工芸品の，作者をそれぞれ答えよ。

資料2

資料3

| 2024年度 | 山口県 | 難易度 ■■■□□

【10】江戸時代の外交政策を考える授業での生徒の会話文を読み，以下の各問いに答えなさい。

清吾さん：江戸時代初期の日本人の海外進出は，a豊臣政権期に引き続き盛んだったらしいね。

桃佳さん：それ，前回の授業で調べたよ。朱印船貿易が盛んになると，海外に移住する日本人が増えて日本町がつくられたそうだよ。移住した日本人の中には，　X　の王室に重く用いられた山田長政のような人もいたんだね。

私の仮説だけど，この時代すでにグローバル化が進んでいたのではないかな？

清吾さん：なるほど。朱印船貿易のことを調べるだけでも江戸時代の初期はかなり日本人の海外進出が盛んだったことが分かるね。

でも，それがなぜ制限をかけられるようになったのだろう？

桃佳さん：なぜだろうね？今の私たちからすれば海外との関係は保ったまま発展させればよかったのにと思うけど…。　Y　のに対して幕府は鎖国体制を守ると返書しているよね。

清吾さん：じゃあ今日は，その問いを深める時間にしようかな。

授業前にAIのチャットを使って「江戸時代の外交政策について教えて！」って聞いたら以下の回答がきたよ。

【AIのチャットの回答】

> 江戸時代の外交政策は，b鎖国体制を取り外交関係は限られた国や地域のみでした。c幕府は，外交や貿易に関する政策を決め，諸大名に対しては武家諸法度を出すことで統制しました。
>
> 唯一の海外との窓口となった長崎では，オランダ，中国との貿易が行われました。d中国とは朝貢貿易を行い，オランダとは長崎にあるオランダ商館での貿易が許可されました。また，e朝鮮とは，通信使を送り交流を維持しました。
>
> 一方でイギリスやアメリカなどの西洋諸国とは，鎖国政策に基づき交流を拒否し，西洋文化や宗教の流入を防ぎました。しかし，19世紀に入ると西洋諸国の圧力が高まり，1853年にアメリカのペリー提督が来航し，f日米和親条約を締結することで鎖国政策が崩壊することになりました。

桃佳さん：AIのチャット！使ってみたいと思っていた！
　　　　　でも，教科書と比較すると修正しなければいけない内容や表現もあるから，そこを調べながら学習を進めると逆に理解が進むかもね。

(1)　下線部aについて，豊臣政権が確立するまでの過程についての記述として誤っているものを，次の選択肢から1つ選び，記号で答えなさい。

ア　豊臣秀吉は，織田信長の最有力家臣だった柴田勝家を賤ケ岳の戦いで破った。

イ　豊臣秀吉は，織田信雄や徳川家康と小牧・長久手の戦いで対戦したが，信雄と講和して臣従させた。

ウ　豊臣秀吉は，京都に築いた聚楽第に後水尾天皇を招き，諸大名を集めて政権への忠誠を誓わせた。

エ　豊臣秀吉は，小田原の北条氏が領地問題で秀吉の裁定に違反したことを咎め，諸大名を動員して攻め滅ぼした。

(2)　次の資料・史料は，清吾さんたちが江戸時代以降の外交を調べて考える中で参考にしたものである。これらを踏まえたうえで，会話文中の空欄に入る語句と文の組合せとして最も適当なものを，後の

235

選択肢から1つ選び，記号で答えなさい。

資料

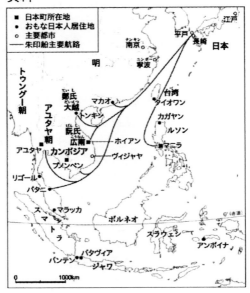

史料

> 謹みて古今の時勢を通考するに天下の民は速に相親むものに
> して，其勢は人力のよく防ぐ所に非ず。蒸気船を創製せるに
> より，以来各国相距ること遠て，なほ近きに異らず。斯の如
> く互に好を通ずる時に当て，国を鎖して，万国と相親ざる国
> は，多数の国と敵視するに至るべし。貴国歴代の法に異国人
> と交を結ぶことを厳禁し給ひしは，欧羅巴州にて遍く知る処
> なり。
>
> (中略)
> 是れ殿下に丁寧に忠告する処なり。

『通航一覧続輯』

ア　X－トゥングー朝
　　Y－幕末にアメリカのフィルモア大統領の国書を提出して開国
　　を求めた

236

イ　X－トゥングー朝

　　Y－幕末にオランダ国王が平和維持のために諸外国との通商関係を築くように勧告した

ウ　X－アユタヤ朝

　　Y－幕末にオランダ国王が平和維持のために開国することを勧告した

エ　X－アユタヤ朝

　　Y－幕末にアメリカのフィルモア大統領の国書を提出して開国を求めた

(3)　下線部bについて，清吾さんたちが調べたところ貿易や海外との関係についての史料として次のⅠ～Ⅲを見つけた。これらの史料を西暦の早い方から並べたものとして最も適当なものを，以下の選択肢から1つ選び，記号で答えなさい。

Ⅰ　阿蘭陀人商売の法，凡そ一年の船数弐艘，凡て銀高三千貫目限り，其の内銅百五拾万斤を渡すべき事。

Ⅱ　異国船ニつみ来り候白糸，直段を立て候て，残らず五ケ所へ割符仕るべきの事。

Ⅲ　文化三年異国船渡来の節取計方の儀に付仰せ出され候趣，相復し候様仰せ出され候間，…

　　ア　Ⅰ→Ⅱ→Ⅲ　　　イ　Ⅰ→Ⅲ→Ⅱ　　　ウ　Ⅱ→Ⅰ→Ⅲ
　　エ　Ⅱ→Ⅲ→Ⅰ　　　オ　Ⅲ→Ⅰ→Ⅱ　　　カ　Ⅲ→Ⅱ→Ⅰ

(4)　清吾さんたちは，AIのチャットの回答に間違った内容などがあることに気づき，下線部c～eに関する修正カードを作成した。この修正カードの組合せとして最も適当なものを次の選択肢から1つ選び，記号で答えなさい。

修正したカード

選択肢	c	d	e
ア	幕府は，キリスト教禁圧の徹底に向け，人的交流を制限すること，および西国大名に貿易を奨励し貿易額に課税することで幕府の統制下におきました。	中国とは正式な国交回復を断念し，中国船との私貿易を長崎で行うことにしました。	朝鮮とは，対馬の宗氏を通じて講和を実現させ，1609年に己酉約条を結びました。
イ	幕府は，キリスト教禁圧の徹底に向け，人的交流を制限すること，および西国大名に貿易を奨励し貿易額に課税することで幕府の統制下におきました。	中国とは正式な国交を回復し，貿易を長崎で行うことにしました。	朝鮮とは，対馬の宗氏を通じて講和を実現させ，慶賀使が来日しました。
ウ	幕府は，キリスト教禁圧の徹底に向け，人的交流を制限すること，および西国大名が貿易で富強になることを恐れて，貿易を幕府の統制下におきました。	中国とは正式な国交回復を断念し，中国船との私貿易を長崎で行うことにしました。	朝鮮とは，対馬の宗氏を通じて講和を実現させ，1609年に己酉約条を結びました。
エ	幕府は，キリスト教禁圧の徹底に向け，人的交流を制限すること，および西国大名が貿易で富強になることを恐れて，貿易を幕府の統制下におきました。	中国とは正式な国交を回復し，貿易を長崎で行うことにしました。	朝鮮とは，対馬の宗氏を通じて講和を実現させ，慶賀使が来日しました。

(5) 下線部fに関連して，清吾さんたちは「なぜ，幕府は要求に屈する形で開国を受け入れたのか？」という問いを立て，次の資料を参考に考えた。清吾さんたちが使用した資料について述べた①・②の文とその後の日本に与えた影響A・Bの組合せとして最も適当なものを後の選択肢から1つ選び，記号で答えなさい。

資料

① 資料に見える蒸気船は，清国の船を攻撃するイギリスの軍艦である。

② 資料に見えるように清は，イギリスの軍艦を数で上回り勝利した。

A この戦争の結果を受けて，幕府は1842年に異国船打払令を緩和した。

B この戦争の結果を受けて，幕府は諸外国と通商条約を結んだ。

ア ①－A　　イ ①－B　　ウ ②－A　　エ ②－B

┃ 2024年度 ┃ 宮崎県 ┃ 難易度 ┃■■□□□

【11】近世から近代のジェンダー史に関するA～Eの史料や図について，下の1～8の問いに答えなさい。(史料は，一部省略したり，書き改めたりしたところもある。)

史料A　『和俗童子訓』　1710年刊

　　　婦人には三従の道あり。凡そ婦人は柔和にして人にしたがふを道とす。わが心にまかせて行ふべからず。故に三従の道と云ふ事あり。是れ亦女子に教ゆべし。父の家にありては父にしたがひ，夫の家にゆきては夫にしたがひ，夫死しては子にしたがふを三従といふ。

1 史料Aの著者である貝原益軒に関する説明として最も適切なものを，次のa～eから一つ選びなさい。

a 史料Aの著者は，『塵劫記』を著した和算の学者でもある。

b 史料Aの著者は，『群書類従』の編集・刊行を行った国学者でもある。

c 史料Aの著者は，心学を創始した人物としても知られている。

d 史料Aの著者は，『大和本草』を著した本草学者でもある。

e 史料Aの著者は，貞享暦をつくった天文学者としても知られている。

図B　離縁状　1845年

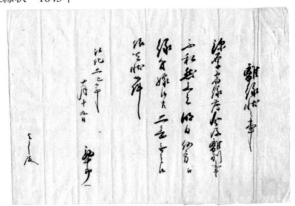

2　図Bの離縁状，および江戸時代の離縁について述べた文X～Zについて，その正誤の組み合わせとして最も適切なものを，以下のa～eから一つ選びなさい。

　X　図Bの離縁状の本文は3行半程度で記されており，これが江戸時代の離縁状の一般的な分量であった。

　Y　江戸時代において，離縁状には妻の再婚を認めないという旨の文言が記され，夫の妻に対する一方的な力関係が反映されていた。

　Z　女性から離縁を求める場合には，江戸の東慶寺，大坂の満徳寺といった都市部の縁切寺(駆込寺)といわれる寺院が仲裁に入った。

	X	Y	Z
a	正	正	正
b	正	正	誤
c	誤	正	正
d	誤	誤	正
e	正	誤	誤

史料C　岸田俊子　「函入娘」　1883年

　茲に試みに，古女子遺訓の説の弊害なき能はざるを挙ん，其の遺訓一々枚挙するに遑あらずと雖も，終生其の囲範となす者は，女子三従の道に過ざるなり(中略)女子を教育するに，唯徹頭徹尾，百事百物に従随すべくとのみ論す時は，其の女子，物の是非を弁じ，正邪を解するの智識は，何の点より養成し来るを得るや，必ず之をして放て無為無智の女子となさしむる外なき能はざるなり，此の

240

如き無為無智の女子，何ぞ人の母となりて有為有智の子を養育する
を得んや。

　女性民権運動家として知られる岸田俊子は，この「函入娘」と題
された演説において，（　あ　）として，「女子三従の道」の「遺訓」
を鋭く批判した。しかし，この演説は政治演説にあたるとして，
（　い　）違反とされ，岸田は罰金刑を受けた。

3　（　あ　）・（　い　）に当てはまる語句の組み合わせとして最も適切
　　なものを，次のa～dから一つ選びなさい。
　　a　あ－国家の方針や将来に関心を示さない無知な子女を養成するお
　　　　それがある
　　　　い－集会条例
　　b　あ－国家の方針や将来に関心を示さない無知な子女を養成するお
　　　　それがある
　　　　い－保安条例
　　c　あ－正否の判断もできない無知な女性では，有望で知恵ある子を
　　　　養成できない
　　　　い－集会条例
　　d　あ－正否の判断もできない無知な女性では，有望で知恵ある子を
　　　　養成できない
　　　　い－保安条例

4　岸田俊子は，同じく民権運動家で，のちに大阪事件で逮捕・投獄
　　される景山(福田)英子に影響を与えたといわれている。この大阪事
　　件の首謀者のひとりとして最も適切なものを，次のa～eから一つ選
　　びなさい。
　　a　星亨　　　b　河野広中　　　c　小室信夫　　　d　大井憲太郎
　　e　片岡健吉

史料D　工場法　1911年公布
　　第一条　本法ハ左ノ各号ノ一ニ該当スル工場ニ之ヲ適用ス
　　　一　常時(　う　)人以上ノ職工ヲ使用スルモノ
　　(中略)
　　第三条　工業主ハ十五歳未満ノ者及女子ヲシテ一日ニ付(　え　)時
　　　　間ヲ超エテ就業セシムルコトヲ得ス(後略)

241

　　工場法は，女性や年少者をはじめとする工場労働者を保護するため，1911年に公布された。しかし，（　お　）により，（　う　）人以上を使用する工場にしか適用されないなど不備も多く，また，法律の施行の時期も引き延ばされた。

5　（　う　）～（　お　）に当てはまる語句の組み合わせとして最も適切なものを，次のa～eから一つ選びなさい。ただし，（　　）の同じ記号には同じ語句が入るものとする。

	う	え	お
a	十五	十二	資本家たちの反対
b	十五	十四	資本家たちの反対
c	二十五	十二	労働者たちのストライキ
d	二十五	十四	労働者たちのストライキ
e	十五	十四	第一次世界大戦の勃発

6　次の出来事X～Zを古いものから順に正しく並べた最も適切なものを，以下のa～eから一つ選びなさい。

X　史料Dの工場法が施行された。

Y　大日本労働総同盟友愛会により，第一回メーデーが主催された。

Z　高野房太郎・片山潜たちによって労働組合期成会が結成された。

a　X → Y → Z　　b　X → Z → Y

c　Y → Z → X　　d　Y → X → Z

e　Z → X → Y

図E　『青鞜』創刊号表紙

7　図Eに関連して，この雑誌を発刊した文学団体の主な設立者である平塚らいてうの事績を述べた文として最も適切なものを，次のa～eから一つ選びなさい。

a　『にごりえ』などの文学作品で，女性の生きざまを描いた。

b　新婦人協会の設立に携わり，女性の地位の向上を求めた。

c　日本社会主義同盟に入り，女性解放運動を推進した。

d　日露戦争の際，戦争を批判する詩を『明星』に発表した。

e　女子英学塾を創設し，女子教育に力を注いだ。

8　この雑誌は1911年に発刊され，1916年に廃刊となる。この発刊から廃刊までの間に起きた出来事として誤っているものを，次のa〜eから一つ選びなさい。

a　シーメンス事件

b　二十一カ条要求提出

c　石井・ランシング協定締結

d　第一次護憲運動

e　上原勇作陸軍大臣の辞任

‖ 2024年度 ‖ 茨城県 ‖ 難易度 ▮▮▮▯▯

【12】次の各問に答えよ。

〔問1〕　次の史料1・2は，我が国が締結した条約の一部である。これらの資料に関する記述として適切なものは，以下の1〜4のうちのどれか。

史料1

> 第二条　今より後日本国と魯西亜国との境「エトロプ」島と「ウルップ」島との間に在るへし(中略)「カラフト」島に至りては日本国と魯西亜国との間に於て界を分たす是迄仕来の通たるへし
>
> 第三条　日本政府魯西亜船の為に箱館下田長崎の三港を開く今より後魯西亜船難破の修理を加へ薪水・食料・欠乏の品を給し石炭ある地に於ては又是を渡し金銀銭を以て報ひ若し金銀乏き時は品物にて償ふへし
>
> 第六条　若し止む事を得さる事ある時は魯西亜政府より箱館下田の内一港に官吏を差置へし
>
> 第八条　魯西亜人の日本国に在る日本人の魯西亜国に在る是を待つ事緩優にして禁錮する事なし然れ共若し法を犯すものあらは是を取押へ処置するに各其本国の法度を

以てすへし

第九条　両国近隣の故を以て日本国にて向後他国へ許す處の
　　　　諸件は同時に魯西亜人にも差免すへし

史料2

第二条　伊豆下田松前地箱館の両港は，日本政府ニ於て，亜
　　　　墨利加船薪水食料石炭欠乏の品を，日本にて調候丈は
　　　　給候為メ，渡来之儀差免し候，(中略)給すへき品物直段
　　　　書之儀は，日本役人より相渡し可申，右代料は，金銀
　　　　銭を以て可相弁候事，

第四条　漂着或は渡来の人民取扱之儀は，他国同様緩優に有
　　　　之，閉籠メ候儀致間敷，乍併正直の法度には服従いた
　　　　し候事，

第五条　合衆国の漂民其他の者とも，当分下田箱館逗留中，
　　　　長崎に於て，唐和蘭人同様閉籠メ窮屈の取扱無之，下
　　　　田港内の小島周り凡七里の内は，勝手に徘徊いたし，
　　　　箱館港之儀は，追て取極め候事，

第九条　日本政府外国人え当節亜墨利加人え不差免候廉相免
　　　　し候節は，亜墨利加人えも同様差免し可申，右に付談
　　　　判猶予不致候事，

第十一条　両国政府に於て無拠儀有之候模様ニより，合衆国
　　　　　官吏之もの下田に差置候儀も可有之，尤約定調印よ
　　　　　り十八ヶ月後ニ無之候ては不及其儀候事，

1　両条約とも，我が国との国境画定の規定が設けられており，こ
　れにより我が国は，両国との国境線を定めた。

2　両条約とも，領事駐在の規定があり，下田と箱館の両方に置く
　ことができるとされ，双務的な領事裁判権を認めていた。

3　両条約とも，片務的な最恵国待遇を認めていた。

4　両条約とも，薪水・食料・石炭・欠乏品を給与するため，下田
　と箱館及び長崎を開港することが規定された。

〔問2〕　次の史料は，ある条約の一部である。この条約が結ばれた時期

として適切なものは，以下の1〜4のうちのどれか。

史料

> 日本政府と大貌利太泥亜，仏蘭西，亜米利加合衆国，荷蘭，四箇国と取結ひ条約に添えたる交易規則第七則に定め置し通り其輸入輸出の運上目録を改むへき旨(中略)四箇国の名代人大坂に赴きし折日本政府より輸入輸出の諸品都て価五分の運上を基本とし右運上目録を猶予なく改むへき趣を約束し(中略)。

1　1856〜1858年　　　2　1859〜1861年　　　3　1862〜1864年
4　1865〜1867年

┃2024年度┃東京都┃難易度┃■■■□□

【13】江戸時代について，次の問いに答えよ。

(1)　江戸時代の朝幕関係に関する説明文AからCについて，その内容の正誤の組み合わせとして正しいものを，以下の①から⑥までの中から一つ選び，記号で答えよ。

A　後水尾天皇は徳川秀忠の娘和子を中宮としたが，紫衣事件をきっかけに，幕府の同意を求めずに突然譲位した。

B　朝廷は光格天皇の実父に太上天皇の尊号を宣下したいと幕府に同意を求めたが，老中松平定信に拒否された。

C　幕府が，公武合体政策のもと，孝明天皇の妹和宮を14代将軍徳川家茂の正室に迎えたが，これをきっかけとして尊王攘夷派による桜田門外の変が発生した。

① 　A－誤　　　B－誤　　　C－正
② 　A－正　　　B－正　　　C－誤
③ 　A－正　　　B－誤　　　C－正
④ 　A－正　　　B－誤　　　C－誤
⑤ 　A－誤　　　B－正　　　C－正
⑥ 　A－誤　　　B－正　　　C－誤

(2)　次の史料に関して述べた文aからdについて，その内容が正しいものの組み合わせを，あとの①から⑥までの中から一つ選び，記号で答えよ。

> 　今年ニ至て御切米等も相渡し難く，御仕置筋の御用も御手支の事ニ候。それニ付，御代々御沙汰之無き事ニ候得共，万石以上の面々より*八木差し上げ候様ニ仰せ付けらるべしと思召し，左候ハねば御家人の内数百人，御扶持召放さるべきより外は之無く候故，御恥辱を顧みられず仰せ出され候。高壱万石ニ付八木百石積り差し上げらるべく候。……之に依り，在江戸半年充御免成され候間，緩々休息いたし候様ニ仰せ出され候。
>
> 　　*八木＝米
>
> 　　　　　　　　　　　　　　　　　　　　（『御触書寛保集成』）

a　この法令は旗本・御家人に対して出されたものである。

b　この法令は一般に上知令と呼ばれている。

c　この法令が出された頃，幕府では検見法に代わって定免法が広く採用され，年貢率の引き上げがはかられた。

d　この法令には，参勤交代の負担をゆるめることが盛り込まれている。

① a・b　　② a・c　　③ a・d　　④ b・d　　⑤ b・c
⑥ c・d

(3)　18世紀半ばから19世紀半ばにかけての対外関係に関する文AからEについて，年代が古い順に並んでいるものの組み合わせとして正しいものを，以下の①から⑥までの中から一つ選び，記号で答えよ。

A　ロシアの使節プチャーチンが長崎に来航し，条約締結による開国と国境の画定を要求した。

B　アリューシャン列島に漂着した大黒屋光太夫が，ロシアの首都ペテルブルクで女帝エカチェリーナ2世に謁見した。

C　ロシアの使節レザノフが長崎に来航し，通商を求めたが，幕府に追い返されたため，ロシア船は樺太や択捉島を攻撃した。

D　国後島で日本側に捕らえられたロシアの軍艦長ゴローウニンとその報復でロシア側に抑留された高田屋嘉兵衛との交換・釈放が実現した。

E　ロシアの使節ラクスマンが根室に来航し，通商を求めた。

①	E	→	B	→	C	→	A	→	D
②	B	→	C	→	D	→	E	→	A
③	E	→	C	→	D	→	A	→	B
④	B	→	E	→	C	→	D	→	A
⑤	E	→	D	→	A	→	B	→	C
⑥	B	→	D	→	E	→	A	→	C

∥ 2024年度 ∥ 沖縄県 ∥ 難易度 ▮▮▮▮▯

【14】文章A～Cをそれぞれ読み，以下の各問いに答えよ。

A

　①1880年代前半の松方財政による深刻な不況は，1886年ごろからしだいに回復し，紡績や製糸業などの工業が発展した。1883年に操業を開始した②大阪紡績会社が輸入の紡績機械を導入し，これまでにない規模の工場で生産を行って，業績をあげると，次々に大規模な紡績会社が生まれた。欧米向け輸出産業として急速に発展した製糸業も，③日清戦争が勃発した1894年に器械製糸による生糸の生産量が従来の座繰製糸を上まわって，輸出も増大した。

問1　下線部①の政策X・Yと結果a・bの組み合わせとして正しいものを以下のア～エの中から1つ選び，記号で答えよ。

　政策

　X　米価の上昇を図った。

　Y　官営事業の整理を図った。

　結果

　a　地租の負担が実質的に増えた。

　b　実質的に金本位制の国となった。

　ア　X－a　　イ　X－b　　ウ　Y－a　　エ　Y－b

問2　下線部②について，蒸気機関と輸入機械による大規模操業で成功した大阪紡績会社を開業した人物は誰か，答えよ。

問3　下線部③に関連して，1890年代の出来事について述べた次の文Ⅰ～Ⅲについて，古いものから年代順に正しく配列したものを以下のア～カの中から1つ選び，記号で答えよ。

　Ⅰ　朝鮮半島では親露政権が成立し，国号が大韓帝国に改められた。

Ⅱ　領事裁判権の撤廃などを内容とする日英通商航海条約が締結された。

Ⅲ　訪日中のロシア皇太子が，警備中の巡査によって切りつけられた。

ア　Ⅰ－Ⅱ－Ⅲ　　イ　Ⅰ－Ⅲ－Ⅱ　　ウ　Ⅱ－Ⅰ－Ⅲ

エ　Ⅱ－Ⅲ－Ⅰ　　オ　Ⅲ－Ⅰ－Ⅱ　　カ　Ⅲ－Ⅱ－Ⅰ

B

　日本の重化学工業は，④1914年から始まった第一次世界大戦中に成長した。大戦で世界的に船舶が不足する中，日本の海運業と造船業は急速に成長し，いわゆる大戦景気を迎えた。しかし，⑤1920年代の日本はたびたび経済危機におそわれた。企業倒産による景気悪化を防ぐため，政府は財政支出の拡大や日本銀行を通じた緊急融資などで対応したものの，それは日本経済の根本的な改善にはつながらなかった。

　そのような状況を打破するため，1929年に成立した立憲民政党の浜口雄幸内閣は，⑥金輸出解禁(金解禁)を実施したが，深刻な恐慌状態におちいった。

問4　下線部④に関連して，1910年代の社会を描いたものとして正しいものを次の中から1つ選び，記号で答えよ。

ア

イ

写真の出典は『日本史探究』（東京書籍）及び『図説日本史通覧』（帝国書院）

問5　下線部⑤に関して，田中義一内閣は金融機関の破綻を防ぐために3週間，銀行の支払いを一時停止する法令を発して金融恐慌を鎮静化させた。この法令を何というか，答えよ。

問6　下線部⑥について述べた文X・Yの正誤の組み合わせとして正しいものを以下のア～エの中から1つ選び，記号で答えよ。

X　金輸出解禁(金解禁)を実施した時の大蔵大臣は高橋是清であった。

Y　金輸出解禁(金解禁)は産業合理化を進めることを目的の一つとした。

ア　X－正　Y－正　　イ　X－正　Y－誤

ウ　X－誤　Y－正　　エ　X－誤　Y－誤

C

　太平洋戦争によって国民の生活は徹底的に破壊された。極度の物不足に加えて，終戦処理などで通貨が増発されたことによって，⑦インフレーションが発生した。GHQが1948年に経済安定九原則の実行を指令したことによってインフレーションは収束したが，不況が深刻化し，中小企業の倒産も相次いだ。

　しかし，⑧1950年代には朝鮮戦争により武器や弾薬の製造，自動車や機械の修理などアメリカ軍による特需が発生し，翌年には工業生産・実質国民総生産・実質個人消費などが戦前の水準を回復した。

問7　下線部⑦を抑制するために実施された施策について述べた次の

文Ⅰ〜Ⅲについて，古いものから年代順に正しく配列したものを以下のア〜カの中から1つ選び，記号で答えよ。

Ⅰ　預金を封鎖して旧円の流通を禁止し，新円の引き出しを制限した。

Ⅱ　資材と資金を石炭や鉄鋼などの重要産業部門に集中することを閣議決定した。

Ⅲ　赤字を許さない均衡予算を編成し，財政支出を削減した。

ア　Ⅰ−Ⅱ−Ⅲ　　イ　Ⅰ−Ⅲ−Ⅱ　　ウ　Ⅱ−Ⅰ−Ⅲ

エ　Ⅱ−Ⅲ−Ⅰ　　オ　Ⅲ−Ⅰ−Ⅱ　　カ　Ⅲ−Ⅱ−Ⅰ

問8　下線部⑧の出来事として誤っているものを次の中から1つ選び，記号で答えよ。

ア　MSA協定が締結された。

イ　破壊活動防止法が制定された。

ウ　政府による減反政策が始まった。

エ　日本の国際連合加盟が実現した。

■ 2024年度 ▌ 長崎県 ▌ 難易度 ■■■■□

【15】次の(1)〜(12)の問いに答えよ。ただし，(1)〜(12)は年代順に並んでいるとは限らない。

(1)　次の史料は，ある人物が1885年に日刊新聞の社説で発表した，論説の一部である。この史料を発表した人物の氏名を書け。

> 　我日本の国土は亜細亜の東辺に在りと雖ども，其国民の精神は，既に亜細亜の固陋を脱して，西洋の文明に移りたり。然るに爰に不幸なるは，近隣に国あり，一を支那と云ひ，一を朝鮮と云ふ。(中略)此二国の者共は，一身に就き，又一国に関して，改進の道を知らず，交通至便の世の中に，文明の事物を聞見せざるに非ざれども，耳目の聞見は以て心を動かすに足らずして，其古風旧慣に恋々するの情は，百千年の古に異ならず。(中略)左れば今日の謀を為すに，我国は隣国の開明を待て共に亜細亜を興すの猶予ある可らず，寧ろ其伍を脱して西洋の文明国と進退を共にし，其支那朝鮮に接するの法も，隣国なるが故にとて特別の会釈に及ばず，正に西洋人が之に

接するの風に従て処分す可きのみ。

（『時事新報』）

(2) 次の史料は，帝国議会の速記録の一部であり，この発言をした人物は，当時，立憲政友会に所属し，憲政擁護運動を展開していた。この人物の氏名を書け。

> 　本員等ノ提出致シマシタル決議案ハ，唯今桂総理大臣ノ答弁ニ照シ，尚其前後ノ挙動ニ鑑ミテ，茲ニ此決議案ヲ提出スルノ已ムベカラザルコトヲ認メテ出シマシタ訳デアリマス，其論点タルヤ，第一ハ身内府ニ在リ，内大臣兼侍従長ノ職ヲ辱ウシテ居リナガラ総理大臣トナルニ当ッテモ，優詔ヲ拝シ，又其後モ海軍大臣ノ留任等ニ付テモ，頻リニ優詔ヲ煩シ奉リタルト云フコトハ宮中府中ノ区別ヲ紊ルト云フノガ，非難ノ第一点デアリマスル，(以下略)

(帝国議会会議録検索システム「第30回帝国議会　衆議院本会議第3号　大正2年2月5日」による)

(3) (2)の史料中の内容に至る，第2次西園寺内閣の総辞職について，簡単に説明せよ。ただし，「2個師団増設」「陸軍大臣」の二つの言葉を用いること。

(4) 次の史料は，1874年に，明治政府に提出された要望書の一部である。史料中のM，Nに当てはまる語句の組み合わせとして適当なものを，以下のA〜Dから一つ選び，その記号を書け。

> 　臣等伏シテ方今政権ノ帰スル所ヲ察スルニ，上帝室ニ在ラズ，下人民ニ在ラズ，而シテ独リ（　M　）ニ帰ス。(中略)乃チ之ヲ振救スルノ道ヲ講求スルニ，唯天下ノ公議ヲ張ルニ在ル而已。天下ノ公議ヲ張ルハ，（　N　）ヲ立ルニ在ル而已。(以下略)

（『日新真事誌』）

A　M－有司　N－内閣　　　　B　M－天皇　N－内閣

C　M－有司　N－民撰議院　　D　M－天皇　N－民撰議院

(5) (4)の史料中の下線部に含まれる人物として適当でないものを、次のA～Fから全て選び、その記号を書け。

A 江藤新平　　B 後藤象二郎　　C 板垣退助　　D 岩倉具視

E 副島種臣　　F 西郷隆盛

(6) 次の史料は、陸奥宗光が口述・著作した外交記録の一部である。史料中の下線部①の条約の名称を書け。

> (略)即ち明治二十七年七月十三日付を以て、青木公使は余に電稟して曰く、「本使は明日を以て①新条約に調印することを得べし」と。而して余が此電信に接したるは抑々如何なる日ぞ。鶏林八道の危機方に旦夕に迫り、余が大鳥公使に向ひ「②今は断然たる処置を施すの必要あり、何等の口実を使用するも差支なし、実際の運動を始むべし」と訣別類似の電訓を発したる後僅に二日を隔つるのみ。(以下略)

（『蹇蹇録』）

(7) (6)の史料中の下線部②により開始された戦争について述べた文として適当でないものを、次のA～Fから全て選び、その記号を書け。

A 近代日本が体験した、初めての本格的な対外戦争であった。

B 朝鮮半島で起きた、甲午農民戦争と呼ばれる農民の反乱が戦争の契機となった。

C 日本は日英同盟を理由にドイツと開戦し、中国におけるドイツの権益を接収した。

D 講和条約で新たに領有した台湾の統治に力を注いだ。

E 約17億円の軍事費を使って戦争に勝利したが、賠償金は得られなかった。

F 戦後、国内では繊維産業を中心に、資本主義が本格的に成立した。

(8) 次の文中の空欄に当てはまる人物の氏名を書け。

> 第一次世界大戦中に一時停止されていた金本位制が、1930年1月に、浜口雄幸内閣によって復活した。しかし、間もなく世界恐慌の影響をうけ、1931年12月に成立した(　　　)内閣の蔵相に就任した高橋是清は、ただちに金輸出再禁止を断行し、

> ついで円の兌換を停止した。これ以降，日本は，管理通貨制
> 度に事実上移行した。

(9) (8)の文中の下線部におけるイギリス・アメリカとの外交政策について，簡単に説明せよ。ただし，当時の外務大臣の氏名を用いること。

(10) 次の絵画の作者について述べた文として適当なものを，以下のA
　　　～Dから一つ選び，その記号を書け。

　A　文部省に出仕し，大学時代の恩師フェノロサと国内外の美術を
　　　訪ねた。東京美術学校の校長を務めたが，辞職して，日本美術院
　　　を創設した。

　B　パリに留学して，画家に転向し，帰国後，白馬会を創設した。
　　　フランス印象派の影響を受け，外光派と呼ばれる作風を確立した。

　C　幕末に生まれ，最初は狩野派に学び，のちに油彩画を学んで，
　　　ワーグマンやショイヤー夫人の指導も受けた。パリ万国博覧会に
　　　油彩画を出品するなど，日本の油彩画の先駆者である。

　D　工部美術学校に入学し，フォンタネージの指導を受けた。明治
　　　美術会を創設し，安井曾太郎や梅原竜三郎らを育てた。

(11) 次の史料は，GHQが1945年12月9日に発したある指令の一部である。史料中の下線部Pが指すものと，史料中のQに当てはまる語句の組み合わせとして適当なものを，以下のA～Dから一つ選び，その記号を書け。

> 　　民主化促進上経済的障害を排除し，人権の尊重を全からし
> め且数世紀に亘る封建的圧制の下日本農民を奴隷化して来た
> 経済的P桎梏を打破するため，日本帝国政府はその耕作農民に

対しその労働の成果を享受させる為，現状より以上の(Q)の機会を保障すべきことを指令せらる(以下略)

A P－財閥　Q－解体　　　B P－寄生地主制　Q－解体

C P－財閥　Q－均等　　　D P－寄生地主制　Q－均等

(12) 第二次世界大戦後の我が国の社会・経済について述べた次のX〜Zの文について，その正誤の組み合わせとして適当なものを，以下のA〜Hから一つ選び，その記号を書け。

X 1968年には資本主義国の中で世界第2位のGNPを実現し，その年の『経済白書』に「もはや戦後ではない」と記された。

Y 1973年の第一次石油危機により，戦後初のマイナス成長となったが，その後のオリンピック景気で不況を乗り切り，安定成長の軌道に乗った。

Z 1989年に中曽根康弘内閣のもと税制改革が実施され，3%の税率で消費税が創設された。

A X－正　Y－正　Z－正　　　B X－正　Y－正　Z－誤

C X－正　Y－誤　Z－正　　　D X－正　Y－誤　Z－誤

E X－誤　Y－正　Z－正　　　F X－誤　Y－正　Z－誤

G X－誤　Y－誤　Z－正　　　H X－誤　Y－誤　Z－誤

┃2024年度┃愛媛県┃難易度┃■■■□□

【16】岩倉使節団を写した図1と彼らのたどった行程についての表1を見て，以下の問に答えよ。

図1

表1

年月	行程
1871.12	①岩倉使節団，横浜出発
1872. 1	②サンフランシスコ到着
1872. 8	ロンドン到着
1872.12	③パリ到着
1873. 3	④ベルリン到着
1873. 5	ローマ到着
1873. 9	横浜帰着

問1　下線部①に関連して，この使節団の第一の目的を記せ。

問2　下線部②にこの使節団が到着する以前のアメリカ合衆国で起きた出来事として適当なものを，A～Dから一つ選び，記号で答えよ。

A　アメリカ＝スペイン戦争

B　最初の大陸横断鉄道の開通

C　シャーマン反トラスト法の制定

D　ジョン＝ヘイの門戸開放宣言

問3　下線部③について，使節団が訪れたパリは第二帝政から第三共和政に移行して間もない時期にあった。第二帝政崩壊後の1871年のパリに成立した，革命化したパリ民衆が樹立した自治政府を何というか，答えよ。

問4　下線部④について，史料1はドイツ帝国の宰相であったビスマルクが使節団に対して行った演説の一部である。[　ア　]，[　イ　]にあてはまる語の組み合わせとして正しいものを，以下のA～Dから一つ選び，記号で答えよ。

史料1

> 世界各国は表面上親しく，礼儀正しく交際しているが，裏ではせめぎあいや不信がある。
>
> プロイセンが弱小国であったことは，みなさんもご存知だろう。[　ア　]は大国が利益を得るためのもので，いざとなれば武力がものをいう。そんな中で，志をもって数十年励み，ついに望みを達成した。…日本が親交を深めている国は多いだろうが，[　イ　]を重んじるドイツこそふさわしい。

（『米欧回覧実記』要約）

```
        ア          イ
A    国際法      国権自主
B    国際法      三民主義
C    万民法      国権自主
D    万民法      三民主義
```

┃ 2024年度 ┃ 島根県 ┃ 難易度 ■■■□□

【17】近現代の政治・経済・外交・文化について，次の(1)～(12)の問いに答えよ。

　　ただし，史料に関わる文章は，一部改訂している部分もある。

(1)　幕末の政治について述べた次の文の（　①　）～（　③　）に当てはまる語句の組合せとして最も適当なものを，以下の1～6のうちから一つ選べ。

　　　1853年，アメリカ東インド艦隊司令長官ペリーが軍艦4隻を率いて浦賀に来航し，江戸幕府に強く開港を迫った。これに対して老中（　①　）を中心とする幕府は，日米和親条約を締結した。さらに，着任したアメリカ総領事（　②　）は，江戸幕府に貿易のための条約締結を要求し，1858年，大老井伊直弼は勅許のないまま日米修好通商条約を結び，オランダ，ロシア，イギリス，（　③　）とも同様の条約を締結した。

　　1　①　堀田正睦　　②　パークス　　③　ドイツ
　　2　①　阿部正弘　　②　パークス　　③　ドイツ
　　3　①　堀田正睦　　②　ハリス　　　③　ドイツ
　　4　①　阿部正弘　　②　ハリス　　　③　フランス
　　5　①　堀田正睦　　②　ハリス　　　③　フランス
　　6　①　阿部正弘　　②　パークス　　③　フランス

(2)　幕末の政局に関わる出来事について述べた文として誤っているものを，次の1～4のうちから一つ選べ。

　　1　幕府は徳川慶喜を将軍後見職に，松平容保を政事総裁職に任命し，参勤交代制度を緩和した。

　　2　尊王攘夷運動が高まると，それに敵対的な勢力も結集するようになり，薩摩藩や会津藩は，長州藩や三条実美ら7人の尊攘派公

家を京都から追放した。

 3 開国後の日本経済には大きな変動が生じ，貿易は当初は輸出超過であったが，改税約書の締結の後，輸入超過に転じた。

 4 薩摩藩などの討幕派は，王政復古の宮中クーデターを断行し，将軍・摂関を廃して総裁・議定・参与の三職を設置し，慶喜の辞官・納地を決定した。

(3) 明治政府による近代化政策について述べた文として最も適当なものを，次の1〜5のうちから一つ選べ。

 1 国民皆兵を原則とする徴兵令を公布し，満18歳に達したすべての男性が3年間の兵役に服する統一的な兵制が立てられた。

 2 1897年，官営八幡製鉄所が設立され，フランスの技術を導入して操業を開始し，日露戦争の頃には，生産を軌道に乗せたが，国内需要は満たせなかった。

 3 政府は小学校教育の普及に力を入れ国民皆学を目指したが，国民生活の現実とかけ離れていたため就学率は伸びず，無償での給食が開始されると1902年に就学率が90％を超えるようになった。

 4 1881年に大蔵卿となった松方正義がきびしい緊縮・デフレ政策をとると，米・繭などの価格が著しく上昇し，人々の生活が困窮した。

 5 1881年に設立された日本鉄道会社が，政府の保護を受けて成功したことから会社設立ブームがおこり，東海道線が全通した1889年には営業キロ数で民営鉄道が官営を上まわった。

(4) 自由民権運動期の民権派の動向について述べた文として誤っているものを，次の1〜5のうちから一つ選べ。

 1 立志社の片岡健吉らは，8失政を要求した建白書を天皇に提出して却下されたものの，その後の国会開設請願運動に与えた影響は大きかった。

 2 「東洋大日本国国憲按」は，議院内閣制と国務大臣連帯責任制を定めたものである。

 3 松方デフレによる経営難で豪農層が自由民権運動から手を引き始める一方で，生活に困窮した農民や自由党員による武装蜂起や政府高官の暗殺計画などが頻発した。

　　4　井上馨外相による条約改正交渉の内容が明るみに出ると，三大
　　　事件建白運動がおこり，大同団結の動きが活発になった。

　　5　岸田俊子など，自由民権運動に参加する女性もあらわれ，各地
　　　に女性の結社も生まれた。

(5)　次の図は，1908年に『東京パック』に掲載された風刺画である。
　　これが描かれた時期の日本を取りまく国際関係について述べた文と
　　して最も適当なものを，以下の1〜5のうちから一つ選べ。

　　1　この風刺画が描かれた年に，アメリカは，日本も含めた列国に
　　　中国に関する門戸開放・機会均等を提案した。

　　2　この風刺画が描かれたころ，日本の台頭を警戒して黄禍が主張
　　　され，アメリカでは西海岸を中心に日系人移民の排斥運動が激化
　　　し，日米関係が冷却化した。

　　3　この風刺画が描かれたころ，第1次日露協約が結ばれ，韓国にお
　　　ける日本の特殊権益と内モンゴルにおけるロシアの特殊権益を相
　　　互承認した。

　　4　この風刺画が描かれたころ，日本は第1次日韓協約を締結して，
　　　韓国の外交権を全て剝奪した。

　　5　この風刺画が描かれたのちに，日本は韓国併合を強行して植民
　　　地とし，韓国統監府が設置された。

(6)　次のグラフは，1885年と1899年における日本の輸出入品の内訳を
　　表したものである。グラフに関して述べた文X〜Zについて，正誤
　　の組合せとして最も適当なものを，以下の1〜8のうちから一つ選べ。

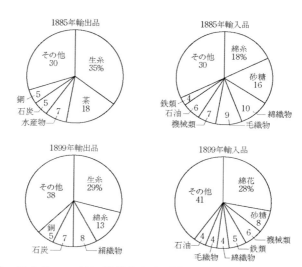

X 渋沢栄一により1883年に開業された近代的な大工場を契機として，大阪を中心に工場が設立され，ガラ紡による生糸の生産を圧迫しながら，機械制生産が急増した。

Y 生糸や綿糸の生産拡大に伴って，絹織物や綿織物も輸出品として生産がのび，19世紀末に考案された国産力織機は絹織物の生産拡大に大きく貢献した。

Z 1885年に三菱会社と半官半民の共同運輸会社の合併によって設立されたこの会社は，当時，日本最大の海運会社であり，綿花を輸入するために，インドへのボンベイ航路を開いた。

1	X	正	Y	正	Z	正	2	X	正	Y	正	Z	誤
3	X	正	Y	誤	Z	誤	4	X	誤	Y	正	Z	正
5	X	誤	Y	正	Z	誤	6	X	誤	Y	誤	Z	正
7	X	正	Y	誤	Z	正	8	X	誤	Y	誤	Z	誤

(7) 立憲政友会について述べた文として最も適当なものを，次の1〜4のうちから一つ選べ。

1 この政党が結党して成立した内閣により，保安条例が公布され，民権派が東京から追放された。

2 この政党が結党したことに対して，幸徳秋水が「自由党を祭る文」を『万朝報』に発表し，旧自由党と藩閥とが妥協したことを

批判した。

3 この政党が結党して成立した内閣は，軍部大臣現役武官制を定め，現役の大将・中将以外は陸・海軍大臣になれないとした。

4 この政党の総裁が組織した内閣は，金融恐慌の処理に失敗して退陣した。

(8) 次のA〜Dは，日中関係についての史料である。時代の古い順に並べ替えたものとして最も適当なものを，以下の1〜8のうちから一つ選べ。

A 帝国政府ハ…支那ニ於ケル帝国ノ権利利益 並(ならびに) 在留邦人ノ生命財産ニシテ不法ニ侵害セラルル虞アルニ於テハ，必要ニ応シ断乎トシテ自衛ノ措置ニ出テ之ヲ擁護スルノ外ナシ

B 支那ノ主権，独立並其ノ領土的及行政的保全ヲ尊重スルコト

C 両締約国ハ，旅順(りょじゅん) 大連租借期限並南満州及安奉(あんぽう)両鉄道各期限ヲ何レモ更ニ九十九ヶ年ツツ延長スヘキコトヲ約ス

D 帝国政府ハ爾後(じご)国民政府ヲ対手(あいて)トセス，帝国ト真ニ提携スルニ足ル新興支那政権ノ成立発展ヲ期待シ，是ト両国国交ヲ調整シテ更生新支那ノ建設ニ協力セントス

1 A→C→D→B 2 A→B→D→C 3 B→A→C→D
4 B→C→A→D 5 C→A→D→B 6 C→B→A→D
7 D→A→C→B 8 D→B→A→C

(9) 第二次世界大戦の頃の総動員体制について述べた文として誤っているものを，次の1〜5のうちから一つ選べ。

1 国民徴用令が制定され，軍需工業に必要な人員を国民から強制的に徴用することができるようになった。

2 国家総動員法が制定され，政府は議会の承認を経ずに，物資や労働者の統制をはかることができるようになった。

3 価格等統制令が制定されると，物価引き上げが禁止され，日用品の配給制度が実施された。また，翌年にはぜいたく品の発売を禁止した。

4 太平洋戦争が始まると国民精神総動員運動が展開され，労資一体で国策に協力する産業報国会も結成された。

5 近衛文麿が先頭に立った新体制運動は，大政翼賛会として結実

し，教育面では国民学校令が出され，「忠君愛国」の国家主義的教育が推進された。

(10) 占領期の経済と労働運動について述べた文として誤っているものを，次の1〜5のうちから一つ選べ。

1 幣原喜重郎内閣は預金封鎖，及び新円切り替えを行って貨幣流通量を減らそうとし，復興金融公庫を創設した。

2 1946年には，持株会社整理委員会が発足し，指定された株式会社・財閥家族の所有する有価証券の譲渡をうけてその整理に当たった。

3 1946年には労働関係調整法，翌年には労働基準法が制定され，片山哲内閣の時に労働省が設置された。

4 吉田茂内閣打倒を目指し，基幹産業を巻き込むゼネラル＝ストライキに突入することが決定されたが，ストライキ直前にGHQの命令で中止された。

5 経済安定九原則では，GHQが吉田茂内閣に対して予算の均衡，徴税の強化，賃金の安定，物価統制などの実行を指示した。

(11) 次の図が示す時期の市民生活について述べた文ア〜カについて，正しいものの組合せとして最も適当なものを，以下の1〜9のうちから一つ選べ。

A

B

ア　Aのポスターが作成されたころ，洋食化がすすみ，インスタント食品やレトルト食品が普及した。

イ　Aのポスターが作成されたころ，社会問題や都市問題に対応するため，健康保険法や借地法・借家法が制定された。

ウ　Aのポスターが作成されたころ，東京の銀座通りには，ガス灯・煉瓦造の建物が並び，牛鍋が流行した。

エ　Bの写真が撮影されたころ，スーパーマーケットが成長し，売上高が老舗百貨店を抜いて流通革命が起こった。

オ　Bの写真が撮影されたころ，市民の足となる都市交通として，バスが使われるようになった。

カ　Bの写真が撮影されたころ，歌謡曲では「リンゴの唄」の大流行に続いて，美空ひばりが登場した。

1　ア・エ　　　2　ア・オ　　　3　ア・カ　　　4　イ・エ

5　イ・オ　　　6　イ・カ　　　7　ウ・エ　　　8　ウ・オ

9　ウ・カ

(12)　次の表は，大正時代の出来事を古いものから時代順に列記したものである。表中のAからDの間の出来事として誤っている文ア～ウと，BからCの間の出来事として正しい文a～cの組合せとして最も適当なものを，以下の1～9のうちから一つ選べ。

出来事	
大正政変が起こる	……A
米騒動が起こる	……B
関東大震災が起こる	……C
普通選挙法が成立する	……D

【AからDの間】

ア　菊池寛が『恩讐の彼方に』を発表した。

イ　火野葦平が『麦と兵隊』を発表した。

ウ　有島武郎が『或る女』を発表した。

【BからCの間】

a　成瀬仁蔵により，女子の高等教育機関として日本女子大学校が設立された。

b　平塚らいてう・市川房枝らが，女性の参政権を求めて新婦人協

会を設立した。

c 甲府雨宮製糸工場の工女が，ストライキを行った。

1 ア・a 2 ア・b 3 ア・c 4 イ・a 5 イ・b

6 イ・c 7 ウ・a 8 ウ・b 9 ウ・c

‖ 2024年度 ‖ 大分県 ‖ 難易度 ▰▰▰▱▱

【18】 近現代について，次の(1)～(6)の各問いに答えよ。

(1) 次の開国に関する文章を読み，以下のア，イの各問いに答えよ。

> 1853年，アメリカ東インド艦隊司令長官ペリーは，軍艦4隻を率いて浦賀沖に現われ，フィルモア大統領の国書を提出して日本の開国を求めた。幕府は対策のないままペリーの強い態度におされ国書を正式に受けとり，回答を翌年に約してひとまず日本を去らせた。ペリー来航後，老中首座阿部正弘は，①安政の改革を行った。
>
> ペリーは翌1854年1月，7隻の艦隊を率いてふたたび来航し，条約の締結を強硬にせまった。幕府はその威力に屈して3月に日米和親条約を結び，②アメリカに一方的な最恵国待遇を与えることなどを取り決めた。その後，1858年，③日米修好通商条約によって4港の開港などが定められた。

ア 下線部①で，老中首座阿部正弘は，これまでの幕府の方針を，どのような方針に変えたか説明せよ。

イ 下線部②について説明せよ。また，下線部③について，ハリスと交渉にあたった老中首座と，天皇の勅許を得ずに調印を断行した大老は誰か，それぞれ答えよ。

(2) 次の史料は，1874年に『日新真事誌』に掲載された建白書の一部である。この史料の掲載から第1回帝国議会が開かれるまでの以下の1～4のできごとについて，年代が古い順に並べ替え，記号で答えよ。

> 臣等伏シテ方今政権ノ帰スル所ヲ察スルニ，上帝室ニ在ラス，下人民ニ在ラス，而シテ独リ有司ニ帰ス。

1 北海道の開拓使所属の官有物を払い下げるに当たり，開拓使長官黒田清隆が同じ藩出身者が関係する会社に不当に安い価格で払い下げようとしたことが問題化した。

2 埼玉県秩父地方で困民党を称する約3000人の農民が急増する負債の減免を求めて蜂起し，多数の民衆を加えて高利貸・警察・郡役所などを襲撃した。

3 政府は，時間をかけて立憲制に移行すべきことを決め，漸次立憲政体樹立の詔を出した。

4 地租の軽減，言論・集会の自由，外交失策の回復の3要求の建白書をたずさえ，政府諸機関に激しい陳情運動を行った。

(3) 次の史料は，1890年に公布された民法を修正し，施行された民法の一部である。(a)に入る適切な語句と，1890年に公布された民法を起草したフランスの法学者をそれぞれ答えよ。

> 第七百四十九条　家族ハ(a)ノ意ニ反シテ其居所ヲ定ムルコトヲ得ス
> 第七百五十条　　家族カ婚姻又ハ養子縁組ヲ為スニハ(a)ノ同意ヲ得ルコトヲ要ス。
>
> 　　　　　　　　　　　　　　　　　　　　　　　（『官報』）

(4) 次の史料は，ある法令の一部である。この法令立案に際して基礎資料となった『職工事情』をまとめた官庁を，以下の1～4から一つ選び，記号で答えよ。

> 第三条　工業主ハ十五歳未満ノ者及女子ヲシテ，一日ニ付十二時間ヲ超エテ就業セシムルコトヲ得ス
>
> 　　　　　　　　　　　　　　　　　　　　　　　（『官報』）

1 司法省　　2 内務省　　3 農商務省　　4 文部省

(5) 資料1について，次のア～ウの各問いに答えよ。

ア 下線部①によって，日本が認められた権益について説明せよ。

イ 下線部②で調印された，四カ国条約と九カ国条約によって終了もしくは廃棄された条約等の名称をそれぞれ答えよ。

ウ 下線部③について，参加した5カ国のうちアメリカ，イギリス，日本の主力艦の保有比率を答えよ。

資料1

年	主なできごと
1919年	①ヴェルサイユ条約調印
1921年	②ワシントン会議開催（～1922年）
1922年	③ワシントン海軍軍縮条約調印
1928年	不戦条約調印
1930年	ロンドン海軍軍縮条約調印

(6) 資料2について，以下のア～ウの各問いに答えよ。

資料2

年	主なできごと
1931年	①満洲事変
1932年	②五・一五事件
1936年	③日独防共協定
1937年	盧溝橋事件
1939年	④独ソ不可侵条約
1941年	日ソ中立条約
1943年	カイロ宣言
1945年	⑤ヤルタ会談

ア　下線部①に関連して，この事変のきっかけとなった事件名と経過，それに対する当時の内閣の対応について，説明せよ。

イ　下線部②・③・④の時期の内閣名をそれぞれ答えよ。

ウ　下線部⑤について，この会談においてドイツの戦後処理問題以外に話し合われた対日秘密協定の内容を，参加国を明らかにしながら説明せよ。

┃ 2024年度 ┃ 山口県 ┃ 難易度 ▆▆▆▆▆▆

【19】次の各問に答えよ。

〔問1〕次の年表は，我が国の第二次世界大戦以降の出来事をまとめたものである。年表中のイの時期の出来事として適切なものは，以下の1～4のうちのどれか。

年表

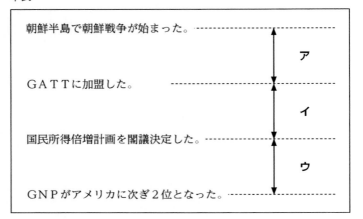

朝鮮半島で朝鮮戦争が始まった。

GATTに加盟した。

ア

イ

国民所得倍増計画を閣議決定した。

ウ

GNPがアメリカに次ぎ2位となった。

1　戦後初めて，一般会計による国債発行がなされた。

2　国際通貨基金と国際復興開発銀行への加盟が承認された。

3　環境保全行政の一元化を図るため，環境庁が設置された。

4　経済企画庁は，『経済白書』に「もはや戦後ではない」と記した。

〔問2〕　次の記述ア～エのうち，1974年に我が国の経済成長率が戦後初めてマイナスとなった要因を選んだ組合せとして適切なものは，以下の1～4のうちのどれか。

ア　イラン革命に伴い，イランによる石油輸出全面禁止が実施され，アラブ石油輸出国機構は原油価格を引き上げた。

イ　プラザ合意により，ドル高が是正されると，円高が一気に加速し，輸出産業を中心に不況が深刻化した。

ウ　ニクソン政権が，金とドルの交換停止，10％の輸入課徴金の賦課，物価・賃金の凍結を含む「新経済政策」を打ち出した。

エ　海外の物価上昇，日本列島改造論の影響や大幅な金融緩和を一因とする激しいインフレーションが起きた。

　　1　ア・ウ　　　2　ア・エ　　　3　イ・ウ　　　4　ウ・エ

〔問3〕　我が国とアメリカとの間に結ばれた条約や協定に関する次の記述ア～エを，年代の古いものから順に並べたものとして適切なものは，以下の1～4のうちのどれか。

ア　日米安全保障条約が調印された。

イ　日米相互協力及び安全保障条約が調印された。

ウ　沖縄返還協定が調印された。

エ　日米相互防衛援助協定が調印された。

1　ア　→　エ　→　イ　→　ウ

2　ア　→　エ　→　ウ　→　イ

3　エ　→　ア　→　イ　→　ウ

4　エ　→　ア　→　ウ　→　イ

｜2024年度 ｜ 東京都 ｜ 難易度

【20】近代〜現代の政治・社会・文化について，次の問いに答えなさい。

問1　自由民権運動についての次のA〜Dの文を読んで，以下の(1)，(2)の問いに答えなさい。

> A　板垣退助は郷里の土佐に帰って立志社を起こし，ついでにこれを中心に（　Ⅰ　）を設立して民権運動を全国に呼びかけた。この動きに対し，政府は大阪会議を開いて民権派の懐柔を図った。
>
> B　国会の開設が近づくと，民権派は三大事件建白運動を起こし政府に迫った。政府は（　Ⅱ　）を公布して民権派を弾圧した。
>
> C　北海道開拓使官有物払い下げ事件によって苦境に立たされた政府は，国会即時開設を主張した（　Ⅲ　）を政府から追い出し，同時に10年後の国会開設を公約した。
>
> D　西南戦争後のインフレに対して，大蔵卿松方正義が増税を中心とするデフレ政策を行うと，生糸と米の価格が下落したため，民権運動の激化事件が多発した。

(1)　A〜Dの文中（　Ⅰ　）〜（　Ⅲ　）に当てはまる語句の組み合わせとして正しいものを次のア〜カから1つ選び，記号で答えなさい。

ア　Ⅰ－自由党　　Ⅱ－集会条例　　Ⅲ－黒田清隆

イ　Ⅰ－自由党　　Ⅱ－保安事例　　Ⅲ－大隈重信

ウ　Ⅰ－自由党　　Ⅱ－保安事例　　Ⅲ－黒田清隆

エ　Ⅰ－愛国社　　Ⅱ－集会条例　　Ⅲ－大隈重信

　　　オ　Ⅰ－愛国社　　　Ⅱ－集会条例　　　Ⅲ－黒田清隆

　　　カ　Ⅰ－愛国社　　　Ⅱ－保安事例　　　Ⅲ－大隈重信

(2)　A～Dの文で説明した出来事を年代に古い順に並べかえ，記号で答えなさい。

問2　次の資料A～Cは，明治時代の初等教育の整備に関するものである。科目「日本史探究」の授業において，これらの資料から生徒に何を読み取らせたり，理解させたりすることができるか。資料Aと資料B，資料Aと資料Cをそれぞれ関連付けて箇条書きで2つ簡潔に答えなさい。

資料A【初等教育制度の年表】

年号	事　項
1872	学制発布（義務教育：4年）
1879	教育令公布（就学義務：16ヶ月）
1880	改正教育令公布
1886	学校令公布（義務教育：3～4年）
1890	教育勅語発布
	義務教育3～4年を明確化
1900	義務教育期間の授業料廃止
1903	国定教科書制度の導入
1907	義務教育，6年に延長

資料B【義務教育の就学率】

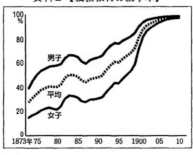

資料C【教育勅語】

朕惟フニ皇祖皇宗国ヲ肇ムルコト宏遠ニ徳ヲ樹ツルコト深厚ナリ我カ臣民克ク忠ニ克ク孝ニ億兆心ヲ一ニシテ世々厥ノ美ヲ済セルハ此レ我カ国体ノ精華ニシテ教育ノ淵源亦実ニ此

ニ存ス爾臣民父母ニ孝ニ兄弟ニ友ニ夫婦相和シ朋友相信シ恭倹己レヲ持シ博愛衆ニ及ホシ学ヲ修メ業ヲ習ヒ以テ智能ヲ啓発シ徳器ヲ成就シ進テ公益ヲ広メ世務ヲ開キ常ニ国憲ヲ重シ国法ニ遵ヒ一旦緩急アレハ義勇公ニ奉シ以テ天壌無窮ノ皇運ヲ扶翼スヘシ是ノ如キハ独リ朕カ忠良ノ臣民タルノミナラス又以テ爾祖先ノ遺風ヲ顕彰スルニ足ラン斯ノ道ハ実ニ我カ皇祖皇宗ノ遺訓ニシテ子孫臣民ノ倶ニ遵守スヘキ所之ヲ古今ニ通シテ謬ラス之ヲ中外ニ施シテ悖ラス朕爾臣民ト倶ニ拳々服膺シテ咸其徳ヲ一ニセンコトヲ庶幾フ

明治二十三年十月三十日

御名　御璽

（資料Ａは浜島書店『新詳日本史』を基に作成，資料Ｂは山川出版社『詳説日本史Ｂ』，資料Ｃは実教出版『新詳述日本史史料集』による）

問3　1900年に制定された軍部大臣現役武官制は，その後大きく2度の改正があった。現役規定はどのように変遷していったか。内閣の名称を明らかにしつつ60字以内で説明しなさい。

問4　次の史料は，二・二六事件の「決起趣意書」である。これについて以下の(1)，(2)の問いに答えなさい。

謹ンデ惟ルニ我神州タル所以ハ，万世一神タル天皇陛下御統帥ノ下ニ，挙国一体生成化育ヲ遂ゲ，終ニ八紘一宇ヲ完フスルノ国体ニ存。此ノ国体ノ尊厳秀絶ハ天祖肇国神武建国ヨリ明治維新ヲ経テ益々体制ヲ整ヘ，今ヤ方ニ万方ニ向ッテ開顕進展ヲ遂グベキノ秋ナリ。然ルニ頃来遂ニ不逞兇悪ノ徒簇出シテ，私心我欲ヲ恣ニシ，…従ッテ外侮外患日ヲ遂フテ激化ス。所謂元老重臣a軍閥財閥官僚政党等ハ此ノ元兇ナリ。b倫敦海軍条約並ニ教育総監更送ニ於ケル統帥権干犯，至尊兵馬大権ノ僭窃ヲ図リタル三月事件或ハ学匪共匪大逆教団等利害相結デ陰謀至ラザルナキ等ハ最モ著シキ事例ニシテ，…中岡，佐郷屋，血盟団ノ先駆捨身，五・一五事件ノ噴

騰，相沢中佐ノ閃発トナル，寔ニ故ナキニ非ズ。…露支英米
トノ間一触即発シテ祖宗遺垂ノ此ノ神州ヲ一擲破滅ニ堕ラシ
ムルハ火ヲ睹ルヨリモ明カナリ。内外真ニ重大危急，今ニシ
テ国体破壊ノ不義不臣ヲ誅戮シテ，稜威ヲ遮リ御維新ヲ阻止
シ来レル奸賊ヲ芟除スルニ非ズンバ皇謨ヲ一空セン。…

『二・二六事件－獄中手記・遺書』

(実教出版『新詳述　日本史史料集』による)

(1)　史料中の下線部aは，当時陸軍内にあった2つの派閥の1つを指
す。ここで示している派閥は何か答えなさい。

(2)　史料中の下線部bについて説明した文として誤っているものを
次のア～エから1つ選び，記号で答えなきい。

ア　イギリス首相マクドナルドの提唱により，軍縮会議が開催さ
れた。

イ　軍縮会議に日本からは，若槻礼次郎と海軍大臣の財部彪が全
権として参加した。

ウ　主力艦の保有量が取り決められ，英米：日の比率は5：3と決
められた。

エ　政府が条約調印にふみ切ると，海軍軍令部や右翼が激しく批
判した。

問5　次の文A～Cは，それぞれ太平洋戦争後のいずれか内閣に関連す
る出来事について説明したものである。A～Cの出来事を古い順に
並べたものとして正しいものを以下のア～カから1つ選び，記号で
答えなさい。

A　この内閣は，「戦後政治の総決算」を唱えて行財政改革を推進し，電電公社，専売公社，国鉄の民営化を断行した。
B　この内閣の時に，小笠原諸島の返還に続き，沖縄返還協定が調印され，沖縄の日本復帰が実現した。
C　この内閣は，PKO協力法を成立させ，内戦の続くカンボジアなどへの自衛隊の海外派遣を開始した。

ア　A→B→C　　イ　A→C→B　　ウ　B→A→C
エ　B→C→A　　オ　C→A→B　　カ　C→B→A

2024年度　静岡県・静岡市・浜松市　難易度

解答・解説

【1】(1)　9　　(2)　6　　(3)　1　　(4)　6　　(5)　2　　(6)　1
(7)　6　　(8)　2

○**解説**○　(1)　ウ　「絶えず小河川の流域など一定の範囲を移動」「洞穴」は旧石器時代の人々の生活である。縄文時代は食料の獲得法が多様化したことで，定住的な生活が始まり，竪穴住居が営まれた。　オ　「水稲農耕を基本とする文化」の成立は弥生時代である。　(2)　ア　3世紀の「魏志」倭人伝。　イ　4世紀に百済王が倭王に贈った石上神宮七支刀の銘文。　ウ『後漢書』東夷伝の一部で，建武中元二年は57年を指す。　(3)　計帳は毎年作成し，調・庸などをかける課税台帳。史料には上から性別，氏名，年齢が書かれ，「右頬黒子」など身体的特徴も記されていることが読み取れる。　ウ　「資人」は上級貴族に位階や官職に応じて給する供人のことで，賤民にあたる「五色の賤」とは異なる。　エ　本貫地から離れて他の土地に移住することを原則として禁止した。　(4)　X　延喜格式の編纂は醍醐天皇，乾元大宝は村上天皇の治世のことで嵯峨天皇ではない。　Z　摂関政治の最盛期は10世紀後半〜11世紀で問いの時期とずれる。また，摂関政治のもとでは，おもな政務は太政官で公卿によって審議されていた。　(5)　Y　743年の墾田永年私財法に関する記述。この法令を契機に8〜9世紀に成立した初期荘園は，10世紀以降に律令制の崩壊とともに衰退した。
(6)　史料は源信が念仏往生の教えを説いた『往生要集』である。10〜11世紀の国風文化の時期には，現世の不安から逃れようとする浄土教が流行した。浄土教は阿弥陀仏を信仰し，来世における極楽往生を願う教えである。これは末法思想と結びついたことで一層強められた。2・3　平安時代初期の弘仁・貞観文化に関する記述。　4　鎌倉文化

に関する記述。法然や親鸞は鎌倉仏教で活躍する人物である。

(7) ア 802年に築いた胆沢城に関する記述。坂上田村麻呂は鎮守府を多賀城からこの地へ移した。 イ 724年に太平洋側に設置された多賀城に関する記述。蝦夷経営の根拠地となった。 (8) 弘仁・貞観期の密教芸術では頭部と胴体が一木の木材でつくられた。肉が厚いので深く彫れる特徴がある。寄木造は平安中期の国風期に完成した手法である。多くの工人で部分を製作し、全体をまとめる技法で大量生産が可能である。これは浄土教普及による阿弥陀仏像の需要をまかなった。吉祥天像は奈良時代の天平文化の代表的絵画であり、彫刻ではない。

【2】(1) 開墾した田地を永年にわたって補償するもので、政府が輸租田である墾田を掌握し、土地支配の強化を目的とした政策。貴族・寺院や地方豪族の大規模な開墾により私有地拡大が進み、初期荘園が広まるきっかけとなった。(100字) (2) 朱子学を正学とし、1970(寛政2)年には湯島聖堂の学問所で朱子学以外(異学)の講義や研究を禁じ、学術試験を行って人材登用につなげた。上下の秩序を重んじる朱子学を正学として重視することで、低下した幕府の権威を高めることを目的とした。(116字)

○解説○ (1) 奈良時代になると人口が増加して口分田が不足したので、朝廷は人々に開墾を勧めるため、723年、元正天皇の時に開墾した土地を3代に限って私有することを認める三世一身法を出した。しかしそれでも不十分だったため、743年に聖武天皇は一定の限度内で開墾した土地の永久私有を認める墾田永年私財法を出して、輸租田である墾田の掌握を図った。これにより公地公民の原則は崩れ、貴族や寺社は土地の開墾や買収を進め、初期荘園が生まれた。 (2) 1787年に寛政の改革を始めた老中松平定信は、1790年に寛政異学の禁を発して、儒学のうち朱子学を正学、それ以外を異学とし、林家の私塾の聖堂学問所で異学を教授することを禁止した。身分秩序を重んじる朱子学を正学とすることによって、武士の最高身分である将軍を頂点とする幕府の権威を高めることが目的だった。寛政の改革後の1797年、聖堂学問所は幕府直轄(官営)の昌平坂学問所となった。

【3】1　(1)　ウ　　(2)　大学別曹　　(3)　①　イ　　②　円仁
(4)　嵯峨天皇や淳和天皇の時代には，律令政治を修正しつつ再編成する努力が行われた。日本の律令制は中国の法制度を参考にしており，中国の言葉や社会・文化等を把握して表現できることが必要と考えられたから。　　2　(1)　ウ　　(2)　江戸時代に入って以降年貢増収を目指し，幕府や大名が大規模な治水・灌漑工事を行い用水の体系を整えたり，有力な商人が資金を投下して開発を進めたりした背景があった。　　(3)　①　徳川綱吉　　②　イ　　(4)　エ　　3　(1)　エ
(2)　当時，イギリスはバルカン半島や東アジアでロシアと対立し，その勢力拡張を警戒していたため，日英同盟を結んでいた。バルチック艦隊は，アフリカやインドを通る経路で日本に向かったが，それらの地域はイギリスの植民地となっている地域が多く，補給や修理を断られたため。　　(3)　ウ　　(4)　セオドア＝ローズヴェルト
(5)　日比谷焼打ち事件　　(6)　日露戦争後，満州の鉄道権益について日本とアメリカは共同経営を提案していたが，日本はそれを破棄し単独で南満州鉄道株式会社(満鉄)を設立するなどして満州進出を本格化させたため，アメリカは反発したから。一方，ロシアが日本の韓国支配を承認し，満州および内蒙古における両国の勢力圏を確認したことで対立が解消したから。　　4　(1)　縄文時代には死者の多くは屈葬されており，自然物や自然現象に霊威が存在し，死者の魂が生者に災いをおよぼすことを恐れたと考えられている。一方，弥生時代になると伸展葬が普及した。農耕社会の成立に伴って集団の中に身分の差が生じて強力な支配者が現れ，大型の墳丘や多量の副葬品をもつ墓が出現した。　　(2)　足利義満は南朝側と交渉し，南朝の天皇が北朝の天皇に譲位することで南北朝の合体を実現して内乱を収めるとともに，朝廷が保持してきた京都の警察権や民事裁判権，諸国に課する段銭の徴収権といった権限を幕府が掌握し，全国的な統一政権としての姿を確立した。　　(3)　徳川吉宗は農業を重視し，年貢の増収による財政再建を目指したり定免法を採用して幕領からの年貢率の引き上げをはかったり，畑地からの年貢増収や新田開発を進めて米の増産を奨励した。田沼意次は商業を重視することで財政再建を目指し，株仲間を公認して運上・冥加などの増収を図ったり，専売制の実施や銅や俵物を

輸出して貨幣鋳造のための金銀の輸入を図ったりした。　(4)【グラフ】から，大戦景気の時期には日本の銅の生産量に占める輸出の割合が大きく低下していることが読み取れる。大戦景気以降は都市化に伴って国民の生活水準が引き上げられた時期であり，【資料1】より電灯が広く普及したこと，【資料2】より住宅の電化を進めようとしたことがわかり，日本で生産した銅は国内で消費された。

○**解説**○　1　(1)　ア　阿倍比羅夫は斉明天皇の時代(位655～661)に遣わされた。　イ　多賀城が築かれたのは724年。　エ　中尊寺金色堂が建立されたのは1124年。　(2)　大学別曹は大学に付属する寄宿施設的なもので，学生たちは学費の支給を受け，書籍を利用しながら大学で学んだ。藤原氏の勧学院，在原氏の奨学院，橘氏の学館院，和気氏の弘文院などが知られる。　(3)　①　下線部の(承和)五年は838年。ア　607年の小野妹子の遣隋使派遣に関する記述。　ウ　平清盛による大輪田泊修築で1180年のこと。　エ　15世紀初頭の北山文化に関する記述。　②　円仁は最澄に師事し，入唐，天台教学・密教を学び，天台密教の大成に努めた。　(4)　嵯峨天皇のもとでは法制の整備が進められた。律令制定後に社会の変化に応じて出された法令を，格と式に編集し，弘仁格式が編纂された。これは新たな律令の制定に匹敵するぐらい，新しい法体系の施行を意味していた。日本の律令制度は唐にならいながら作られており，この時期は文芸を中心として国家の隆盛をめざす文章経国の思想が広まり，宮廷では漢文学が発展していた。
2　(1)　中世以来，城は軍事拠点としての自然の険しさを利用した山城であったが，領国経営のための政治的要請で，小丘上の平山城から平地に築城する平城へと変化した。鉄砲登場以降は，壮麗な天守を持つ城郭建築が出現し，鉄砲での攻撃などに備えられた。　(2)　江戸時代は，米の生産量を基準として耕地に石高を割り当て，米を年貢の形で徴収することを経済的・財政的基盤とした。したがって，この体制では，米を確保することが政策の基本となり，新田開発が進んだ。
(3)　①　徳川綱吉は1685年に生類憐みの令を出し，生類すべての殺生を禁じた。　②　徳川綱吉は1680～1709年に将軍職にあった。ア　京都所司代の設置は1600年。　ウ　正徳小判のことで新井白石の建議で1714年に改鋳・発行された。　エ　和宮降嫁は1862年。

(4)　一般民衆に限らず，武士も神職も誰もが檀那寺の檀家になること
を寺檀制度といい，本末制度は宗派ごとに本山・本寺の地位を保障し
て末寺を組織させること。　3　(1)　ア　日本の南方進出は「大東亜
共栄圏」の建設をはかったもので，太平洋戦争の背景となった。
イ　関東軍特種演習は1941年7月に対ソ戦に備えて計画されたもの。
ウ　朝鮮で減税と排日を要求する農民反乱がおこったのは1894年で，
この時に出兵したのはロシアではなく清である。　(2)　1902年，日本
はロシアの東アジア進出を警戒するイギリスと日英同盟を結んだ。日
露戦争が開戦すると，ロシアのバルチック艦隊はバルト海から派遣さ
れたが，時期的に北極海は凍っており，日本海に向かうためには大西
洋とインド洋の経由が必要となった。イギリスはバルチック艦隊に対
してはスエズ運河を使用させず，イギリス植民地での石炭補給も禁じ
た。これが，日本海海戦勝利の要因の一つになった。　(3)　ア　金輸
出の解禁は1930年。　イ　ミッドウェー海戦は太平洋戦争中の1942年。
エ　レーニンによるロシア革命は1917年。　(4)　セオドア＝ローズヴ
ェルトは日本に好意的で，ポーツマス講和会議を仲介した。
(5)　1905年，ポーツマス条約を屈辱的とし東京日比谷公園で講和条約
破棄を叫んで暴動化した事件。国民は人的な損害と大幅な増税に耐え
て日露戦争を支えたが，賠償金が全く取れない条約に不満が爆発した。
(6)　戦後，日本の本格的な満州進出が，満州市場に関心を持つアメリ
カとの関係を急速に悪化させた。一方のロシアとは，4次にわたる日
露協約によって両国の勢力圏を確認したことで急速に接近した。
4　(1)　縄文時代における埋葬の特徴はアニミズムと屈葬である。ま
た，共同墓地が一般的で身分の差はなかったと考えられていることも
留意しておきたい。一方，弥生時代の特徴は伸展葬と身分差の出現で
ある。身分差は共同墓地のほかに各地に大規模な墳丘墓が出現し，青
銅製の武器などを副葬したものが見られるようになったことから支配
者の存在が分かる。　(2)　南北朝動乱期は北朝と南朝で天皇が並立し
ていた。義満は南朝の後亀山天皇を説得して，天皇は北朝の後小松天
皇一人となった。その結果，朝廷が保持していた権限を幕府の管轄下
におき，全国的な統一政権が確立した。なお，段銭とは田地一段別に
賦課された税である。　(3)　徳川吉宗の財政再建策の特徴は「米」＝

年貢収入の増大による幕府財政の安定をはかろうとした点である。一方の田沼意次は商業資本と結んで積極的に産業振興策を取った点が特徴である。これらの具体的施策を踏まえて解答することが求められる。
(4)　大規模な水力発電事業が展開され，猪苗代湖・東京間の長距離送電が成功した。その結果，電灯の農村部への普及，工業原動力の蒸気力から電力への転換，電気機械の国産化が進んだ。

【4】(1)　①　A　近江大津　　B　大友　　C　天武　　②　壬申の乱
③　エ　　(2)　①　承久の乱　　②　イ　　③　イ→ア→ウ→エ
(3)　①　エ　　②　正業をもたないもの(江戸に流入した没落農民でも可)に資金を与えて農村に帰ることを奨励した。　　③　大原幽学
(4)　①　記号…イ　　数値…4　　②　エ

○解説○ (1)　①　A　白村江の戦いでの大敗もあり，瀬戸内海からの敵軍の侵攻に備え，内陸部に都を移すことが計画された。その結果生まれたのが近江大津宮といわれる。中大兄皇子は，飛鳥から遠い大津に遷都することで新しい国づくりをめざした。　B　天智天皇の子である大友皇子は太政大臣となり大海人皇子と対立した。　C　大海人皇子は天智天皇の晩年は近江を離れ，吉野に移り，美濃に至って拠点とした。壬申の乱後は父の舒明天皇が拠点とした飛鳥に都をおいた。
②　壬申の乱は古代史上最大の内乱といわれる。大海人皇子は地方豪族などの協力を得て東国の兵の動員に成功し，勝利したのち天武天皇となり，古代国家の基礎を築いた。　③　飛鳥浄御原宮は現在の奈良県に位置する。古代の都については位置を確認しておきたい。
(2)　①　史料は「貞応二年」とあり1223年に記されたものである。1221年に後鳥羽上皇による鎌倉幕府打倒の兵乱がおきた。
②　ア　宣旨は天皇や太政官の命令を伝達するために用いられた文書で，征夷大将軍が出すものではない。　ウ　「広博狭小を嫌はず」とあることから，給田の割合は土地の大小によらず同じであった。エ　『新編追加』とは御成敗式目を補充する「追加法」「式目追加」を編集した追加法令集のことである。よって分国法ではない。　③　アの六波羅探題の設置は1221年，イの比企氏の乱は1203年，ウの弘安の役は1281年，エの永仁の徳政令は1297年である。　(3)　①　ア　水呑

百姓は田畑をもたない無高の農民のことで，村方三役に組織されることはない。　イ　田畑・屋敷に対して課せられる本百姓の負担は，本途物成や本年貢と呼ばれた。国役は一国単位で課される河川の土木工事での夫役労働。　ウ　金肥とは金銭を払って買い入れる肥料のことで干鰯や油粕などを指す。　②　旧里帰農令は寛政の改革で下層町人対策の一つとして出された法令で，江戸に流入した没落農民に帰村や帰農を奨励する法令である。天保の改革で出された人返しの法が強制的帰農策であったことと区別しておく。　③　大原幽学は幕末の農民指導者で先祖株組合をつくり，相互扶助を説き，農村復興を指導した。
(4)　①　1946年の自作農創設特別措置法で第二次農地改革が開始され，不在地主の全貸付地，在村地主の貸付地のうち都道府県平均1町歩，北海道では4町歩を超える分は国が強制的に買い上げて，小作人に優先的に安く売り渡した。　②　減反政策は1969年から始まったもので，1961年の農業基本法の制定とは結び付かない。

【5】1　(1)　c　　(2)　d　　(3)　a　　2　(1)　c　　(2)　d　　(3)　b
(4)　b

○**解説**○ 1　(1)　X　応天門の変ではなく承和の変のことである。
(2)　a　1069年。　b　1028年～1031年。　c　769年。　d　988年。
(3)　法隆寺は金堂を中心とした西院伽藍と，夢殿を中心とした東院伽藍に分かれている。　a　法隆寺金堂釈迦三尊像がおさめられている。
b　中宮時弥勒菩薩像である。　c　飛鳥寺釈迦如来像である。
d　薬師寺金堂薬師三尊像である。　2　(1)　c　上米の制は，江戸中期の享保の改革の一政策である。8代将軍徳川吉宗が1722年幕府の財政難打開の緊急措置として実施された。　(2)　d　尾形光琳は，江戸中期の画家・工芸意匠家である。初め狩野派を学び，のち光悦や宗達の作風の影響を受け，大胆で軽妙な画風により独自の造形美を展開，琳派を確立した。　a　東洲斎写楽。　b　山東京伝。　c　曲亭馬琴。
(3)　Ⅰ　陸奥の元文一揆が起こったのは1738年。　Ⅱ　秩父の武州一揆が起こったのは1866年。　Ⅲ　佐倉惣五郎は下総佐倉藩領公津村の名主で，200余村の百姓一揆の指導者として活動したのは1600年代中頃のことである。江戸時代の一揆は，代表越訴型一揆(17世紀)，惣百

姓一揆(18世紀)，世直し一揆(19世紀)となる。　(4)　Xは平戸，Yは対馬である。

【6】(1)　①→③→②　　(2)　光明子(光明皇后)　　(3)　③　　(4)　④
(5)　②　　(6)　①　　(7)　③　　(8)　④

○解説○ (1)　①は729年，②は764年，③は740年。　(2)　藤原氏は，外戚政策によって勢力を拡大していった。光明子はのちに皇后となるが，これは皇族以外から立后した初めての例でもあった。　(3)　①は，鎌倉幕府で政所・侍所の別当を兼ねた北条氏の地位を指す。②は，室町幕府の地方機関として置かれた鎌倉府の長官であった。④は，高利貸を営む土倉に課された税。　(4)　①は，江戸時代の歌舞伎役者で，勇壮な演技(荒事)で好評を得た。②は，室町時代の画僧で，明に渡って作画技術を学び，帰国後は日本的な水墨画を大成した。③は，出雲大社の巫女と伝えられ，阿国歌舞伎を始めた。　(5)　①は，1808年，イギリスの軍艦フェートン号がオランダ船捕獲の目的で長崎湾内に侵入した事件。③について，1811年，国後島に上陸したロシア軍艦艦長ゴローウニンを捕らえ，監禁。これに対し，ロシアは高田屋嘉兵衛を抑留した。④は，1596年，土佐沖にスペイン船サン＝フェリペ号が漂着し，その乗組員がスペインは領土拡張に宣教師を利用していると発言したとされる事件である。これが，26聖人殉教につながった。
(6)　座は，中世の商工業者の同業組合。上知令は，江戸・大坂十里四方の大名・旗本の知行地を幕府直轄領にしようとした法令。大名・旗本の反対で失敗し，水野忠邦は失脚した。　(7)　浜口雄幸は，蔵相に井上準之助を起用し，財政を緊縮して物価の引下げを図った。
(8)　協調外交とは，英米との武力的対立を避け，中国に対しては内政不干渉方針をとる外交政策のこと。外相幣原喜重郎が推進した。若槻礼次郎は，幣原喜重郎が外相であった時期の首相。閥族打破は，第1次護憲運動で掲げられたスローガン。

【7】(1)　ア　後三条　　イ　堀河　　(2)　a　　(3)　①　長講堂領
②　延暦寺　　(4)　朝廷と幕府との二元的支配の状況は大きく変わり幕府が優位に立った。　　(5)　①　中央(太政官)に記録所(記録荘園券

契所)を設け，荘園の所有者から提出された証拠書類(券契)と国司の報告とをあわせて審査し，基準にあわない荘園を停止した。この結果，摂関家の荘園も例外ではなく，貴族や寺社が支配する荘園と公領の区別が明確になった。　②　慈円

○**解説**○ (1)　ア　1017〜67年に摂政・関白を務め，父の藤原道長とともに藤原氏による摂関政治の全盛期を築いた藤原頼通は，娘の寛子を後冷泉天皇の皇后としたが，子を産まないまま1068年に後冷泉天皇は亡くなった。そのあと即位した後三条天皇は藤原摂関家と外戚関係がなく，親政を行ったため，摂関政治の時代は終わった。　イ　1072年に即位した白河天皇は父の後三条天皇にならって親政を行ったが，1086年に8歳の皇子の堀河天皇に譲位した。そして上皇(院)として院庁を開き，1129年に亡くなるまで堀河・鳥羽・崇徳天皇を後見しながら，自らが政治の実権を握る院政を行った。　(2)　a　関東で平将門が反乱を起こしたのとほぼ同時期の940年，瀬戸内では藤原純友が反乱を起こし，伊予の国府や大宰府を攻め落としたが，翌年に小野好古・源経基らによって平定された。平貞盛や藤原秀郷は平将門の反乱を平定した人物である。　(3)　①　鳥羽天皇(上皇・法皇)の皇子で崇徳天皇(上皇)の弟のウは後白河天皇(上皇・法皇)。後白河は持仏堂の長講堂に荘園を寄進し，その数は89に及んだ。これらの荘園は皇女の宣陽門院に譲られ，承久の乱後の鎌倉幕府による没収などを経て後深草天皇に譲られ，持明院統の経済的基盤となった。　②　[史料Ⅱ]中の「山法師」とは比叡山延暦寺の僧兵を指す。院政が始まった11世紀末，山法師と呼ばれた比叡山延暦寺の僧兵は日吉神社の神輿を担いで，奈良法師と呼ばれた興福寺の僧兵は春日神社の神木を担いで，しばしば朝廷に強訴した。　(4)　鎌倉幕府成立後も幕府の支配権は西国には及ばないなど，公武による二元的支配の体制が続いていたが，1221年の承久の乱で幕府方が勝利した結果，幕府は朝廷の監視と西日本の御家人の統制のために京都に六波羅探題を置き，また上皇方から没収した3000を超す所領には御家人らを新たに地頭(新補地頭)に任命して支配を強化するなどして，幕府が優位に立った。　(5)　①　後三条天皇は即位した翌年の1069年に延久の荘園整理令を出し，中央に記録荘園券契所(記録所)を設置した。荘園が増加して国衙領(公領)を圧迫していることに対

処するため，国司に代わって記録荘園券契所が荘園の所有者から所有権を証明する文書である券契を提出させて審査し，条件に合わない荘園は整理(停止)したもので，これによって摂関家も多くの荘園が整理されて経済的基盤が揺らぎ，院政が始まると，荘園の寄進は院に集中するようになった。　②　[史料Ⅲ]の『愚管抄』の著者は鎌倉時代前期の天台宗の座主慈円。兄に摂政・関白を務めた九条兼実らがいる藤原氏嫡流の出身で，後鳥羽上皇にも近い立場にあった。『愚管抄』は上皇に歴史の流れの道理を説き，承久の乱として実行されることになる上皇と近臣たちの倒幕計画を諫めるために著したものである。

【8】⑥

○**解説**○　(ア)　下に経文(『過去現在因果経』)，上にはそれに対応する絵が描かれているので，絵巻物の源流といわれる奈良時代の天平文化の作品の『過去現在絵因果経』。　(イ)　信貴山を中興した僧命蓮の霊験の物語を描いた，12世紀の院政期の文化の絵巻物『信貴山縁起絵巻』。(ウ)　鎌倉時代の絵巻物『一遍上人絵伝』(『一遍聖絵』)で，京都での踊念仏による布教の様子が描かれている。

【9】(1)　ア　a　老中　　b　寺社奉行　　c　京都所司代　　イ　3
ウ　4　　エ　幕府財政の悪化が進む中，幕府の収入を増やす目的で，金の含有率を減らした悪質の元禄小判を増発し，改鋳益金を得て幕府財政を回復させたが，貨幣価値の下落が物価高騰を招き，庶民の生活を圧迫した。　　(2)　ア　a　享保　　b　浅間山　　イ　飢饉に備えて全国的に社倉・義倉を整備して囲米を推進し，農村人口の回復をねらって百姓の出稼ぎを制限し，江戸からの帰農を奨励した。
ウ　元幕府の役人が幕府の直轄都市である大坂で武力によって反抗したため。　　(3)　A　著作名…4　　著者名…5　　B　著作名…2
著者名…6　　C　著作名…3　　著者名…7　　(4)　資料1…池大雅
資料2…尾形光琳
○**解説**○　(1)　ア　a　老中は江戸幕府における常設の最高職。定員は4～5名で，そのうちの筆頭者が老中首座であり，幕政の全体を統括した。
b　寺社奉行は全国の寺社と寺社領の管理，宗教統制をつかさどった。

寺社奉行は将軍直属の役職であるため，三奉行のなかでは最も地位が高かった。　c　京都所司代は譜代大名から選任され，幕府の職制上では，老中に次ぐ格式を持った。　イ　分地制限令の発布は1673年であり，四代将軍徳川家綱の時代の出来事である。　ウ　堀田正俊は綱吉の将軍擁立に功績があったとされ，綱吉の初期の政治を支えた人物。江戸城中で，若年寄の稲葉正休に殺害された。　1　間部詮房は六代将軍の徳川家宣の側用人を務めた人物。　2　柳沢吉保は徳川綱吉の側用人を務めた人物。堀田正俊が暗殺された後，綱吉に重用された。3　大岡忠相は八代将軍徳川吉宗の時代に，町奉行や寺社奉行を務めた人物。　エ　徳川綱吉の時代には，鉱山資源の枯渇による金銀の産出量の低下，明暦の大火後の江戸城と江戸市街の復興費用，寺社の造営費用などの要因により，幕府財政は破綻の危機を迎えていた。そこで荻原重秀は，貨幣改鋳による幕府財政の立て直しを図った。

(2)　ア　a　享保の飢饉は，西日本を中心に害虫ウンカの大発生による被害で米が大凶作となり発生した。米価の高騰により，江戸の街では打ちこわしが発生した。　b　浅間山の大噴火は天明年間のできごとであると覚えておくと良い。この大噴火は，天明の飢饉の深刻化をもたらした。　イ　松平定信の寛政の改革の方針は，田沼意次の重商主義路線を否定し，幕府本来の農本主義への回帰を志向するものであった。そのため，田沼時代に荒廃した農村の復興と，本百姓体制の再建による年貢収入の回復が目指された。また，江戸からの帰農の奨励(旧里帰農令)には，没落農民の江戸への流入を防ぐことで，江戸の治安回復を図るという目的もあった。　ウ　大塩平八郎は陽明学を修め，学者としても広く知られていた。幕府の役人を辞職した後は学問に専念し，家塾の洗心洞で門弟に陽明学を講じていた。天保の飢饉が起こると，大坂でも餓死者がでる状況のなか，豪商は米を買い占め，大坂町奉行は窮民の救済策も行わず，米を江戸に回送していた。この状況を見た大塩は，自らの蔵書をすべて売り払い，窮民に分け与えた後，武装蜂起を決行した。　(3)　1の慎機論は8の渡辺崋山の著作である。内容は，モリソン号事件を受けて，渡辺崋山が幕府の強硬な対外政策を批判したもの。　(4)　資料2　池大雅筆の『十便十宜図』「釣便図」。こうした絵画は文人画と呼ばれる中国で成立した絵画で，絵画の専門

家ではない教養人(文人)が，趣味や嗜みとして描いたもの。後に日本に伝わり，江戸時代中期以降に盛んになった。代表的な文人画家として，池大雅のほかに，与謝蕪村や渡辺崋山が挙げられる。　資料3尾形光琳作の『八橋蒔絵螺鈿硯箱』で，『伊勢物語』第九段三河国八橋の情景を描いた硯箱。燕子花の葉や茎を蒔絵で，花を螺鈿によって描いている。尾形光琳は画家としても有名であるが，工芸作品も手掛けている。

【10】(1)　ウ　　(2)　ウ　　(3)　ウ　　(4)　ウ　　(5)　ア
○**解説**○ (1)　秀吉は1588年に後陽成天皇を聚楽第に招いた。
(2)　X　日本町は東南アジアに形成された日本人居住地で，資料からはアユタヤ朝には日本町が見られるが，トゥングー朝には見られない。
Y　史料中に「斯の如く互に好を通ずる時に当て，国を鎖して，万国と相親ざる国は，多数の国と敵視するに至るべし」とあり，世界情勢を示しながら，他国との交流をしないことへの危惧が記されている。
(3)　Ⅰ　1715年に出された海舶互市新例で長崎貿易における制限令。
Ⅱ　1633年に出された鎖国令。史料中の「五ヶ所」は京都・堺・長崎・江戸・大坂の糸割符商人のこと。　Ⅲ　1842年の天保の薪水給与令。異国船打払令(1825)を否定し，文化の薪水給与令(1806)の方針に戻したことが書かれている。　(4)　c　海外貿易を制限した理由は2つある。キリスト教の禁教政策と幕府による貿易の利益独占である。したがって，「西国大名に貿易を奨励し貿易額に課税する」は誤りである。
d　幕府は秀吉の朝鮮出兵で途絶えた明との国交を回復させようと努力したが，実現しなかった。だが，明の民間船の往来は途絶えず，幕府は中国船との民間貿易の窓口を長崎に限定，長崎の町では中国人と日本人が雑居するようになった。　e　対馬の宗氏を通じて講和を実現し，朝鮮からは前後12回の使節が来日，4回目からは朝鮮通信使と呼ばれた。慶賀使は琉球王国から将軍の代がわりごとに送られた使節。
(5)　資料は1840年に起きたイギリスと清によるアヘン戦争の様子である。清は敗れて南京条約を結んだ。清の劣勢が日本に伝わったことで，幕府は1842年に異国船打払令を緩和して天保の薪水給与令を出した。日本が通商条約を結んだのは，1858年で清がアロー戦争(1856〜1860)

に敗れたことが背景にある。

【11】1　d　　2　e　　3　c　　4　d　　5　a　　6　e　　7　b　　8　c
○**解説**○　1　史料Aの「和俗童子訓」は，貝原益軒が著わした通俗教訓書で，日本初の体系的教育書として評価されている。「女大学」の底本とされているものである。　a　「塵劫記」は吉田光由の書。　b　「群書類従」を編纂したのは塙保己一。　c　心学を創始したのは石田梅岩。　e　貞享暦をつくったのは渋川春海。　2　X　江戸時代の離縁状は3行半で書かれている。　Y　離縁状には妻の再婚を認めると記された。　Z　東慶寺は鎌倉に，満徳寺は群馬県尾島町にあった。
3　集会条例は，自由民権運動を取り締まるために，1880年に制定された。保安条例は1887年に制定されたもので，当時の三大事件建白運動を取り締まるために出された。内乱を起こす恐れのあるものに対し，皇居外3里の地への退去，3年以内の再立ち入りを禁止した。尾崎行雄や中江兆民らがこれにより追放された。　4　a　星亨は自由党員で，立憲政友会創立に参加，衆議院議長なども務める。　b　河野広中は福島県出身の民権家。福島県会議長のとき，県令の三島通庸と衝突し，福島事件で投獄される。　c　小室信夫は最初民権家として民撰議院設立の建白書に加わるが，後年は実業家になる。　d　大井憲太郎は大分県出身の民権家で，1885年朝鮮改革を目指した大阪事件で投獄される。　e　片岡健吉は土佐藩出身で，民撰議院設立の建白に参加し，板垣退助とともに立志社を創立し，社長となった。　5　史料Dは日本最初の労働者保護法で，1911年成立。12歳未満の就労禁止，女子・年少者の深夜労働禁止，12時間労働制などが制定された。ただし，15人以下の零細工場には適用されなかった。1947年の労働基準法で廃止。
6　Xは1911年。Yは1920年，大日本労働総同盟友愛会は鈴木文治らが組織した友愛会を基礎に1919年に結成。Zは1897年に結成。　7　図Eは，女性解放運動の先駆けとなった，平塚雷鳥らが1911年に発行した雑誌「青鞜」の表紙である。　a　『にごりえ』の作者は樋口一葉。　b　新婦人協会の設立は1920年。平塚以外に市川房枝，奥むめおらが参加。　c　日本社会主義同盟の結成は1920年，山川均，山川菊栄，伊藤野枝らによる。　d　「君死にたまふなかれ」を「明星」に発表し

たのは与謝野晶子。　e　女子英学塾を創設したのは津田梅子。

8　a　シーメンス事件は1914年に起こった海軍の汚職事件。　b　二十一カ条要求は，第一次世界大戦中の大隈重信内閣が中国の袁世凱に，1915年に要求した事件。　c　石井・ランシング協定の締結は，1916年石井菊次郎とアメリカの国務長官ランシングとの間で，中国の領土保全・門戸開放などを確認しあった協定。　d　第一次護憲運動は，第3次桂太郎内閣に対して，1912年，「閥族打破・憲政擁護」を掲げて桂内閣を辞任させた事件。　e　上原勇作陸軍大臣の辞任は，1912年，2個師団増設問題で，西園寺公望首相が増設を認めず，陸軍大臣の単独辞表で内閣が倒れ，第3次桂内閣が発足した。

【12】問1　3　　問2　4

○**解説**○　問1　史料2は幕末の1854年3月にアメリカとの間で結ばれた日米和親条約である。これによって国が開かれ，続いて，日英・日露・日蘭条約がほぼ同じような内容で結ばれた。史料1は日露の国境を択捉と得撫の間に定めるとしていることから日露和親条約である。ともに片務的な最恵国待遇を認めていた。　問2　「価五分の運上を基本とし」とあることから，1866年に，安政五か国条約の輸入関税引き下げを目指す英・仏・米・蘭4か国と結んだ「改税約書」であることがわかる。関税を5％以下とする内容で，これによって外国商品の売り込みが有利となった。

【13】(1)　②　　(2)　⑥　　(3)　④

○**解説**○　(1)　C　坂下門外の変が正しい。桜田門外の変のあとに幕政を主導した安藤信正が公武合体政策を進め，和宮の降嫁を実現した。A　後水尾天皇は，徳川秀忠の外孫にあたる女帝の明正天皇に譲位した。　B　「尊号一件」と呼ばれ，これを機に松平定信と将軍徳川家斉の間に亀裂が生じた。　(2)　史料中に「高壱万石ニ付八木百石積り差し上げらるべく候。……之に依り，在江戸半年充御免成され候」とあり，石高1万石につき100石の上納と，その代償として大名の在府を半年とすることがわかる。これは8代将軍徳川吉宗による上げ米の令である。　a　大名が正しい。　b　上知令は1843年に水野忠邦が出し

た法令。 (3) A プチャーチンの長崎来航は1853年7月でペリー来航の直後である。 B 1791年のこと。エカチェリーナ2世の命を受けて，ロシア使節ラクスマンは大黒屋光太夫を日本に届けた。 C 1804年にレザノフが長崎に来航するも幕府に追い返され，1806年・1807年に樺太・択捉島を攻撃した。 D 1811～1813年におきたゴローウニン事件に関する内容。 E 1792年にラクスマンが大黒屋光太夫らを伴い来航した。

【14】問1 ウ 問2 渋沢栄一 問3 カ 問4 イ 問5 支払猶予令(モラトリアム) 問6 ウ 問7 ア 問8 ウ

○**解説**○ 問1 1881年に大蔵卿に就任した松方正義は，増税によって歳入の増加を図る一方で，官営事業を整理するなどして軍事費以外の歳出を削減する緊縮財政を進めた。その結果，デフレーションとなって，農産物価格の下落で自作農の現金収入は大きく減り，地価と地租率は固定されていたため，負担は実質的に増えた。 問2 1882年，渋沢栄一らはイギリス製の紡績機械を導入した大阪紡績会社を設立し，翌年に操業を開始した。日本の紡績業を牽引し，大阪は「東洋のマンチェスター」と呼ばれるほどの紡績都市に発展した。 問3 1891年，ロシア皇太子ニコライが滋賀県大津で津田三蔵巡査に斬られて負傷した大津事件が起こった(Ⅲ)。日清戦争直前の1894年，外務大臣陸奥宗光によって日英通商航海条約が調印され，領事裁判権が撤廃された(Ⅱ)。朝鮮では1896年に親露政権が成立し，翌1897年に国号を大韓帝国と改めた(Ⅰ)。 問4 イは1914～18年の第一次世界大戦中の大戦景気でにわかに大金持ちとなった成金の風刺画「成金栄華時代」。和田邦坊による1928年の作品で，100円は現在の30万円くらいに相当する。アは，1887年にビゴーが描いた鹿鳴館の舞踏会の風刺画。ウは，明治初期の廃仏毀釈。エは，1880年代後半の自由民権運動の演説会。
問5 1927年，第1次若槻礼次郎内閣の片岡直温蔵相の「渡辺銀行が破綻した」という失言がきっかけで金融恐慌が起こった。次の田中義一内閣(大蔵大臣高橋是清)は，3週間銀行の支払いを停止するモラトリアム(支払猶予令)を発し，日本銀行から巨額の緊急融資を行って，金融恐慌を鎮静化させた。 問6 X 金輸出解禁(金解禁)は1930年1月に浜

口雄幸内閣によって実施された。大蔵大臣は高橋是清ではなく井上準之助前日銀総裁。　Y　金輸出解禁によって為替相場の安定とともに，生産性の低い企業を淘汰するなどして産業の合理化を進め，輸出促進により景気を回復させるのが目的だったが，直前の1929年10月に起こった世界恐慌の影響も相まって，昭和恐慌と呼ばれる深刻な恐慌に陥った。　問7　1946年，幣原喜重郎内閣は金融緊急措置令を発し，現金をすべて預金させて(預金封鎖)，新円に切り換えた(Ⅰ)。1946年，第1次吉田茂内閣は傾斜生産方式を決定し，翌1947～48年に片山哲，芦田均の両内閣によって実施された(Ⅱ)。1949年，第3次吉田内閣はドッジ＝ラインと呼ばれる経済安定化計画を実施した(Ⅲ)。　問8　減反政策とは，米が余るようになった1970年以降における米の生産を制限する政策。1950年代にはまだ米の供給が十分ではなく，農地を増やすために，1957年に当時全国で2番目に広い湖だった秋田県の八郎潟の干拓が始まった。

【15】(1)　福沢諭吉　　(2)　尾崎行雄　　(3)　陸軍の2個師団増設を西園寺内閣が拒否したため，陸軍大臣が単独で天皇に辞表を提出し，陸軍から後任大臣を得られなかったため，内閣が総辞職した。
(4)　C　　(5)　D・F　　(6)　日英通商航海条約　　(7)　C・E
(8)　犬養毅　　(9)　浜口首相は，幣原喜重郎を外相に起用して協調外交を展開し，1930年の補助艦制限協定の締結を目ざすロンドン海軍軍縮会議で，ロンドン海軍軍縮条約に調印した。　　(10)　B
(11)　D　　(12)　H
○**解説**○ (1)　1885年，福沢諭吉は自らが発行している『時事新報』に史料の「脱亜論」を発表した。「西洋の文明国と進退を共にし，其支那朝鮮に接するの法も，隣国なるが故にとて特別の会釈に及ばず」と，アジアを脱して欧米列強側に立つ脱亜入欧を説いた。その背景には，前年の甲申事変で清が朝鮮に軍事介入し，福沢が支援していた金玉均らの朝鮮の改革派勢力が一掃されたことへの失望があった。
(2)　1912年末，桂太郎を首班とする藩閥内閣の第3次桂太郎内閣が成立すると，立憲政友会の尾崎行雄，立憲国民党の犬養毅が「閥族打破・憲政擁護」を掲げて第1次護憲運動(憲政擁護運動)と呼ばれる倒閣

運動を起こした。史料の帝国議会演説で，尾崎は「内大臣兼侍従長」の桂が首相となったことを「宮中府中ノ区別ヲ紊(みだ)ル」ものとして非難した。この運動の結果，1913年2月に桂内閣は2か月弱で退陣した(大正政変)。　(3)　1912年12月，陸軍2個師団増設を認めない第2次西園寺公望内閣に不満の上原勇作陸相は，大臣が単独で天皇に政務を報告できる帷幄上奏権を利用して，大正天皇に辞表を提出した。現役の大将・中将に限られていた後任の陸軍大臣を得るのは難しいと判断した同内閣は総辞職した。　(4)　1874年1月，前年の征韓論争に敗れて下野した板垣退助・後藤象二郎・副島種臣・江藤新平と，由利公正・小室信夫・古沢滋(迂郎)らによって，日本最初の政党の愛国公党が結成され，その5日後，左院に史料の民撰議院設立の建白書を提出した。板垣らは「有司(M)」(役人)の専制を批判し，その権力を制限すべきであると説き，そのために「民撰議院(N)」(国会)を開いて国民の世論を尊重した政治を行うことを主張した。　(5)　D　岩倉具視は1873年に帰国した岩倉使節団の大使で，副使の大久保利通・木戸孝允らとともに征韓論争では内治優先派の代表だったので，明治六年の政変後もそのまま右大臣として政府にいた。　F　西郷隆盛は板垣らとともに征韓派の代表で，明治六年の政変で下野したが，故郷の鹿児島に帰り自由民権運動に関わることはなく，1877年に西南戦争を起こして敗死した。　(6)　史料の『蹇蹇録』は第2次伊藤博文内閣(1892～96年)で外務大臣を務めた陸奥宗光が著した外交記録。史料中の「明治二十七年」は1894年，「青木公使」は青木周蔵駐英公使(元外相)なので，「新条約」とは日英通商航海条約。これにより領事裁判権が撤廃され，また関税率が引き上げられ，相互対等の最恵国待遇が定められ，不平等条約の一部改正に成功した。　(7)　日英通商航海条約調印の直後に起こった戦争は日清戦争。史料中の「大鳥公使」は駐朝鮮公使大鳥圭介である。　C　1914年の第一次世界大戦への連合国側での参戦について述べた文。　E　1904～05年の日露戦争について述べた文。日清戦争では約2億円の軍事費を使って勝利し，約3億6千万円の賠償金(遼東半島還付による代償金を含む)を得た。　(8)　1930年1月，浜口雄幸内閣(蔵相井上準之助)は金輸出解禁を実施したが，国民の購買力が落ち，前年に起こった世界恐慌の影響も相まって企業の業績が悪化し，

大量の失業者が出た。1931年12月，犬養毅内閣が成立すると，高橋是清蔵相は景気を浮揚して恐慌から脱出するため，金輸出再禁止を断行し，また金兌換を停止し，管理通貨制度に事実上移行した。　(9)　田中義一内閣(1927〜29年。外相は首相が兼任)は中国に対しては強硬外交に転換したが，1929年7月に発足した浜口雄幸内閣は幣原喜重郎を外相に起用して協調外交を展開した。1930年4月には米英仏伊との間でロンドン海軍軍縮条約に調印し，主力艦の建造禁止の5年間延長や，米英日間の補助艦保有率(10:10:6.975)が決定された。　(10)　この絵画は「湖畔」(1897年)で，作者の黒田清輝は1884年に法律を学ぶためにフランスに留学したが画家に転じ，印象派の明るい画風を学んで外光派と呼ばれた。帰国後の1896年には久米桂一郎らとともに白馬会を結成した。Aは岡倉天心，Cは高橋由一(1828年生まれなので「幕末に生まれ」は誤り)，Dは浅井忠について述べた文である。　(11)　史料は「封建的圧制の下日本農民を奴隷化して来た経済的桎梏を打破するため」からわかるように，GHQ(連合国軍最高司令官総司令部)が日本政府に発した農地改革指令である。Pの桎梏とは，1880年代の松方デフレ以降急速に進んだ，多くの土地を手に入れた地主が小作農から高額な現物小作料を取り立てる寄生地主制を指し，GHQはその解体を命じた。そして，農民が労働の成果を享受するため，「均等(Q)の機会の保障」を指令している。　(12)　X　『経済白書』において「もはや戦後ではない」と記されたのは，高度経済成長が始まった1956年のことである。　Y　オリンピック景気とは1963〜64年の好景気のこと。1964年10月開催の東京オリンピック特需が主な原因だったため，こう呼ばれる。　Z　1989年に3%の税率で消費税を創設したのは，中曽根康弘内閣(1982〜87年)の次の竹下登内閣である。

【16】問1　不平等条約改正の予備交渉　　問2　B　　問3　パリ＝コミューン　　問4　A

○解説○　問1　安政の諸条約は1872年から改正交渉ができることになっており，使節団はその条約改正に関する予備交渉と，欧米の制度，文物の視察とを目的にアメリカ・ヨーロッパに派遣された。しかし，改正予備交渉はできずに1873年に帰国している。　問2　Bは1869年であ

る。これにより西部の開拓が進むと，1890年代にフロンティアが消滅した。そのため，これ以降アメリカは，帝国主義国として海外進出を目指すことになる。カリブ海政策の下にキューバ進出を目指し，アメリカ＝スペイン戦争となったのは，1898年である。これに勝利したアメリカは，フィリピンやグアムを獲得し，太平洋地域に進出した。翌年，中国進出も図るが，すでに列強による侵略が進んでいたため，ジョン・ヘイの門戸開放宣言により，経済的進出を行った。Cのシャーマン反トラスト法は，1890年に制定されたアメリカで初めての独占禁止法である。　問3　プロイセン・フランス戦争のセダンの戦いで敗北し，ナポレオン3世が退位すると，フランスでは，第三共和政が成立した。国防政府の首班となったティエールはドイツとの講和を急ぎ，反対するパリの民衆から武器を没収しようとした。抵抗した民衆はバリケードを築いて政府軍と対峙，ここにパリという限定した地域ではあるが，歴史上初めて労働者の自治政府が成立した。これをパリ＝コミューンという。　問4　プロイセンという弱小国家の首相であったビスマルクは，条約改正のためにヨーロッパを訪問している同じく弱小な日本の指導者たちに対して，国際法と軍事力という大国のダブルスタンダードについて指摘し，軍事力を持つことの大切さを説いた。小国が国権(国家主権)を維持するためには，国際法の遵守よりも軍事力の増強であるとの指摘に感銘を受けた大久保利通らは，この後，富国強兵政策に転じることになる。

【17】(1)　4　　(2)　1　　(3)　5　　(4)　2　　(5)　2　　(6)　6
(7)　2　　(8)　6　　(9)　4　　(10)　1　　(11)　4　　(12)　5

○解説○ (1)　堀田正睦は，日米和親条約締結後にアメリカ総領事ハリスとの交渉に当たった老中首座。パークスは，イギリス駐日大使で幕末期に大名連合政権樹立に期待して薩長に接近し，幕府を支援していた駐日フランス公使のロッシュと対立した。日本は，1858年に日米修好通商条約を締結後にオランダ・ロシア・イギリス・フランスとも同様の内容で条約を締結。これらを総称して「安政の五か国条約」と呼ぶ。
(2)　薩摩藩の島津久光が，1862年に独自の公武合体の立場から推進した幕政改革(文久の改革)に関する記述。この時に政事総裁職に任命さ

れたのは，松平容保ではなく松平慶永が正しい。なお，松平容保は京都守護職に任命されている。あわせて幕府は，西洋式軍制の採用，参勤交代制の緩和なども行った。　(3)　1　徴兵は満20歳に達した男性から選抜して行われた。徴兵令では，戸主とその跡継ぎや官吏・学生のほか，代人料270円をおさめるものには兵役免除を認めていた。　2　八幡製鉄所は，ドイツの技術を導入して操業を開始した。フランスの技術が導入されたのは，1872年に群馬県に官営模範工場として設けた富岡製糸場である。　3　就学率が90％を超えたのは1900年に義務教育期間の授業料が廃止されたことによるものである。　4　松方正義による1880年代前半の経済政策は，厳しい緊縮・デフレ政策のため，米・繭など物価の下落が著しく，深刻な不況がもたらされた。

(4)　植木枝盛による「東洋大日本国国憲按」は，広範な人権保障，権限の強い一院制議会，抵抗権・革命権などを規定した急進的なものであった。議院内閣制と国務大臣連帯責任制を定めた私擬憲法は，交詢社によるものである。　(5)　2　1906年にサンフランシスコで日本人学童の入学拒否事件が発生するなど，日本人移民排斥運動が激化した。1　アメリカが中国に関して門戸開放・機会均等を提案したのは1899年のこと。　3　第1次日露協約は，1907年に結ばれたものであるが，その内容は日本の韓国保護国化と外モンゴルにおけるロシアの特殊権益を認めたものである。　4　第1次日韓協約は，1904年に結ばれ，日本政府推薦の財政・外交顧問をおくことを認めさせた。韓国の外交権を剥奪したのは1905年の第2次日韓協約である。　5　韓国併合の際に統治機関として設置されたのは朝鮮総督府で，その初代総督は，陸軍大臣の寺内正毅が任命された。なお，統監府は1905年の第2次日韓協約で設置され，初代統監は伊藤博文が任命された。　(6)　X　生糸ではなく綿糸が正しい。渋沢栄一らが1883年に設立したのは大阪紡績会社である。　Y　1885年と1899年の輸出グラフを見ると絹織物の割合は増えているが，綿織物は含まれていない。また，国産力織機は豊田佐吉らが考案したが，これは綿織物業で利用される機械である。

(7)　1　保安条例は，1887年に三大事件建白運動や大同団結運動など民権運動の高揚に際し，第1次伊藤内閣が発布したものである。立憲政友会は1900年に成立したもので，両者は無関係である。　3　軍部

大臣現役武官制は，1900年に第2次山県有朋内閣によって定められた。山県の政策に批判的になった憲政党が伊藤博文に接近し，成立したのが立憲政友会である。　4　金融恐慌は，憲政会の第1次若槻礼次郎内閣の時に発生した。台湾銀行救済のための緊急勅令案を枢密院で否決され，総辞職した。　(8)　A　1927年の田中義一内閣が東方会議にて決定した「対支政策綱領」。　B　1922年にワシントン会議で締結された「九ヵ国条約」の記述。中国の主権尊重・門戸開放・機会均等等を規定し，日米間の石井・ランシング協定は廃棄された。　C　1915年に第2次大隈重信内閣が，中国における利権拡大のため袁世凱政府に要求した「二十一カ条の要求」の記述。　D　1938年に近衛文麿首相が発表した第1次近衛声明についての内容。これにより政府は，国民政府との和平の道を自ら閉ざした。　(9)　太平洋戦争ではなく日中戦争が正しい。1937年の日中戦争勃発後に，第1次近衛内閣が挙国一致・尽忠報国・堅忍持久をスローガンに行った運動。　(10)　幣原喜重郎内閣による金融緊急措置令に関する記述。1947年に石炭・鉄鋼・電力など基幹産業を復興させるために設立された政府の金融機関は復興金融金庫(復金)。　(11)　A　1927年の上野浅草間における地下鉄開通。　B　1964年に東京～大阪間に東海道新幹線が開通。　ア　洋食が普及したのは大正期で，Aの時期と一致。しかし，インスタント食品や冷凍食品が普及したのは高度経済成長期(1955年から約20年間)であり，時期が異なる。　ウ　ガス灯・煉瓦造り・牛鍋は，明治期の文明開化の特徴である。　オ　都市におけるバスの発達は，大正期のことである。また，大正期には市電やタクシーの公共交通も発達した。カ　「リンゴの唄」の大流行や，美空ひばりの登場は戦後文化でみられる。　イ　健康保険法は1927年に，借地法・借家法は1921年に制定された。　(12)　まず，表中の大正政変は1913年，米騒動は1918年，関東大震災は1923年，普通選挙法成立は1925年である。　ア　菊池寛の『恩讐の彼方に』は1919年発表。　イ　火野葦平の『麦と兵隊』は1938年に発表された戦争文学である。　ウ　有島武郎の『或る女』は1919年発表。　a　日本女子大学校の設立は1901年である。　b　新婦人協会は1920年に設立した。　c　雨宮製糸工場の工女によるストライキは1886年に発生し，日本最初のストライキとされている。

● 中高・高校

【18】(1)　ア　朝廷への報告を行い，諸大名や幕臣にも意見を述べさせ，挙国的に対策を立てようとした。　イ　説明…他国と結んだ条約において，日本がアメリカに与えたよりも有利な条件を認めた時は，アメリカにも自動的にその条件が認められること。　人物　老中首座…堀田正睦　大老…井伊直弼　(2)　3→1→2→4　(3)　a…戸主　人物…ボアソナード　(4)　3　(5)　ア　山東省の旧ドイツ権益と赤道以北の旧ドイツ領南洋諸島の委任統治権を得た。　イ　四カ国条約…日英同盟　九カ国条約…石井・ランシング協定　ウ　アメリカ・イギリス各5に対し日本3　(6)　ア　関東軍は，柳条湖事件を起こすと，これを中国軍のしわざとして軍事行動を開始した。これに対して，若槻礼次郎内閣は不拡大方針を声明した。　イ　②　犬養毅　③広田弘毅　④　平沼騏一郎　ウ　アメリカ・イギリス・ソ連の首脳が会談し，ソ連が南樺太・千島のソ連領有などを条件に，ドイツ降伏後2〜3か月後，対日戦に参加することを密約した。

○解説○ (1)　ア　阿部正弘は失脚した水野忠邦のあとを受けて老中首座となった人物で，ペリー来航への対応や，日米和親条約の締結などに尽力した人物である。従来，江戸幕府は親藩・外様大名を幕政に関与させない方針を取ってきたが，阿部はこの方針を転換させた。この方針転換によって，朝廷の権威が高まり，親藩・外様を含む諸大名の幕政への介入を許す結果となり，幕府の絶対的権威が揺らぐことになった。　イ　この条項はアメリカに一方的に利益をもたらすものであり，日米和親条約が不平等条約である理由のひとつとされる。堀田正睦はアメリカ総領事として来日していたハリスと通商条約の調印に向けて交渉を行ったが，孝明天皇をはじめ，当時の朝廷では攘夷の空気が強く，条約調印の勅許は得られなかった。井伊直弼は勅許が得られないまま日米修好通商条約の調印を強行したが，この行為は孝明天皇や尊王攘夷派の志士の怒りを招いた。そこで，井伊は反対派をきびしく弾圧した(安政の大獄)。しかし，この弾圧に憤激した水戸脱藩士たちに暗殺された(桜田門外の変)。　(2)　1　開拓使官有物払下げ事件で，1881年のできごと。　2　秩父事件で，1884年のできごと。　3　漸次立憲政体樹立の詔が出されたのは，1875年。　4　三大事件建白運動で，1887年のできごと。　(3)　明治政府は西洋を模範とする法典の整

備を進め，フランスの法学者ボアソナードを招いてフランス法をモデルとする各種法典の起草にあたった。1890年に公布された民法は，このボアソナードが中心となって起草されたものである。しかし，この民法に対して，穂積八束など一部の法学者から，家族道徳などの日本の伝統的倫理を破壊するものであるとの批判が提起され，その是非をめぐって激しい論争が起こった(民法典論争)。この結果，1890年公布の民法は修正され，新民法では戸主の家族に対する強い支配権(戸主権)が規定されることになった。　(4) 『職工事情』は，1903年に農商務省がまとめた工場労働者の実態調査である。資本主義経済の発達に伴い，19世紀の終わり頃から，日本でもストライキなどの社会運動が起きるようになった。政府は労働条件の改善によって，労使対立を緩和することを目的に，1911年に工場法を制定した。　(5)　ア　第一次世界大戦が勃発すると，日本は日英同盟を理由にドイツに宣戦し，中国におけるドイツの根拠地の青島を攻撃し，ドイツ領南洋諸島の一部を占領した。　イ　四カ国条約は，太平洋の平和と現状維持を目的としたもので，この条約により日英同盟が終了した。また，九カ国条約は，中国の領土と主権の尊重，中国における各国の経済上の門戸開放・機会均等を目的としたもので，中国権益をめぐる日米二国間の協定である石井・ランシング協定が廃棄された。　ウ　ワシントン海軍軍縮条約の調印に際し，日本国内では海軍軍令部を中心に対米英七割を強く主張したが，海軍大臣で全権の加藤友三郎が海軍内の不満を抑え調印に踏み切った。なお，ワシントン海軍軍縮条約では，駆逐艦や潜水艦などの補助艦に関する制限がなかったため，各国が抜け道的に高性能な補助艦をさかんに建造するようになり，1930年のロンドン海軍軍縮条約では補助艦の保有量も取り決められた。　(6)　ア　満州事変が始まると，若槻礼次郎内閣は不拡大方針を声明したが，関東軍は満州全域を軍事的制圧下に置くために戦線を拡大，世論やマスコミも関東軍の行動を支持したため，事態の収拾に自信を無くした若槻内閣は総辞職した。　イ　②　犬養毅は，五・一五事件で暗殺された首相である。　③　広田弘毅は二・二六事件の後，岡田啓介の後を受けて首相に就任した。広田内閣のもとでは，日独防共協定の締結や，軍部大臣現役武官制の復活が行われた。　④　平沼騏一郎内閣は反共の立

場からドイツとの同盟政策を進めていたが，独ソ不可侵条約が締結されると，国際情勢の急変に対応できないとして総辞職した。　ウ　ソ連は日ソ中立条約を結んでいたため対日戦に参戦していなかったが，戦争の早期終結を目指すアメリカの要請により，南樺太・千島の領有などを条件に対日参戦を約束した。

【19】問1　4　　問2　4　　問3　1
○**解説**○　問1　GATT(関税と貿易に関する一般協定)に加盟は1955年，経済企画庁の『経済白書』に「もはや戦後ではない」の記述は1956年，池田勇人内閣が国民所得倍増計画を発表は1960年。　問2　ア　1973年の第一次石油ショックは確かに高度経済成長終了のきっかけとなったが，それはイラン革命ではなく，第4次中東戦争に伴い，OPECやOAPECが石油戦略を発動して石油価格が高騰したことによる。
イ　プラザ合意は1985年のことであり，円高不況の要因となったものである。　問3　ア　日米安全保障条約調印1951年　→　エ　日米相互防衛援助協定(MSA協定)調印1954年　→　イ　日米相互協力及び安全保障条約(新安全保障条約)調印1960年　→　ウ　沖縄返還協定調印1971年

【20】問1　(1)　カ　　(2)　A→C→D→B　　問2　・学制により男女に等しく学ばせる国民皆学教育の建設が目指されたが，1895年まで女子の就学率は男子の約2分の1で推移した。　・1900年に義務教育期間の授業料が廃止されると，数年後には男女平均就学率が90％を超えた。・19世紀末以降，国家主義重視の教育政策へ移っていった。
問3　第一次山本権兵衛内閣が現役規定を削除し予備役・後備役まで資格を広げたが，広田弘毅内閣が現役規定を復活させた。(54字)
問4　(1)　統制派　　(2)　ウ　　問5　ウ
○**解説**○　問1　(1)　Ⅰ　自由党の結成は1881年で国会期成同盟を中核に結成された。　Ⅱ　集会条例は1880年4月に公布され，集会・結社の自由を規制することで，同年の国会開設運動の高揚に対処した。
Ⅲ　北海道の開拓使所属の官有物を払い下げるに当たり，開拓長官黒田清隆が薩摩出身の豪商五代友厚らに不当に安い価格で払い下げよう

として問題化。政府は官有物払い下げの許可を取り消すとともに，国会の早期開設を唱えた参議大隈重信を世論の動きと関係ありとして免官した。黒田清隆は開拓長官を辞任した。　(2)　Aの大阪会議は1875年，Bの保安条例公布は1887年，Cの明治14年の政変は1881年，Dの松方財政は1880年代前半。　問2　資料Aと資料Bでは就学率を読み取ることが重要になる。1872年に学制が公布され，国民皆学が目指されたが，現実とかけ離れて当時の国民生活に合わなかったので就学率は伸びなかった。就学率が伸びない理由には授業料も関係したため，1900年に義務教育における授業料が廃止されると，男女共に就学率が伸びた。資料Aと資料Cでは教育内容の変化について読み取ることが必要である。当初小学校教育は，国民自身が身を立て，智を開き，産をつくるための学問という功利主義的な目的であったが，教育勅語が発布され，忠君愛国が学校教育の基本であることが強調され，国定教科書制度など教育に対する国家の統制は高まっていった。　問3　軍部大臣現役武官制は1900年に山県有朋内閣のもとで制定された。陸・海軍大臣を現役の大将・中将から任用する制度で，軍部に対する政党の影響力を阻止する目的であった。この規定により組閣非協力や軍部大臣単独辞任などの手段で内閣を左右することから，1913年に山本権兵衛内閣が現役規定を削除し，内閣に対する軍の影響力行使を制限しようとした。しかし，1936年に広田弘毅内閣が陸軍の要求に従って現役規定を復活させた。　問4　(1)　陸軍には青年将校を中心に，直接行動による既成支配層の打倒と天皇親政の実現を目指す皇道派と，中堅幕僚将校を中心に，革新官僚や財閥と結んだ軍部の強力な統制のもとで総力戦体制樹立を目指す統制派が対立していた。史料中に「元老重臣軍閥財閥官僚政党等ハ此ノ元兇ナリ」とあることから財界・政界と接近していた統制派を指す。　(2)　ロンドン海軍軍縮条約では補助艦の保有量が決められ，英・米・日間はほぼ10:10:7と決められた。　問5　Aは1982年に発足した中曽根康弘内閣，Bは1964年に成立した佐藤栄作内閣，Cは1991年発足の宮沢喜一内閣のこと。

中高・高校
世界史

要点整理

▐▐▐文明の成立と古代国家の発展

　文明の成立と古代国家の発展という大テーマのもとで，文字の問題，西アジアにおける国家の興亡史，ギリシア・ローマ史，中国の秦・漢王朝などについて，高校世界史教科書をもとにして，しっかりと理解しておきたい。重要テーマを論題に設定し，400字前後にまとめておけば，論述問題にも対応できる実力が身についていく。

▐▐▐東アジア・イスラム世界の形成と発展

　時代的には魏晋南北朝時代，隋・唐の統一時代，唐末五代の社会の変動期，宋代の社会と文化，遼・金・南宋の分裂時代，元の中国支配，などである。また，ムハンマド（マホメット）の出現とイスラム帝国の発展，イスラム文化などが中心である。

　特に，ここでは，これらの時代を通して見られる共通項などに注目して，中国史の統合問題，イスラム文化がヨーロッパ近代文明の発展に与えた影響などを取り扱った。なお，この時代は中国の発展，特にモンゴル帝国の成立によってユーラシア大陸が統一され，東西文化の交流が発達した特記すべき時代であった。東西交渉史の具体例を整理して理解しておきたい。

▐▐▐ヨーロッパ世界の形成

　中世史についても，他の時代と同様相当の出題が見られるので注意する必要がある。各地域の交流圏を念頭に置きながら学習を進めて欲しい。

　ここでは，ゲルマン民族の大移動から封建社会の成熟に至るヨーロッパ中世史を中心に，中でも教皇権と皇帝権の抗争を含む中世キリスト教史と中世文化，十字軍と封建社会の動揺が中心となる。

▌▌近代市民社会の成立と発展

○**独立宣言（1776）**

自然権・社会契約説・革命権

○**革命の原因**

旧制度の矛盾・啓蒙思想・財政破綻

○**大陸封鎖令（1806）と国民意識**

ナポレオンの没落の端緒

○**産業革命成立の3条件**

資本・市場・賃金労働力の豊富さ

○**神聖同盟と四国同盟**

ウィーン体制の2大支柱

○**七月革命（1830）の影響**

仏の産業革命本格化

○**ベルギー独立，ポーランド反乱**

○**英選挙法改正・独関税同盟成立**

○**二月革命（1848）の影響**

独三月革命（フランクフルト国民議会・ハンガリー独立運動・チャーチスト運動の高揚）

○**ドイツ連邦**

北ドイツ連邦－ドイツ帝国と変遷

○**イタリア王国**

普墺戦でベネチア併合，普仏戦で教皇領を占領

○**南北戦争の対立点**

奴隷制・関税問題，州自治権（①初期の連邦派と反連邦派の対立，②米英戦争，③モンロー宣言，④西漸運動，⑤フロンティア精神）

▌▌資本主義的生産様式の成長

貴族や領主などの旧支配者層を倒すためには，商工業によってしだいに富を蓄え始めたブルジョアジーの勢力の伸張が必要であり，事実，イギリスでもアメリカでもフランスでも，旧体制のもとで，ある程度まで資本主義的生産様式が成長してはじめて市民革命が可能となった。

　こうして市民革命は，封建的な階層秩序を撤廃し，封建的な束縛から個人を解放することによって，自由かつ平等なる自律的個人，すなわち「市民」の結合体としての「市民社会」を成立させた。

▌▌▌専制国家の盛衰

- ○イギリスのインド進出－東インド会社設立（1600），プラッシーの戦い（1757），セポイの反乱（1857），インド帝国の成立（1877）
- ○フランスのインドシナ進出－阮朝成立（1802），清仏戦争（1884），天津条約（1985），仏領インドシナ成立（1987）
- ○アヘン戦争－三角貿易，林則徐，南京条約（5港開港，香港割譲，公行廃止）
- ○太平天国の乱－キリスト教，排満興漢（民族主義），土地均分（土地革命），外国の内政干渉，アヘン輸入反対
- ○ロシアの東方進出－ネルチンスク条約，キャフタ条約，愛琿条約，天津条約，北京条約，イリ条約，北京議定書

▌▌▌帝国主義

- ○大戦の転機＝アメリカの参戦とロシア革命（1917）
- ○軍縮＝ワシントン会議（1921），ジュネーヴ会議（1927），ロンドン会議（1930）
- ○賠償＝ドーズ案（1924），ヤング案（1929），ローザンヌ会議（1932）
- ○安全保障＝国際連盟（1920），四ヵ国条約（1921），ロカルノ会議（1925），不戦条約（1928）
- ○民族自決と国際協調＝ヴェルサイユ体制の2大原則
- ○ソヴィエト経済＝戦時共産主義，新経済政策（ネップ），五カ年計画
- ○インド民族運動＝自治，不服従，完全独立
- ○中国革命＝五・四運動，国共合作，北伐，抗日民族統一戦線
- ○アメリカ恐慌対策＝NIRAとAAA，善隣外交政策（中南米，キューバ承認，ソ連承認，フィリピン独立）
- ○フランス人民戦線＝反ファシズム人民統一戦線（1936）
- ○英政策の矛盾＝マクマホン協定（1915）とバルフォア宣言（1917）

○ヴェルサイユ体制（1919〜）＝被圧迫民族の「自決」要求無視

○軍縮会議＝ワシントン（1921〜22）・ロンドン（1930）の成功，ジュネーヴ（1927）の失敗

○ミュンヘン会談（1938）＝英・仏の対独宥和政策

▓▓▓20世紀の世界…第二次大戦とその後

○米ソの防衛体制＝NATO対ワルシャワ条約機構

○戦後史第一期＝トルーマン宣言，マーシャル・プラン，コミンフォルム，NATO，朝鮮戦争

○戦後史第二期＝ジュネーヴ国際平和会議，平和5原則，アジア−アフリカ会議

○戦後史第三期＝多極化，中ソ対立，米ソ接近，米仏対立，中国の国連復帰（1971）

○ジュネーヴ会議（1954）＝朝鮮統一失敗，インドシナ休戦

○ECの発足（1967）＝EEC，石炭鉄鋼（ECSC），原子力（EURATOM）三共同体の統合

▓▓▓世界紛争

○露清国境問題−ネルチンスク条約（1689），キャフタ条約（1727），アイグン条約（1858），天津条約（1858），北京条約（1860），イリ条約（1881）

○第三世界の自立−平和五原則（1954），バンドン会議（1955），平和十原則，イラン革命（1979）

○ドイツ・ポーランド問題−ポツダム協定（1945）

○ラテンアメリカ諸国の独立−1810〜20年代＝独立運動の成功，モンロー宣言（1823）

○太平天国の乱（1851）−洪秀全，滅満興漢

○洋務運動−漢人官僚（曾国藩，李鴻章，左宗棠）

○1936年の西欧−スペイン内乱（独・伊，フランコ将軍を援助），独：ラインラント進駐，伊：エチオピア侵略

実施問題

【1】 世界史の授業で古代オリエント世界について学習したみちこさん
は，オリエント諸国の興亡について次のような図を作成した。これに
ついて，みちこさんとよしおさんの会話文を読んで，あとの各問いに
答えなさい。

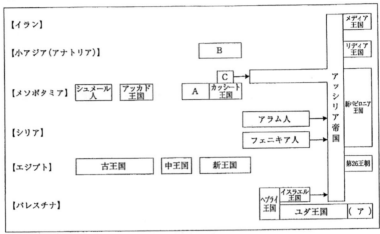

みちこさんが作成した図（左から右に向かって時代が進んでいる）

みちこ：メソポタミアにセム語系アムル人によってつくられた　A
　　　　は，小アジア地方に興った　B　によって滅ぼされたのだ
　　　　ったね。

よしお：　B　は，鉄製の武器や馬がひく戦車を用いて強大な国を形
　　　　成したよね。

みちこ：それから，　A　滅亡後の南メソポタミア地域にはカッシ
　　　　ート王国が建設されたね。カッシート王国は，前12世紀にエ
　　　　ラム人によって滅ぼされるまで約350年間この地域を支配し
　　　　たよね。

よしお：北メソポタミアにおこった　C　も西方のシリアへと領土
　　　　を広げ，前14世紀に　B　に敗れるまでは強大な国力を保
　　　　ったのだよね。諸王朝が並立する複雑な状況が長い間続いて

　　　　いたけれど，アッシリア帝国によってついに統一されたわけ
　　　　だね。
みちこ：けれども，アッシリア帝国が崩壊した前7世紀末以降のオリ
　　　　エント世界では，イラン高原のメディア王国，小アジアのリ
　　　　ディア王国，メソポタミアの新バビロニア王国などの王国が
　　　　分立することになるよね。
問1　図及び会話文中の　A　～　C　に入る国や民族の組合せと
　　して正しいものを，次の1～6のうちから1つ選びなさい。
　　1　A　バビロン第一王朝　　B　ヒッタイト
　　　　C　ミタンニ王国
　　2　A　バビロン第一王朝　　B　ミタンニ王国
　　　　C　ヒッタイト
　　3　A　ヒッタイト　　　　　B　ミタンニ王国
　　　　C　バビロン第一王朝
　　4　A　ヒッタイト　　　　　B　バビロン第一王朝
　　　　C　ミタンニ王国
　　5　A　ミタンニ王国　　　　B　バビロン第一王朝
　　　　C　ヒッタイト
　　6　A　ミタンニ王国　　　　B　ヒッタイト
　　　　C　バビロン第一王朝
問2　図中の　アッカド王国　について述べた文として正しいものを，
　　次の1～4のうちから1つ選びなさい。
　　1　ダマスクスを中心に内陸都市を結ぶ中継貿易によって栄えた。
　　2　シリアに進出してエジプトの王国とカデシュで戦い，条約を結
　　　んだ。
　　3　都市国家ウルの中心部にはジッグラトが築かれ，神権政治が行
　　　われた。
　　4　セム語系民族の国であり，サルゴン1世がメソポタミアに最初の
　　　領域国家を築いた。
問3　図中の　新王国　について述べた次の文a・bについて，正誤の組
　　合せとして正しいものを，以下の1～4のうちから1つ選びなさい。
　a　新王国時代には，閏月を入れた太陰暦，時間や角度の単位に使

われる六十進法が使用された。

b 新王国時代のアメンホテプ4世は，アトン神を信仰し，都をテーベからメンフィスに移した。

1 a 正　　b 正　　2 a 正　　b 誤　　3 a 誤　　b 正

4 a 誤　　b 誤

問4 みちこさんは，あとから図を見直したときに，ユダ王国を滅ぼした国(ア)を書き忘れていたことに気づいた。(ア)にあてはまる国として正しいものを，次の1〜4のうちから1つ選びなさい。

1 メディア王国　　2 リディア王国　　3 新バビロニア王国

4 第26王朝

問5 図中の国や民族について興味を持った3人の生徒が，それぞれ資料集で調べた内容について発言している。発言の内容の正誤の組合せとして正しいものを，以下の1〜8のうちから1つ選びなさい。

ひできさんの発言

> フェニキア人は地中海貿易で活躍し，イタリア半島南端のタレントゥムに植民都市を建設しました。

ゆうこさんの発言

> アラム人が使用したアラム文字は東方に伝わり，ソグド文字やウイグル文字に派生しました。

たけるさんの発言

> ヘブライ王国は，前10世紀頃にダヴィデ王とその子ソロモン王のもとで栄えました。

	1	2	3	4	5	6	7	8
ひできさんの発言	正	正	正	正	誤	誤	誤	誤
ゆうこさんの発言	正	正	誤	誤	正	正	誤	誤
たけるさんの発言	正	誤	誤	正	正	誤	正	誤

▌2024年度 ▌宮城県・仙台市 ▌難易度 ■■□□□□

304

【2】次の(1)から(13)の問いに答えよ。

(1) 西ヨーロッパの歴史について説明した文として，誤っているものを一つ選び，番号で答えよ。

1 ローマの最盛期は五賢帝の時代で，トラヤヌス帝のときに領土は最大となった。

2 教皇ウルバヌス2世はクレルモン宗教会議を招集し，聖地回復の聖戦を提唱した。

3 インド航路を利用した香辛料の直接取引は，ポルトガルに莫大な利益をもたらした。

4 三十年戦争はウェストファリア条約で終結し，ヨーロッパで主権国家体制が確立した。

5 第二次世界大戦では，ドイツはフランスに侵攻したがマルヌの戦いで阻止された。

(2) 東ヨーロッパの歴史について説明した文として，正しいものを一つ選び，番号で答えよ。

1 ビザンツ(東ローマ)皇帝ユスティニアヌスは，イエスなどの聖像の厳禁を命じた。

2 モスクワ大公国のイヴァン3世は，はじめてツァーリ(皇帝)の称号を使用した。

3 プガチョフは，ポーランド分割に対して義勇軍を率いて抵抗したが失敗した。

4 ロシア皇帝ニコライ2世は，農奴解放令を発し，農奴に人格的自由を認めた。

5 ソ連のスターリンは，フルシチョフを批判し，資本主義国との平和共存を提唱した。

(3) 西アジアの歴史について説明した文として，誤っているものを一つ選び，番号で答えよ。

1 ユダ王国はアッシリアに征服され，住民の多くがバビロンに連れ去られた。

2 アッバース朝はムスリム間の民族差別を廃止したため，「イスラーム帝国」と呼ばれる。

3 オスマン帝国はアンカラの戦いでティムール朝と衝突し，大敗

を喫した。

4 第一次世界大戦後，イラク・パレスチナなどはイギリスの委任
統治領とされた。

5 エジプトのスエズ運河国有化宣言を契機として，スエズ戦争(第
2次中東戦争)が起こった。

(4) 南・東南アジアの歴史について説明した文として，正しいものを
一つ選び，番号で答えよ。

1 クシャーナ朝は，仏教に帰依したアショーカ王のもとで最盛期
を迎えた。

2 シュリーヴィジャヤ王国では，仏教寺院のアンコール＝ワット
が建設された。

3 アンボイナ事件によって，イギリス勢力はインドネシアから締
め出された。

4 ムガル帝国滅亡後，フランスによるインドの直接支配が始まっ
た。

5 インド独立法にもとづき，ヒンドゥー教徒主体のパキスタンが
成立した。

(5) 東アジアの歴史について説明した文として，誤っているものを一
つ選び，番号で答えよ。

1 前漢の武帝は，財政難を乗り切るため，塩・鉄・酒の専売や均
輸・平準を実施した。

2 唐の玄宗は，楊貴妃を溺愛しその一族を重用したため，安史の
乱が起こった。

3 清の康熙帝は三藩の乱を鎮圧するとともに，台湾を領土として
統治の基礎を固めた。

4 孫文は辛亥革命によって臨時大総統に選出され，北京で中華民
国の建国を宣言した。

5 毛沢東は急激な社会主義建設をめざす「大躍進」運動を指示し
たが，失敗した。

(6) 中国の官吏登用について説明した文として，正しいものを一つ選
び，番号で答えよ。

1 九品中正は，地方長官の推薦による官吏登用法であり，漢で実

施された。

　2　郷挙里選は，中正官が人材を9等にわけて推薦する制度であり，魏で実施された。

　3　科挙は，儒学の試験によって広く人材を求めるもので，唐で始まった。

　4　殿試は，皇帝自らが試験官となっておこなう科挙の最終試験で，宋で始まった。

　5　利挙は，清の同治帝によって実施された洋務運動の一環として廃止された。

(7)　アフリカの歴史について説明した文として，誤っているものを一つ選び，番号で答えよ。

　1　クロマニョン人は「南の猿」を意味し，南・東アフリカ各地で発見された猿人である。

　2　マリ王国のマンサ＝ムーサは，大量の金を持ちメッカ巡礼をおこなったことで知られる。

　3　明の永楽帝は鄭和に南海遠征を命じ，その艦隊はアフリカ沿岸に到達した。

　4　ポルトガル王ジョアン2世が派遣したバルトロメウ＝ディアスは，喜望峰に達した。

　5　フランスはアフリカ横断政策を推進し，イギリスとファショダで衝突した。

(8)　アメリカ大陸の歴史について説明した文として，正しいものを一つ選び，番号で答えよ。

　1　テノチティトランを都とするマヤ文明は，精密な暦法など独自の文明を発達させた。

　2　ブラジルを除いて，ラテンアメリカの大半はポルトガルの植民地となった。

　3　パリ条約でアメリカ合衆国の独立が承認された後，独立宣言が発表された。

　4　リンカン大統領が奴隷解放宣言を発したことを契機として，南北戦争が開始された。

　5　ジョンソン大統領は，公民権法を成立させ，「偉大な社会」を提

唱した。

(9)　ウクライナの歴史について説明した文として，誤っているものを一つ選び，番号で答えよ。

1　ノルマン人の一派はスラヴ人地域に進出し，その後キエフ公国を建設した。

2　ビザンツ帝国はこの地の大半を領有したため，ギリシア正教が信仰されるようになった。

3　キエフ公以下の諸侯は，約240年間にわたってキプチャク＝ハン国に服属した。

4　ウクライナは，ロシア・ベラルーシ(白ロシア)などとともにソヴィエト連邦を結成した。

5　独立国家共同体(CIS)が結成された際，ウクライナはこれに当初から加盟した。

(10)　宗教と政治の関わりについて説明した文として，正しいものを一つ選び，番号で答えよ。

1　シュメール人のハンムラビ王は，神の代理として，法に基づく強力な政治をおこなった。

2　周の王は，神意を占って国事を決定し，宗教的権威によって多数の邑を支配した。

3　北魏の太武帝は，寇謙之を信任して道教を保護する一方，仏教を弾圧した。

4　教皇レオ3世はフランク王国に接近し，オットー1世にローマ皇帝の帝冠を与えた。

5　ヘンリ7世は，イギリス国王が国内教会の首長であるとしてカトリックから離脱した。

(11)　1923年の出来事について説明した文として，誤っているものを一つ選び，番号で答えよ。

1　アメリカ合衆国ではクーリッジが大統領に就任し，「永遠の繁栄」を謳歌していた。

2　イギリスで，保守党などの協力を得て，マクドナルド挙国一致内閣が組織された。

3　ドイツでヒトラーが，政権打倒を目指してミュンヘンで蜂起し

たが失敗した。

4　トルコがローザンヌ条約を結んで新しい国境を定め，トルコ共
和国が成立した。

5　フランスはベルギーとともに，賠償支払い不履行を理由にルー
ル占領を強行した。

(12)　第二次世界大戦後の出来事ア～エが，年代の古いものから順に
正しく配列されているものを一つ選び，番号で答えよ。

ア　アルジェリア独立　　イ　イスラエル建国
ウ　ニクソン訪中　　　　エ　INF全廃条約調印

1　ア―イ―ウ―エ

2　ア―イ―エ―ウ

3　ア―ウ―イ―エ

4　ア―エ―イ―ウ

5　イ―ア―ウ―エ

6　イ―ア―エ―ウ

7　イ―ウ―ア―エ

8　イ―エ―ア―ウ

(13)　次の表は，国際連合安全保障理事会において，常任理事国A～E
が拒否権を行使した回数(2008年まで)を示したものである。表中の
A・B・Dに当てはまる組合せとして適切なものを一つ選び，番号で
答えよ。

	A	B	C	D	E
1946～1955年	0	80	0	2	1
1956～1965年	0	26	3	2	0
1966～1975年	12	7	10	2	2
1976～1985年	34	6	11	9	0
1986～1995年	24	2	8	3	0
1996～2005年	10	1	0	0	2
2006～2008年	2	2	0	0	2
合計	82	124	32	18	7

Global Policy Forum Webページ
「Changing Patterns in the Use of
the Veto in the Security Council」
により作成。

1　A―アメリカ　　　　B―ソ連／ロシア　　　D―イタリア

2　A―アメリカ　　　　B―ソ連／ロシア　　　D―ドイツ

3　A―アメリカ　　　　B―ソ連／ロシア　　　D―フランス

4　A―ソ連／ロシア　　B―アメリカ　　　　　D―イタリア

5　A—ソ連／ロシア　　　B—アメリカ　　　　D—ドイツ

6　A—ソ連／ロシア　　　B—アメリカ　　　　D—フランス

【3】次の文章A〜Cを読み，文中の空欄(a)〜(i)に適切な語句を入れなさい。また，以下の(1)〜(11)の問いに答えなさい。

A　灌漑農業の発達によって人口が急増したメソポタミア最南部では，前3100年頃に，①ウル・ウルクなどの都市国家が成立した。城壁で囲まれた都市の中心部には，国家の守護神がまつられた。王は最高権力者として神の名の下に(a)政治を行い，読み書き能力のある神殿の神官や王宮の書記が支配層を構成した。また，数学・占星術・暦法などの学問が発達し，今日でも使用されている(b)進法などが用いられた。

前19世紀頃，セム系アムル人が(c)を都として古バビロニア王国を建国し，ハンムラビ王のときにメソポタミア全土を統一した。様々な民族が混在する国家を統治するために，メソポタミアでは古くから法典の編纂が行われ，②ハンムラビ法典はその集大成であった。前2000年頃になると，インド＝ヨーロッパ系の諸民族がカスピ海北方からバルカン半島や西アジアへ移動を開始した。前17世紀頃，その一派である③ヒッタイト人は，小アジア中央部を本拠地として王国を建て，前16世紀初めには古バビロニア王国を滅ぼして，強国として台頭した。その後④イラン方面から侵入したカッシート人が(c)を支配した。また，前15世紀にはメソポタミア北部でミタンニ王国が勢力を増した。前15〜前13世紀にかけて，ヒッタイト・カッシート・ミタンニ・エジプト新王国は，オリエントの覇権をめぐって競い合った。

(1)　下線部①について，これらの都市国家を建設した民族名を答えよ。

(2)　下線部②について，ハンムラビ法典の特色を次の語句を用いて説明せよ。なお，語句を使用した箇所には下線を付すこと。

```
復讐　　　身分
```

(3)　下線部③について，ヒッタイトが強国となった理由の一つに，彼らが征服した先住民がもっていたある技術を独占したことが挙げら

310

れる。この技術とは何か，書け。

(4) 下線部④について，イランを中心に興った王朝について述べた次
　の文のうち，正しいものをア〜エから1つ選び，記号で答えよ。

　ア　イラン高原に成立したメディアでは，世界ではじめての金と銀
　　の合金による金属貨幣がつくられた。

　イ　アケメネス朝のダレイオス1世は，サトラップと呼ばれる監察
　　官を巡回させて中央集権化をはかった。

　ウ　サファヴィー朝はアッバース1世の時代に最盛期となり，都と
　　なったサマルカンドは「世界の半分」とうたわれるほど繁栄した。

　エ　パフレヴィー朝のパフレヴィー2世が，アメリカ合衆国の後ろ
　　盾の下で「白色革命」と呼ばれる近代化政策に取り組んだ。

B　⑤エジプトではナイル川の氾濫を利用した農耕を基盤とする国家
　が成立した。海と砂漠に囲まれた地形から，異民族の侵入が少なく，
　統一王国が長く続いた。⑥「エジプトはナイルのたまもの」という
　言葉通り，エジプトではナイル川の増減水を利用して豊かな農業が
　おこなわれた。また，ナイル川の治水には，住民の共同労働と，彼
　らを統率する強力な指導者が必要であったため，全国を統一的に支
　配する仕組みが早くから発達した。

　　前3000年頃，エジプトではメソポタミアより早く，「王」を意味
　する(d)を中心に，統一国家がつくられた。以後，一時的に周辺
　民族の侵入や支配を受けながらも，国内の統一を保つ時代が長く続
　いた。この間に約30の王朝が交替したが，その中でも古王国・中王
　国・新王国の3時代に繁栄した。

　　エジプトの王は生ける神であり，神官や役人を使って専制的な政
　治をおこなった。ナイル川下流域の都市である(e)を中心に栄え
　た古王国では，クフ王らが巨大なピラミッドを築かせた。これは神
　である王の絶大な権力を示している。中王国時代の末期には，シリ
　ア方面からの遊牧民(f)が流入し，国内は一時混乱した。しかし，
　前16世紀に(f)を撃退して新王国が成立し，さらにシリアへと進
　出した。前14世紀には⑦アメンホテプ4世が改革を行ったが，王の死
　で挫折した。

(5) 下線部⑤について，世界史上エジプトを支配した諸勢力や人物に

ついて述べた次の文のうち，正しいものをア～エから1つ選び，記号で答えよ。

ア　アレクサンドロスの死後，部下であった後継者たちによって領土が分割される中，エジプトではセレウコス朝が成立した。

イ　首都カイロを建設したスンナ派を信奉するファーティマ朝は，アッバース朝の権威を認めず，自らもカリフを名乗った。

ウ　オスマン帝国の軍人であったムハンマド＝アリーが民衆の支持を得てエジプト総督となり，富国強兵と殖産興業の政策を進めた。

エ　エジプトのナセル大統領がスエズ運河を国有化した際には，イギリス・フランス・イスラエルとの間で第3次中東戦争が起こった。

(6)　下線部⑥について，このように評した人物の名前を書け。

(7)　下線部⑦について，アメンホテプ4世の改革について次の語句を用いて説明せよ。なお，語句を使用した箇所には下線を付すこと。

> 唯一神　　テーベ

C　フェニキア人は，シドンや⑧ティルスなどの都市国家を拠点に，優れた造船・航海術を用いて地中海貿易で繁栄した。彼らは交易品の数量や価格など取り引きの内容を記録するため，表音文字で実用的な⑨フェニキア文字を考案した。

　　ヘブライ人は，農耕や牧畜を行いながら⑩パレスチナ内陸部に分散していたが，ペリシテ人に対抗するため，前11世紀末に諸部族が連合し王国を形成した。（ g ）王のときイェルサレムを都とし，その子ソロモン王は支配領域を拡大し交易で繁栄したが，彼の死後，王国は南北に分裂した。北のイスラエル王国は（ h ）帝国に，南の（ i ）王国は新バビロニア王国によって滅ぼされ，数万の住民が強制連行された。このような苦難の中で，⑪ユダヤ教が成立した。

(8)　下線部⑧について，この都市国家のフェニキア人が現在のチュニジアに建設し，後にローマと対立することとなった植民市名を書け。

(9)　下線部⑨について，次の資料は，世界史探究の授業でフェニキア文字について学んだ生徒たちが，「オリエントで生み出された文字について」というテーマを設定し，分担して調べたことをまとめたワークシートの一部である。

資料

楔形文字	・言語の違いをこえて多くの民族に広まり、粘土板に刻まれて用いられた。 ・イギリスの $\boxed{\text{I}}$ らによって解読の手がかりが示された。
神聖文字	・碑文や墓室、石棺などに刻まれた象形文字。 ・フランスのシャンポリオンがロゼッタ＝ストーンを手がかりに解読した。
フェニキア文字	・カナーン人の表音文字から作られた。 ・ギリシア人に伝わり、$\boxed{\text{II}}$ の起源となった。
アラム文字	・フェニキア文字を改良して作られた。 ・各地に伝わり、様々な文字の原型になった。

ⅰ） $\boxed{\text{I}}$ ，$\boxed{\text{II}}$ に適する語句をそれぞれ書け。

ⅱ） 二重線部について，アラム文字が様々な文字の原型となった理由について，アラム文字が原型となって成立した具体的な文字を1つ以上挙げながら，次の語句を用いて説明せよ。なお，語句を使用した箇所には下線を付すこと。

> ダマスクス

(10) 下線部⑩について，パレスチナに関して述べた次の文のうち，正しいものをア～エから1つ選び，記号で答えよ。

ア　第3回十字軍によって，イェルサレム王国をはじめとする十字軍国家が建てられた。

イ　サイクス・ピコ協定によって，アラブ人にオスマン帝国からの独立が約束された。

ウ　国際連盟総会で，この地を分割する案が決議され，イスラエルが建国された。

エ　オスロ合意でパレスチナ人の暫定自治政府が樹立され，自治が始まった。

(11) 下線部⑪について，ユダヤ教の特徴について次の語句を用いて説明せよ。なお，語句を使用した箇所には下線を付すこと。

> 選民思想　　救世主

【4】次の文章を読んで，以下の(1)～(7)の問題に答えなさい。

> (1)イスラーム教は，ユダヤ教やキリスト教の影響をうけて誕生した厳格な一神教である。ムハンマドの死後，その(2)後継者たちは，(3)7世紀半ばから約1世紀のあいだに，東は中央アジアから西はイベリア半島にいたる大帝国をつくりあげた。11世紀以降は北アフリカやインドでもイスラーム化がすすみ，さらに13世紀以後になると，商人や神秘主義者の活動をつうじて東南アジアの諸島部にイスラーム教が浸透した。
>
> (4)ウマイヤ朝時代にはアラブ人だけが特権階級であったが，(5)アッバース朝時代になってイスラーム法がととのえられると，すべてのイスラーム教徒は平等であるとの原則が支配的になった。しかし，まもなく(6)地方政権のあいつぐ樹立によって「イスラーム帝国」は分裂し，アッバース朝の権威はしだいに低下した。

(1) イスラーム教の誕生について，次の文章中の（ あ ）・（ い ）に入る語句の組合せとして正しいものを次の中から1つ選び，番号で答えなさい。

> 迫害を受けたムハンマドは622年に少数の信者を率いて（ あ ）に移住し，ここにイスラーム教徒の共同体を建設した。この移住を（ い ）という。

① あ　メッカ　　　い　ヒジュラ
② あ　メッカ　　　い　シャリーア
③ あ　メディナ　　い　ヒジュラ
④ あ　メディナ　　い　シャリーア

(2) ムハンマドの後継者をあらわす語句を次の中から1つ選び，番号で答えなさい。
① カリフ　　② スルタン　　③ アミール　　④ ウラマー

(3) イスラーム勢力の拡大について，次の事項を古いものから順に並び替えなさい。
① ニハーヴァンドの戦い　　② トゥール・ポワティエ間の戦い
③ タラス河畔の戦い　　　　④ 西ゴート王国の征服

(4) ウマイヤ朝の時代にアラブ人が優遇されたため，征服地の先住民だけに課せられていた地租をあらわす語句を次の中から1つ選び，番号で答えなさい。

① ウンマ　　② ジズヤ　　③ ワクフ　　④ ハラージュ

(5) アッバース朝の都として最盛期には100万人もの人口を誇った都市を次の中から1つ選び，番号で答えなさい。

① バグダード　　② ダマスクス　　③ コルドバ

④ カイロ

(6) ブワイフ朝においてはじまった制度の説明として正しいものを次の中から1つ選び，番号で答えなさい。

① 軍役奉仕と引きかえに，貴族に領地を与えるプロノイア制

② 土地の徴税権を軍人に与え，直接徴税させるイクター制

③ 官僚や軍隊に，予算に基づいた現金の俸給を支払うアター制

④ 維持すべき騎兵・騎馬数に応じた給与を与えるマンサブダール制

(7) イスラーム文化について，モロッコから中国にいたる広大な世界を旅して『旅行記』(『三大陸周遊記』)を残した人物を次の中から1つ選び，番号で答えなさい。

① イブン＝シーナー　　② イブン＝ハルドゥーン

③ イブン＝ルシュド　　④ イブン＝バットゥータ

‖ 2024年度 ‖ 名古屋市 ‖ 難易度 ▰▰▰▰▱▱

【5】次のA〜Dの文章は「中国の歴史」について述べたものである。各文章を読んで，問1〜問15の各問いに答えなさい。

《引用・参考文献：『詳説世界史B』(帝国書院)》

※なお，出題の都合で一部を書き改めた箇所がある。

文章A

　　春秋時代までに，①周の諸侯が治める地域では，②漢字をはじめとする周の文化や価値観が共有されるようになった。さらに戦国時代には，この範囲をまとまった一つの世界と考える意識が強まった。これを当時の表現では「天下」という。戦国時代の「天下」の範囲は，前漢武帝期以降「中国」と称されるようになる。

問1　下線部①に関連して述べた次のa～cの正誤の組み合わせとして正しいものを，以下のア～クの中から一つ選び，記号で答えよ。

a　周の武王は殷の紂王から禅譲され，鎬京に都をおいて華北を支配した。

b　鉄製農具や牛耕農法が普及し，統一貨幣である半両銭が使用された。

c　縦横家の蘇秦は秦に対抗するため，6国の連合同盟をとる合従策を説いた。

ア　a－正　b－正　c－正　　　イ　a－正　b－正　c－誤

ウ　a－正　b－誤　c－正　　　エ　a－正　b－誤　c－誤

オ　a－誤　b－正　c－正　　　カ　a－誤　b－正　c－誤

キ　a－誤　b－誤　c－正　　　ク　a－誤　b－誤　c－誤

問2　下線部②に関連して，漢字に関係のある次の【説明文Ⅰ】～【説明文Ⅲ】を年代順(古→新)に並べたとき，正しく並んでいるものを，以下のア～カの中から一つ選び，記号で答えよ。

【説明文Ⅰ】

> 顔真卿はそれまでの典雅な書風に対し，革新的な力強い書風をおこした。

【説明文Ⅱ】

> 王羲之は楷書・行書・草書で，格調高く調和のとれた書体を確立した。

【説明文Ⅲ】

> 漢字をもとに作成された字喃(チュノム)がベトナムで使用されるようになった。

ア　【説明文Ⅰ】　→　【説明文Ⅱ】　→　【説明文Ⅲ】

イ　【説明文Ⅰ】　→　【説明文Ⅲ】　→　【説明文Ⅱ】

ウ　【説明文Ⅱ】　→　【説明文Ⅰ】　→　【説明文Ⅲ】

エ　【説明文Ⅱ】　→　【説明文Ⅲ】　→　【説明文Ⅰ】

オ　【説明文Ⅲ】　→　【説明文Ⅰ】　→　【説明文Ⅱ】

カ　【説明文Ⅲ】　→　【説明文Ⅱ】　→　【説明文Ⅰ】

文章B

　　前漢では，武帝の代までに中央集権化と③匈奴からの自立に成功したが，対外戦争は財政難を招いた。中央では，外戚と宦官が権力を握るようになり，④後漢が成立した後も，宦官による反対派の官僚・学者が弾圧される（　⑤　）がおきた。

　　後漢が滅びると中国大陸では政治的分裂の時代に入り，遊牧民と漢人の諸勢力が抗争や提携を繰り広げた。約370年にわたる⑥魏晋南北朝時代は，諸民族が入り乱れるなかで華北・江南それぞれにおいて新たな制度・社会がつくり出されていった。

問3　下線部③に関連して，次の問いに答えよ。

(1)　匈奴と関係の深い出来事について述べた文として誤っているものを，次のア～エの中から一つ選び，記号で答えよ。

　　ア　秦は長城の修築をおこない，匈奴の侵入に対抗した。

　　イ　劉邦は匈奴の冒頓単于に敗れ，和議を結んだ。

　　ウ　李広利は匈奴を挟撃するために大月氏に派遣された。

　　エ　西晋は八王の乱に乗じて台頭した匈奴に滅ぼされた。

(2)　匈奴との和親策の犠牲となった女性の悲劇を題材とした元曲を，次のア～エの中から一つ選び，記号で答えよ。

　　ア　『紅楼夢』　　イ　『漢宮秋』　　ウ　『西廂記』

　　エ　『金瓶梅』

問4　下線部④に関連して，後漢の時代について述べた文として正しいものを，次のア～エの中から一つ選び，記号で答えよ。

　　ア　諸侯への抑圧策をはかったことにより，呉楚七国の乱が勃発した。

　　イ　董仲舒の建言により，五経博士の設置や儒学の官学化がおこなわれた。

　　ウ　西域都護である班超が，部下の甘英を大秦国に派遣した。

　　エ　衛氏朝鮮を滅ぼし，朝鮮に楽浪郡などを設置した。

問5　文章中の空欄（　⑤　）に当てはまる語句を答えよ。

問6　下線部⑥に関連して，三国時代の魏で始まった官吏任用制度の内容と導入後の社会変化を，制度の名称を明らかにしながら70字以内で説明せよ。

文章C

　　隋は南北を統一して大運河・都城・科挙など新たな帝国統治のしくみを生み出し、これを受け継いで完成させた⑦唐はユーラシア東方の世界帝国となった。その首都長安はユーラシアの国際都市となり、⑧多くの海港は交易で繁栄した。

問7　下線部⑦に関連して、唐の節度使は8世紀半ば以降に強大な権力を持つようになった。その経緯について、8世紀半ばの出来事を明らかにしながら次の語句を必ず用いて、60字以内で説明せよ。

〈語句〉

> 藩鎮

問8　下線部⑧に関連して、唐の時代に広州に設置された海上交易全般を管理した官庁を答えよ。

文章D

　　10世紀以降、契丹・⑨女真など中央ユーラシアの新たな勢力が強大化し、日本・⑩高麗など東アジア諸地域でも政治的・文化的自立が進み、これらと⑪宋が並び立つ新しい国際情勢が形づくられた。

　　13世紀から14世紀前半は、⑫モンゴルの支配のもと、ヨーロッパから東アジアにいたるユーラシア大陸の全域で、経済・文化の広域的な交流がすすんだ。そのモンゴルを従え、⑬明を継承した⑭清は、⑮チベット仏教文化圏と儒教・漢字圏の覇者となる世界帝国に発展し、清の皇帝は多くの顔をもつ支配者として君臨した。

問9　下線部⑨に関連して述べた次の文章の空欄〔　a　〕と〔　b　〕に当てはまる語句の組み合わせとして正しいものを、以下のア〜エの中から一つ選び、記号で答えよ。

> 　　契丹の支配下にあった女真人は〔　a　〕を指導者として独立し、金を建てた。金は宋と手を結んで遼(契丹)を攻めた後に、開封を占領した。このとき欽宗の弟高宗が江南に逃れ、〔　b　〕を都に南宋を建てた。

ア　a−完顔阿骨打　　b−建康

イ　a−完顔阿骨打　　b−臨安

ウ　a−耶律阿保機　　b−建康

　エ　a－耶律阿保機　　b－臨安

問10　下線部⑩に関連して述べた次のa～cの正誤の組み合わせとして
　正しいものを，以下のア～クの中から一つ選び，記号で答えよ。

　a　王建が建国し，開城を都として半島を統一した。

　b　骨品制といわれる氏族的な身分制度をおこなった。

　c　禅宗の影響を受けた道教の一派である全真教を国教とした。

　ア　a－正　b－正　c－正　　　イ　a－正　b－正　c－誤

　ウ　a－正　b－誤　c－正　　　エ　a－正　b－誤　c－誤

　オ　a－誤　b－正　c－正　　　カ　a－誤　b－正　c－誤

　キ　a－誤　b－誤　c－正　　　ク　a－誤　b－誤　c－誤

問11　下線部⑪に関連して，宋代の農業について述べた次のa～cの正
　誤の組み合わせとして正しいものを，以下のア～クの中から一つ選
　び，記号で答えよ。

　a　湿地を堤防で干拓した囲田などの水田を造成し，農業面積が拡
　　大した。

　b　早稲種で日照りに強い占城稲を導入し，収穫の安定化がはから
　　れた。

　c　長江中流域は米の全国的な生産中心地となり，「湖広熟すれば天
　　下足る」といわれた。

　ア　a－正　b－正　c－正　　　イ　a－正　b－正　c－誤

　ウ　a－正　b－誤　c－正　　　エ　a－正　b－誤　c－誤

　オ　a－誤　b－正　c－正　　　カ　a－誤　b－正　c－誤

　キ　a－誤　b－誤　c－正　　　ク　a－誤　b－誤　c－誤

問12　下線部⑫について，次の【資料Ⅰ】と【資料Ⅱ】，【説明文】を
　年代順(古→新)に並べたとき，正しく並んでいるものを，あとのア
　～カの中から一つ選び，記号で答えよ。

【資料Ⅰ】ワールシュタットの戦い

【資料Ⅱ】ヴェネツィアから出発する
マルコ＝ポーロ一行

> 【説明文】
> 中央アジアからイラン方面に勢力を伸ばしていたトルコ系の
> ホラズム＝シャー朝を滅ぼした。

ア　【資料Ⅰ】　→　【資料Ⅱ】　→　【説明文】

イ　【資料Ⅰ】　→　【説明文】　→　【資料Ⅱ】

ウ　【資料Ⅱ】　→　【資料Ⅰ】　→　【説明文】

エ　【資料Ⅱ】　→　【説明文】　→　【資料Ⅰ】

オ　【説明文】　→　【資料Ⅰ】　→　【資料Ⅱ】

カ　【説明文】　→　【資料Ⅱ】　→　【資料Ⅰ】

問13　下線部⑬に関連して，明末にマテオ＝リッチが作製した中国最初の世界地図を答えよ。

問14　下線部⑭について，次の地図は清が統治した領域を示したものである。この地図を見て以下の問いに答えよ。

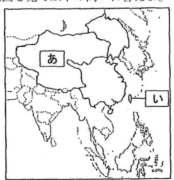

(1)　17世紀に発足し，地図中の あ の地域を統轄した中央官庁を答えよ。

(2)　地図中の い の地域は1624年から1661年までヨーロッパのある国に占領されていた。その国の名称と，その国の勢力を駆逐し，反清復明運動をおこなった人物の組み合わせとして正しいものを，次のア～エの中から一つ選び，記号で答えよ。

　　ア　イギリス－李自成　　イ　イギリス－鄭成功

　　ウ　オランダ－李自成　　エ　オランダ－鄭成功

問15　下線部⑮について，チベットの歴史に関して述べた次のa～cの

正誤の組み合わせとして正しいものを，以下のア〜クの中から一つ選び，記号で答えよ。

a　ソンツェン＝ガンポが部族を統一し，南詔を建国した。

b　チベット仏教の高僧パスパは，フビライの時代にパスパ文字を作成した。

c　ツォンカパは明の正統帝を土木堡でとらえ，勢力を拡大した。

ア　a−正　b−正　c−正		イ　a−正　b−正　c−誤	
ウ　a−正　b−誤　c−正		エ　a−正　b−誤　c−誤	
オ　a−誤　b−正　c−正		カ　a−誤　b−正　c−誤	
キ　a−誤　b−誤　c−正		ク　a−誤　b−誤　c−誤	

‖ 2024年度 ‖ 佐賀県 ‖ 難易度 ■■■□□

【6】5世紀から15世紀の歴史について，次の(1)〜(8)の問いに答えよ。

(1)　西ヨーロッパの歴史について述べた次の1〜4の文を古い順に並べ替えた場合に，3番目になるものとして最も適当なものを，次の1〜4のうちから一つ選べ。

1　西フランクでカペー朝が成立した。

2　東フランクのオットー1世がローマ皇帝位を与えられた。

3　ヴェルダン条約が結ばれた。

4　ノルマンディー公国が成立した。

(2)　西ヨーロッパでの出来事について述べた文として最も適当なものを，次の1〜4のうちから一つ選べ。

1　イギリスでは，ヘンリ7世によってプランタジネット朝が開かれた。

2　スペインでは，国王ジョアン2世が貴族の反乱をしずめて王権を強化した。

3　神聖ローマ帝国では，カール4世が金印勅書を発布して，皇帝選挙の手続きを定めた。

4　カスティリャ王国の王女とアラゴン王国の王子の結婚により，ポルトガルが成立した。

(3)　西アジアでの出来事について述べた文として最も適当なものを，次の1〜4のうちから一つ選べ。

　1　タラス河畔の戦いで，唐軍はアラブ軍を破り勢力を広げた。

　2　中央アジアとイラン東北部に，サーマーン朝が成立した。

　3　ガズナ朝はイスラーム教を受容したのち，サーマーン朝を倒した。

　4　カラハン朝とゴール朝は，インドへの侵攻を繰り返した。

(4)　次の地図は，11〜13世紀頃のアフリカを示したものである。地図中のA〜Cの国名・王朝名の組合せとして最も適当なものを，以下の1〜6のうちから一つ選べ。

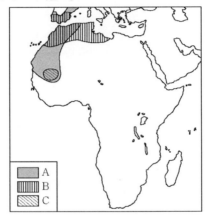

　1　A　ムラービト朝　　B　ムワッヒド朝　　C　ガーナ王国

　2　A　ムラービト朝　　B　ガーナ王国　　　C　ムワッヒド朝

　3　A　ムワッヒド朝　　B　ムラービト朝　　C　ガーナ王国

　4　A　ムワッヒド朝　　B　ガーナ王国　　　C　ムラービト朝

　5　A　ガーナ王国　　　B　ムラービト朝　　C　ムワッヒド朝

　6　A　ガーナ王国　　　B　ムワッヒド朝　　C　ムラービト朝

(5)　西アジアの文化について述べた次の文A〜Cについて，その正誤の組合せとして最も適当なものを，以下の1〜6のうちから一つ選べ。

　A　ニザーム＝アルムルクは『統治の書』を著し，正しい君主のあり方を説いた。

　B　ガザーリーは四行詩集(『ルバイヤート』)を残し，ペルシア語文学を開拓した。

　C　イブン＝ハルドゥーンは，ユーラシア世界史『集史』を著した。

1　A　正　　B　正　　C　誤

2　A　正　　B　誤　　C　正

3　A　正　　B　誤　　C　誤

4　A　誤　　B　正　　C　正

5　A　誤　　B　正　　C　誤

6　A　誤　　B　誤　　C　正

(6)　次の絵画は，中世ヨーロッパでのある出来事を示したものである。この出来事が起きた時期として最も適当なものを，以下の年表中の1～4のうちから一つ選べ。

1016年	クヌートがイングランドを支配した。
↕1	
1095年	ウルバヌス2世がクレルモン宗教会議を招集した。
↕2	
1122年	ヴォルムス協約により叙任権闘争が終結した。
↕3	
1189年	第3回十字軍がおこされた。
↕4	
1270年	第7回十字軍がおこされた。

(7)　次の地図は，15世紀の東南アジアを示したものである。地図中のA～Cの国名・王朝名の組合せとして最も適当なものを，以下の1～

6のうちから一つ選べ。

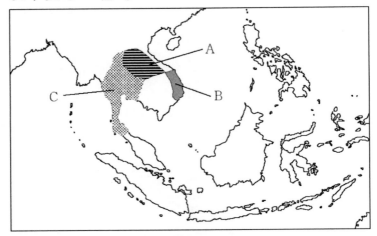

1 A チャンパー   B アユタヤ朝   C ランサン王国
2 A チャンパー   B ランサン王国   C アユタヤ朝
3 A アユタヤ朝   B チャンパー   C ランサン王国
4 A アユタヤ朝   B ランサン王国   C チャンパー
5 A ランサン王国   B チャンパー   C アユタヤ朝
6 A ランサン王国   B アユタヤ朝   C チャンパー

(8) 東アジア・東南アジアでの出来事について述べた文として最も適当なものを，次の1〜4のうちから一つ選べ。

1 王建が高麗を倒して，朝鮮王朝を建てた。

2 ジャワ島に成立したマラッカ王国は，交易拠点として成長した。

3 洪武帝は宦官の鄭和に命じ，インド洋からアフリカ沿岸まで遠征を行わせた。

4 永楽帝は都を南京から北京に移し，モンゴル高原に遠征した。

┃ 2024年度 ┃ 大分県 ┃ 難易度 ┃

【7】次の(1)〜(6)の世界史に関する問いに答えなさい。

(1) ロシアの歴史について，次の写真のA・Bの人物と，その人物の説明としてあてはまるア〜ウの文との組合せとして最も適当なものを，以下の①〜⑥のうちから一つ選びなさい。

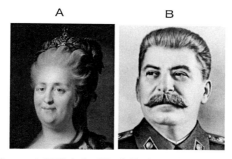

A   B

ア　プガチョフの反乱をきびしく鎮圧し，農奴制と貴族の特権を強化した。

イ　農業の強制的な集団化と，計画的な重工業の建設を進めた。

ウ　自国の工業化の遅れに対処すべく，農奴解放令を発して経済の近代化をはかった。

	①	②	③	④	⑤	⑥
A	ア	ア	イ	イ	ウ	ウ
B	イ	ウ	ア	ウ	ア	イ

(2)　古代の文化について述べた文として最も適当なものを，次の①〜⑤のうちから一つ選びなさい。

①　エジプトのアメンホテプ4世は，太陽神を崇拝する伝統的な一神教を改革し，広く自然を崇拝する多神教を広めた。

②　アレクサンドロス大王の東方遠征の影響から，ギリシャ文化とラテン文化の融合したヘレニズム文化が生まれた。

③　インドでは，ヴァルダマーナが禁欲的な苦行や徹底的な不殺生などの実践を説くゾロアスター教を創始した。

④　中国では，伝説時代から漢の武帝の時代までを紀伝体で記述した『史記』が，董仲舒によって編纂された。

⑤　東南アジアでは，中国の青銅器文化に影響を受けたドンソン文化が生まれ，銅鼓と呼ばれる独特な青銅器がつくられた。

(3)　次の①〜⑤の文は，西アジアに関する歴史について述べたものである。これらを古い順に並べたとき3番目となるものを，①〜⑤のうちから一つ選びなさい。

 ① アイユーブ朝のサラディンが，エルサレムに国家を樹立していた十字軍を破り，この地を奪回した。

 ② メッカの有力者たちから迫害されたムハンマドが，イスラームを信じる人々とともにメディナへ移住した。

 ③ 北アフリカを攻略して北進したウマイヤ朝の軍勢が，トゥール・ポワティエ間の戦いでフランク王国に敗れた。

 ④ アッバース朝の第2代カリフが，新たな都としてバグダードを造営した。

 ⑤ コンスタンティノープルを攻略してビザンツ帝国を滅ぼしたメフメト2世が，この地に首都を移した。

(4) 次の文章は，中国のある王朝について述べたものである。文章中の[A], [B]にあてはまる語の組合せとして最も適当なものを，以下の①〜⑨のうちから一つ選びなさい。

> 　文治主義を採用したこの王朝では，国家財政のひっ迫に対応すべく，第6代皇帝が宰相に[A]を起用して改革を断行した。しかし，この改革は地主や富商の既得権を侵害するものであったために反発を招き，国政は混乱した。その後，ツングース系の女真がたてた[B]に都を占領され，多数の皇族・高官らが北方に連れ去られた。

	①	②	③	④	⑤	⑥	⑦	⑧	⑨
A	林則徐	林則徐	林則徐	張居正	張居正	張居正	王安石	王安石	王安石
B	北魏	金	遼	北魏	金	遼	北魏	金	遼

(5) 次の①〜⑤の文は，第二次世界大戦後の歴史について述べたものである。これらを古い順に並べたとき3番目となるものを，①〜⑤のうちから一つ選びなさい。

 ① ベトナム戦争における対立を経て，南北の統一されたベトナム社会主義共和国が成立した。

 ② アメリカで，ハイジャックされた航空機がニューヨークの世界貿易センタービルなどに突入するテロ事件が起こった。

 ③ イラクのクウェート侵攻をうけ，アメリカを中心とする多国籍軍が国連安保理の決議にもとづきイラクを攻撃した。

④　西欧10か国とアメリカ，カナダが，軍事同盟である北大西洋条約機構(NATO)を結成した。

⑤　ソ連のゴルバチョフとアメリカのレーガンの間で，中距離核戦力(INF)の全廃が合意された。

(6)　各国の革命期に起こったことがらについて述べた文として最も適当なものを，次の①〜⑤のうちから一つ選びなさい。

①　イギリスで，国王を国外に追放した議会派のクロムウェルが新たな統治者となり，権利の章典を制定した。

②　フランスで，シャルル10世の反動的な政策に対する不満から民衆が蜂起し，七月革命が起こった。

③　アメリカ独立戦争において，植民地側がジェファソンを中心に独立宣言を起草し，奴隷制度の廃止を宣言した。

④　ハイチは，シモン・ボリバルの指導のもとに黒人奴隷たちが蜂起し，世界初の黒人共和国として独立した。

⑤　中国で，清朝打倒をめざす改革派が，宣統帝を臨時大総統にして中華民国臨時政府を組織した。

▎2024年度▎千葉県・千葉市▎難易度

【8】次の文A〜Cの各文章を読んで，問1〜問24の各問いに答えなさい。

文章A

　①第一次世界大戦は欧州のみならず，イスラーム世界・アジア・アフリカにも戦火を広げた。大戦は，②参戦各国の政治・社会構造を変容させ，さらに③ロシア革命をもたらし，アメリカ合衆国の世界政治への登場を導いた。同時に，大戦が明らかにした欧州近代の破綻は，インド・中国などを先頭に④非ヨーロッパ地域の自立化への歩みを加速させた。また，⑤ヴェルサイユ体制に代表される戦後秩序のもと，国際連盟による平和の実現が期待され，多民族国家であった帝国が解体され，民主主義の実現と経済の回復への多様な取り組みが試みられた。しかし，⑥世界恐慌がおこると，各国は自国の利益のみを優先するようになり，国際協力の機運は急速に衰えた。この状況に乗じて，イタリア・日本・ドイツはファシズム的強権体制のもと，侵略による状況打開をめざし，やがて⑦第二次世界大戦

327

を引き起こした。大戦は，アメリカ合衆国とソ連の主導によって，連合国側の勝利に終わり，新しい国際秩序の模索が始まった。

問1　下線部①に関連して述べた文として正しいものを，次のア～エの中から一つ選び，記号で答えよ。

ア　オーストリアはサライェヴォ事件を契機に，ブルガリアに宣戦した。

イ　日本はドイツの租借地であった広州湾を占領した。

ウ　ロシアはラパロ条約を締結し，ドイツと単独講和を結んだ。

エ　アメリカはドイツの軍事作戦を契機に，連合国側で参戦した。

問2　下線部②について述べた次の【説明文】の[　　　　]にあてはまる内容を，以下の【資料】を踏まえて簡潔に答えよ。

【説明文】

> 【資料】は大戦中のイギリスの軍需工場の様子である。このような状況が影響し，1918年にイギリスでは，[　　　　]。

【資料】

問3　下線部③に関連して，次の【資料】について述べた以下の【説明文】の[　　　　]にあてはまる語句を答えよ。

【資料】

【説明文】

> 【資料】はロシア革命後に設立されたコミンテルンのポスター
> である。ポスターは、ロシア語以外の様々な言語を用いて表
> 記されていることから、コミンテルンは[　　　]と呼ばれる
> 社会主義に対する考え方が大きく影響していたと考えられる。

問4　下線部④に関連して、第一次世界大戦後のアジアの民族運動に
　　ついて述べた文として正しいものを、次のア〜エの中から一つ選び、
　　記号で答えよ。

　　ア　インドでは、ラホールで国民会議派のネルーらが、プールナ＝
　　　　スワラージを決議した。

　　イ　中国では、五・四運動の影響で憲法大綱が発表され、国会の開
　　　　設が約束された。

　　ウ　アラビア半島では、サウジアラビア王国が建設され、徹底した
　　　　西欧近代化がすすめられた。

　　エ　ベトナムでは、日本に留学生を送り近代化を図る、ドンズー
　　　　(東遊)運動が盛んとなった。

問5　下線部⑤に関連して述べた文として正しいものを、次のア〜エ
　　の中から一つ選び、記号で答えよ。

　　ア　ドイツはトリエステと甫チロルをイタリアに返還した。

　　イ　ハンガリーは連合国とトリアノン条約を締結した

　　ウ　シリアはイギリスの委任統治のもとにおかれた。

　　エ　国際連盟が結成され、アメリカや日本は常任理事国となった。

問6　下線部⑥に関連して、次の【資料】は1912年と1935年の日本の
　　輸出総額に占める各地域への輸出額の割合を示したものである。
　　【資料】について述べた以下の【説明文】の[　　　]にあてはまる内容
　　として最も適当なものを、あとのア〜エの中から一つ選び、記号で
　　答えよ。

【資料】

	アジア	欧州	アメリカ	その他
1912 年	49.0%	19.3%	28.8%	3.0%
1935 年	62.8%	8.8%	19.9%	8.5%

【説明文】

> 1912年と比較して1935年は，[　　　]と考えられる。

ア　アジアの割合が増加していることから，日本は日中戦争によって獲得した上海や広州を拠点に，世界恐慌対策として中国南部の市場を開拓した。

イ　アジアの割合が増加していることから，日本は1930年代に入って台湾や朝鮮半島を自国の領域として初めて組み込み，世界恐慌対策として自国の市場とした。

ウ　欧州やアメリカの割合が減少していることから，欧州やアメリカは世界恐慌対策として自国の経済圏以外の地域との貿易における関税を引き上げた。

エ　欧州やアメリカの割合が減少していることから，欧州やアメリカは世界恐慌対策として自国の経済圏以外の地域との貿易における関税を引き下げた。

問7　下線部⑦に関連して，次の【地図】に関係の深い第二次世界大戦中の出来事について述べた文として正しいものを，以下のア～エの中から一つ選び，記号で答えよ。

【地図】

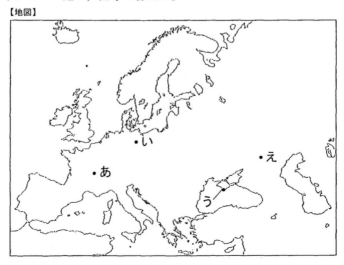

ア　地図中の あ にブルムを首班とする親独政権が樹立された。

イ　地図中の　い　がアメリカ軍によって制圧され，ドイツは無条件降伏した。

ウ　地図中の　う　で開催された連合国の会議では，ソ連の対日参戦が決定された。

エ　地図中の　え　でドイツがソ連に勝利し，独ソ戦におけるドイツの反攻が始まった。

文章B

　第二次世界大戦の反省から，戦後世界の平和や繁栄を実現するために，国際連合など様々な国際機関が樹立された。しかし，米ソ両国間には，戦後ほどなく⑧冷戦と呼ばれる緊張状態が発生し，世界は東西両陣営に分裂した。⑨ソ連を中心とする東側の社会主義陣営は，東欧や⑩中国・⑪キューバ・⑫ベトナムなどにも拡大したが，中ソ対立など陣営内部の対立や共産党一党体制の問題点なども表面化していった。また，西側陣営においても，⑬第五共和政下のフランスが独自の動きを見せるなど多極化の様相も見られた。他方，植民地状態におかれてきた⑭アジアやアフリカの諸民族は独立を達成したものの，その後も⑮部族対立が激化する地域もあった。また，アジアやアフリカ地域では⑯局地的な戦争も勃発し，政情は不安定であった。戦後世界ではアメリカを中心とした自由貿易体制が樹立され，先進国では急速な経済成長がすすみ，「豊かな社会」が実現したが，⑰環境破壊や⑱資源の枯渇などの危機が生じた。一方，独立後も深刻な貧困問題を抱えた国の多かったアジア・アフリカの諸国と，急速な経済成長を実現した先進国の間に「南北問題」がおこったが，さらに1970年代以降には，⑲アジア・アフリカ諸国のなかでも工業化に成功する国々が登場し，「南南格差」が発生していった。

問8　下線部⑧に関連して，冷戦に関する次の文ア〜エを時代順(古→新)に正しく並べたときに，3番目にあたるものを一つ選び，記号で答えよ。

ア　ベルリンの壁が構築された。

イ　ソ連がアフガニスタンに侵攻した。

ウ　トルーマン＝ドクトリンが発表された。

　　エ　スターリン批判が行われた。

問9　下線部⑨に関連して，東側陣営の中には1960年代に入って，ソ連型の社会主義とは距離を置く国家も現れた。次の【資料】は，1968年に発表されたある社会主義国の共産党行動綱領である。【資料】の[　　]にあてはまるその国を答えよ。

【資料】

> 社会主義に対する不安や，社会主義の人道的使命，その人間的な顔が失われているのではないか，という恐れが生まれてきた。…私たちは，新しい，深く民主的で，[　　]の条件にあった社会主義社会のモデルの建設に進みたいと考えるのである。
> 　　　　　　　　　　　　(出典　『世界史史料11』より一部抜粋)

問10　下線部⑩に関連して，第二次世界大戦後の中国について誤りを含むものを，次のア〜エの中から一つ選び，記号で答えよ。

　　ア　毛沢東は「大躍進」運動を始め，人民公社を組織した。

　　イ　劉少奇はプロレタリア文化大革命で林彪ら走資派を非難した。

　　ウ　鄧小平らを中心とした指導部は，「四つの現代化」を推進した。

　　エ　江沢民が指導する時代に，WTO(世界貿易機関)に加盟した。

問11　下線部⑪に関連して，キューバは米ソの両大国に翻弄された歴史を持つ。キューバ危機はその一例である。1950年代末から1963年までを対象に，キューバ危機の経緯，結果，影響を160字以内で説明せよ。その際，人物は記さないこと。また，次の〈語句〉を必ず用いること。

〈語句〉

　　社会主義宣言　　　海上封鎖

問12　下線部⑫に関連して，ベトナムが東側陣営と関係を深めたことは，のちにベトナム戦争を引き起こした。ベトナム戦争中におこった出来事を，次のア〜エの中から一つ選び，記号で答えよ。

　　ア　エジプト革命が起こった。

　　イ　第2次石油危機が発生した。

　　ウ　ニクソンが中華人民共和国を訪問した。

　　エ　第2次天安門事件が発生した。

問13　下線部⑬に関連して，第二次世界大戦中にロンドンに亡命し，
　　自由フランス政府を樹立して対独レジスタンス運動を展開した経歴
　　を持つ大統領について述べた文として正しいものを，次のア～エの
　　中から一つ選び，記号で答えよ。

　　ア　西ヨーロッパ連合条約(ブリュッセル条約)を締結した。

　　イ　NATOの軍事機構から脱退した。

　　ウ　第2次中東(スエズ)戦争に介入した。

　　エ　フォークランド戦争に勝利した。

問14　下線部⑭に関連して，述べた文として正しいものを，次のア～
　　エの中から一つ選び，記号で答えよ。

　　ア　朝鮮半島では，朝鮮戦争の休戦協定成立後，韓国と北朝鮮が独
　　　立した。

　　イ　ガンディーを首相としてイギリスからインド連邦が独立した。

　　ウ　ガーナはエンクルマ(ンクルマ)の指導の下，アフリカ最初の自
　　　力独立の黒人共和国となった。

　　エ　モザンビークでは民族解放戦線(FLN)がポルトガルと戦い，独
　　　立した。

問15　下線部⑮に関連して，フツ人とツチ人の長期にわたる部族対立
　　が1994年の無差別虐殺に発展した国を答えよ。

問16　下線部⑯に関連して述べた次のa・bの正誤の組み合わせとして
　　正しいものを，以下のア～エの中から一つ選び，記号で答えよ。

　　a　インド＝パキスタン戦争ののち，アフガニスタンが独立した。

　　b　第3次中東戦争に勝利したイスラエルは，シナイ半島に領土を広
　　　げた。

　　ア　a－正　b－正　　　イ　a－正　b－誤　　　ウ　a－誤　b－正

　　エ　a－誤　b－誤

問17　下線部⑰に関連して，1962年に『沈黙の春』を出版し，農薬が
　　生物に与える否定的影響について警鐘を鳴らした人物を答えよ。

問18　下線部⑱に関連して，20世紀に入ると先進国は石油利権を確保
　　するために西アジアに影響力を及ぼした。このような状況に直面し
　　た西アジアの国々では様々な反応が見られた。このうち，パフレヴ

ィー朝における1951年の事例を，人物を明らかにして20字以内で簡潔に答えよ。

問19　下線部⑲に関連して，これに該当する国について述べた次の【説明文】の下線部に該当する人物を答えよ。

【説明文】

> この国はかつて，イギリス海峡植民地を構成する一地域であった。1963年のマレーシアの成立時にもその一部となったが，中国系住民を中心に1965年に分離独立し，<u>初代の首相</u>のもとで急速な経済発展を遂げた。

文章C

　1980年代以降，冷戦の終結や<u>⑳東欧社会主義圏の消滅</u>とソ連の解体などの結果，資本主義の優位が強調され，アメリカの軍事的覇権が維持されたまま，貿易や金融，情報の自由化をめざすグローバリゼーションの動きが強まった。グローバリゼーションのもとでは，<u>㉑一国の危機が直ちに地球規模の危機に波及する脅威</u>も増大した。工業化の波は多くの国に拡大し，<u>㉒韓国</u>など急速に経済を発展させる国が出現し，他方では<u>㉓経済協力を柱とした地域統合</u>も進んだ。一方，国家間紛争の減少と反比例するかのように，中東やアフリカでの地域内紛争や<u>㉔国際的テロ活動</u>は増加の傾向を示している。現代世界の抱える様々な問題は地球規模の国際協力による解決が求められており，各国政府・国際機関・NGOなど様々な主体による多角的な協力関係の構築が求められている。

問20　下線部⑳に関連して述べた次の【説明文】の[　a　]，[　b　]にあてはまる国をそれぞれ答えよ。

【説明文】

> 1989年5月，[　a　]が[　b　]との国境フェンスを取り除き，両国の往来を自由にしたところ，東ドイツ市民は隣接する国家を経由して，[　a　]国境から西側の[　b　]への脱出を開始した。このような東側諸国から西側諸国への人の移動が，東欧社会主義圏消滅の一契機となった。

問21　下線部㉑に関連して，この事例の一つに挙げられる，2008年の
　　　アメリカの投資銀行の破綻を端緒とした出来事の名称を答えよ。

問22　下線部㉒に関連して，韓国に関する次の文ア〜エを時代順(古
　　　→新)に正しく並べたときに，3番目にあたるものを一つ選び，記号
　　　で答えよ。

　　ア　ソウルオリンピックが開催された。

　　イ　光州事件がおこった。

　　ウ　日韓基本条約が結ばれた。

　　エ　国際連合に加盟した。

問23　下線部㉓に関連して，ヨーロッパ連合(EU)の源流はヨーロッパ
　　　石炭鉄鋼共同体(ECSC)に求めることができる。次の【資料】はこの
　　　成立に影響を与えたヨーロッパの政治家が1950年に発表したもので
　　　ある。[　　]にあてはまる国の組み合わせとして正しいものを，以
　　　下のア〜カの中から一つ選び，記号で答えよ。

【資料】

> ヨーロッパは一挙に，また単一の構造体としてつくられるわ
> けではありません。ヨーロッパは，まず実態ある連帯を生み
> 出す具体的な成果を積み重ねることにより形成されるのです。
> ヨーロッパ諸国が1つとなるためには，[　　]の積年の敵対関
> 係が一掃されることが必要です。両国こそが率先して行動を
> 起こすべきなのです。ここに，この両国の石炭及び鉄鋼の全
> 生産物を共通の高等機関のもとで，ヨーロッパのその他の
> 国々が参加する開放的組織に配することを提案いたします。
>
> 　　　　　　　　　(出典　『世界史史料11』より一部抜粋)

　　ア　イギリスとフランス　　　イ　イギリスとドイツ
　　ウ　イギリスとイタリア　　　エ　ドイツとフランス
　　オ　フランスとイタリア　　　カ　ドイツとイタリア

問24　下線部㉔に関連して，2001年9月の同時多発テロ事件が発生し
　　　た当時のアメリカ大統領の在任時の出来事について述べた文として
　　　正しいものを，次のア〜エの中から一つ選び，記号で答えよ。

　　ア　イラク戦争を開始し，フセイン政権を打倒した。

イ　湾岸戦争で多国籍軍を中心となって組織し，クウェートを支援した。

ウ　第1次戦略兵器制限交渉(第1次SALT)を開始した。

エ　パレスチナ暫定自治協定の仲介をおこなった。

▌2024年度 ▌佐賀県 ▌難易度 ■■■□□

【9】次の文を読み，(1)〜(7)の問いに答えなさい。

　　明の鄭和が遠洋航海に成功した頃，ヨーロッパ人も積極的に遠洋へ乗り出す動きを見せていた。その主役となって＠大航海時代を切りひらいたのは，地中海で活躍していたイタリア商人と，ⓑ新興のスペイン・ポルトガルの王家であった。16世紀のヨーロッパでは，イタリア諸国の対立に[　A　]家とフランスの覇権争いやオスマン朝の進出が重なり，国家間の抗争が常態化した。この混乱により，イタリアのルネサンスの全盛期は終わったが，ⓒルネサンスの成果はイタリア外部に広まり，各地の文化に影響を与えた。同時期にはⓓ宗教改革を契機にⓔカトリックとプロテスタント諸派の対立が各地に広がっていた。これらの対立・抗争が複雑にからみあってヨーロッパを二分するⓕ三十年戦争に発展したが，その終結とともに主権国家体制が確立した。17世紀に独立したオランダは世界各地への商業進出を進めて経済の主導権を握ったが，イギリスとフランスが台頭してオランダの覇権に挑戦するようになる。

(1)　文中の[　A　]に当てはまることばを書きなさい。

(2)　下線部＠に関して，大航海時代の始まりとともにおこったヨーロッパ社会の変化について，次の二つのことばを用いてその内容を明らかにしながら説明しなさい。

　　　商業革命　　価格革命

(3)　下線部ⓑに関して，次の史料を読み，以下の①，②の問いに答えなさい。

　史料

　『第一回航海の航海日誌』
　10月11日木曜日。…真夜中の二時，陸地が現れた。(中略)夜が明けた金曜日，(一行は)インディオの言葉でグアナハニー島と

呼ばれていたルカヨ諸島の_(ア)ある小島に到着した。しばらく
して(一行は)裸の人間を見た。(中略)提督は王旗をかざし，船
長たちは提督がしるしとして各船に携行させていた緑十字架
旗を二本翻した。十字架のそれぞれの端には[　イ　]があり，
文字の上にはそれぞれ王冠が付いていた。(後略)

(歴史学研究会編『世界史史料5』岩波書店)

① 史料中の下線部(ア)に関して，この小島の名称は何か。書きな
さい。

② 史料中の[　イ　]には，夫婦で共同統治していた2人の王の頭文
字が入る。夫婦で共同統治していた2人の王の組み合わせとして
適当なものを次のa〜dから一つ選び，その記号を書きなさい。

	夫婦で共同統治していた2人の王	
a	フェルナンド2世	メアリ1世
b	フェルナンド2世	イサベル1世
c	フェリペ2世	メアリ1世
d	フェリペ2世	イサベル1世

(4) 下線部ⓒに関して，次のi, iiの文の正誤の組み合わせとして適当
なものを以下のa〜dから一つ選び，その記号を書きなさい。

i フランスのラブレーは『ガルガンチュアとパンタグリュエ
ルの物語』で，笑いを人間の本性の一つとして復権させよ
うとした。

ii 空想・滑稽・風刺の伝統は，アイルランドのスウィフトが
著した『カンタベリ物語』に結実する。

a i－正　ii－正　　b i－正　ii－誤　　c i－誤　ii－正

d i－誤　ii－誤

(5) 下線部ⓓに関して，宗教改革は「　X　が卵を生み，　Y　が
孵した」と表現されることがある。次の絵は1521年に作成された木
版画「神の水車小屋」であるが，その中に描かれた人物　X　，
　Y　の組み合わせとして適当なものを以下のa〜fから一つ選び，
その記号を書きなさい。

	X	Y		X	Y
a	ツヴィングリ	カルヴァン	d	カルヴァン	エラスムス
b	カルヴァン	ツヴィングリ	e	エラスムス	ルター
c	エラスムス	カルヴァン	f	ルター	エラスムス

(6) 下線部ⓔに関して，この対立に関する記述として適当なものを次のa〜dから一つ選び，その記号を書きなさい。

  a イングランドでは，エリザベス1世の国王至上法によって，カルヴァン派に近い教義とカトリックの制度・儀式を折衷する中道主義の国教会体制が確立した。

  b フランスでは，ブルボン家のアンリ3世が1598年にナントの王令を発して，宗教対立に一応の終止符が打たれた。

  c ネーデルラントでは，ユグノーの支援を受けたオラニエ公ウィレムを指導者とし，1581年にスペインからの独立を宣言した。

  d カトリック教会側では，1545年，コンスタンツの公会議が開かれ，近世・近代のカトリックの方向性が定められることとなった。

(7) 下線部ⓕに関して，この戦争において旧教側と新教側のどちらかで戦った，もしくはどちらかを支援した人物名の組み合わせとして適当なものを次のa〜dから一つ選び，その記号を書きなさい。

	旧教側	新教側		旧教側	新教側
a	リシュリュー	クリスチャン4世	c	グスタフ=アドルフ	ヴァレンシュタイン
b	クリスチャン4世	リシュリュー	d	ヴァレンシュタイン	グスタフ=アドルフ

▌2024年度 ▌福島県 ▌難易度 ■■■□□

【10】次の表1は，東アジア世界の変容とモンゴル帝国に関する出来事を
大まかにまとめたものである。以下の(1)～(8)の各問いに答えよ。

表1

西暦	出来事
960	趙匡胤、①北宋を建国
1004	澶淵の盟
	↑ A ↓
1069	②王安石の改革（新法）開始
	↑ B ↓
1126～27	③靖康の変
1142	紹興の和議
	↑ C ↓
1271	④フビライ、国号を元とする
	↑ D ↓
1351～66	紅巾の乱

(1) 下線部①に関連して，唐代の貴族にかわって新しく勢力をのばし
た新興地主層を何というか，答えよ。

(2) 下線部①に関連して，宋代で陶磁器の生産が発達した。中国第一
の陶磁器生産地である江西省の都市はどこか，答えよ。

(3) 下線部①に関連して，この時代の官吏登用法について，隋・唐時
代と比較して，「貴族の子弟」「殿試」の語を用いて，説明せよ。

(4) 下線部②に関連して，次のア，イの各問いに答えよ。

　ア　王安石を宰相に登用した皇帝は誰か，答えよ。

　イ　王安石の新法とその内容の組み合わせとして正しいものを，次
の1～4から一つ選び，記号で答えよ。

    1　青苗法－中小商人への低利貸し付け策

    2　均輸法－植え付け時の貧農への金銭や穀物などの低利貸し付け策

    3　市易法－物資流通の円滑化と物価安定策

    4　募役法－力役のかわりに免役銭を出させて希望者を雇用する政策

(5)　下線部③に関連して，次のア，イの各問いに答えよ。

  ア　資料1の作者であり，金軍の南下に直面して帝位を子に譲り，みずからは上皇になった人物は誰か，答えよ。

  イ　資料1のような，写実的で装飾性を重んじた絵画を何というか，答えよ。

資料1

(6)　下線部④に関連して，元の中国統治の特色について，「モンゴル人」「色目人」の語を用いて，説明せよ。

(7)　下線部④に関連して，フビライが滅ぼした国(王朝)として正しいものを，次の1～4から一つ選び，記号で答えよ。

  1　金　　2　西夏　　3　ホラズム＝シャー朝　　4　南宋

(8)　モロッコ出身の旅行家イブン＝バットゥータが中国を訪れたのは，表1中のA～Dのどの時期か，正しいものを，A～Dから一つ選び，記号で答えよ。

▌2024年度 ▌山口県 ▌難易度 ▐■■■□□

【11】 地中海周辺，アジア諸地域の歴史に関する各問いに答えよ。

1 エジプト文明で使用された1年を365日とする暦を何というか，答えよ。

2 アナトリア高原に国家を建設し，戦車を使用して古バビロニア王国を滅ぼした民族を何というか，答えよ。

3 ペルシア戦争のきっかけとなったギリシア人ポリスの反乱が起きた地方はどこか，答えよ。

4 軍人皇帝時代後のローマ帝国で開始された四帝統治体制とはどのような統治体制か，開始した皇帝名を明らかにして説明せよ。

5 古代のインドに関する各問いに答えよ。

(1) 次の資料はマウリヤ朝時代に作られた碑文の一部である。資料中の(　)に共通して当てはまる語句をカタカナ3文字で答えよ。

> ……カリンガが征服された。15万人の人びとがそこから移送され，10万(の人びと)がそこで殺害され，……。それ以来，カリンガが征服された今，天愛(アショーカ王)の熱心な(　)の実修，(　)に対する愛慕，および(　)の教誡が，(行なわれた)。これはカリンガを征服した時の，天愛の悔恨である。
>
> (『アショーカ王碑文』)

(2) グプタ朝時代に，学問や文芸などの共通語として用いられた言語を何というか，答えよ。

6 八王の乱をきっかけとして，北方や西方の諸民族が華北に進出して小王朝が興亡した時代を何というか，答えよ。

7 次の写真は，8〜9世紀に建設されたジャワ島の仏教寺院である。この寺院を何というか，答えよ。

8 前2〜後6世紀の中国における官吏任用制度の変遷について，制度を創始した王朝を明らかにしながら，制度の仕組みを，次の語句を

用いて説明せよ。

九品中正法　　郷挙里選　　科挙

【12】

〔問1〕 19〜20世紀のイタリアに関する記述として適切なものは，次の
　　1〜4のうちのどれか。

　1　カルボナリは，教皇領，ボローニャなどイタリアの中部各地で
　　蜂起したが，フランス軍によって鎮圧された。

　2　サルデーニャ王国が，中部イタリア，南イタリアなどを併合し
　　てイタリア王国が誕生し，初代イタリア国王にカルロ・アルベル
　　トが即位した。

　3　イタリアが，未回収のイタリアと呼ばれるヴェネツィアや南チ
　　ロルの獲得を条件に，ロンドン秘密条約を結び連合国側での参戦
　　を決定した。

　4　イタリアでは，ファシスト党が政権を握り独裁体制を築き，国
　　交断絶状態だった教皇庁とラテラノ条約を結び関係を正常化し
　　た。

〔問2〕 次の史料は，ある皇帝が命じた「法学提要」の一部である。こ
　　の皇帝の在位中の出来事に関する記述として適切なものは，以下の
　　1〜4のうちどれか。

　史料

> 　三　神の助けによってこのことが決定されたので，朕は，立
> 派な人物で，マギステル〔国務大臣〕，前宮殿法務官のトリボ
> ニアヌスと，(中略)を呼び寄せた。彼らの賢明さ，法律の知識，
> 朕の命令に対する忠実さを，朕は多くの事例から認めている
> ところである。そして朕は，朕の権威において，朕の助言に
> 従って，『法学提要』を編纂するよう彼らに命じた。

　1　ホスロー2世の遠征により，エジプト，パレスチナなどが占領さ
　　れた。

　2　総主教ネストリウスの考えが，公会議の場で異端とされた。

342

　　3　テオドリックが，皇帝の命に反してラヴェンナを拠点に王国を築いた。

　　4　ベリサリオスは，皇帝の命によりヴァンダル王国を滅ぼした。

〔問3〕次の史料は，ある民族が引き起こした事件に関するものである。史料中の上皇に関する記述として適切なものは，以下の1〜4のうちのどれか。

史料

> 　　三月一日，皇帝は青城におられた。七日，金人は張邦昌を擁立して楚の皇帝とした。十日，金人がやって来て皇族をとらえた。(中略)二七日，金人が上皇を脅して北方へ連行した。
>
> 　　夏四月一日，大風が石を吹き飛ばし，木々を折った。金人は欽宗皇帝及び皇后・皇太子を拉致して北方へ帰った。(中略)
>
> 　　五月一日，康王が南京にて即位した。

　　1　文芸を保護し，「風流天子」と称される書画の大家だった。

　　2　幼少より文学を好み，「文選」を編纂した。

　　3　寇謙之を重用して道教に帰依する一方で，仏教の弾圧を行った。

　　4　王羲之を激賞し，蘭亭序が陵墓の副葬品として納められた。

〔問4〕　次の記述は，中国のある都市に関するものである。この都市の名称として適切なものは，以下の1〜4のうちのどれか。

> 　　北に長江を渡れば淮河流域を経て中原をうかがう，中国中南部における第一の要衝である。すなわち中国史において最も重要な地点の一つで，東から南を紫金山を頂とする丘陵に囲まれ，北と南を長江に面し，天然の要害をなす。三国時代，蜀の諸葛亮はこれを「鍾阜山は竜盤し，石城は虎踞す。真に帝王の宅なり。」と評した。

　　1　南京　　2　武漢　　3　成都　　4　開封

〔問5〕　19〜20世紀のインドに関する次の記述ア〜エを，年代の古いものから順に並べたものとして適切なものは，以下の1〜4のうちのどれか。

　　ア　ベンガル分割令に反対した国民会議は，英貨排斥，スワデーシ，

スワラージ，民族教育の4綱領を決定した。

イ　自由インド仮政府が，チャンドラ・ボースを首班として成立した。

ウ　ローラット法が制定され，国民会議派のガンディーは，非暴力・不服従の運動を指導した。

エ　北インドを中心として，インド人傭兵による大反乱が発生し，反乱軍はムガル皇帝を擁立した。

1　ア　→　エ　→　イ　→　ウ

2　ア　→　エ　→　ウ　→　イ

3　エ　→　ア　→　イ　→　ウ

4　エ　→　ア　→　ウ　→　イ

〔問6〕　次の年表中のア〜エのうち，ドイツ関税同盟が成立した時期として適切なものは，以下の1〜4のうちのどれか。

　　　　年表

1　ア　　2　イ　　3　ウ　　4　エ

〔問7〕　第一次世界大戦後に結ばれた条約に関する記述として適切なものは，次の1〜4のうちのどれか。

1　ヌイイ条約は，連合国とオーストリアとの間に結ばれた講和条約で，チェコスロバキアなどが独立して領土は4分の1に縮小され，オーストリアは小共和国となった。

344

2　セーブル条約は，連合国とブルガリアとの間に結ばれた講和条約で，エーゲ海沿岸はギリシア領とされるなど，ブルガリアの領土が削減された。

3　サン・ジェルマン条約は，連合国とオスマン帝国との間に結ばれた講和条約で，オスマン帝国はシリア，メソポタミアなどの領土を失ったほか，治外法権も認めさせられた。

4　ローザンヌ条約は，連合国とトルコとの間で結ばれた条約で，トルコは新しい国境を定め，治外法権が撤廃された。

〔問8〕　次の史料は，古代アテネのある出来事に関するものである。この出来事として適切なものは，以下の1～4のうちのどれか。

史料

> 　イサゴラスがアルコンのときに，まず全ての人々を混淆しようと望み，より多くの人々が国のあり方に参画できるよう，四部族の代わりに十部族へと振り分けた。(中略)それから各部族から五十人を出して，四百人評議会の代わりに五百人評議会を設けた。

1　ドラコンの成文法　　　　　　2　ソロンの改革
3　ペイシストラトスの僭主政治　4　クレイステネスの改革

〔問9〕　イギリス国王に関する次の記述ア～エを，年代の古いものから順に並べたものとして適切なものは，以下の1～4のうちのどれか。

ア　この王は，ヘースティングズの戦いで勝利して，イングランド王となった。全国の土地所有者をソールズベリーに集めて忠誠を誓わせた。

イ　この王は，父がフランスの有力貴族であったが，母がイングランド王の娘であったことから，イングランド王位を継承し，フランス西部を含む広大な所領を支配した。

ウ　この王は，母がフランス王の娘であったために，フランスの王位が断絶すると，王位継承を主張してフランスとの戦争を始めた。

エ　この王は，内乱でフランスに逃れた後に，イングランド王に即位し，フランス王とドーヴァー密約を結んだ。

1　ア　→　イ　→　ウ　→　エ

2 ア → ウ → イ → エ

3 イ → ウ → ア → エ

4 イ → ア → エ → ウ

〔問10〕 高等学校学習指導要領地理歴史の「各科目」の「世界史探究」の「目標」に関する記述として適切なものは，次の1〜4のうちのどれか。

1 世界の歴史の大きな枠組みと展開を諸資料に基づき地理的条件や日本の歴史と関連付けながら理解させ，文化の多様性・複合性と現代世界の特質を広い視野から考察させることによって，歴史的思考力を培い，国際社会に主体的に生きる日本国民としての自覚と資質を養う。

2 世界の歴史の大きな枠組みと展開に関わる諸事象について，地理的条件や日本の歴史と関連付けながら理解するとともに，諸資料から世界の歴史に関する様々な情報を適切かつ効果的に調べまとめる技能を身に付けるようにする。

3 近現代の歴史の変化に関わる諸事象について，世界とその中の日本を広く相互的な視野から捉え，現代的な諸課題の形成に関わる近現代の歴史を理解するとともに，諸資料から歴史に関する様々な情報を適切かつ効果的に調べまとめる技能を身に付けるようにする。

4 近現代史を中心とする世界の歴史を諸資料に基づき地理的条件や日本の歴史と関連付けながら理解させ，現代の諸課題を歴史的観点から考察させることによって，歴史的思考力を培い，国際社会に主体的に生きる日本国民としての自覚と資質を養う。

▌ 2024年度 ▌ 東京都 ▌ 難易度 ▌▇▇▇▇▢▢

【13】 古代オリエント・地中海世界に関する表1を見て，以下の問に答えよ。

表1

年代	出来事
前3千年紀	①エジプト古王国時代
前2千年紀	②アルファベットの成立
前1千年紀	ギリシア、ポリスの成立
前6世紀末	③ローマ人の共和政国家成立
1～2世紀	「パックス＝ローマーナ」の時代
3世紀	ローマ帝国再編
313年	④キリスト教の公認
395年	ローマ帝国、東西に分裂

問1　下線部①のエジプトの古代文明に関して述べた文として適当なものを，A～Dから一つ選び，記号で答えよ。

A　古王国時代には強力な王権を誇り，シリアやクレタ島とも盛んに通商した。

B　中王国時代の末に，ヒッタイトが鉄器と戦車をもって侵入した。

C　新王国時代には，アメンホテプ4世が戦勝記念としてアブシンベル神殿を築いた。

D　前10世紀には，クシュ王国が成立し，前8世紀には一時的にエジプトを支配した。

問2　下線部②のアルファベットをつくった民族は，セム語系の人々であった。セム語系民族に関して述べた文として適当でないものを，A～Dから一つ選び，記号で答えよ。

A　アラム語は，国際商業の共通語として西アジア一帯で用いられた。

B　カルデア人は新バビロニア王国をつくり，キュロス2世のとき，一大勢力を誇った。

C　アッシリアは，オリエント全土の様々な民族を支配し統合する最初の世界帝国となった。

D　フェニキア人は，ティルスなどの港市国家を拠点に，東地中海の商業交易にたずさわった。

問3　下線部③について，ギリシア人の歴史家ポリビオスは，著書『歴史』のなかでローマ発展の経過と理由を世界史的視野で記述した。アテネとローマそれぞれの市民権の拡大の相違点について記述せよ。

問4　下線部④のキリスト教の歴史に関して述べたa，bの文の正誤の組み合わせとして正しいものを，A〜Dから一つ選び，記号で答えよ。

a　ニケーア公会議において，人間としてのイエスを唱えるアタナシウスの説が正統とされた。

b　『教会史』で知られるアウグスティヌスの考え方は，のちの西ヨーロッパの王権神授説に根拠を与えた。

```
　　　a　b
A　　正　正
B　　正　誤
C　　誤　正
D　　誤　誤
```

| 2024年度 | 島根県 | 難易度 |

【14】次の年表を読み，以下の各問いに答えなさい。

	出来事
前722年	アッシリアがイスラエルを滅ぼす・・・・・・・・・・・・A
前478年	デロス同盟が結成される
前317年頃	マウリヤ朝が成立する
前272年	ローマがイタリア半島を征服する
前221年	秦が中国を統一する
前30年	プトレマイオス朝が滅亡する・・・・・・・・・・・・・B
224年	ササン朝が成立する
317年	東晋が建国される
750年	アッバース朝が成立する
800年	カール大帝の戴冠
907年	唐が滅亡する・・・・・・・・・・・・・・・・・・・C
1009年	李朝（大越国）が建国される
1303年	アナーニ事件が起こる
1453年	オスマン帝国がコンスタンティノープルを占領する・・・D

問1　年表中A～Bの時期中に起きた出来事についての記述として適切ではないものを，次の①～④のうちから選びなさい。

①　ディオクレティアヌス帝が専制政治を行った。

②　ペリクレスが民主政治を行った。

③　ヴァルダマーナがジャイナ教を創始した。

④　楚の屈原らの詩歌を中心とした『楚辞』がまとめられた。

問2　年表中B～Cの時期中に起きた出来事についての記述として最も適切なものを，次の①～④のうちから選びなさい。

①　ササン朝では，一神教が国教となり聖典が編纂された。

②　東晋では，劉秀が豪族による連合政権を確立した。

③　アッバース朝では，アラブ人ムスリムに地租が課された。

④　カール大帝は，ゲルマン人のアッティラ王を撃退した。

問3　年表中C～Dの時期中に起きた出来事についての記述として最も適切なものを，次の①～④のうちから選びなさい。

①　東アジアでは，中国王朝にマテオ＝リッチをはじめとする多くのキリスト教宣教師が来朝した。

②　西アジアでは，トルコ人奴隷兵の活発な活動により，アッバース朝が滅んだ。

③　東南アジアでは，仏教の広がりにより，インドネシアに多くの仏教王朝が成立した。

④　ヨーロッパでは，ペストが流行し，人口が激減した。

問4　次の出来事は，年表中のどの時期に起きた出来事か。最も適切なものを，以下の①～⑤のうちから選びなさい。

出来事：マンサ＝ムーサによるマリ王国の繁栄

①　Aより前　　②　A～B　　③　B～C　　④　C～D

⑤　Dより後

┃ 2024年度 ┃ 神奈川県・横浜市・川崎市・相模原市 ┃ 難易度 ■■■□□

【15】 次の第二次世界大戦後に関する[年表]について，以下の(1)～(7)の問題に答えなさい。

年	アメリカ、西ヨーロッパ	ソ連・ロシア、東ヨーロッパ
1946	「鉄のカーテン」演説	
1947	(1)マーシャル=プラン	
1948	西ヨーロッパ連合条約	ベルリン封鎖
1949	北大西洋条約機構	
1950		(2)朝鮮戦争（～1953）
1955		ワルシャワ条約機構
1961		ベルリンの壁構築
1962		(3)キューバ危機
1967	(4)ヨーロッパ共同体（ＥＣ）の発足	
1972		(5)米中共同声明
1973	(6)第1次石油危機	
1975	第1回サミット	
1989		(7)冷戦の終結宣言
1991		ソ連の解体
1993	ヨーロッパ連合（ＥＵ）の発足	

(1)　マーシャル=プランに対抗して，ソ連・東欧諸国により結成された各国共産党の情報交換機関を次の中から1つ選び，番号で答えなさい。

①　コミンテルン　　②　コメコン　　③　コミンフォルム
④　コルホーズ

(2)　朝鮮戦争開戦時の朝鮮半島における南北の境界線と北朝鮮の指導者の組合せとして正しいものを次の中から1つ選び，番号で答えなさい。

①　北緯17度―金日成　　②　北緯38度―金日成
③　北緯17度―金正日　　④　北緯38度―金正日

(3)　キューバ危機後，1963年に米英ソの3国間で調印された条約を次の中から1つ選び，番号で答えなさい。

①　部分的核実験禁止条約　　②　核拡散防止条約
③　包括的核実験禁止条約　　④　中距離核戦力全廃条約

(4)　ヨーロッパ共同体の母体となった3つの共同体の名称を答えなさい。ただし，アルファベットでの略称も可とする。

(5)　アメリカの大統領として1972年に初めて中華人民共和国を訪問し，中国との関係正常化に合意した大統領を次の中から1つ選び，番号で答えなさい。

①　ケネディ　　②　ジョンソン　　③　ニクソン

④　カーター

(6)　第1次石油危機の原因となった出来事を次の中から1つ選び，番号で答えなさい。

①　イラン石油国有化　　②　イラン革命　　③　プラハの春

④　第4次中東戦争

(7)　冷戦の終結宣言が発表された会談の名称と，この宣言を行ったソ連指導者の組合せとして正しいものを次の中から1つ選び，番号で答えなさい。

①　マルタ会談—ブレジネフ　　②　マルタ会談−ゴルバチョフ

③　ヤルタ会談—ブレジネフ　　④　ヤルタ会談−ゴルバチョフ

┃ 2024年度 ┃ 名古屋市 ┃ 難易度 ┃■■■■□ ┃

【16】次の文章は，「高等学校学習指導要領」(平成30年3月告示)の世界史探究の「2　内容」の大項目「C　諸地域の交流・再編」から一部抜粋したものである。この文章に留意した上で，フランス革命をテーマに，資料を活用して探究する2単位時間の授業を実施した。以下の(1)，(2)の問いに答えなさい(資料は一部省略したり，書き改めたりした部分がある。)。

> (2)　世界市場の形成と諸地域の結合
> 　　諸資料を活用し，(1)で考察した観点を踏まえた問いを基に，課題を追究したり解決したりする活動を通して，次の事項を身に付けることができるよう指導する。
> 　ア　次のような知識を身に付けること。
> 　(ア)　産業革命と環大西洋革命，自由主義とナショナリズム，南北戦争の展開などを基に，国民国家と近代民主主義社会の形成を構造的に理解すること。
> 　イ　次のような思考力，判断力，表現力等を身に付けること。
> 　(ア)　大西洋両岸諸地域の動向に関わる諸事象の背景や原因，結果や影響，事象相互の関連，諸地域相互のつながりなどに着目し，主題を設定し，諸資料を比較したり関連付けたりして読み解き，産業革命や環大西洋革命の意味や意義，自由主義とナショナリズムの特徴，南北アメ

リカ大陸の変容などを多面的・多角的に考察し，表現すること。

(1) 第1時は，「フランス革命の中で，どのような変革が行われたのか」という問いに対し，生徒が調べ，まとめる活動を設定した。次の資料1は，ある生徒が作成したノートの一部である。

資料1

	主な変革等の内容
国民議会	・①三部会より離脱した特権身分の一部と第三身分の議員により結成 ・封建的特権の廃止を決定 ・『人権宣言』の採択 ・教会財産の没収→国有化 ・ギルドの廃止
立法議会	・　Ⅰ　へ宣戦布告、革命戦争の開始 ・８月１０日事件→王権の停止
国民公会	・②ルイ16世の処刑 ・革命暦の採用 ・徴兵制実施 ・封建地代の無償廃止
③総裁政府	・対外戦争や王党派の反乱で政権不安定

i) 　Ⅰ　に適する国名を書け。

ii) 下線部①について，三部会が招集された当時のフランスは，深刻な財政難となっていたが，その理由について，18世紀後半における対外関係と国内の状況それぞれに触れながら，説明せよ。

iii) 下線部②について，ルイ16世の処刑を契機に，フランス包囲の大同盟である第1回対仏大同盟が成立した。この同盟結成を呼び掛けたイギリス首相名を答えよ。

iv) 下線部③について，政権不安定な総裁政府は1799年に倒されたが，この経緯について，次の語句を用いて書け。なお，語句を使用した箇所には下線を付すこと。

> エジプト遠征

(2) 第2時は，調べた内容を踏まえ，フランス革命に関係する複数の資料を読み取る活動を設定した。次の資料2は，国民議会が1789年に発布した『人権宣言』の一部であり，資料3は，フランスの女性活動家グージュによって1791年に出された『女性および女性市民の

権利宣言』の一部である(資料は一部省略したり，書き改めたりした部分がある。)。

資料2　人権宣言(1789年)

第1条　<u>人間は自由で権利において平等なものとして生まれ，かつ生きつづける。</u>社会的区別は共同の利益にもとづいてのみ設けることができる。

第3条　すべて主権の根源は，本質的に国民のうちに存する。いかなる団体も，またいかなる個人も，明示的にその根源から発してはいない権限を行使することはできない。

(歴史学研究会編「世界史史料6」岩波書店)

資料3　女性および女性市民の権利宣言(1791年)

第1条　女性は，自由なものとして生まれ，かつ，権利において男性と平等なものとして生存する。(後略)

第3条　あらゆる主権の淵源は，本質的に国民にあり，国民とは，女性と男性との結合にほかならない。いかなる団体も，いかなる個人も，国民から明示的に発しない権威を行使することはできない。

(辻村みよこ「女性と人権」日本評論社)

---

i)　第2時の冒頭において，資料2中の下線部の内容に焦点を当てた問いを設定したい。あなたならば，どのような問いを設定するか，書け。

ii)　i)の問いを設定した上で，グージュが人権宣言と同時代に資料3を発表した理由について，考察させたい。あなたならば，この考察を通して，どのようなことを生徒に気付かせたいか，書け。

▋2024年度 ▋群馬県 ▋難易度▋▋▋▋▋▋

【17】 シチリア島に関する次の年表を見て，以下の問いに答えなさい。

年代	出来事
前1000年～	フェニキア人が西部に交易拠点をつくる
前733年	ギリシア人が東部に植民市【 あ 】を建設する
前3世紀～	ローマの支配
468～476年	北アフリカの【 い 】の支配
6世紀～	【 う 】の支配
10～11世紀	イスラームの支配
11世紀末～	ノルマン人の支配
（え）	
12世紀末	王統がホーエンシュタウフェン家になる
13世紀前半	シチリア王フェデリコ2世（神聖ローマ皇帝フリードリヒ2世）の統治
13世紀末～	アラゴン・スペインの支配
1860年	【 お 】が赤シャツ隊を率いてシチリアに上陸する
1943年	連合国軍がシチリアに上陸する・・・（か）

問1　年表中の空欄【　あ　】に当てはまる語句として正しいものを
次のア～エから1つ選び，記号で答えなさい。

ア　シラクサ　　イ　ネアポリス　　ウ　カルタゴ

エ　タレントゥム

問2　年表中の空欄【　い　】，【　う　】に当てはまる語句の組み合
わせとして正しいものを次のア～カから1つ選び，記号で答えなさ
い。

	い	う
ア	西ゴート王国	アッバース朝
イ	西ゴート王国	ビザンツ帝国
ウ	ヴァンダル王国	アッバース朝
エ	ヴァンダル王国	ビザンツ帝国
オ	ムラービト朝	アッバース朝
カ	ムラービト朝	ビザンツ帝国

問3　次の写真A，Bは，年表中の(え)の時期におけるシチリア王国の
宮廷があったパレルモに関係するものである。写真Aは，当時のパ
レルモ宮廷に仕えた書記官を描いたものであり，写真Bは，現在の
パレルモにあるキリスト教の教会(サン＝ジョヴァンニ＝デッリ＝
エレミティ教会)である。科目「世界史探究」の授業において，こ
れらの写真から当時のシチリア王国の特色について生徒に何を読み
取らせ，理解させたいか答えなさい。

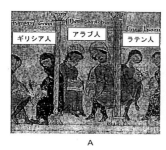

A　　　　　　　　　B

（浜島書店『アカデミア世界史』による）

問4　年表中の(え)の時期について，12世紀は，シチリアをはじめとし
　　たヨーロッパ各地において，通常の14世紀から始まるとされる「ル
　　ネサンス」に先立って文化復興が展開され，近代の文化的基盤を準
　　備した世紀として「12世紀ルネサンス」の時代と理解されている。
　　次の表は12世紀にヨーロッパで翻訳されたギリシア語・アラビア語
　　文献の一部を示したものである。表を教材として科目「世界史探究」
　　の授業において，「中世ヨーロッパにおける学問・文化の受容」に
　　ついて，思考力，判断力，表現力等を育成するための学習活動を行
　　う場合，生徒に考えさせたい学習課題(問い・主発問)と，それによ
　　って得られる知識や概念は何か答えなさい。なお，解答に当たって
　　は，以下の『高等学校学習指導要領(平成30年告示)解説　地理歴史
　　編』の記載事項を踏まえること。

表　12世紀におけるギリシア・アラビア語文献のラテン語への翻訳

著　者	著　作	翻訳前の言語	訳　者	翻訳場所
ヒポクラテス	『箴言』その他	アラビア語	クレモナ (注) のゲラルド	トレド
〃		ギリシア語	ピサのブルグンディオ	北イタリア
プラトン	『メノン』	ギリシア語	アリスティップス	シチリア
〃	『パイドン』	ギリシア語	〃	〃
アリストテレス	『自然学』	ギリシア語	不詳	北イタリア
〃		アラビア語	クレモナ (注) のゲラルド	トレド
〃	『気象学』	ギリシア語	アリスティップス	シチリア
〃		アラビア語	クレモナ (注) のゲラルド	トレド
〃	『形而上学』	ギリシア語	不詳	北イタリア
ユークリッド	『原論』	アラビア語	バース (注) のアデラード	トレド
〃		ギリシア語	サレルノのエルマンノ	シチリア
〃	『与件』	ギリシア語	サレルノのエルマンノ	シチリア
〃		アラビア語	クレモナ (注) のゲラルド	トレド
〃	『光学』	ギリシア語	サレルノのエルマンノ	シチリア
アルキメデス	『円の求積』	アラビア語	ティヴォリ (注) のプラトーネ	トレド
プトレマイオス	『アルマゲスト』	ギリシア語	サレルノのエルマンノ	シチリア
〃		アラビア語	クレモナ (注) のゲラルド	トレド
〃	『光学』	アラビア語	パレルモのエウゲニウス	シチリア
フワーリズミー	『インド数学について』	アラビア語	バース (注) のアデラード	不詳
〃	『代数学』	アラビア語	クレモナ (注) のゲラルド	トレド
イブン=シーナー	『医学典範』	アラビア語	クレモナ (注) のゲラルド	トレド
ガザーリー	『哲学者たちの意図』	アラビア語	グンディサルボ セビリアのフアン	トレド

(注) クレモナ・ティヴォリはイタリア，バースはイギリスの地名

（伊藤俊太郎『十二世紀ルネサンス』講談社学術文庫所載の表を基に作成）

第2章　第5節　世界史探究　2　内容とその取扱い

　C　諸地域の交流・再編

> (1)　諸地域の交流・再編への問い
>
> 　…(略)…
>
> 　イ　次のような思考力，判断力，表現力等を身に付けること。
>
> 　　(ア)　諸地域の交流・再編に関わる諸事象の背景や原因，結果や影響，事象相互の関連，諸地域相互の関わりなどに着目し，諸地域の交流・再編を読み解く観点について考察し，問いを表現すること。

3　内容の取扱い

> 　(1)については，生徒の学習意欲を喚起する具体的な事例を取り上げ，…(略)…指導を工夫すること。また，観点を踏まえることで，諸地域の交流・再編を構造的に捉えることができることに気付くようにすること。

> 　学習に当たっては，…(略)…宗教や科学・技術及び文化・思想の伝播を取り上げた場合には，教師が，新たに生まれた科学・技術や文化・思想に関する資料，異なる宗教や文化・思想に接触した人々の記録など複数の資料を提示し，宗教や科学・技術及び文化・思想の伝播に見られる知的活動の特色に照らして諸地域の再編・交流を読み解く観点に関わる問いかけを行うなどして，生徒が歴史的な見方・考え方を働かせて資料から情報を読み取ることができるように指導を工夫する。

(文部科学省『高等学校学習指導要領(平成30年告示)解説地理歴史編』から抜粋)

問5　年表中の空欄【　お　】に当てはまる人物の名前を答えなさい。

問6　年表中の(か)について，これによりムッソリーニが失脚し，イタリアは無条件降伏する。この時のイタリアの内閣の首相の名前を答

えなさい。

【18】「世界史探究」の授業で，唐と近隣諸国の動向などを基に東アジアと中央ユーラシアの歴史的特質について学習することとします。次の図Ⅰは670年頃の唐の最大領域を，図Ⅱは唐の都長安城，日本の都平城京及び渤海の都上京竜泉府の都市構造を示しています。また，資料Ⅰは長安の街の様子についての記述の一部を，資料Ⅱはウイグルの貴族を描いた壁画を示しています。あとの1・2に答えなさい。

図Ⅰ

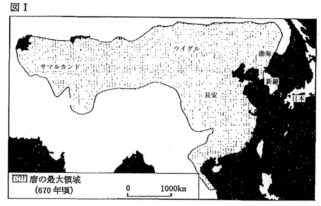

図Ⅱ

資料Ⅰ

> このあたりはこの上都長安と東都洛陽・北都太原等とを繋ぐ孔道の都に入って来る処とて，車馬の往来は殊の外にはげしい。地方へ赴任の官吏も出てくれば駱駝を率ゐたキャラヴァンも出

てくる。……唐廷の儀仗に迎へられて，きらびやかな行列に
轣䡟（わりゅう）の歩みも緩く西に向ふのは，大和島根のすめらみことのみ
こともちて，遙に海を越えた藤原清河などの一行でもあらうか。
外国の使臣の入朝するものもその東よりするものはすべてここ
から都へ入った。日本・新羅・渤海の如き遠き国々から，学を
修め法を求めんとして山河万里笈（きふ）を負ふて至るものも皆この門
をくぐる。我が空海も円仁も，円珍も宗叡も，みなこゝから都
へ足を入れた。髯髪高鼻（けんぱつこうび），紫髯緑眼（しぜんりょくがん）の胡人の往来も亦稀ではな
い。……

（「増訂長安の春」により作成。）

資料Ⅱ

資料Ⅱ

指導計画

（1）単元の目標
唐と近隣諸国の動向などを基に，東アジアと中央ユーラシアの歴史的特質を理解する。

（2）単元の評価規準

知識・技能	思考・判断・表現	主体的に学習に取り組む態度
唐と近隣諸国の動向などを基に，東アジアと中央ユーラシアの歴史的特質を理解している。	東アジアと中央ユーラシアの歴史に関わる諸事象の背景や原因，結果や影響，事象相互の関連，諸地域相互の関わりなどに着目し，主題を設定し，諸資料を比較したり関連付けたりして読み解き，唐の統治体制と社会や文化の特色，唐と近隣諸国との関係，遊牧民の社会の特徴と周辺諸地域との関係などを多面的・多角的に考察し，表現している。	東アジアと中央ユーラシアの歴史的特質の形成について，よりよい社会の実現を視野に課題を主体的に追究しようとしている。

（3）本時の展開

	主な学習活動
導入	前時の復習
展開	学習のねらい①　唐の勢力圏の広がりを理解させる。 ・図Ⅰを基に，唐の勢力圏の広がりについて考察させる。 ・唐と近隣地域との結び付きについて考察させる。 学習のねらい②　唐代に国際色豊かな文化が形作られたことを理解させる。 学習のねらい③　唐の文化が近隣諸国に与えた影響について理解させる。

1　指導計画中の，学習のねらい②を達成するために，図Ⅱ及び資料
　Ⅰを用いて，どのように指導を行いますか。簡潔に書きなさい。

2　指導計画中の，学習のねらい③を達成するために，図Ⅱ及び資料
　Ⅰ・Ⅱを用いて，どのように指導を行いますか。簡潔に書きなさい。

▌2024年度 ▌広島県・広島市 ▌難易度 ▌▆▆▆▆□□

【19】次の文章を読み，以下の問いに答えよ。

　西欧で成立した民族主義はバルカン半島にも影響をもちはじめ，オ
スマン帝国では危機感が高まった。1860年代から自らを「新オスマン
人」と称した知識人らは，スルタンの専制を廃して立憲政をめざす運
動を展開した。これを背景にしてアジアで最初の憲法であるミドハト
憲法が制定された。しかし，翌年おこった[　A　]を口実に，アブデュ
ル＝ハミト2世は憲法を停止した。その後，1908年には青年トルコ革
命が勃発し，ミドハト憲法は復活したが，新政権はₐパン＝トルコ主
義を掲げた。その後，「青年トルコ人」の政権は3B政策を掲げる
[　B　]に接近していった。

（1）　空欄[　A　]にあてはまる語句として最も適当なものを，次の①
　から④までの中から一つ選び，記号で答えよ。

　　①　エジプト＝トルコ戦争　　②　ギリシア独立

　　③　クリミア戦争　　④　ロシア＝トルコ戦争

（2）　下線部aについて述べた文として最も適当なものを，次の①から
　④までの中から一つ選び，記号で答えよ。

　　①　ムスリムと非ムスリムを含む全臣民の平等に基づく，オスマン

人意識により，帝国を再統合しようとする思想。

② トルコ系諸民族の連帯を唱道する思想。

③ ヨーロッパ植民地主義に対抗するために，イスラーム教徒は一致協力して「イスラーム世界」をうちたてるべきだとする思想。

④ オスマン帝国臣民に法の下での平等，身体・名誉・財産の保障，平等な税制と徴兵を宣言した勅令。

(3) 空欄[B]にあてはまる語句として最も適当なものを，次の①から④までの中から一つ選び，記号で答えよ。

① イギリス　　② フランス　　③ ドイツ　　④ イタリア

| 2024年度 | 沖縄県 | 難易度 ■■■■■□ |

【20】次の文を読んで，以下の(1)〜(12)の問いに答えよ。

ナポレオンが退位し，ヨーロッパに安定が戻るとイギリスでの産業革命や，アメリカ・フランスでの市民革命へ如何に対応するかが課題となった。

1871年にヴィルヘルム1世が即位して成立したドイツ帝国では，宰相についたビスマルクが，(①)を開始して南ドイツで有力なカトリック教徒を抑圧した。18世紀後半からイギリスやロシアの進出が激しくなってきたオスマン帝国では，スルタンや知識人がムスリムと非ムスリムの平等を唱え近代国家の形成を目指した。1876年には(②)が発布されたが，ロシアとの戦争をきっかけに停止され，スルタンの専制政治が復活した。

1914年に勃発した③第一次世界大戦は兵器の高度化により大量殺戮の場となり，また，参戦国の総力をあげた戦いとなった。ロシアでは戦況の悪化により帝政が崩れ，④1922年にはソ連が成立した。また，⑤イスラーム諸国にも大きな転換をもたらした。イギリスは大戦中，戦債や兵士・物資の供出など戦争に協力したインドに対し，大戦後の自治を約束していた。しかし，大戦後の1919年インド統治法やローラット法に対し民衆は反発し，非暴力を掲げたガンディーが民衆の指導者となった。1929年のインド国民会議のラホール大会では，議長のネルーら急進派が(⑥)を決議した。ドイツやイタリアではヴェルサイユ体制へ

の不満や社会的不安定さの中で、⑦ファシズムが台頭した。コミンテルンはファシズム勢力に対抗するために1935年に(⑧)戦術を提唱し、1936年にはフランスで(⑧)内閣が誕生したが、3年あまりしか続かなかった。中国では袁世凱の死後、孫文が設立した⑨中国国民党が南京国民政府を成立させた。

　1939年、⑩第二次世界大戦が勃発し、世界は連合国と枢軸国に分かれて戦った。また、連合国は大戦中から国際連合憲章の作成や⑪国際経済秩序の形成を進め、新たな国際体制が生まれた。大戦後は、こうして生まれた国際体制の中で⑫先進国が経済成長を遂げてきた。

(1)　空欄(①)に当てはまる語句を書け。

(2)　空欄(②)に当てはまる語句を書け。

(3)　下線部③について、孤立主義政策をとっていたアメリカ合衆国が参戦した経緯を説明せよ。ただし、「ウィルソン」「戦後構想」「無制限潜水艦作戦」の三つの言葉を用いること。

(4)　下線部④について、次の図はイギリス、ドイツ、ロシア(ソ連)の銑鉄の生産量の推移を示したものである。図中のX～Zに当たる国の組み合わせとして適当なものを、以下のA～Dから一つ選び、その記号を書け。

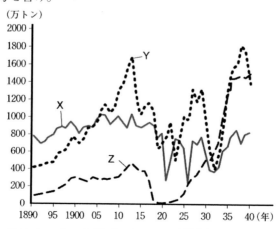

(B.R.ミッチェル編『マクミラン新編世界歴史統計』より作成)

A　X－イギリス　　Y－ドイツ　　　　　Z－ロシア(ソ連)

B　X－イギリス　　Y－ロシア(ソ連)　　Z－ドイツ

C　X－ドイツ　　　Y－イギリス　　　　Z－ロシア(ソ連)

D　X－ドイツ　　　Y－ロシア(ソ連)　　Z－イギリス

(5)　下線部⑤について，次の地図は第一次世界大戦後の西アジアを示したものである。地図中のP〜Rに当てはまる第一次世界大戦後に独立した国の組み合わせとして適当なものを，以下のA〜Dから一つ選び，その記号を書け。

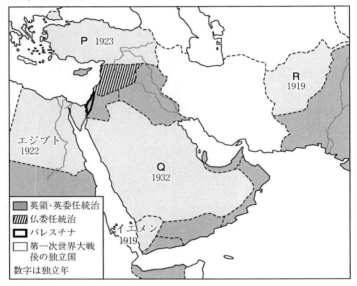

A　P－サウジアラビア　　Q－アフガニスタン　　R－トルコ

B　P－サウジアラビア　　Q－トルコ　　　　　　R－アフガニスタン

C　P－トルコ　　　　　　Q－サウジアラビア　　R－アフガニスタン

D　P－トルコ　　　　　　Q－アフガニスタン　　R－サウジアラビア

(6)　空欄(⑥)に当てはまる語句を書け。

(7)　下線部⑦について，ファシズムの台頭に関係するできごとについて述べた次のア〜エの文を，年代の古い順に左から並べたものとして適当なものを，以下のA〜Dから一つ選び，その記号を書け。

> ア　ムッソリーニは，ローマ進軍を機に政権を掌握した。
>
> イ　ドイツは，ロカルノ条約を破棄し，ラインラントに軍隊を進駐させた。
>
> ウ　ヒトラーは，全権委任法を成立させ，政府に立法権を与えた。
>
> エ　イギリス・フランスに不信感を抱いたソ連は，独ソ不可侵条約を結んだ。

　A　ア→イ→エ→ウ　　　B　ア→ウ→イ→エ　　　C　イ→ア→エ→ウ
　D　イ→ウ→ア→エ

(8)　空欄(　⑧　)に当てはまる語句を書け。

(9)　下線部⑨について，中国国民党が南京国民政府を成立させるまでの動向を説明せよ。ただし，「第1次国共合作」「蔣介石」「北伐」の三つの言葉を用いること。

(10)　下線部⑩について述べた文として適当なものを，次のA〜Dから一つ選び，その記号を書け。

　A　ミッドウェー海戦で，ソ連軍がドイツ軍を破った。

　B　テヘラン会談では，北フランス上陸作戦が協議された。

　C　カイロ宣言では，ドイツ降伏後の占領政策が定められた。

　D　ポツダム宣言では，ドイツの無条件降伏が要求された。

(11)　下線部⑪について，第二次世界大戦中から大戦後のできごとについて述べた次のア〜エの文を，年代の古い順に左から並べたものとして適当なものを，以下のA〜Dから一つ選び，その記号を書け。

> ア　ナチ党やドイツ軍の指導者がニュルンベルク国際軍事裁判で裁かれた。
>
> イ　国際通貨基金と国際復興開発銀行の設置がブレトン＝ウッズ会議で決定した。
>
> ウ　ソ連が西ベルリンへの交通路を遮断した。
>
> エ　アメリカ合衆国がマーシャル＝プランを発表した。

　A　ア→イ→エ→ウ　　　B　ア→ウ→イ→エ　　　C　イ→ア→エ→ウ
　D　イ→ウ→ア→エ

(12)　下線部⑫について，図は1975年から2005年におけるアメリカ合衆国，ドイツ(西ドイツ)，イギリス，日本の経済成長率の推移を示したものである。図中のW〜Zに当てはまる国名の組み合わせとして適当なものを，以下のA〜Dから一つ選び，その記号を書け。

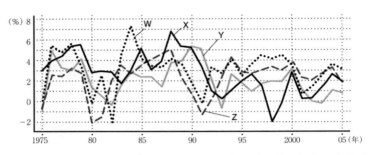

(『近現代日本経済史要覧　補訂版』より作成)

A　W−アメリカ合衆国　　　X−ドイツ(西ドイツ)
　　Y−イギリス　　　　　　Z−日本
B　W−アメリカ合衆国　　　X−日本
　　Y−ドイツ(西ドイツ)　　Z−イギリス
C　W−ドイツ(西ドイツ)　　X−アメリカ合衆国
　　Y−イギリス　　　　　　Z−日本
D　W−ドイツ(西ドイツ)　　X−日本
　　Y−アメリカ合衆国　　　Z−イギリス

┃ 2024年度 ┃ 愛媛県 ┃ 難易度 ███████

解答・解説

【1】問1　1　　問2　4　　問3　4　　問4　3　　問5　5
○**解説**○　問1　A　前19世紀初めに建てられ，ハンムラビ王のもとで全盛期を迎えた。　B　ヒッタイトはインド＝ヨーロッパ語系民族で，前17世紀半ばにアナトリア半島中部のハットゥシャを都として建国された。　C　ミタンニ王国は前15世紀に全盛期を迎えるが，のちにア

ッシリア帝国に併合された。　問2　1　ダマスクスを中心に中継貿易で栄えたのはアラム人である。　2　カデシュでエジプトと交戦したのはヒッタイトである。　3　都市国家ウルで神権政治を行ったのはシュメール人である。　問3　a　新王国が存在したエジプトでは太陰暦ではなく太陽暦、六十進法ではなく十進法を用いた。太陰暦、閏月を用いる太陰太陽暦や六十進法はメソポタミア文明の特徴である。

b　テーベからテル＝エル＝アマルナに遷都した。メンフィスは古王国の都である。　問4　3　新バビロニア王国(カルデア)の王ネブカドネザル2世が、前586年にユダ王国を滅ぼしてユダヤ人を都のバビロンに連行した。新バビロニア王国は前539年にアケメネス(アカイメネス)朝によって滅ぼされ、前538年にユダヤ人は解放された。　問5　ひできさんの発言について、タレントゥムの植民都市を建設した民族はギリシア人である。フェニキア人は東地中海沿岸のシドンやティルスなどを母市として前12世紀頃から地中海貿易に活躍した。アフリカ北岸のカルタゴやイベリア半島南部のガディル(現カディス)などがフェニキア人の植民都市である。ゆうこさんの発言について、アラム文字はフェニキア文字から派生し、西アジアではヘブライ文字やアラビア文字、東方ではソグド文字、ウイグル文字、モンゴル文字や満州文字の母体となった。たけるさんの発言について、ヘブライ王国(イスラエル王国)は前1012年頃にサウルによって建国され、第2代のダヴィデ王とその子ソロモン王が統治した前10世紀に全盛期を迎えた。

【2】(1)　5　　(2)　2　　(3)　1　　(4)　3　　(5)　4　　(6)　4
(7)　1　　(8)　5　　(9)　2　　(10)　3　　(11)　2　　(12)　5
(13)　3

○**解説**○　(1)　ドイツがフランスに侵攻したもののマルヌの戦いで阻止されたのは、第一次世界大戦においてである。これにより、ドイツの短期決戦プランであるシュリーフェン・プランが挫折し、戦争は長期化することが決定的となった。　(2)　1について、聖像禁止令を出したビザンツ皇帝はレオン3世である。3について、ポーランド分割に抵抗したのはコシューシコである。4について、ロシアで農奴解放令を出したのは、アレクサンドル2世である。5について、フルシチョフがス

ターリン批判を行った。　(3)　ユダ王国を滅ぼし，住民の多くをバビロンに連れ去ったのは，新バビロニアである。これをバビロン捕囚という。アケメネス朝のキュロス2世によって数十年ぶりに解放され，パレスチナに帰還した人々は，イェルサレムに神殿を再建した。

(4)　1について，クシャーナ朝の最盛期の国王はカニシカ王である。アショーカ王はマウリヤ朝の最盛期の国王。2について，アンコール＝ワットを建てたのは，カンボジア王国のアンコール朝である。4について，インドを植民地支配したのはイギリスである。5について，パキスタンはイスラーム教徒主体で，ヒンドゥー教徒主体はインドである。　(5)　1912年に孫文が中華民国の独立宣言を行ったのは，南京においてである。当初，中華民国では軍閥の勢力が強かったが，蒋介石が北伐を展開し，1928年に国民政府を樹立し，国内を統一した。

(6)　1と2は，郷挙里選と九品中正の説明が逆である。3について，科挙が始まったのは隋においてである。5について，科挙が廃止されたのは，1905年の光緒帝の時期においてである。洋務運動は，旧体制を保存したまま，ヨーロッパの軍事技術を導入することを目指した。

(7)　1は，アウストラロピテクスについての記述である。クロマニョン人は新人であり，ホモ・サピエンスの一種である。フランスで発見された。　(8)　1について，テノチティトランを都としたのは，アステカ文明である。後半の暦法についての記述は，マヤ文明の説明として正しい。2について，ブラジルがポルトガルに支配され，ラテンアメリカの大半はスペインの植民地となった。3について，ジェファソンらは，諸外国の支援を引き出すために1776年に独立宣言を出した。その結果，フランス，スペイン，オランダの支援を受けて勝利し，パリ条約でアメリカの独立が認められた。　(9)　ウクライナは黒海北岸を領土とし，ビザンツ帝国の版図が及んだことはない。10世紀にキエフ公国のウラディミル1世がギリシア正教を受容したのが，正教会との関係の始まりである。　(10)　1について，ハンムラビ王はセム系のアムル人である。2は，殷の王についての説明である。周の王は，封建制度によって各地を支配した。4について，教皇レオ3世が戴冠したのはカール大帝である。5は，ヘンリ8世についての説明である。

(11)　イギリスに世界恐慌が波及すると，第二次マクドナルド労働党

内閣は失業保険の削減を打ち出し，労働党内部の反発から倒壊した。その後，1931年に成立したのがマクドナルド挙国一致内閣で，ブロック経済を形成するなどの恐慌対策を実施した。 (12) 1954年に独立運動が始まったアルジェリアは，激しい武装闘争の末，1962年のエヴィアン協定で独立が認められた。1947年に国連総会でパレスチナ分割案が決議されると，翌年，イスラエルが建国され，第一次中東戦争が始まった。ベトナム戦争の敗色が濃厚になると，ニクソン大統領は1972年に中国を訪問し，名誉ある撤退を図った。ゴルバチョフは，新思考外交を掲げ，1987年にINF全廃条約に調印した。 (13) Aは1960年代半ば以降拒否権を行使することが多くなっている。Bは，全く逆になっている。ソ連はスターリンの時代には対決姿勢が鮮明であり，それを考えると，Bがソ連となる。Dの選択肢のうち，国際連合の常任理事国は，フランスのみである。

【3】a 神権　　b 六十　　c バビロン　　d ファラオ　　e メンフィス　　f ヒクソス　　g ダビデ　　h アッシリア　　i ユダ
(1) シュメール人　　(2) 復讐法の原則に立っていたが，刑罰は被害者の身分によって違っていた。　　(3) 製鉄技術　　(4) エ
(5) ウ　　(6) ヘロドトス　　(7) アメンホテプ4世が，テーベからテル＝エル＝アマルナへ都を移し，従来の神々の崇拝を禁じて唯一神アトンの信仰を進めた。　　(8) カルタゴ　　(9) i) I ローリンソン　　II アルファベット　　ii) アラム人は，ダマスクスを拠点に内陸交易で活躍したため，彼らが使用したアラム文字は内陸交易を通じて各地へ伝播し，アラビア文字やヘブライ文字，東方ではソグド文字やウイグル文字，モンゴル文字，満州文字の原型となった。
(10) エ　　(11) 唯一神ヤハウェへの信仰を固く守り，ヘブライ人は，神により特別の恩恵を与えられているという選民思想や，救世主の出現を待望する信仰を生み出した。
○解説○ a 都市の中心部に国家の守護神が祀られた神殿が建てられた。この聖域をジッグラトという。神殿を「中心とした都市の構造からも，これらの都市国家では，神が大きな力を持っていたことがわかる。b 時間の計算は，現代でも六十進法によって行われる。一方，エジ

プトでは，十進法が行われた。　c　紀元前二千年紀の前半には，イ
ンド・ヨーロッパ語族がメソポタミアとその中心地域に侵入し，セム
語族を支配した。バビロンのあるバビロニア地方(メソポタミア南部)
を支配したのは，カッシートである。　d　前3000年頃，下エジプト
を中心に初めてエジプトを統一したエジプト王国伝説の始祖，初代ファ
ラオはメネス王である。　e　メンフィスの近くには，問題文中に
あるクフ王のピラミッドを初めとするギザの三代ピラミッドがある。
f　エジプト中王国の末期は，紀元前二千年紀の前半であり，前述した
ように，インド・ヨーロッパ語族がメソポタミアやその周辺地域に侵
入・支配した時代である。そのため，異民族の支配を嫌ったセム語族
の一部は，混成集団を形成し，エジプトに侵入した。これがヒクソス
である。　g　モーセの「出エジプト」によってパレスチナに到達し
たヘブライ人は，この地にヘブライ王国を建て，ダビデ王とソロモン
王の2代にわたって繁栄した。　h　アッシリアは，北メソポタミアで
小アジアとの交易によって栄えていたが，紀元前二千年紀の前半には
インド・ヨーロッパ語族のミタンニに服属した。やがてインド・ヨー
ロッパ語族の勢いが衰えると，自ら馬を使って征服活動を展開し，紀
元前670年に，初めてオリエントを統一した。　i　ユダ王国の人々は，
新バビロニア王国のネブカドネザル2世による「バビロン捕囚」によ
り，約半世紀間，バビロンにおいて奴隷として酷使された。その後ア
ケメネス朝ペルシアのキュロス2世によって解放された人々は，パレ
スチナに戻り，イェルサレムに神殿を立てた。これがユダヤ教の始ま
りである。　(1)　シュメール人は前3000年代頃，メソポタミアで都市
文明を最初に生み出した。民族系統不明であるが，ウル，ラガシュな
どの都市国家を建設，青銅器・楔形文字の使用，ジッグラトやシュメ
ール法典などの文化を発展させた。　(2)　「目には目を，歯には歯を」
という言葉で知られている同害復讐法の原則は，自分が犯した罪と同
じ刑罰が課されるという考え方である。しかし，当時の身分社会を反
映し，身分による刑罰の差があった。　(3)　ヒッタイトは，鉄製の武
器を使い，征服活動を展開し，オリエントに鉄器をもたらした。ただ
し，鉄の製法を国家機密にしていたため，それがオリエントに普及し，
オリエントが鉄器時代に入るのは，ヒッタイト滅亡後である。

(4) ア 世界で初めて金属貨幣を作製したのはリディアである。
イ 地方行政の責任者であるサトラップは「知事」である。監察官は「王の目」「王の耳」と呼ばれる巡察使、つまり王の密偵である。
ウ サファヴィー朝のアッバース1世の時代の都は「イスファハーン」である。交易により繁栄し、「イスファハーンは世界の半分」と言われた。 (5) ア エジプトを支配したのは、プトレマイオス朝である。
イ ファーティマ朝はシーア派の政権である。 エ 第2次中東戦争である。 (6) ヘロドトスは古代ギリシアの歴史家で、ペルシア戦争の歴史を物語風に描いた『歴史』がよく知られている。 (7) 新王国の首都テーベでは、アメン・ラー信仰を行う神官が大きな力を持っていた。そこで、アメンホテプ4世は、神官を排除して王権強化を図るために、都を遷し、唯一神アトンの信仰を強制する宗教改革を行った。
(8) ローマとカルタゴは、紀元前264年、シチリアをめぐってポエニ戦争を開始した。カルタゴは、フェニキア人の都市国家ティルスの植民市である。 (9) i) I ローリンソンは、ベヒストゥーン碑文を手がかりとして、楔形文字の解読に成功した。 II フェニキア人は地中海貿易を営んでおり、交易ルートに沿ってフェニキア文字がギリシア人に伝わり、ギリシア文字となった。同じように、ギリシア文字はイタリア半島に伝わり、アルファベット(ローマ字)の源流となった。
ii) アラム文字は、アラム人の交易活動が活発であったため、西アジアにおける共通文字となった。アッシリアやアケメネス朝ペルシアの支配下でもアラム人の交易活動は続いた。そのため、西アジアの文字の源流となった。さらに、内陸交易ルートに沿って伝播し、東方の文字の源流ともなった。 (10) ア 第1回十字軍についてのものである。
イ オスマン帝国からの独立をアラブ人に約束したのは、フサイン・マクマホン協定である。 ウ パレスチナ分割案は、1947年の国際連合総会において採択された。 (11) ユダヤ教は、「出エジプト」や「バビロン捕囚」といったヘブライ人の苦難の歴史から生まれた。そのため、ヘブライ人が苦難を与えられるのは、最後の審判での救いを約束された選民であり、ヘブライ人を苦難から救う救世主(ヘブライ語でメシア)が出現するという考え方を特徴とする。

【4】(1) ③　(2) ①　(3) ①→④→②→③　(4) ④　(5) ①
(6) ②　(7) ④

○**解説**○ (1)　ムハンマドはメッカでイスラーム教を創始したが，迫害されてメディナに逃れた。シャリーアとは，イスラーム法のことをいう。
(2)　②は，イスラーム世界の政治的指導者を意味する称号。セルジューク朝の建国者トゥグリル・ベクは，アッバース朝からスルタンの称号を付与された。③も，イスラーム世界の指導者の称号。ブワイフ朝の君主は，アッバース朝から大アミールに任命された。④は，イスラーム世界の知識人のこと。法律家や裁判官などにもなった。　(3)　正統カリフのウマルは，642年にニハーヴァンドの戦いでササン朝ペルシアを撃破した。ウマイヤ朝はイベリア半島に進出し，711年に西ゴート王国を征服した。その後，フランク王国の領内に侵入したが，732年のトゥール・ポワティエ間の戦いで撃退された。アッバース朝は，751年，タラス河畔の戦いで唐を破った。　(4)　地租のハラージュに対して，人頭税をジズヤという。ウマイヤ朝においては，アラブ人は免税されていたが，異民族は，ムスリムも非ムスリムもハラージュとジズヤの双方を負担した。　(5)　アッバース朝の2代目カリフであるマンスールによって造営された。②は，ウマイヤ朝の首都。③は，イベリア半島の都市で，ウマイヤ朝が総督府を置いた。④は，ファーティマ朝の時代に造営され，首都とされた。　(6)　ブワイフ朝で，アター制の維持が困難になっていたことを受けて成立した。①は，ビザンツ帝国で導入された。④は，ムガル帝国で導入された。　(7)　①は，『医学典範』を著した。②は，『世界史序説』を著したイスラーム世界最大の歴史家。③は，アリストテレス哲学に注釈を加え，のちのヨーロッパのスコラ哲学に大きな影響を与えた。

【5】問1　キ　問2　ウ　問3 (1)　ウ　(2)　イ　問4　ウ
問5　党錮の禁　問6　地方におかれた中正官が人材を9等にわけて推薦する九品中正が実施された。その結果，有力な豪族が高級官職を独占し，門閥貴族が形成された。(66字)　問7　8世紀半ばにおきた安史の乱後に，有力な節度使は軍事だけではなく，民政・財政を掌握し藩鎮とよばれ，自立の勢いを示した。(58字)　問8　市舶司

問9　イ　　問10　エ　　問11　イ　　問12　オ　　問13　坤輿万国全図　　問14　(1)　理藩院　　(2)　エ　　問15　カ

○**解説**○　問1　a　殷の紂王は周の武王に放伐された。「禅譲」とは，徳の高い人物に位を譲ること。「放伐」とは，武力で位を奪うこと。
b　半両銭が使用されたのは秦の時代である。　　問2　【説明文Ⅰ】の顔真卿は，唐代の書家。【説明文Ⅱ】の王羲之は，東晋の書家。【説明文Ⅲ】は13世紀。ベトナムの陳朝では，三度にわたるモンゴル人の侵攻を撃退し，民族文字である字喃が作られた。　　問3　(1)　匈奴挟撃にために前漢武帝が大月氏に派遣したのは張騫である。同じく武帝は，李広利を大宛に派遣し良馬を獲得した。　　(2)　ア　『紅楼夢』は清朝の長編小説で，ある満州貴族の栄華と没落を描いたもの。　ウ　『西廂記』は男女二人を主人公とした恋愛物語。　エ　『金瓶梅』は，明の四大奇書の一つである。　問4　ウ　後漢の和帝の時代である。　ア　呉楚七国の乱が発生したのは前漢の景帝の時代。　イ・エ　前漢武帝の時代。武帝は儒学を官学とし，積極的な対外政策を行った。　問5　党錮の禁は166年に発生した宦官が学者や官僚を弾圧した事件。後漢は豪族の連合政権であり，宦官が大きな力を持っていた。　問6　前漢の郷挙里選が豪族の台頭を招いたため，魏の文帝は，九品中正法を定め，中央から地方に派遣した中正官が官吏候補の家を9つの等級に分けて，上位の等級の家柄のものを高級官僚に任命した。しかし，結局は豪族が影響力を持ち，豪族の子弟が高級官僚となって，皇帝の政権を支えた。これを「豪族の門閥貴族化」という。　問7　安史の乱で唐の力が衰えると，各地の節度使が藩鎮となって自立した。節度使は単なる軍人で軍事権のみを持つが，藩鎮は，民政・財政の権限をも合わせ持った存在である。　問8　市舶司は，税関にあたる機関である。唐の時代には広州のみであるが，海洋交易の発展に伴い，宋の時代には，泉州や明州，杭州などにも設置された。　問9　金を建てた人物は，ツングース系女真族の完顔阿骨打である。耶律阿保機は，遼の建国者である。金が開封を占領した皇帝の欽宗や上皇の徽宗を捕えた事件を靖康の変という。高宗が南宋の都とした臨安は運河の最南端に位置し，現在の杭州である。　問10　b　骨品制は，新羅独特の身分制度である。　c　全真教は，金において成立した。　問11　c　明につ

いての記述である。宋の時代には，長江下流域が米の全国的な産地と
なり，「蘇湖熟すれば天下足る」といわれた。しかし，大航海時代と
なって海外との交易が盛んになると，下流域では商品作物の栽培がお
こなわれるようになり，稲作の中心は中流域へと移動した。

問12 【資料Ⅰ】は1241年。モンゴル帝国の大ハンが2代目のオゴタ
イ＝ハンのときに，チンギス＝ハンの長子ジュチの息子のバトゥがド
イツ・ポーランドの諸侯連合軍に大勝利した。【資料Ⅱ】のマルコ＝
ポーロは，モンゴル帝国の第5代大ハンであり，元の皇帝であったフ
ビライ＝ハンに仕えたとされている。【説明文】は，モンゴル帝国を
創設したチンギス＝ハンの事績である。　問13　この世界地図は，中
華思想を当然と考えていた中国の人々にとって大きな衝撃であった。
マテオ＝リッチは，徐光啓とともにエウクレイデスの幾何学を漢訳し
た『幾何原本』を著した。　問14　(1)　「あ」の地域は，モンゴル・青
海・チベット・新疆である。これらは藩部とされ，理藩院に統括され
た。　(2)　オランダは，台湾にゼーランディア城を築き，貿易をおこ
なっていた。漢民族の鄭成功とその一族は，交易活動による利益を得
て清朝に対する抵抗を続けていたが，1683年に康熙帝によって鎮圧さ
れた。　問15　a　ソンツェン＝ガンポがチベットに建国したのは吐
蕃である。長安に侵攻することもあり強力であったこの国に対して，
唐は，和蕃公主を送り家人の礼をとった。南詔は同時代に雲南にあっ
た唐の属国。　c　明の正統帝を土木堡で捉えたのは，オイラト部の
エセン・ハンである。ツォンカパは，15世紀のチベット仏教の改革者
で，戒律の厳しい黄帽派の祖となった。

【6】(1)　2　　(2)　3　　(3)　2　　(4)　1　　(5)　3　　(6)　1
(7)　5　　(8)　4

○解説○　(1)　オットー1世がローマ皇帝位を与えられたのは962年のこ
と。　1　カペー朝の成立は987年のこと。　3　ヴェルダン条約によ
りフランク王国が三分されたのは843年のこと。　4　ノルマンの首長
ロロがノルマンディー公国を建てたのは911年のこと。　(2)　カール4
世は1356年に金印勅書を発し，七選帝侯による皇帝選挙を定めた。
1　ヘンリ7世はテューダー朝を開いた。　2　ジョアン2世はポルトガ

ルの王であり，バルトロメウ＝ディアスの喜望峰到達を援助した。
4　カスティリャ王国とアラゴン王国の合邦で成立したのはスペイン
王国である。　　(3)　サーマーン朝はイラン系のスンナ派王朝で，トル
コ人をマムルークとしてイスラーム世界に送り込んだ。　1　タラス
河畔の戦いでは唐はアッバース朝に敗れた。　3　サーマーン朝を滅
ぼしたのはカラハン朝である。　4　インド北部に侵入したのはガズ
ナ朝とゴール朝である。　　(4)　ガーナ王国は西アフリカの王国でムラ
ービト朝の侵攻を受けて衰退した。　　(5)　A　ニザーム＝アルムルク
はセルジューク朝のイラン人宰相で『統治の書』をペルシア語で著し
た。　B　四行詩集(ルバイヤート)の作者はウマル＝ハイヤームである。
C　イブン＝ハルドゥーンの著した歴史書は『世界史序説』である。
『集史』はイル＝ハン国の宰相ラシード＝アッディーン作の歴史書で
ある。　　(6)　絵画は1077年のカノッサの屈辱を描いたものであり，絵
画の中で神聖ローマ皇帝ハインリヒ4世が教皇グレゴリウス7世に許し
を乞うている。　　(7)　A　タイ語系のラオ人が建てたランサン王国。
B　チャム人の建てたチャンパー。　C　タイ人の建てたアユタヤ朝。
(8)　永楽帝は明の皇帝で，靖難の役で甥の建文帝から帝位を奪うと，
都を南京から自身の本拠である北京に遷し，5度モンゴルに遠征した。
1　王権は高麗の建国者である。　2　マラッカ王国はマレー半島南部
のマラッカを中心に建国された。　3　鄭和に南海遠征を命じたのは
永楽帝であり，遠征は永楽帝の孫の宣徳帝の時代まで続いた。

【7】(1)　①　　(2)　⑤　　(3)　④　　(4)　⑧　　(5)　⑤　　(6)　②
○**解説**○　(1)　A　エカチェリーナ2世はドイツ生まれ，夫のピョートル3
世を廃位して即位。プカチョフの農民反乱やフランス革命の影響で反
動化し，農奴制を強化した。またオスマン帝国からクリミア半島を奪
った。　B　スターリンはソ連の政治家。レーニンの死後一国社会主
義を称え，世界革命を主張するトロツキーに勝利し，五カ年計画を推
進し農業の集団化と計画的な重工業を推し進めた。なお，ウの政策は
アレクサンドル2世が1861年に実施。　　(2)　①　アメンホテプ4世は一
神教アトン神の信仰を強制し，イクナートンと自ら改名，宗教改革を
実施した。　②　ラテン文化とは，ラテン人の文化のこと。印欧語族

に属する古代イタリア人の一系統でローマが有力となると他の都市は
ラテン同盟を結成したが，紀元前338年にローマに敗れ，その後はロー
マを構成する人々をラテン人，その言語をラテン語，その文化をラ
テン文化という。一般にギリシア文化とアレクサンドロスが征服した
オリエント(メソポタミアやエジプトなどの地域)文化が融合したとさ
れる。　③　ヴァルダマーナがはじめたのはジャイナ教である。他の
説明は正しい。　④　『史記』の作者は司馬遷。他は正しい。

⑤　ドンソン文化は紀元前4〜後1世紀頃に中国・雲南からベトナム北
部でおこった金属文化。銅鼓(どうこ)という青銅製の祭器の太鼓が特
徴で，ドンソンとはベトナムの地名。　(3)　①　1187年のヒッティー
ンの戦いをさす。　②　622年。　③　732年。　④　762年。

⑤　1453年。この地とはコンスタンティノープルをイスタンブルと改
めたことをさす。　(4)　文治主義とあるので，五大十国の乱を収めて
979年に中国を統一した宋代とわかる。官僚制を整備して皇帝専制政
治体制を作り上げたが，北方の遼・金との緊張関係が続き，軍事費が
増大した結果，財政難に陥り，11世紀後半に王安石が改革にあたった。
1127年，金軍に首都開封を占領され滅亡。一族が江南に移り南宋を建
国した。　(5)　①　サイゴン陥落は1975年4月30日。別名4・30事件，
統一は翌76年。　②　2001年。　③　2003年。　④　1949年。

⑤　1987年。同時多発テロとイラク戦争の因果関係さえわかれば，ほ
かは戦後史の必須事項である。　(6)　①　国王を国外追放したのはト
ーリー党とホイッグ党。クロムウェルが活躍したのは清教徒革命。
③　独立宣言の起草までの記述は正しいが，奴隷宣言の廃止は南北戦
争の時で誤り。　④　ハイチ独立の指導者は，トゥサン＝ルヴェルチ
ュール。シモン・ボリバルは大コロンビア，ペルー，ボリビア独立に
貢献した人物で，クリオーリョと呼ばれる植民地生まれの白人である。
⑤　辛亥革命のこと。臨時大総統に選出されたのは孫文である。

【8】問1　エ　　問2　(30歳以上の)女性に参政権が付与された。
　問3　世界革命論　問4　ア　問5　イ　問6　ウ　問7　ウ
　問8　ア　　問9　チェコスロヴァキア　　問10　イ　　問11　革命に
よって親米独裁政権が倒され，米国との対立が深まった。その後米国

と断交して社会主義宣言を発表し，ソ連に接近した。ソ連がミサイル基地を建設すると，米国は海上封鎖で対抗し両国の緊張が高まったが，ソ連の譲歩で核戦争の危機は回避された。翌年ホットラインが設置され，部分的核実験禁止条約が締結されるなど緊張緩和に向かった。(158字) 　問12　ウ　　問13　イ　　問14　ウ　　問15　ルワンダ　問16　ウ　　問17　レイチェル＝カーソン　　問18　モサデグが，石油の国有化を宣言した。(18字)　　問19　リー＝クアンユー　問20　a　ハンガリー　　b　オーストリア　　問21　世界(国際)金融危機(リーマン＝ショック)　　問22　ア　　問23　エ　　問24　ア

○**解説**○　問1　ア　サライェヴォ事件では，オーストリアの皇位継承者夫妻がセルビアの青年に暗殺され，オーストリアはセルビアに宣戦した。　　イ　日本が占領したドイツの租借地は山東省である。　　ウ　ロシアが単独でドイツと結んだ講和条約は，ブレスト・リトフスク条約である。　　問2　【資料】では，軍需工場で女性が働いている。第一次世界大戦は史上初の総力戦であり，銃後の女性たちも，【資料】のような形で戦争に参加した。その結果として，多くの国で，女性参政権が実現した。　　問3　ロシアのような後進地域のみでは社会主義は維持できないので，ロシアにおける社会主義建設と並行して，先進的な地域における社会主義革命の実現を追求しなければならないとする考え方を，世界革命論という。コミンテルンもこの考え方にのっとって組織されたが，レーニン死後は，世界革命論のトロツキーとロシア一国での社会主義建設を主張するスターリンとの間で後継者争いがおこった。スターリンが勝利し，以後，一国社会主義論にもとづいた社会主義建設が進められた。　　問4　イ　中国で憲法大綱が発表され国会の開設が約束されたのは，清朝末期の光緒新政においてである。ウ　サウジアラビア王国は，ムハンマドの時代への回帰を唱えるワッハーブ派を国教としているので，「徹底した西欧化」は誤り。エ　ドンズー運動が盛んとなったのは，日露戦争後である。問5　ア　両地域をイタリアに返還したのはオーストリアである。イタリアはこれを目的として，協商国側で参戦した。　　ウ　シリアはレバノンとともにフランスの委任統治下に置かれた。　　エ　アメリカは国際連盟に加盟しなかった。　　問6　ア　日中戦争の開始は1937年

である。　イ　日本が台湾を自国の領土としたのは日清戦争後の1895年，朝鮮半島は韓国併合の1910年。　エ　自国の経済圏以外の地域との貿易における関税を引き下げれば，日本からの輸出は増えるはず。問7　ア　ヴィシーである。この都市に親独政権を立てたのはペタン。ブルムは人民戦線政府の首班。　イ　ベルリンはソ連軍によって制圧され，ドイツは無条件降伏した。　エ　スターリングラード。ここでのドイツの敗北によって，独ソ戦におけるドイツの敗北が決定的となった。　問8　ウは1947年。エは1956年。アは1961年。イは1979年。流れとしては，トルーマン＝ドクトリンによって冷戦が開始されたが，スターリン批判によって緊張が緩和された。しかし，一方で両陣営は軍事同盟を結成するなど対決の姿勢は崩れなかった。その結果，U2型機事件を機に緊張が高まり，ソ連はベルリンの壁を構築した。その後，ベトナム戦争の敗北やソ連の経済政策の失敗で米ソの力がともに衰え，緊張緩和が再び進んだ。しかし，ソ連のアフガニスタン侵攻を機に新冷戦が勃発した。　問9　1968年に，チェコスロヴァキアでは共産党のドプチェクが「人間の顔をした社会主義」を標榜して自由化・民主化を進めた。これを「プラハの春」という。　問10　プロレタリア文化大革命で走資派を非難したのは毛沢東である。劉少奇は走資派として非難される中で，死亡した。林彪は毛沢東とともに行動し，後継者として指名を受けた。　問11　カストロとゲバラはゲリラ戦を展開し，バチスタ独裁政権を打倒し，社会主義を宣言してソ連に接近した。ソ連のミサイル基地建設に反対したアメリカ大統領ケネディーは海上封鎖を敢行し，核戦争の危機が高まったが，ソ連の最高指導者フルシチョフが基地の撤去を受け入れ，危機は回避された。核戦争の脅威が最大限高まったできごととして，核管理や核軍縮の起点となった。問12　ア　第一次中東戦争後の1952年。　イ　イラン革命が発生した1979年。　エ　東欧革命と同じ1989年。ニクソンは，ベトナムからの名誉ある撤退を模索し，1971年に中華人民共和国の国連代表権を認め，1972年，中華人民共和国を訪問した。　問13　該当するのはド・ゴール大統領である。1959年にアルジェリア独立運動による混乱収束のために大統領権限を強化する第五共和国憲法を発表して，大統領となった。1968年の五月革命で退陣している。アは1948年，ウは1956年。エ

のフォークランド戦争に勝利したのは，イギリスのサッチャー首相。
問14　ア　韓国と北朝鮮の成立は1948年で，朝鮮戦争休戦後ではない。
イ　インドの初代首相はネルーである。　エ　FLNは，アルジェリア
民族解放戦線でフランスと戦った。　問15　ルワンダは，第一次世界
大戦まではドイツ，その後はベルギーの支配を受けた。ベルギーは少
数派のツチ族を優遇し，多数派のフツ族との分断を図り，統治に利用
した。これによって生じた対立が内戦の根幹にはある。

問16　a　アフガニスタンの独立は第一次世界大戦後の第三次アフガ
ン戦争による。　問17　先進各国の経済発展が著しかった1960年代に
おいて，初めて，地球環境問題の存在について告発した著作として知
られている。　問18　西アジアにおいて，石油利権は，先進国の国際
石油資本に握られていた。イランのモサデグ首相は，イランの石油利
権を握るアングロ・イラニアン石油会社の資産を接収し，石油国有化
を宣言した。しかし，1953年にはクーデタで倒された。　問19　イギ
リスの海峡植民地は，ペナン・マラッカ・シンガポールから成ってい
た。また，中国系住民を中心に1965年にマレーシアから独立したとい
うことから，この国はシンガポールであると分かる。開発独裁政権と
してその経済成長を実現したのが，リー・クアンユーである。

問20　これを「パン・ヨーロッパピクニック」ともいう。このように
して東ドイツの人々が西側に脱出することが可能になると，ベルリン
の壁がもはや意味をなくし，同年11月のベルリンの壁崩壊につながっ
ていく。　問21　低所得者向けの住宅ローンであるサブプライムロー
ンが破綻し，証券会社であるリーマンブラザーズが破綻すると，世界
同時株安が引き起こされた。　問22　ウ　1965年に朴正煕大統領の下
でおこなわれた。　イ　朴正煕大統領暗殺後，民主化運動が高まって，
1980年光州事件がおこった。これを弾圧した全斗煥大統領によって軍
政が敷かれた。　ア　その後盧泰愚大統領の下で，1988年，ソウルオ
リンピックが開催された。　エ　1989年の冷戦終結後の1991年，南北
朝鮮同時国連加盟が実現した。　問23　【資料】は，フランス外相シュ
ーマンによる「シューマン・プラン」である。ドイツとフランスの国
境地帯は資源が豊富な地域で，長年，両国の対立の原因となっていた。
アルザス・ロレーヌが両国の間で行き来していることからも分かる。

問24　2001年の同時多発テロのときのアメリカの大統領は，ジュニア・ブッシュである。イは，父親のブッシュ。ウはニクソン，エはクリントンである。

【9】(1)　ハプスブルク　　(2)　ヨーロッパの商業の中軸が地中海・バルト海から大西洋沿岸地域に次第に移動していく商業革命が起こり，アメリカ大陸から銀が流入してヨーロッパの物価が上昇する価格革命が起こった。　　(3)　①　サンサルバドル島　　②　b　　(4)　b
(5)　e　　(6)　c　　(7)　d

○解説○ (1)　イタリア諸国の対立にハプスブルク家とフランス王家の覇権争いが加わった戦争をイタリア戦争という。決着がつかず，カトー・カンブレジの和約で終結したが，一連の流れから，帝国型ヨーロッパ支配が終焉し，主権国家体制が成立したことを読み取ることができる。　　(2)　大航海時代の到来によってアメリカ大陸やアジア，アフリカ地域との貿易が盛んになると，地理的に有利な場所にある大西洋沿岸の地域が貿易の中心となっていった。またアメリカ大陸からの銀の流入によって引き起こされた価格革命により，領主層が没落し，封建社会が崩壊へと向かって行った。　　(3)　①　西インド諸島の「サンサルバドル島」は，日本語に訳すると「聖なる救世主」。コロンブスなどの大航海の背景には，カトリック世界の拡大に対する情熱があったことがわかる。　　②　アラゴン王であったフェルナンドとカスティーリャ王であったイサベルの結婚により，1479年にスペインが成立し，両者は各々，フェルナンド2世とイサベル1世となった。　　(4)　iiの『カンタベリ物語』は，チョーサーの作品である。イタリアの『デカメロン』の影響を受け，聖職者批判の内容も含まれていた。この記述に該当するのは，スウィフトの『ガリバー旅行記』である。　　(5)　ネーデルラントのエラスムスは，『愚神礼賛』を著し，16世紀最大の人文主義者として知られており，ルターとも交友があった。聖職者批判などでルターに影響を与えたが，自由意志をめぐる理論的な対立もあり，ルターの宗教改革には反対した。　　(6)　aについて，エリザベス1世は信仰統一法によってイギリス国教会を確立した。bについて，ナントの勅令を出したのはアンリ4世である。dについて，1545年に開か

れたカトリックの公会議は，トリエント公会議である。　(7)　ヴァレンシュタインはハプスブルク家の傭兵隊長であり，旧教側である。グスタフ＝アドルフはスウェーデン国王であり，新教側を支援して参戦した。両者の激突により，グスタフ＝アドルフは戦死した。

【10】(1)　形勢戸　　(2)　景徳鎮　　(3)　隋・唐では科挙のほかに貴族の子弟を官吏に取り立てる制度があったが，宋では科挙が官吏登用のほぼ唯一の道として確立した。また，皇帝みずからが試験官となって宮中で行う最終試験である殿試も始まり，君主と官僚とのあいだの直接のつながりが強調された。　　(4)　ア　神宗　　イ　4
(5)　ア　徽宗　　イ　院体画　　(6)　元は中国の統治に際して，中央政府の中枢をモンゴル人が独占した。中央アジア・西アジア出身の色目人は財務官僚として重用され，経済面で力をふるった。　　(7)　4
(8)　D

○**解説**○　(1)　形勢戸は宋代の富農や有力官人階層である。貴族勢力が唐末の混乱で没落した後，地方で土地を獲得して台頭した新興地主が中心をなした。科挙を通じて官僚を輩出して，税制上の優遇を得た官戸となった者が多いので，形勢官戸とも呼ばれた。　　(2)　景徳鎮は江西省北部に位置する窯業都市で，昌南鎮と呼ばれていたが，宋の景徳年間(1004〜1009年)にちなんで改名された。高品質の白磁の生産で有名で，景徳鎮産の白磁は影青と呼ばれる。　　(3)　隋・唐代では科挙の他に，五品以上の貴族高官の子弟を自動的に官僚に登用する門蔭の制があった。この制度は宋代に節度使対策として一部で維持された以外は，ほぼ全面的に官僚登用は試験による科挙へと一本化された。また殿試は宋代に導入された，皇帝自らが行う科挙の最終試験であり，皇帝を師，受験者を弟子とする擬制的師弟関係を築くことで，皇帝権力の強化が図られた。科挙の試験は唐代には秀才，明経，進士などの六科に分かれていたが，宋代の11世紀半ばの王安石の改革によって進士科に統一された。　　(4)　ア　神宗は1067年に即位した宋の第6代皇帝である。軍事費や人件費の増大などに苦しむ財政を改善するために，改革に踏み切った。しかし改革をめぐる対立から党争を呼び起こし，国政混乱の端緒ともなった。　　イ　1　青苗法は貧農への金銭や穀物など

の低利貸し付け策である。　2　均輸法は物資流通の円滑化と物価安定策である。　3　市易法は中小商人への低利貸し付け策である。
(5)　ア　徽宗は北宋の第8代皇帝である。新法を推進したが，政治には無関心で宰相の蔡京に委ねて，芸術に没頭した。痩金体と呼ばれる楷書体を生み出し，絵画にも優れており資料8の「桃鳩図」などを残した。靖康の変に際して子の趙桓(欽宗)に譲位したが，金に捉えられて五国城に幽閉されて没した。　イ　院体画は画院(翰林図画院)で専門的な職業画家によって描かれた絵画である。宮廷での消費を目的としており，写実性・伝統的手法・鑑賞的様式を特色とした。南宋末以降には形骸化した。　(6)　モンゴル人によって建国された元ではモンゴル人が政治の中枢を独占する特権階層として君臨した。モンゴル人に次いで優遇されたのが，指定語句の色目人である。主としてイラン人や中央アジア系の人々の総称であり，チンギス＝ハンに仕えた財務官僚マフムードやフビライに仕えた財務官僚アフマドが有名であり，財政面で活用された。　(7)　1　金を滅ぼしたのはオゴタイである。2　西夏を滅ぼしたのはチンギス＝ハンである。　3　ホラズム＝シャー朝はオゴタイの代に滅亡。　(8)　イブン＝バットゥータは1304年にモロッコに生まれたムスリム知識人である。14世紀に北インドを支配したトゥグルク朝や1300年頃に建国されたオスマン帝国などを訪れている。

【11】1　太陽暦　　2　ヒッタイト　　3　イオニア地方　　4　ディオクレティアヌス帝がはじめた統治体制で，2人の正帝と2人の副帝が共同で帝国統治にあたること。　　5　(1)　ダルマ　　(2)　サンスクリット語　　6　五胡十六国　　7　ボロブドゥール　　8　前漢の時代に開始された郷挙里選は，地方長官の推薦によって人材を登用する制度であった。魏の時代に開始された九品中正法は，中正官が9等級に分けて中央に推薦し，これにもとづき人材を登用する制度であった。隋の時代に開始された科挙は，学科試験により人材を登用する制度であった。
○解説○　1　太陽暦は恒星シリウスの登場とナイル川の氾濫時期との同時性から考案され，1年365日から成る暦である。　2　ヒッタイトは

アナトリアを根拠地にして，戦車と鉄製武器で勢力を広げた，インド＝ヨーロッパ語系民族・国家である。前13世紀に王ムワタリはエジプト第19王朝のファラオであるラメス(ラムセス)2世とカデシュで戦った。前12世紀に海の民などの侵入によって滅亡した。　3　アナトリア西部のエーゲ海に面した地域を指す古代の地名である。イオニア人が入植したことに由来するが，イオニア植民市ミレトスがアケメネス(アカイメネス)朝に反旗を翻したことがペルシア戦争を招いた。

4　四帝分治制(テトラルキア)と呼ばれ，ローマ帝国を東西に二分し，各々を正帝1人と副帝1人の合計4人で統治する方式である。広大な領域の治安・防衛を一人の皇帝によって維持することが不可能となりつつあった結果，293年にディオクレティアヌス帝は帝国を4人で統治することで危機からの脱出を図った。　5　(1)　アショーカ王はダルマ(法)と呼ばれた倫理に基づく統治を行い，各地にその内容を刻んだ磨崖碑や石柱碑を建立させた。　(2)　サンスクリット語はインド＝ヨーロッパ語族の一つで，梵語とも呼ばれる。グプタ朝では民間信仰とバラモン教が融合したヒンドゥー教が広まり，バラモンの言葉であるサンスクリット語も広まった。　6　八王の乱のなかで匈奴の劉淵が漢(前趙)を建てた304年から北魏によって439年に統一されるまで，華北には五胡(匈奴・鮮卑・羯・氐・羌)と漢族による諸国が乱立した。十六国は，匈奴系の前趙，北涼と夏，鮮卑系の西秦，前燕，後燕，南燕と南涼，羯系の後趙，氐系の前秦，後涼と成，羌系の後秦，漢族の北燕，前涼と西涼である。　7　5層の方形壇の上に3層の円形壇を重ねた大ストゥーパで，ジャワ島にある大乗仏教遺跡である。シャイレンドラ朝によって建設され，1814年にイギリス人のラッフルズによって発見された。　8　前2世紀は前漢であり，後6世紀は隋であるので，前漢の郷挙里選→魏の九品中正→隋の科挙の順序で，内容を説明する。郷挙里選は，地方長官が人材を推薦する方法であるが，豪族の子弟が中心となって豪族による国政介入を招いた。九品中正は，中央政府が任命した中正官が人材を9等級に分けて推薦する方法であるが，有力豪族の子弟が高級官職を独占して門閥貴族を形成することになった。科挙は，儒学に基づく科目試験制度であり，門閥貴族の力を削いで能力による人材登用を図った。

● 中高・高校

【12】問1　4　　問2　4　　問3　1　　問4　1　　問5　4　　問6　3
　　　問7　4　　問8　4　　問9　1　　問10　2
○**解説**○　問1　4　このこと，教皇庁とその付属施設のみからなるバチ
カン市国が成立した。　1　カルボナリはナポリやトリノで蜂起し，
オーストリアのメッテルニヒによって鎮圧された。　2　初代イタリ
ア国王は，ヴィットーリオ・エマニュエーレ2世。　3　「未回収のイタ
リア」は南チロルとトリエステ。ヴェネツィアは，プロイセン・オー
ストリア戦争のときにオーストリアから回収された。　問2　史料中
で命じられているのはトリボニアヌスであるところから，命じた人物
は，ユスティニアヌスであることがわかる。ユスティニアヌスは，史
料中の「法学提要」の編纂に加え，東ゴートやヴァンダルを滅ぼし，
「ローマの復活」を目指した。　問3　史料には，金人が上皇・皇帝ら
を北方に連れ去ったとあり，これは靖康の変である。ここから，連れ
去られた上皇が徽宗であることがわかる。徽宗は『桃鳩図』で知られ
る院体画家でもある。　問4　「中国中南部第一の要衝」とあるので，
四川の成都と華北の開封は該当しない。また，諸葛亮の言葉に「真に
帝王の宅」とあるので，呉の都が置かれていた南京である。
問5　エ　シパーヒーの乱で，1857年。この反乱後にインドはイギリ
ス政府によって統治されることになり，1877年にはイギリス領インド
帝国が成立した。　ア　イギリス統治下で国民会議が結成され，日露
戦争に刺激を受けて反英的な性格を帯びるようになった。その結果，
国民会議カルカッタ大会では4綱領が採択された。　ウ　第一次大戦
時には，戦争協力と引き換えに戦後の独立を約束されたが，戦後，ロ
ーラット法制定で裏切られたために，ガンディーを中心とする非暴力
不服従運動が高揚した。　イ　チャンドラ・ボースは，第二次世界大
戦中に日本軍と協力してイギリスと戦った。　問6　ドイツ関税同盟
は，1833年に結成された。フランス七月革命が1830年，フランス二月
革命が1848年なので，その間となる。　問7　1　ヌイイ条約は，連合
国とブルガリアの条約。　2　セーブル条約はトルコのスルタン政府
が連合国と結んだ条約で，オスマン帝国は領土の大半を失い，主権も
侵害された。これを機に，ムスタファ・ケマルは国民革命に立ち上が
り，国民政府を樹立。条約締結を拒否し，あらためてローザンヌ条約

を締結し，領土を回復して治外法権を撤廃した。　3　サン・ジェル
マン条約は，連合国とオーストリアの条約。　問8　史料から，部族
制が改革されたことと五百人評議会が設立されたことがわかる。これ
らは，クレイステネスの改革の成果である。　問9　ア　ノルマン朝
の創始者であるウィリアム1世。　イ　プランタジネット朝の創始者
のヘンリ2世。　ウ　同じくプランタジネット朝のエドワード3世。カ
ペー朝が断絶し，傍系のヴァロワ朝から国王が即位すると，フランス
王位継承権を主張して百年戦争を開始した。　エ　ピューリタン革命
時にフランスに逃れ，1660年の王政復古で王位に就いたチャールズ2
世である。　問10　2の選択肢の後半部分に「諸資料から世界の歴史
に関する様々な情報を適切かつ効果的に調べまとめる技能」とあり，
この部分から，生徒自らが探究することを目標にする科目であること
がわかる。3にあるように，「歴史総合」は，近現代の歴史を対象とし
ているが，「世界史探究」にはそのような限定はない。

【13】問1　D　　問2　B　　問3　アテネでは市民権の拡大がみられなか
　　ったのに対して，ローマでは市民権の拡大が進み，カラカラ帝の治世
　　に帝国内の全自由民に市民権が付与された。　　問4　D
○**解説**○　問1　A　エジプトは閉鎖的な地形であり，基本的に他民族と
　　の交流が少なかった。シリア・パレスチナを支配し，最大版図を実現
　　するのは，ヒクソスの支配を終わらせた新王国のトトメス3世である。
　　B　中王国の末期に侵入してきたのは，セム語族の混成集団であるヒ
　　クソスである。　C　アブシンベル神殿を建造したのは，ラムセス2世
　　である。　問2　キュロス2世はアケメネス朝ペルシアの国王である。
　　メディアを倒してアケメネス朝ペルシアを創始した。その後，リディ
　　ア，新バビロニア王国を滅ぼした。　問3　アテネでは，最盛期のペ
　　リクレス時代に両親がアテネ市民であることが市民の条件とされ，市
　　民権はむしろ限定された。ローマでは，紀元前1世紀の同盟市戦争の
　　際に，スラによって，イタリア半島の全自由民に市民権が付与された。
　　さらに，解答にあるカラカラ帝のアントニヌス勅令によって帝国内全
　　自由民にローマ市民権が付与されると，ローマ法は万民法となった。
　　問4　a　人間としてのイエスを唱え，異端とされ北方のゲルマン人に

広がったのはアリウス派。アタナシウス派は三位一体説を唱えた。
b 『教会史』で知られ，神寵帝理念を唱えてのちの西ヨーロッパの王権神授説に根拠を与えたのは，エウセビオスである。

【14】問1　①　　問2　③　　問3　④　　問4　④
○**解説**○　問1　ディオクレティアヌス帝は284〜305年に在位したローマ皇帝である。専制君主政(ドミナトゥス)を開始し，皇帝崇拝を強制した。皇帝崇拝に従わないキリスト教徒を敵視して，4世紀初頭の303年から大規模な迫害を実施した。　②　前443〜前429年。　③　前5世紀前半。　④　前1世紀。　問2　アッバース朝は750年に成立し，アラブ人ムスリムへの地租(ハラージュ)課税によって，民族差別を撤廃した。①　ササン朝の国教はゾロアスター教であり，善悪二元論が信じられた。　②　東晋ではなく後漢である。劉秀は後漢の初代皇帝である光武帝。　④　アヴァール人である。アッティラ王は451年のカタラウヌムの戦いで西ローマ帝国・西ゴート人などの連合軍に撃退された。　問3　ペスト流行は1348年頃である。　①　マテオ＝リッチは1583年にマカオに来た。　②　アッバース朝の滅亡は，モンゴル人の侵入による。フラグの征西によって1258年に滅亡した。
③　インドネシアではCからDの時期(907〜1453年)にヒンドゥー教の諸王朝が登場した。928/929年成立のクディリ朝，1222年成立のシンガサリ朝や1293年成立のマジャパヒト王国である。　問4　マリ王国は，ニジェール川流域の王国で，14世紀前半のマンサ＝ムーサのもとで最盛期を迎えた。1324年にマンサ＝ムーサが実施したメッカ(マッカ)巡礼はエジプトに大量の金をもたらして金相場を暴落させたといわれる。

【15】(1)　③　　(2)　②　　(3)　①　　(4)　ヨーロッパ石炭鉄鋼共同体(ECSC)，ヨーロッパ経済共同体(EEC)，ヨーロッパ原子力共同体(EURATOM)　　(5)　③　　(6)　④　　(7)　②
○**解説**○　(1)　マーシャル＝プランは，正式には，ヨーロッパ復興計画という。アメリカの援助を受け入れた国を政治的にも取り込もうとするもので，トルーマン＝ドクトリンで示された封じ込め政策を具体化す

るものであった。　(2)　北緯17度線は，南北ベトナムの軍事境界線である。1948年に成立した北朝鮮(朝鮮民主主義人民共和国)の初代最高指導者は，金日成である。次は金正日，そして現在の金正恩と，一族で最高指導者の地位を世襲している。　(3)　①により，水中や大気圏中での核実験を禁止した。②は1968年に，③は1996年に，④は1987年に成立。　(4)　第二次世界大戦後のヨーロッパ統合は，シューマン＝プランによる独仏国境地帯の石炭と鉄鉱石の共同管理の提案から始まった。それに基づき，1952年にECSCが結成された。その後，1957年にローマ条約が締結され，EURATOMとEECが成立した。　(5)　ニクソンは，中国との関係改善を実現することにより，ベトナム戦争からの名誉ある撤退を図った。1971年に中華人民共和国に国連代表権を認め，その翌年に訪中した。　(6)　第3次中東戦争で大敗北を喫したアラブ側は，1968年にアラブ石油輸出国機構を結成し，石油政策などで団結することを目指した。エジプトとシリアがイスラエルを攻撃し，第4次中東戦争がはじまると，石油戦略がとられ，欧米や日本で石油が不足した。　(7)　アメリカのブッシュ(父)大統領とソ連のゴルバチョフ書記長により，冷戦の終結が宣言された。

【16】(1)　i　オーストリア　　ii　対外的には，イギリスに対抗してアメリカ独立戦争の支援による多額の戦費を負担したほか，国内では，第一身分の聖職者や第二身分の貴族が，土地の大半を所有しながらも免税特権を認められていたから。　　iii　ピット　　iv) 1799年，エジプト遠征から帰国したナポレオン＝ボナパルトにより起こされたブリュメール18日のクーデタの結果，総裁政府は倒された。

(2)　i　『人権宣言』にうたわれた自由，平等は，フランス革命を通してどの程度達成できたのか。　　ii　『人権宣言』には，自由，平等がうたわれていたが，女性などの人権は対象に含まれず，全ての人間の自由，平等が保障されたものではなかったこと。

○解説○ (1)　i　ヴァレンヌ逃亡事件で国王一家が捕えられると，王妃マリ・アントワネットの兄であるオーストリア国王レオポルト2世が中心となって，ピルニッツ宣言が出された。フランスにおける王政復活のために諸国の王が結束して戦うという内容の宣言である。これに

対して革命政府は危機感を抱き，オーストリアに宣戦布告を行った。
ii) 財政難を引き起こした対外的な理由には，アメリカ独立戦争への
参戦やイギリスとの英仏通商条約締結によるイギリス商品の流入があ
る。国内的には，特権身分による免税特権の保持や凶作をあげること
ができる。 iii) イギリスは，ピューリタン革命でチャールズ1世を
処刑した経験を持つ。そのために，国王処刑に発展した革命の波及を
恐れ，対仏大同盟結成の中心となった。 iv) 総裁政府はナポレオン
によるブリュメール18日のクーデタで打倒されたことが書かれている
ことが，最大のポイントである。さらに，そこにいたる経緯として，
革命の混乱が続く中で，混乱の収束を求める期待が高まり，イタリア
遠征やエジプト遠征で高い指導力を見せたナポレオンに対する注目が
集まったことを理解しておきたい。 (2) i) フランス人権宣言の
正式名称は『人間および市民の人権宣言』である。資料の中で第1条
においては，「人間は自由で権利において平等なもの」とされている。
そして第2条では，国民主権の原理が謳われている。しかし，さらに
条文を読み進めると，参政権を有するのは，一定以上の税金を納め，
軍役の義務を果たすなどいくつかの条件を満たした成人男子であるこ
とがわかる。生徒たちが直接『人権宣言』を読むことによって，この
ことに気づかせたい。 ii) 『人権宣言』と同時代にグージュの宣言が
発表されたということは，グージュの宣言に盛り込まれている女性の
人権保障や政治参加が『人権宣言』には欠落しているからだというこ
とに気づかせたい。その結果，『人権宣言』における自由・平等はす
べての人を対象としていたものではないことがわかる。こうして生徒
たちは，今日に至るまで様々な女性差別が続いていることのひとつの
原点に出会うことになる。

【17】問1 ア 問2 エ 問3 宮廷にギリシア語・アラビア語・ラ
テン語に対応した書記官がいたことから，公文書が3つの言語で記さ
れ，ギリシア正教徒・イスラーム教徒・カトリックなど，多様な民族
や文化が尊重されていたこと。また，イスラーム風のドーム構造や回
廊のある中庭を持つキリスト教の教会からは，他宗教を排除しない宗
教的寛容性や融和状況がうかがえること。 問4 学習課題…どの

ような学術書が翻訳(吸収)されたか。　・これらの著作が翻訳された
ことで，後の西欧世界にどのような影響を与えたか。　・翻訳された
場所や翻訳した人物にはどのような特徴がみられるか。　知識や概
念…・古代ギリシアの医学，哲学，数学，自然科学の著作がアラビア
語に翻訳されており，ギリシア語文献のみならず，このようなアラビ
ア語に翻訳されていた古代ギリシアの学術書もラテン語に翻訳される
ことで再び西欧に広められた。　・イスラーム世界で発展した高度
な医学，数学などがアラビア語からラテン語に翻訳されることで，後
進的であった西欧を覚醒させることになる。　・翻訳者はイタリア
人が多いが，イギリス人，スペイン人もおり，ヨーロッパ各地から学
者がシチリア島とイベリア半島(トレド)を通じて学術・文化の受容が
行われた。　問5　ガリバルディ　　問6　バドリオ

○**解説**○　問1　ネアポリスとタレントゥムもギリシア人の植民市である
が，場所はともにイタリア半島の南部である。カルタゴは，フェニキ
ア人が北アフリカにつくった植民市である。　問2　い　西ゴート王
国はイベリア半島に建国されたゲルマン国家である。ムラービト朝は，
11世紀にベルベル人が北アフリカに建てたイスラーム政権である。
う　アッバース朝は750年に設立された。　問3　写真Aからは，ギリ
シア人・アラブ人・ラテン人の書記官がいることと，ギリシア文字・
ローマ字・アラビア文字が使われていたことがわかる。丸屋根や回廊
のある中庭は，イスラームの建築物の特徴である。それを備えたキリ
スト教の教会があることが，写真Bからはわかる。これらを読み取ら
せ，当時のシチリアの多文化主義的な特徴を理解させたい。
問4　学習指導要領には，問いの表現について，「諸地域の交流・再編
を読み解く観点」が求められている。よって，諸地域の交流の具体的
様相(どんな学術書が翻訳されたか，翻訳された場所や翻訳した人物の
特徴など)やそうした交流によって諸地域が受けた影響を学習課題とし
て設定したい。知識や概念については，この大翻訳運動によって古代
ギリシアの著作が西ヨーロッパに逆輸入され，イスラーム世界の自然
科学がヨーロッパに入ることによって，ヨーロッパにおける学問を芽
生えさせる契機となったことを述べる。つまり，この後西ヨーロッパ
で始まるルネサンスとそれにともなう近代的思想・学問の発展は，イ

スラーム世界との交流なしには見られなかったことを理解させたい。
問5　ガリバルディは，青年イタリアに所属する民族主義者である。
シチリア・ナポリを征服し，サルディニア王国のヴィットリオ・エマ
ニュエーレ2世に献上した。これにより，1861年にイタリア王国が成
立した。イタリアの統一は，サルディニアによる外交など上からの動
きにガリバルディによる下からの民衆運動が加わることによって実現
されたことになる。　問6　バドリオは，国王の支持の下にムッソリ
ーニを打倒し，政権を掌握して無条件降伏を受諾するとともにドイツ
に宣戦布告したが，ドイツとの戦いの中でローマを放棄した。そのた
め，連合国軍がローマを占領すると，レジスタンスの指導者たちによ
って辞職を余儀なくされた。

【18】1　図Ⅱから，長安城には道教寺院のほか，景教や祆教(ゾロアスタ
ー教)など外来宗教の寺院がつくられていたことを読み取らせた上で，
「なぜ唐の長安城に外来宗教の寺院があるのだろうか。唐の勢力圏の
広がりと関連付けて考えてみよう。」と発問し，唐が西域のオアシス
都市を領有して支配領域を広げたことで，都の長安城が中央ユーラシ
アに直結していたことを想起させるとともに，資料Ⅰを示し，西域か
らのキャラバンや胡人の往来があったことを読み取らせることで，西
域を通じて往来する人々によって外来宗教が伝わり，長安城にそれら
の寺院が作られるなど，国際色豊かな文化が形作られたことを理解さ
せる。　　2　図Ⅱから，3つの都市が，共通して基盤の目状の都城で
あることを読み取らせる。さらに，資料Ⅱを示し，壁画に描かれてい
る貴族の衣服に着目させ，唐王朝の官人の服装を調べさせることを通
して，ウイグル貴族の衣服が中国式の官服であることを捉えさせる。
その上で，「なぜ唐と近隣諸国の間にこれらの共通点が生まれたのだ
ろうか。唐と近隣諸国との関係と関連付けて考えてみよう。」と発問
し，唐が冊封・朝貢体制，皇族の降嫁によって近隣諸国と結びついて
いたことを想起させるとともに，資料Ⅰから，近隣諸国から外国使節
や留学生らが長安城を訪れていることを読み取らせ，このような人々
を通じて都市計画や貴族の衣服の様式などの唐の文化が，日本や渤海，
ウイグルなどの近隣諸国に影響を与えたことを理解させる。

○**解説**○　1　唐の国際色豊かな文化を理解させたいので，図Ⅱの長安城から国際的な特徴を探させると，「景教寺院」や「祆教寺院」を見つけることができる。資料Ⅰも，同様の視点で読むと，「駱駝を率いたキャラバン」などから，西域からのキャラバンや胡人の往来を読み取ることができる。このことから，西域を通じて外来宗教などの国際色豊かな文化がもたらされたことを理解させたい。　2　図Ⅱからは，3つの都市の共通性を読み取らせる。資料Ⅱからは，ウイグルの貴族の衣服と唐王朝の官人の衣服に共通性があることを気付かせる。ここで，図Ⅰを確認させると，上京竜泉府を首都とする渤海やモンゴル地方のウイグルが最大版図に含まれることに気づかせる。その上で，唐が近隣諸国と朝貢・冊封関係や和蕃公主を通じた関係を持っていたことを思い出させる。それらをつなげると，正答例のようになる。

【19】(1)　④　　(2)　②　　(3)　③
○**解説**○　(1)　1877年，ボスニア・ヘルツェゴヴィナのスラヴ人の反乱を機に，その保護を口実とし，パン＝スラヴ主義を掲げるロシアがオスマン帝国に宣戦布告し，ロシア＝トルコ戦争が勃発した。　(2)　1908年の青年トルコ革命の勃発後，トルコ系の人々の結束を訴えたのがパン＝トルコ主義である。　(3)　3B政策は，ドイツの帝国主義政策である。ベルリン，イスタンブル(ビザンティオン，ビザンティウムという呼称が使われていた時代もある)，バグダードを結ぶ地域の周辺をドイツが支配しようとする考え方にもとづく政策。

【20】(1)　文化闘争　　(2)　オスマン帝国憲法(ミドハト憲法)
(3)　ウィルソンは，戦後構想の和平会議で大きな発言権を確保するため，ドイツによる無制限潜水艦作戦をきっかけに参戦した。
(4)　A　　(5)　C　　(6)　プールナ＝スワラージ(完全独立)　　(7)　B
(8)　人民戦線　　(9)　中国国民党は，第1次国共合作により中国共産党と協力を行ったが，蒋介石が北伐を行うと共産党との対立が深まり，共産党を弾圧して南京国民政府を成立させた。　　(10)　B
(11)　C　　(12)　B
○**解説**○　(1)　文化闘争はドイツ帝国宰相ビスマルクと，国家統合のため

に推進した政教分離政策などに抵抗した南ドイツのカトリック勢力との闘争である。しかし社会主義者対策などのために，ビスマルクはカトリック教徒の政党である中央党の議会協力を必要として妥協した結果，所期の目的を達成せずに終息した。　(2)　オスマン帝国憲法(ミドハト憲法)は1876年に大宰相ミドハト＝パシャによって起草された。内閣制度や上下両院の創設などが規定された。ロシア＝トルコ(露土)戦争が生じると，1878年にアブデュルハミト2世によって停止された。1908年の青年トルコ革命によって復活し，1909年の改正で議院内閣制などが盛り込まれた。　(3)　アメリカ合衆国は第一次世界大戦下で英仏との経済的結びつきを強める一方，1915年5月のルシタニア号事件で対独世論が悪化した。大統領ウィルソンは講和を斡旋するが，1917年1月にドイツが無制限潜水艦作戦を発動し，2月にドイツによるメキシコとの軍事同盟提案に関するツィンメルマン電報暴露などによってウィルソンは参戦への決意を固めた。同時に講和の斡旋役としてではなく，戦勝国として戦後構想における主導権を握ることも参戦への後押しとなった。　(4)　X　第一次世界大戦期から減産となり，1920年代後半に回復するが，1929年の世界恐慌で減産へと転じる一方，1932年のオタワ連邦会議(イギリス連邦経済会議)でブロック経済を導入したことで増産へと転じていることがヒントとなる。　Y　ドーズ案が採択された1924年とルール占領が終了した1925年から増産ペースとなる一方，1929年の世界恐慌で生産が急減したが，ナチ党が政権を奪取して四カ年計画を開始した1936年から増産へと転じていることがヒントとなる。　Z　1918〜21年の戦時共産主義のもとで生産量が激減する一方，1929年の世界恐慌を影響を全く受けずに増産していることがヒントとなる。　(5)　P　トルコは1923年10月にアンカラを首都にアナトリア半島とイスタンブルなどのバルカン半島の一部を領土に成立した。　Q　サウジアラビアはリヤドを首都にアラビア半島の大部分を領土として，1932年9月に成立した。　R　アフガニスタンは1919年7月にラワルピンディー条約によって外交権を回復して独立を達成した。　(6)　イギリスは1917年8月に戦争協力への見返りに戦後自治をインドに約束したが，1919年インド統治法は州の所管事項の一部をインド人に移管しただけであった。また1919年3月には反英運動弾圧の

ためにローラット法を制定するなど，欺瞞的な態度を示した。1929年
10月にインド総督アーウィンは自治付与を約束したが，12月に国民会
議派はラホール大会を開いてプールナ＝スワラージ(完全独立)を決議
して対抗姿勢を強めた。　(7)　ア　ローマ進軍は1922年である。
イ　ラインラント進駐は1936年である。　ウ　全権委任法の成立は
1933年である。　エ　独ソ不可侵条約の締結は1939年である。
(8)　第3インターナショナル(共産主義インターナショナル)は世界革命
の推進を目指して，ブルジョワ民主政の打倒を掲げた。しかしファシ
ズムの台頭を受けて，1935年8月の第7回モスクワ大会で方針を転換し
て中間層などの幅広い協力を目指して人民戦線戦術の採択を決議し
た。1936年2月にスペインでアサーニャにより，6月にフランスでブル
ムにより，1937年5月にチリでアギーレ＝セルダにより人民戦線政権
が誕生している。　(9)　1924年1月の第1次国共合作成立後，1925年5
月に反帝国主義運動である五・三〇運動が生じた。この運動が高揚す
る中で3月に孫文が死去すると，7月に広州で国民政府が設立された。
国民革命軍が編成されると，蔣介石が総司令官に就任して1926年7月
に北伐を開始した。国民政府内部では国民党左派と右派の対立が激化
する中で，国民党左派と共産党は1927年1月に武漢に国民政府を移し
た。蔣介石は4月に上海クーデタを起こして共産党を弾圧すると，国
民党右派と南京に国民政府を樹立した。武漢国民政府でも汪兆銘を首
班とする国民党左派が共産党を排除して，9月に南京国民政府に合流
したため第1次国共合作は崩壊した。　(10)　A　スターリングラード
の戦いが正しい。ミッドウェー海戦は1942年6月に日本軍がアメリカ
軍に破れた戦いである。　C　ヤルタ協定が正しい。カイロ宣言は日
本の無条件降伏と降伏後の領土についての方針を明示した。　D　ド
イツではなく日本である。　(11)　ア　ニュルンベルク国際軍事裁判
は1945年11月〜1946年10月である。　イ　ブレトン＝ウッズ会議は
1944年7月である。　ウ　ベルリン封鎖は1948年6月〜1949年5月であ
る。　エ　マーシャル＝プランの発表は1947年6月である。
(12)　W　1981年に大統領に就任したレーガンは新自由主義にもとづ
くレーガノミクスを推し進めるが，1985年のプラザ合意は1987年の株
価大暴落を招いて経済成長を急減させた一方，1990年代後半に大統領

を務めたクリントンのもとでIT・金融中心の経済活動へと転換し財政赤字の解消と好況を迎えたことがヒントとなる。　X　1986〜1991年にバブル経済を迎えるが，1991年から「失われた10年」といわれる平成不況へと突入したことがヒントとなる。　Y　1990年10月に統一ドイツが誕生すると，経済的に遅れていた東ドイツ領が加わることで1990年代前半に経済成長が急減していることがヒントとなる。

Z　イギリス病の経済不況のもとで1979年にサッチャーが首相に就任すると，新自由主義改革を断行したことで1980年に生産は急減するが，大規模な民営化によって1980年代に経済が上向きに転じたことがヒントとなる。

中高・高校 地理

要点整理

▌地誌 I

(1) 東南アジアの地誌 メコン川・メナム川・エーヤワディー川の3本河川の下流域では，商業的米作が営まれている。

(2) アフリカの地誌 アフリカ大陸にはザイール（コンゴ）川流域にひろがるAf気候区を中心として，各種の気候区がほぼ南北に対称的に分布している。

(3) ヨーロッパの地誌 ヨーロッパの農業は，地中海式農業，混合農業，酪農の3種に分けられる。

(4) CIS（旧ソ連）の地誌 旧ソ連は，ウラル山脈によって東のシベリアおよび中央アジアと西のヨーロッパ＝ロシアに分けられる。

(5) 北アメリカの地誌

○**アメリカ合衆国の農業** アメリカの農業地域は，西経100度，北緯40度の線で区切られた4つの地域にそれぞれ特色がある。西経100度を境に東側は年降水量が多く，西側は比較的に雨量が少ない。北緯40度は気温（7月の平均が20℃）の高低を区分する線である。

○**アメリカ合衆国の工業地帯** 大西洋岸の工業地域：ニューヨークを中心に，ボストンからワシントンにいたる地域は各種の中枢機能を集中させ，合衆国の中心地である。

▌世界の気候

1. 気候を左右するもの

（イ）気候とは…ある地域で1年を周期としてくり返される大気の総合的な状態。「暑い」「寒い」「乾く」「湿る」→人間生活・文化に大きな影響

（ロ）気候要素…気候を構成するさまざまな大気現象→気温・風・降水量・日照など

（ハ）気候因子…気候を地域的に変化させる原因→緯度・高度・水陸分布・地形・海流など

2. 気候の分布・差異

（イ）気温の水平分布

①等温線は緯度にほぼ平行に分布

②等温線は低緯度で高く，高緯度で低い。

（ロ）気温の垂直分布

高所ほど低温になる→気温の逓減率…気温は高度100mにつき約0.55度ずつ低下する。

（ハ）気温の較差

①年較差…1年間の最暖月平均気温と最寒月平均気温の差

②日較差…1日の最高気温と最低気温の差

③海洋性気候…気温の年較差・日較差が小さい。降水量は比較的多く，温和である。

④大陸性気候…気温の年較差・日較差が大きい。降水量は少ない。

⑤東岸気候…季節風の影響で年較差が大きい。

⑥西岸気候…暖流と偏西風の影響で年較差が小さい。

（ニ）風と降水量の関係

①風…大気中の気圧の差による大気の移動

②貿易風…中緯度高圧帯から低緯度側へ吹く東よりの風。赤道低圧帯→スコール。中緯度高圧帯→乾燥

③偏西風…高緯度側へ吹く西よりの風

高緯度高圧帯→前線・低気圧の発生

④季節風…大陸と海洋の季節による気圧の差により風向きがほぼ反対になる（主に大陸の東岸）

▌▌▌世界の農業

農業の自然的条件についての基礎用語：階段耕作，棚田，段々畑，等高線耕作，土壌侵食，積算温度，無霜期間，端境期，乾燥農法，土壌改良，品種改良，灌漑，水利権

農業の社会的条件についての基礎用語：単一耕作，モノカルチャー，二毛作，裏作，多毛作，二期作，多期作，連作，輪作，混作，自作農，地主制，大土地所有制

● 中高・高校

▌▌世界の産業

繊維工業

①綿工業：イギリス（ランカシャー地方），アメリカ合衆国（アパ
ラチア南部），日本（阪神・中京）

②羊毛工業：羊毛生産は南半球に集中，毛織物産業は北半球の先進
工業国が中心

③絹工業：製糸業は養蚕地帯，日本・中国が中心

④化学繊維工業：先進工業国に発達している（伝統的に発展）

金属工業

①鉄鋼業：中国（アンシャン・パオトウ・ウーハン），日本（太平
洋ベルト）

②アルミニウム工業：アメリカ合衆国（ノックスビル），ロシア
（クラスノヤルスク）

機械工業

①精密機械：スイス（時計），日本の諏訪・岡谷

②自動車：デトロイト（アメリカ合衆国），豊田（日本）

③造船：瀬戸内海沿岸（日本），ウルサン（韓国）

化学工業

種類：化学肥料・化学薬品・パルプ・製紙・石油化学

食品工業・窯業

①食品工業：製粉業・製糖業・醸造業・罐詰工業

②窯業：陶磁器・ガラス・セメント

▌▌交通・貿易

国家・人種・民族・言語・宗教

国家の3要素…①領域（主権〈統治権〉の及ぶ範囲）　②国民　③主権
（対内的には統治権，対外的には軍事・外交権として行使される）

人種…人類を体質的・遺伝的特徴で区分した集団。（コーカソイド，
モンゴロイド，ネグロイド，オーストラロイド，ポリネシア人種等）

人種問題…南アフリカ共和国のアパルトヘイト，オーストラリアの白
豪主義，アメリカ合衆国の黒人問題

民族…文化的社会的共通性を同じくする集団。国家の枠を超えて団結，

対立する。

民族紛争…インド・パキスタンの国境係争（カシミール問題），パレスチナ問題，北アイルランド問題，ビアフラ戦争，中国の5自治区

交通・通信・貿易

便宜置籍船…船舶に対する税金を節約するため，他国の船主が，税金の安い国に船籍のみ置いている船舶

国際河川…国際条約で諸国の船が自由に航行することを認められている河川（ライン，ドナウ，エルベ，スヘルデ，オーデル，ウルスラ，ザイール川等）

自由貿易…国家が自国の貿易に関税や輸入制限などの保護政策を行わない貿易

保護貿易…自国産業の保護育成のため国家が，①関税，②管理，③価格，④協定などを管理する貿易

▌▌▌地誌Ⅱ

(1)　西ヨーロッパの地誌

自然環境－アルプス＝ヒマラヤ造山帯，構造平野，氷河地形，高緯度で温和な気候（西岸気候）

産業と社会－混合農業，酪農，地中海式農業，石炭，鉄鉱石，北海油田，古い工業地域。ゲルマン系，ラテン系，キリスト教

(2)　アングロアメリカの地誌

自然環境－ロッキー山脈，アパラチア山脈，五大湖，ミシシッピ川，冷帯から温帯（西岸気候と東岸気候）。西経100°線・年降水量500mm線

産業と社会－大規模な機械化農業，春小麦地帯，冬小麦地帯，とうもろこし地帯，企業的放牧，地中海式農業，石炭，石油，鉄鉱石，銅鉱，ニッケル，多人種多民族社会，五大湖沿岸の工業地域

█▌地誌 Ⅲ

西ヨーロッパ・アングロアメリカ以外の諸地域

○東南・南アジア＝沖積平野，モンスーン地域，アジア式米作，プラ
ンテーション，NIES人口

○西アジア・北アフリカ＝乾燥気候，アラブ系民族，イスラム教，石
油資源

○中南アフリカ＝熱帯（サバナ）気候，ブラックアフリカ，第1次産
品輸出国，南部の地下資源，アパルトヘイト（1991年に全廃）

○ラテンアメリカ＝熱帯気候と高山気候，セルバ，リャノ，カンポ，
パンパ，単一経済（モノカルチャー），大土地所有制，多人種

█▌地理用語

特別な地域の地誌－北極圏の地誌，太平洋の島々の地誌，南極大陸の
地誌など

地理用語について－実際の出題では自然環境に関しての用語，とくに
地形についての問題が群を抜いて多い。教科書の索引をもとに用語
を精査し，その意味をまとめ，地図帳で確認しておきたい。

【1】人口に関する次の文章を読み，以下の1～6の問いに答えなさい。

> 　世界には様々な(ア)都市問題がみられる。都市人口が増加する勢いは，先進国よりアフリカやアジアなどの発展途上国のほうが著しい。発展途上国では，経済活動が活発になると大都市の近代化が進むが，反対に農村部は取り残され，人々はより安定した生活を求めて都市に移住するようになる。短期間に爆発的な人口増加が起きた発展途上国の大都市では，都市計画や公共の社会基盤である(イ)インフラストラクチャーの整備が追いつかず，交通渋滞や住宅不足などの問題が多発している。生活環境の悪い(ウ)スラムも形成され，路上販売などで生活している人々も多い。
>
> 　先進国では，低下した都市機能を回復させるため，多くの都市で様々な(エ)都市政策が行われている。例えば，周囲の環境やエネルギー消費に配慮する都市である（　X　）の考え方を取り入れる都市も，(オ)ヨーロッパを中心に増えている。

1　文中の下線部(ア)に関連した語句とその意味の組み合わせとして最も適切なものを，次のa～eから一つ選びなさい。

　a　ドーナツ化現象　　　―　早くから都市化が進んだ旧市街地において，人口減少や高齢化，コミュニティの崩壊などが起こること

　b　ドーナツ化現象　　　―　郊外で人口増加とともに無秩序な開発があいつぎ，居住環境に問題のある住宅地が形成されること

　c　スプロール現象　　　―　郊外で人口増加とともに無秩序な開発があいつぎ，居住環境に問題のある住宅地が形成されること

　d　スプロール現象　　　―　早くから都市化が進んだ旧市街地において，人口減少や高齢化，コミュ

399

　　　　　　　　　　　ニティの崩壊などが起こること

　　e　インナーシティ問題　－　郊外で人口増加とともに無秩序な開
　　　　　　　　　　　　　　　発があいつぎ，居住環境に問題のあ
　　　　　　　　　　　　　　　る住宅地が形成されること

2　文中の下線部(イ)として適切でないものを，次のa～eから一つ選び
　なさい。

　　a　コンビニエンスストア　　b　道路・鉄道　　c　電気
　　d　上下水道　　　　　　　　e　ガス

3　地図中のa～eは，中心業務地区，工業地，高級住宅地，中級住宅地，
　スラムのいずれかを示す。次の地図から下線部(ウ)に相当する場所
　を読み取り，地図中のa～eから一つ選びなさい。

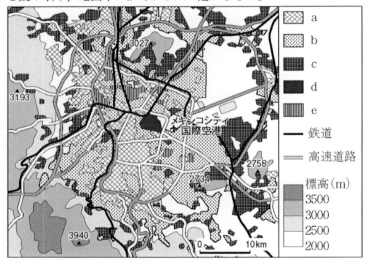

メキシコシティの住宅地区〈Diercke Weltatlas 2008〉

4　下線部(エ)に関連して，ロンドンで交通渋滞を緩和する目的で導入
　された，ロードプライシング制度の説明として最も適切なものを，
　次のa～eから一つ選びなさい。

　　a　倉庫街や工場などの広大な跡地に，住宅やショッピングセンタ
　　　ーを建設すること。

　　b　中心部で自動車から課徴金を徴収し，公共交通機関の利用を増
　　　やそうとすること。

c　排ガス検査を義務づけたり，自動車の利用を制限したりすること。

d　市街地の外側に車をとめて，市電やバスに乗り換えること。

e　住宅や商業施設を都心近くに集め，交通渋滞に対処すること。

5　文中の（　X　）に当てはまる語句として最も適切なものを，次のa～eから一つ選びなさい。

a　スモッグ　　　　　　　b　ウォーターフロント

c　サスティナブルシティ　d　中心業務地区（CBD）

e　ニュータウン

6　文中の下線部(オ)について，次の図はロンドンの周辺を示したものである。大ロンドンと呼ばれる範囲の境界線として最も適切なものを，図中のa～eから一つ選びなさい。

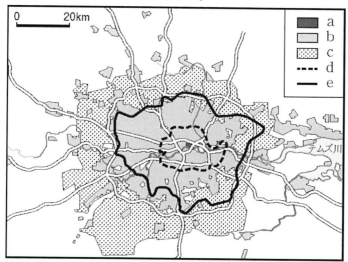

ロンドンの周辺〈The Times Comprehensive Atlas of the World 2011，ほか〉

▌2024年度 ▌茨城県 ▌難易度

【2】地形について，次の(1)～(7)の各問いに答えなさい。

(1)　世界の大地形について，次の図1をみて以下の①～③の各問いに答えよ。

地質時代	先カンブリア時代	古生代	中生代	新生代
活動時期	←――――→ A	←――→ B	←―――――→ C	

図1

① 大陸の地形や地殻構造は，造山運動によって形成されたものであり，造山運動によりその特徴が異なる。上の図1のAの時期に形成された古い陸地は，楯状地と卓状地に分類されるが，次の図2の地形は楯状地と卓状地のどちらに該当するか。また，図2の地形の名称を答えよ。

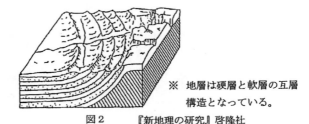

※ 地層は硬層と軟層の互層構造となっている。

図2 『新地理の研究』啓隆社

② 次の図3中の山脈は図1中の地質時代A・B・Cのいずれかの活動時期に造山運動を受けた山脈である。Bの時代に造山運動を受けた山脈をすべて選び答えよ。

ロッキー山脈　アパラチア山脈　ペニン山脈　ピレネー山脈　アルプス山脈

図3

③ 図1中のBの地質時代に造山運動を受け形成された山脈は，現在では丘陵地や低くなだらかな山地になっていることが多いが，次のア〜エのうち，その後の断層活動によって隆起し急峻な山脈と

なっているものはどれか，1つ選び，記号で答えよ。

　ア　ウラル山脈　　　　イ　グレートディヴァイディング山脈
　ウ　テンシャン山脈　　エ　スカンディナヴィア山脈

(2)　次の会話は先生，ゆうとさん，みゆさんの日本の自然災害についてのものである。会話を読み，以下の①・②の各問いに答えよ。

> 先　生：日本は自然災害が多い国です。今から100年前の1923年には関東大震災(関東地震)が起こり，死者・行方不明者は10万人以上に上りました。
>
> ゆうと：私は熊本地震で震度5を経験したことがあります。過去の大きい地震を調べたら，消防庁のまとめで阪神・淡路大震災(兵庫県南部地震)の死者は6千人以上，東日本大震災(東北地方太平洋沖地震)は死者・行方不明者は1万9千人以上に上ることがわかりました。
>
> み　ゆ：同じような規模の地震なのに，どうして死者・行方不明者の数が大きく違うんだろう。
>
> ゆうと：それは，直下型地震の阪神・淡路大震災では建物の倒壊が被害を拡大したんだけど，1923年の関東大震災では(A)，東日本大震災では(B)が主な理由となり，死者・行方不明者が増えたみたいだよ。
>
> 先　生：関東大震災から100年目の節目だからこそ，もう一度地震について考えたいですね。世界で起きたマグニチュード6以上の地震は，2004年からの10年間で1629回です。そのうち，およそ18％が日本で起こっています。
>
> み　ゆ：日本列島は，<u>4つのプレートがぶつかり合う境界</u>が集まる(C)帯とよばれる場所に位置し，地震が多いんですよね。日本で生活していく私たちにとって自然災害を理解し，防災・減災に取り組むことは大切なことですね。

①　会話中の(A)～(C)に該当する適語をそれぞれ漢字二文字で答えよ。

②　会話中の下線部について，日本列島の東北日本が位置するプレートの名称を答えよ。

(3)　世界の火山について述べた文として適当でないものを，次のア〜エから1つ選び，記号で答えよ。

ア　北海道の昭和新山は粘性が強く，溶岩が火口内で固まり押し出されて形成された。

イ　鰻池は，マグマの水蒸気爆発で形成された円形の火口に水が溜まったマールである。

ウ　ハワイのキラウェア火山は溶岩と砕屑物が交互に噴出・堆積して円錐形の火山となっている。

エ　十和田湖は火山が噴火して，山体が陥没してできた窪地に水が溜まったカルデラ湖である。

(4)　サンゴ礁の分布は赤道付近が中心であるが，次の図4のE付近にはサンゴ礁が形成されない。その理由を簡潔に答えよ。

図4

(5)　乾燥地形について，海洋に出口をもたない内陸河川に該当するものを，次のア〜オから1つ選び，記号で答えよ。

ア　ナイル川　　　イ　ティグリス川　　　ウ　インダス川

エ　ヨルダン川　　オ　コロラド川

(6)　氷河地形について述べた文として適当でないものを，次のア〜エから1つ選び，記号で答えよ。

ア　現在の大陸氷河は南極大陸など陸地の約10％ほどであるが，最

終氷期には陸地の約30％が氷河で覆われていた。

イ　山頂付近や山腹に氷河の侵食によってつくられた半円型のくぼ地をホルンという。

ウ　氷河の侵食・運搬作用によって氷河の末端などに砂礫が堆積して形成された丘状の地形をモレーンという。

エ　氷河によって形成された湖は氷河湖とよばれ，北アメリカの五大湖などが該当する。

(7)　海岸地形を示した次の図X・Yをみて，あとの①〜④の各問いに答えよ。

図X

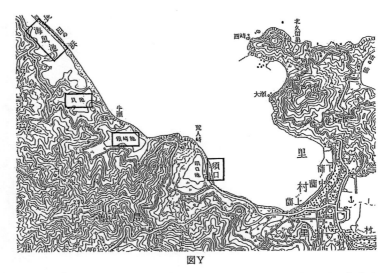

図Y

① 図Xにみられるような離水作用で形成された海岸地形の名称を答えよ。

② 図Xの地形図の縮尺を答えよ。

③ 図Yの「海鼠池」「貝池」「鍬崎池」にみられるように，砂州などによって外海と隔てられた水域を何というか答えよ。

④ 図Yの「須口」と同じ海岸地形がみられるものを，次のア～エから1つ選び，記号で答えよ。

　　ア　天橋立　　イ　函館　　ウ　海の中道　　エ　三保半島

┃ 2024年度 ┃ 佐賀県 ┃ 難易度 ┃■■■□□

【3】次の文Ⅰ・Ⅱを読んで，以下の問いに答えなさい。

　Ⅰ　1976年9月，毛沢東が死去し文化大革命が終わり，鄧小平が中国の最高実力者の地位に就き，1978年12月末から始めたのが改革開放政策である。それまでの社会主義の計画経済から市場経済の体制へ移行するきわめて大きな変革であった。社会主義中国の象徴であった①人民公社は解体され，②経済特区が設置され，海外資本の導入などが積極的に行われるようになった。1979年以降，深圳(シェンジェン)，珠海(ジユーハイ)，汕頭，厦門，そして海南(ハイナン)島

が経済特区に設定された。これらの地域は，西側資本主義社会への玄関口的な役割を果たしてきた③香港に近く，また海外に在住する華人の出身地(「華僑の故郷」という意味で，中国では「僑郷」と呼ぶ)でもあった。この改革開放政策の導入により，④中国の経済は急速に発展し，1980年代半ば以降，それまで制限されていた一般の中国人の海外への渡航が大幅に緩和され，出稼ぎ目的の海外移住が急増した。バブル経済で人手不足が深刻であった日本においても，日本語学校で学ぶ就学ビザを取得して来日する中国人が急増した。

(矢ケ﨑典隆ら編『グローバリゼーション　縮小する世界』より)

問1　下線部①に関連して，次の問いに答えなさい。

(1)　中国の農業について述べた文として最も適当でないものを次のア～エから1つ選び，記号で答えなさい。

ア　1950年代に，農村地域での行政と生産活動と生活が一体となった協同組織で，集団で農業を営む人民公社の制度が導入された。

イ　農業生産が停滞したため，1980年代前半に人民公社は解体された。

ウ　農業を集団で営む人民公社が解体され，生産責任制による個人経営に移行した。

エ　生産責任制の導入により農業生産はさらに停滞したため，かわって工業が盛んになった。

(2)　次の雨温図A～Dと図1中で示している4つの都市の組合せとして最も適当なものをあとのア～エから1つ選び，記号で答えなさい。

雨温図

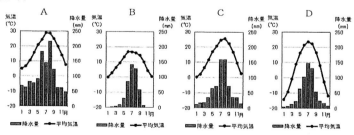

図1

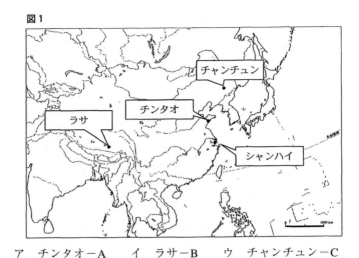

ア チンタオ−A　　イ ラサ−B　　ウ チャンチュン−C
エ シャンハイ−D

(3) 中国の穀物生産は年降水量800mm〜1000mmの線を境に，北では主に小麦，南では主に米が栽培されている。この線の目安となる河川を何というか，答えなさい。

問2 下線部②に関連して，経済特区や経済技術開発区へ外国企業が進出した目的と，その結果について，「指向」と「合弁」の2語を用いて説明しなさい。

問3 下線部③に関連して，アジアNIEsに数えられる国として最も適当なものを次のア〜エから1つ選び，記号で答えなさい。
ア マレーシア　　イ シンガポール　　ウ タイ
エ インドネシア

問4 下線部④に関連して，次の問いに答えなさい。

(1) 中国では経済発展とともに水産物の生産量が増えた。次の図2中のア〜ウは，インド，中国，日本の漁獲量と養殖業生産量の割合を，表1は水産物の貿易額が多い世界上位5ヶ国を示したものである。表1中のア〜ウは図2中のア〜ウと同じ国である。中国に当てはまるものとして最も適当なものをア〜ウから1つ選び，記号で答えなさい。

図2　（数値は2019年）

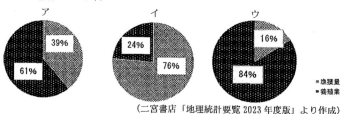

（二宮書店「地理統計要覧2023年度版」より作成）

表1

2019年	国名	百万ドル	2019年	国名	百万ドル
輸出	【ウ】	20,256	輸入	アメリカ	23,521
	ノルウェー	12,023		【ウ】	18,341
	ベトナム	8,695		【イ】	15,493
	【ア】	6,857		スペイン	8,139
	チリ	6,675		フランス	6,734

（二宮書店「地理統計要覧2023年度版」より作成）

(2)　中国が掲げている「一帯一路構想」とはどのようなものか。関係地域に対してどのようなことを行うかについて触れながら，説明しなさい。

Ⅱ　韓国の経済開発の特徴は，銀行の国有化など国家主導型で行われたこと，企業活動も自由競争ではなく，政府が特定の企業家を育成する方式が採られたことにある。当初は，輸入代替型戦略が採られたが，1967年の「第二次経済開発五カ年計画」以降，重化学工業の振興に重点が置かれ，輸出志向型へと転換した。この新戦略の下で，総合製鉄所，石油精製，⑤造船，自動車，化学繊維産業などが優先的に育成されて，⑥成長を達成したのである。担い手企業は，政府(軍政)に選ばれた三星や現代など一握りの企業グループであり，これらの企業は日本の[　⑦　]に因んでチェボルと呼ばれた。また，当時の韓国は農村型社会だったので農村振興も重要な課題だったが，1970年に農村の近代化，農民所得の向上，農業生産力の増大を目標にしたセマウル運動(新しい村，の意味)が開始され，これが成果を上げて，農村近代化から生まれた農村の余剰人口が都市部の工場に労働力を提供したのである。

（岩崎育夫『アジアの国家史　民族・地理・交流』）

問5　下線部⑤に関連して，図3は中国，韓国，日本，欧州の新造船竣工量の推移について示したものである。韓国に該当するものを図3のア〜エから1つ選び，記号で答えなさい。

図3　世界の新造船竣工量の推移

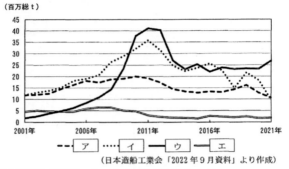

（日本造船工業会「2022年9月資料」より作成）

問6　下線部⑥に関連して，次の問いに答えなさい。

(1)　重化学工業化によってもたらされた韓国の高度経済成長のことを，ソウルを流れる川にちなんで何というか，答えなさい。

(2)　その後の韓国経済は，1997年から危機に陥った後，回復に転じた。危機に陥るきっかけになった出来事と支援を受けた国際機関の名前に触れながら，韓国経済の推移について説明しなさい。

問7　空欄⑦に当てはまる最も適当な語句を，漢字2字で答えなさい。

┃ 2024年度 ┃ 長野県 ┃ 難易度 ■■■■□□

【4】世界の自然環境や環境保護への取組について，以下の(1)〜(4)の設問に答えよ。

図1

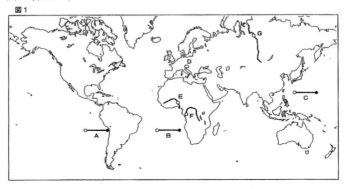

(1) 次の図2中のア〜ウは，図1中の線分A〜Cのいずれかの海底の断面図であり，断面図ア〜ウの○●は，図1中の線分A〜Cの○●に一致する。線分A〜Cの断面図として最も適切なものを，ア〜ウからそれぞれ選び記号で答えよ。

図2

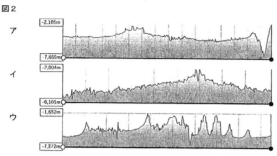

数値は範囲内での最高水深と最低水深。縮尺は一定ではない。(Google Earth により作成)

(2) 図1中のDの地域で見られる特徴的な地形について，次の①，②の問いに答えよ。

① Dの地域では，石灰岩が二酸化炭素を含む雨水や地下水で溶食されて形成された地下の空洞や，凹地などさまざまな地形が見られる。これらの地形の総称を答えよ。

② 日本国内でDの地域と同様の地形的特徴が見られる場所を一つ挙げ，この地形と地域の産業との結び付きについて簡潔に書け。

(3) 次の図3中のカ〜クは，図1中のE〜Gのいずれかの地点における月別の平均河川流量を示している。E〜Gの各地点のグラフとして最も適当なものをカ〜クからそれぞれ一つずつ選び記号で答えよ。

図3

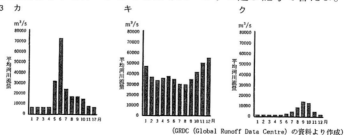

(GRDC (Global Runoff Data Centre) の資料より作成)

(4) 次の図4は大気大循環の仕組みを示している。これについて，以下の①〜③の問いに答えよ。

図4

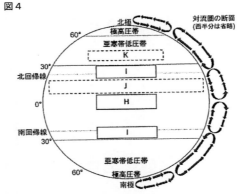

① 図4中のH・Iに適する気圧帯の名称それぞれ答えよ。

② 図4中のJ・Kにあてはまる風の向きの矢印として適当なものを，次のア～エからそれぞれ一つずつ選べ。

ア ↗　イ ↙　ウ ↘　エ ↖

③ 図4の対流圏の断面から，赤道付近では上昇気流が発生し，回帰線付近では下降気流が発生していることが分かる。地球上でこのような大気の循環が生じる理由を簡潔に書け。

┃ 2024年度 ┃ 群馬県 ┃ 難易度 ┃███□□┃

【5】人口，都市，生活文化，宗教などに関する次の(1)～(6)の問いに答えよ。

(1) 次の図は，人口転換のモデルを示したものである。段階①～④について述べた文として最も適当なものを，以下の1～4のうちから一つ選べ。

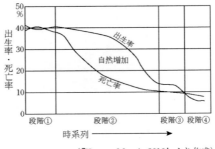

（『Human Mosaic 2010』より作成）

1 段階①では，出生率と死亡率がともに高く，衛生状態が悪いため，乳児死亡率が高く，寿命も短いため，人口ピラミッドの形は，裾が広くなり，ピラミッド型となる。

2 段階②では，医療の進歩，環境衛生の発達により自然増加率は急激に上昇し，人口爆発とよばれる現象が起こり，人口ピラミッドは，富士山型となる。

3 段階③では，多産少死型から出生率が次第に低下し，平均寿命が延びて，老年人口が多くなり，少産少死型となり，人口ピラミッドはつり鐘型となる。

4 段階④では，さらに出生率が低下して死亡率を下回り，人口が減少するが，老年人口の割合が一層増加して高齢化が一層進み，人口ピラミッドは星型となる。

(2) 次の図ア～オに示された集落について述べた文として最も適当なものを，以下の1～5のうちから一つ選べ。

    1　アは，中央の教会や広場を囲むように家屋が配置された集落である。

    2　イは，家屋が不規則に密集して建てられており，自然発生的に成立した集落である。

    3　ウは，外敵からの防御のために丘の上に立地した集落である。

    4　エは，開拓期に実施されたタウンシップ制により土地区画がなされた地域である。

    5　オは，家屋の背後に短冊状の耕地，草地，森林が続く林地村となっている。

(3)　日本の都市問題について述べた文として誤っているものを，次の1～4のうちから一つ選べ。

    1　東京・名古屋・京阪神の三大都市圏に人口が集中して，金融・情報など多くの都市機能が集中し，雇用の機会も多いが，なかでも，東京への中枢管理機能や資本の集中・集積という一極集中が進み，人口過密や地価上昇，生活環境の悪化が見られる。

    2　近年，都市と農村の間だけでなく，大都市と地方都市の間にも地域格差が目立つようになり，地方の中小都市では，若者が大都市に出て高齢化が進んでいるが，まちづくりと一体となった商店街の活性化に取り組んでいる地域も見られる。

    3　高度経済成長期に開発・建設された大阪府の千里ニュータウンや東京都の多摩ニュータウンなどでは，居住者の高齢化が急速に進み，近年は建物や傾斜地のバリアフリー化，老人福祉施設の建設などの対策が進められている。

    4　東京では，かつて貨物操車場であった豊洲地区や，大きな工場が集まっていた汐留地区などを再開発し，高層マンションや大型商業施設，オフィスビル，公共施設などを建設して，修復・保全型の再開発が行われている。

(4)　次の図は，宗教の地域別割合(2021年)を示したものである。ア～エの組合せとして最も適当なものを，以下の1～8のうちから一つ選べ。

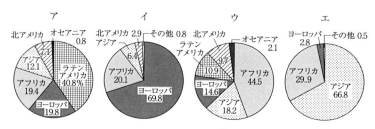

（『World Almanac 2021』より作成）

	ア	イ	ウ	エ
1	プロテスタント	イスラム	カトリック	正教会
2	カトリック	イスラム	プロテスタント	正教会
3	プロテスタント	正教会	カトリック	イスラム
4	カトリック	正教会	プロテスタント	イスラム
5	プロテスタント	イスラム	正教会	カトリック
6	カトリック	正教会	イスラム	プロテスタント
7	プロテスタント	正教会	イスラム	カトリック
8	カトリック	イスラム	正教会	プロテスタント

(5) 次の図は，主要国の国土面積と排他的経済水域の面積の関係を示したものである。

ア～オの組合せとして最も適当なものを，以下の1～8のうちから一つ選べ。

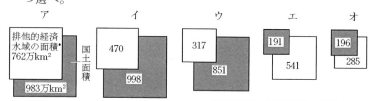

＊排他的経済水域の面積には領海を含む

（『海洋白書　2009』ほかより作成）

	ア	イ	ウ	エ	オ
1	アメリカ	ブラジル	カナダ	インドネシア	メキシコ
2	カナダ	アメリカ	ブラジル	メキシコ	インドネシア
3	ブラジル	カナダ	アメリカ	インドネシア	メキシコ
4	カナダ	ブラジル	アメリカ	メキシコ	インドネシア
5	アメリカ	カナダ	ブラジル	インドネシア	メキシコ
6	カナダ	アメリカ	ブラジル	インドネシア	メキシコ
7	ブラジル	アメリカ	カナダ	メキシコ	インドネシア
8	アメリカ	カナダ	ブラジル	メキシコ	インドネシア

(6)　次の図は，伝統的な建築材料の分布を示したものである。ア～エの組合せとして最も適当なものを，以下の1～8のうちから一つ選べ。

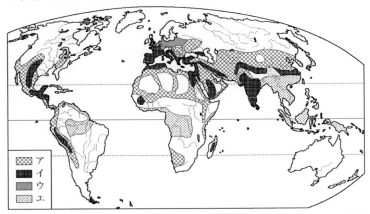

（『人文地理学（1992）』より改変して作成）

	ア	イ	ウ	エ
1	石造建築	石・土・木の混用	土とレンガ	木・葉・草
2	石造建築	土とレンガ	木・葉・草	石・土・木の混用
3	土とレンガ	石造建築	石・土・木の混用	木・葉・草
4	木・葉・草	土とレンガ	石造建築	石・土・木の混用
5	石造建築	土とレンガ	石・土・木の混用	木・葉・草
6	土とレンガ	石造建築	木・葉・草	石・土・木の混用
7	石・土・木の混用	石造建築	土とレンガ	木・葉・草
8	土とレンガ	木・葉・草	石造建築	石・土・木の混用

2024年度 ▍大分県 ▍難易度

416

【6】 次の1，2の問いに答えよ。

1　次の地図を見て，以下の(1)，(2)の問いに答えよ。

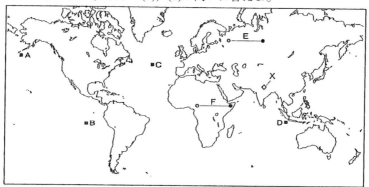

(1)　プレートの境界は，狭まる境界，広がる境界，ずれる境界に大きく分類される。地図中のXとA，B，C，Dはそれぞれプレートの境界が位置する場所を示している。Xと同じ種類に分類されるプレートの境界がみられる場所として正しいものを，AからDのうちから二つ選び，記号で答えよ。

(2)　次の(Ⅰ)，(Ⅱ)は，地図中のE，Fのいずれかの線分上における地形断面図である。線分Fの断面図として正しいものはどちらか。また，以下の文章はE，Fの線分上においてみられる地形的特色について述べたものである。この文章中の空欄に当てはまる語の正しい組合せを，あとのアからクのうちから一つ選び，記号で答えよ。

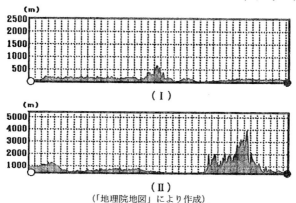

（「地理院地図」により作成）

417

> 　線分E，Fで示された地域はともに先カンブリア時代の造山運動によって形成された(　①　)が広がる地域である。(　①　)が分布する地域では，一般に地殻変動が活発でなく地震や火山活動はほとんど起こらない。このうち，線分E上には(　②　)の造山運動によって形成された低くなだらかな山脈がみられる。一方，線分F上にはプレートの広がる境界にあたる(　③　)がみられるため，起伏の大きな地形がみられる。

ア　①　安定陸塊　　②　古生代　　③　地溝帯

イ　①　安定陸塊　　②　古生代　　③　褶曲山脈

ウ　①　安定陸塊　　②　中生代　　③　地溝帯

エ　①　安定陸塊　　②　中生代　　③　褶曲山脈

オ　①　古期造山帯　②　古生代　　③　地溝帯

カ　①　古期造山帯　②　古生代　　③　褶曲山脈

キ　①　古期造山帯　②　中生代　　③　地溝帯

ク　①　古期造山帯　②　中生代　　③　褶曲山脈

2　次の地図を見て，以下の(1)，(2)，(3)の問いに答えよ。

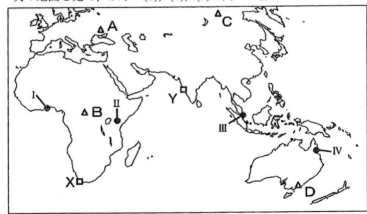

(1)　次の表は，地図中のⅠからⅣのいずれかの地点における最暖月平均気温，最寒月平均気温，最多雨月降水量，最少雨月降水量を示したものである。Ⅱの地点に当てはまるものを，表中のアから

エのうちから一つ選び，記号で答えよ。

	最暖月平均気温		最寒月平均気温		最多雨月降水量		最少雨月降水量	
ア	29.0 ℃	3月	25.3 ℃	8月	154.2 mm	6月	13.1 mm	1月
イ	28.6 ℃	5月	26.8 ℃	1月	333.1 mm	12月	104.9 mm	2月
ウ	27.6 ℃	1月	21.4 ℃	7月	496.4 mm	2月	26.9 mm	8月
エ	21.9 ℃	3月	17.7 ℃	7月	126.8 mm	11月	16.6 mm	8月

（「気象庁　世界の地点別平年値データ」により作成）

(2) 次の雨温図は，地図中のX地点とY地点の月平均気温と月降水量を示したものである。X地点とY地点でみられる降水の特徴と，そのような特徴を生む要因について簡潔に述べよ。

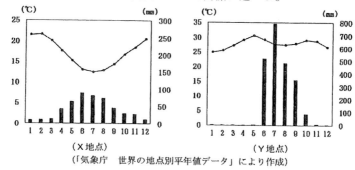

（X地点）　　　　　　　　　　（Y地点）
（「気象庁　世界の地点別平年値データ」により作成）

(3) 次のアからエの文は，地図中のAからDの各地点においてみられる土壌の特徴を述べたものである。Cにおいてみられる土壌の特徴について述べたものを，アからエのうちから一つ選び，記号で答えよ。

ア　降水により有機物の溶脱がみられることで形成される赤色のやせた土壌

イ　降水による養分の流出等が少なく豊富な腐植層を含んだ黒色の肥沃な土壌

ウ　低温により腐植の分解が進まず形成される灰白色のやせた土壌

エ　落葉樹の葉などが腐植することで表層部に厚い腐植層をもつ褐色の肥沃な土壌

2024年度　栃木県　難易度

【7】世界の人口と都市について，次の各問いに答えなさい。

問1　2021年の段階で，人口が1億人を超える国を示した図として正しいものを，次の1〜4のうちから1つ選びなさい。

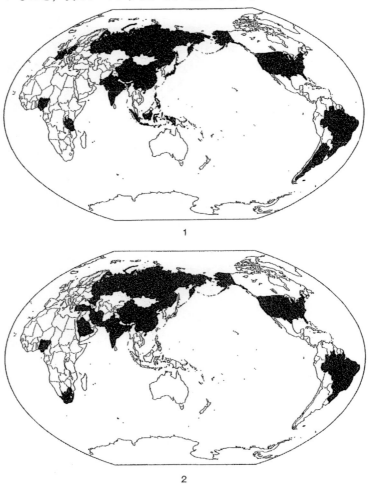

1

2

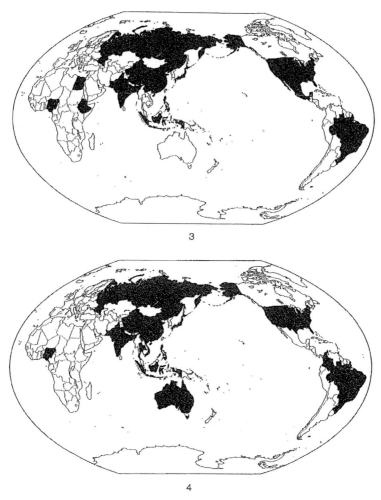

3

4

(『データブック オブ・ザ・ワールド2023』より作成)

問2　次の表は学術，工業，宗教，水産にかかわる機能が卓越した都
市群を示している。4つの都市群のうち適切ではない都市を含むも
のを，以下の1〜4のうちから1つ選びなさい。

表

学術都市	工業都市	宗教都市	水産都市
ケンブリッジ	豊田	エルサレム	レイキャビク
オックスフォード	エッセン	メッカ	セントジョンズ
つくば	グラスゴー	ラサ	キャンベラ
ハイデルベルク	ウーハン	バチカン	焼津

1　学術都市　　2　工業都市　　3　宗教都市　　4　水産都市

問3　次の図1あ～う は，パリ，イスタンブール，東京のいずれかの1650年(パリは1850年)と2014年(パリは2013年)の都市における都市景観を示した模式図である。図1中の あ～う と都市名との正しい組合せを，以下の1～6のうちから1つ選びなさい。

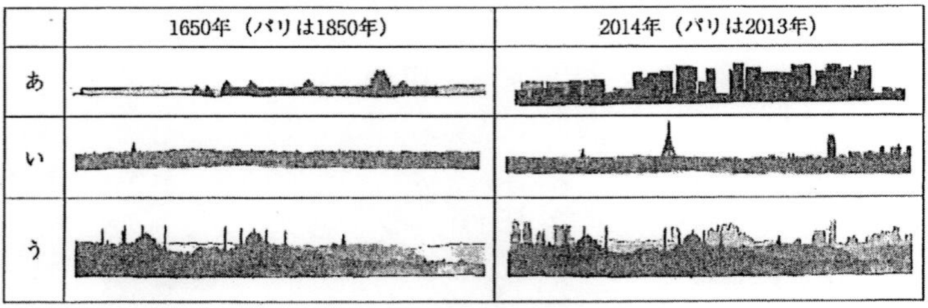

図1
(『世界の都市　5大陸30都市の年輪型都市形成史』より作成)

	1	2	3	4	5	6
パリ	あ	あ	い	い	う	う
イスタンブール	い	う	あ	う	あ	い
東京	う	い	う	あ	い	あ

問4　次の図2は，都市の内部構造を示したバージェスの同心円モデルである。図2中の1～5は，CBD(中心業務地区)，優良住宅地帯，通勤者のための郊外住宅地帯，推移地帯(軽工業，安価劣悪な住宅地区)，労働者住宅地帯(低級住宅地区)のいずれかである。労働者住宅地帯(低級住宅地区)にあてはまるものを1～5のうちから1つ選びなさい。

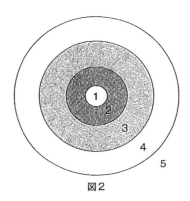

図2

（『世界の都市　5大陸30都市の年輪型都市形成史』より作成）

問5　都市の再開発について説明した次のア，イの文の正誤の組合せとして正しいものを，以下の1～4のうちから1つ選びなさい。

　ア　ロンドンのドックランズは，港湾・造船所を利用した修復・保全型の再開発である。

　イ　パリのマレ地区は，フランス革命前の建物や石畳を利用した修復・保全型の再開発である。

1　アー正　　イー正　　2　アー正　　イー誤
3　アー誤　　イー正　　4　アー誤　　イー誤

問6　都市人口率について，次の表は，いくつかの地域における都市人口及び都市人口率を示したものである。表の1～4はアジア，アフリカ，ヨーロッパ，オセアニアのいずれかである。オセアニアにあてはまるものを1～4のうちから1つ選びなさい。

表

	2020年	
	都市人口(千人)	都市人口率(%)
1	2,361,464	51.1
2	587,738	43.5
3	556,684	74.9
4	28,919	68.2

（『世界国勢図会 2022/23』より作成）

2024年度　宮城県・仙台市　難易度

【8】次の文章を読んで，以下の(1)～(8)の問題に答えなさい。

> 農業は，生産する目的によって自給的農業と商業的農業に大きく分けることができる。自給的農業は，主に家族によって生産し消費する農業で，森林を伐採し，(1)火入れした畑で雑穀類や芋類を栽培する焼畑や，(2)乾燥地域の水の得やすい場所で小麦やなつめやしを栽培するオアシス農業，さらに，アジアの稲作・畑作農業のような労働集約的農業がある。
>
> 一方，販売を目的とする商業的農業の典型は，機械化された大規模な企業的農業で，北アメリカなどの(3)(　ア　)による企業的穀物農業や，オーストラリアなどの牧牛，牧羊による企業的牧畜業に代表される。土地集約的な商業的農業には，穀物栽培と家畜飼養を組み合わせた(4)(　イ　)農業や，穀物栽培と家畜飼育，(5)果樹栽培を組み合わせた地中海式農業，都市近郊で野菜や果物，花卉などを栽培する園芸農業がある。
>
> 主食となる食材を生産することは，農業の重要な目的である。毎年，安定して大量に収穫できること，また，運搬しやすく，貯蔵性に優れていることなどが，主食となる食材の基本的な条件である。しかし，主食の栽培は，土地の地形や気候，(6)土壌など自然環境に左右される。米と小麦，とうもろこしは主食の食材として条件に最も適合している。そして，(7)食文化は，主食となる食材が何なのかにより違ってくる。
>
> さまざまな(8)技術革新によって自然環境の制約を克服することで，農業が発展した地域も多い。例えば，小麦は品種改良や技術革新によって，気温が低く本来は冬を越せないヨーロッパ北部や北アメリカ北部にも広がった。

(1) 次の①～④は，焼畑において栽培されている主な作物である。ラテンアメリカを原産地とする作物を次の中から1つ選び，番号で答えなさい。

① キャッサバ　　② バナナ　　③ タロいも　　④ ヤムいも

(2) カナートとよばれる地下用水路が発達している国を次の中から1つ選び，番号で答えなさい。

① アメリカ合衆国　　② イラン　　③ エジプト

④ オーストラリア

(3) （　ア　）に入る穀物の国際流通を支配する多国籍穀物商社を何というか答えなさい。

(4) （　イ　）に入る最も適当な語句を答えなさい。

(5) 地中海式農業で栽培されている作物として適当でないものを次の中からすべて選び，番号で答えなさい。

① カカオ　　② コルクがし　　③ ぶどう　　④ オリーブ

⑤ 天然ゴム

(6) ウクライナから中央シベリアに分布する肥沃な土壌を次の中から1つ選び，番号で答えなさい。

① レグール　　② チェルノーゼム　　③ ラトソル

④ ポドゾル　　⑤ テラロッサ

(7) 次の表は，日本，モンゴル，インド，ナイジェリア，ドイツの1人1日あたり食料供給量(g)を示している。ドイツに該当するものを次の中から1つ選び，番号で答えなさい。

(2018年)

	穀物	いも類	野菜	肉類	牛乳・乳製品	魚介類
①	490	83	242	12	294	19
②	315	161	246	220	469	35
③	383	68	255	143	130	128
④	344	122	154	273	475	2
⑤	374	756	206	22	3	24

【世界国勢図絵 2021/22年版】より

(8) 「緑の革命」とよばれる技術革新に関する文として正しいものを次の中から1つ選び，番号で答えなさい。

① 遺伝子組み換え作物の導入が中心であった。

② 化学肥料や農薬を大量投入する必要があった。

③ アフリカを中心として一定の成功をおさめた。

④ 農民の間の経済的な格差が解消された。

2024年度 ┃ **名古屋市** ┃ **難易度**

【9】産業，人口分野について，次の問いに答えよ。

問1　次の図1は農牧業の乾燥限界を模式的に示したものである。図2
中の①～③の線は，図1中のA～Cと同じ年降水量を示している。図
1中のA～Cと図2中の①～③との正しい組合せを，あとのア～カの
中から1つ選び，記号で答えよ。なお，図2の3枚の地図の縮尺は同
じではない。

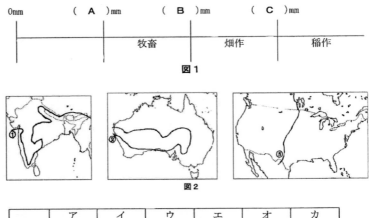

図1

図2

	ア	イ	ウ	エ	オ	カ
A	①	①	②	②	③	③
B	②	③	①	③	①	②
C	③	②	③	①	②	①

問2　世界の主な農産物について，次の各問いに答えよ。

(1)　次のア～エは，小麦，米，大豆，とうもろこしの特徴を説明し
たものである。大豆を説明した文章として正しいものを次の中か
ら1つ選び，記号で答えよ。

ア　穀物の中で単位面積あたりの収穫量が最大であり，栄養も豊
富で食料としてすぐれている。生育時には高い気温と多量の降
水が必要である。主産地では主に家族労働で耕作されている。

イ　生育期に冷涼で湿潤，成熟期に温暖で乾燥する気候が適する。
秋に種をまく地域と春に種をまく地域がある。主要輸出国では
企業的経営で栽培されている。

ウ　この作物を主食にしている地域は少なく，ほとんどが飼料や，
でんぷんに加工されている。最近では燃料用バイオエタノール

の原料としての利用が増加している。

エ　たんぱく質や脂肪を多く含み「畑の肉」とも称される。世界的にみると搾油して油をつくり，搾りかすを飼料に用いるのが一般的である。

(2)　次の表1中のア～エは，小麦，米，大豆，とうもろこしのいずれかの農産物の生産と輸出に関してまとめたものである。表1中のア～エから米を示しているものを1つ選び，記号で答えよ。また，そのように判断した理由を2つ簡潔に答えよ。

（統計年次：2020 年　単位：生産量と輸出量は万トン、大陸別割合は%）

生　　産　　量		ア	イ	ウ	エ
生　産　量		35,346	75,674	76,093	116,235
大陸別割合	ア　ジ　ア	9.5	89.4	45.7	31.4
	アフリカ	1.0	5.0	3.3	7.8
	ヨーロッパ	3.0	0.5	33.5	10.7
	北アメリカ	33.7	1.8	11.6	34.9
	南アメリカ	52.8	3.3	3.9	15.2
	オセアニア	0.0	0.0	2.0	0.0
輸　出　量		17,337	4,559	19,853	19,289
輸出上位国	1　位	ブラジル	インド	ロシア	アメリカ
	2　位	アメリカ	ベトナム	アメリカ	アルゼンチン
	3　位	パラグアイ	タ　イ	カ　ナ　ダ	ブラジル
	4　位	アルゼンチン	パキスタン	フランス	ウクライナ
	5　位	カ　ナ　ダ	アメリカ	ウクライナ	ルーマニア

表1

（『データブック・オブ・ザ・ワールド 2023』より作成）

問3　次の説明文のX，Yは，油やし，なつめやしのいずれかについて述べたものである。表2中のA，Bはそれぞれの生産上位国(油やしに関しては，油やしからの加工品)を示している。油やしについて表2中のA，Bと説明文X，Yとの正しい組合せを，あとのア～エの中から1つ選び，記号で答えよ。

説明文

> X　実から搾られた液体を加工したものは，先進国を中心に様々な商品に利用されている。
>
> Y　実は乾燥し保存食にしたり，ジャムやお菓子の材料にも使われている。

	A	B
1位	インドネシア	エ ジ プ ト
2位	マ レ ー シ ア	サウジアラビア
3位	タ　　　イ	イ　　ラ　　ン
4位	コ ロ ン ビ ア	アルジェリア
5位	ナイジェリア	イ　　ラ　　ク

表2

(『データブック・オブ・ザ・ワールド 2023』より作成)

	ア	イ	ウ	エ
表2	A	B	A	B
説明文	X	X	Y	Y

問4　次の写真①〜③の家畜は，図3中のA〜Cのいずれかの地域で主に
飼育されている家畜である。Bの地域の家畜はどれか，写真①〜③
の中から1つ選び，番号で答えよ。また，その家畜の名称を答えよ。

写真

①　　　　　　　　②　　　　　　　　③

(『新詳地理資料 COMPLETE』より)

図3

428

問5　次の表3中X, Yは, ドイツ, 日本のいずれかの2009年と2020年
の発電量とその構成比の変化を示している。また, 表3中のA, Bは
原子力発電か風力発電のいずれかを示している。ドイツと原子力の
正しい組合せはどれか, 以下のア～エの中から1つ選び, 記号で答
えよ。

（単位　発電量は億ｋｗｈ　構成比は％）

		発電量	火力	水力	A	B
X	2009	5925	65.4	4.2	22.8	6.5
	2020	5727	42.5	4.3	11.2	23.1
Y	2009	10479	64.6	7.8	26.7	0.3
	2020	10178	72.5	8.6	3.8	0.9

表3

（『データブック・オブ・ザ・ワールド 2013、2023』より作成）

	ア	イ	ウ	エ
ドイツ	X	X	Y	Y
原子力	A	B	A	B

問6　次の図4は, 1980年を100とした時のそれぞれの年における日本
での生産量の推移を示しており, 図4中の①～④はアルミニウム,
粗鋼, テレビ, 綿織物のいずれかである。粗鋼はどれか, 次の①～
④の中から1つ選び, 番号で答えよ。

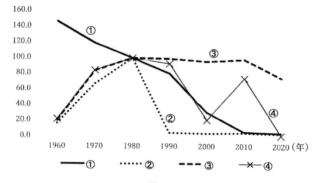

図4

（『データブック・オブ・ザ・ワールド 2023』により作成）

問7　次の図5中のX, Yの地図は, 山形県における高級家具と食料品
のいずれかの品目の商圏を示したものである。このことに関する以
下の説明文の空欄部A, Bに当てはまる語句として正しい組合せを,
あとのア～エの中から1つ選び, 記号で答えよ。

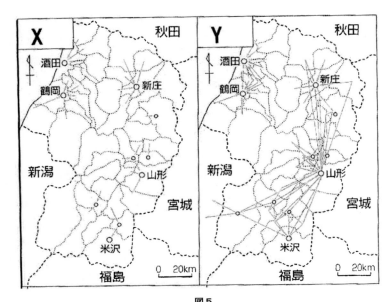

図5
（1981年当時の山形県の例　『図解地理資料』より作成）

説明文

> ［　A　］の1つである食料品の商圏を示しているのは［　B　］で
> ある。

	ア	イ	ウ	エ
A	買い回り品	買い回り品	最寄り品	最寄り品
B	X	Y	X	Y

問8　次の表4は，主な国の2018年の国別観光客数を示しており，表4
中のA〜Cにはアメリカ，スペイン，中国のいずれかが当てはまる。
アメリカ，スペイン，中国の正しい組合せを以下のア〜カの中から
1つ選び，記号で答えよ。

（統計年次：2018年　単位：万人）

受入国＼出発国	フランス	A	B	イタリア	C	日本
フランス		1,134	177	764	50	30
A	673		88	302	17	12
B	449	295		369	248	153
イタリア	696	428	107		28	15
C	218	65	299	32		838
日本	54	55	349	38	269	

表4

（『地理資料　PLUS』より作成）

	ア	イ	ウ	エ	オ	カ
A	アメリカ	アメリカ	スペイン	スペイン	中国	中国
B	スペイン	中国	アメリカ	中国	アメリカ	スペイン
C	中国	スペイン	中国	アメリカ	スペイン	アメリカ

問9 次の表5は，死亡率と一人あたりGNIを用いて世界の国々を分類する指標である。エチオピア，デンマーク，ブルガリア，日本を分類すると，表5中のA～Dのいずれかに該当する。Cに該当する国を，以下のア～エの中から1つ選び，記号で答えよ。

		死亡率	
		10‰未満	10‰以上
一人当たり GNI	10,000 ドル以上	A	B
	10,000 ドル未満	C	D

表5　　　　統計年次は 2020 年

（『データブック・オブ・ザワールド 2023』より作成）

ア　エチオピア　　イ　デンマーク　　ウ　ブルガリア

エ　日本

問10 次の表6は，外国からの国際移住者数(移民・難民)の上位5か国に関するものである。以下の表7は，X，Yの国の国際移住者の出身国上位4か国及び比率を示している。表6，表7中のX，Yは，サウジアラビアかドイツのいずれかであり，表7中のA，Bは，インドかトルコのいずれかである。ドイツとインドの正しい組合せを，あとのア～エの中から1つ選び，記号で答えよ。

	国際移住者数	全人口に対する国際移住者の割合	移住者に占める男性の割合
アメリカ	50,633	15.3	48.3
X	15,762	18.8	50.1
Y	13,455	38.6	68.6
ロシア	11,637	8.0	49.1
イギリス	9,360	13.8	47.7

表6

X		Y	
ポーランド	13.6	B	18.6
A	11.7	インドネシア	12.7
ロシア	7.6	パキスタン	11.0
カザフスタン	7.2	バングラデシュ	9.5

表7

（統計年次：2020 年　単位：国際移住者は千人、割合・比率は%

『世界国勢図会 2022/2023』より作成）

		ア	イ	ウ	エ
ド	イ ツ	X	X	Y	Y
イ	ン ド	A	B	A	B

┃ 2024年度 ┃ 長崎県 ┃ 難易度 ■■■□□

【10】次の図1を見て，南アジアに関する以下の問いに答えなさい。

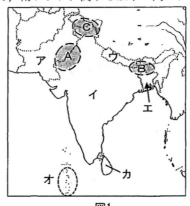

図1

問1　図1中のA〜Cの地域について，次の(1)〜(3)の問いに答えなさい。

(1)　AとBの地域には，降水量に違いが見られる。降水量の違いとその要因を説明しなさい。

(2)　次の表1は，Bの地域で生産が盛んなある農作物の生産上位国と生産量及び世界に占める割合を示したものである。この農作物について説明した文として正しいものを以下の①〜④から1つ選び，番号で答えなさい。また，表中の【　X　】に該当する国名を答えなさい。なお，表中のイ，カは図1中の国家を示している。

表1

国　名	生産量（千トン）	割合(%)
中　国	2,777	42.7
イ	1,390	21.4
【　X　】	459	7.1
カ	300	4.6
ベトナム	269	4.1

統計年次は 2019 年
二宮書店『データブック オブ・ザ・ワールド 2022』による

① ニューギニア島が原産地とされている。食用だけでなく，燃料としても利用されている。

② 生産上位国と消費上位国が大きく異なる商品作物である。2019年における輸入量世界第1位の国は，アメリカ合衆国である。

③ 繊維の原料となる。伸度が少ないこの繊維は，日本ではカーペットの裏地や，畳表を製造するための糸などに利用されている。

④ 奈良・平安時代に中国から日本に伝えられた。明治時代初期には士族授産等を目的に，台地上に農園が開拓された。

(3) 図1中のCの地域は，アとイの国が国境紛争をしている地方である。この地方の名称を答えなさい。

問2 図1中のア〜カの国について，次の(1)，(2)の説明に該当するものをそれぞれすべて選び，記号で答えなさい。

(1) 2021年における総人口が，同年の日本の総人口よりも多い。

(2) イスラーム教徒の割合が多数を占めている。

問3 図1中のイの国に関する次の(1)〜(4)の問いに答えなさい。

(1) 次の図2は図1中のイの国で用いられている紙幣を示したものである。図から読み取ることができる，この紙幣に見られる特徴を，イの国における民族に関連付けて説明しなさい。

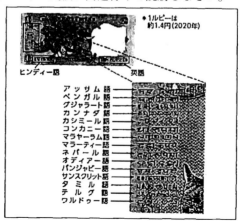

図2 帝国書院『高等学校新地理総合』による

(2)　次の図3はイの国における食肉生産量と鶏肉の割合の推移，図4はイの国のGDPの推移を示したものである。科目「地理総合」におけるB　国際理解と国際協力　(1)生活文化の多様性と国際理解の授業において，図3，図4を用いて生徒が思考・判断・表現する学習活動を展開したい。そのための生徒に提示する学習課題(問い・主題)と，思考・判断・表現することによって獲得される知識や概念を，あとの学習指導要領の内容を踏まえて答えなさい。

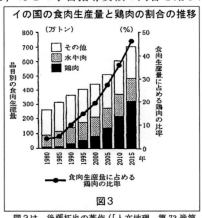

図3

図3は，後藤拓也の著作(「人文地理　第73巻第2号(2021年)」による

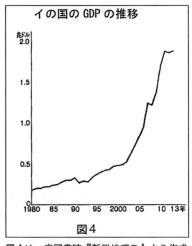

図4

図4は，帝国書院『新詳地理B』より作成

(1)　生活文化の多様性と国際理解

> (1)　生活文化の多様性と国際理解
>
> 　　場所や人間と自然環境との相互依存関係などに着目して，課題を追究したり解決したりする活動を通して，次の事項を身に付けることができるよう指導する。
> ア　次のような知識を身に付けること。
> 　(ア)　世界の人々の生活文化を基に，人々の生活文化が地理的環境から影響を受けたり，影響を与えたりして多様性をもつことや，地理的環境の変化によって変容することなどについて理解すること。
> 　(イ)　…(略)…
> イ　次のような思考力，判断力，表現力等を身に付けること。
> 　(ア)　世界の人々の生活文化について，その生活文化が見られる場所の特徴や自然及び社会的条件との関わりなどに着目して，主題を設定し，多様性や変容の要因などを多面的・多角的に考察し，表現すること。

(内容の取扱い)

> イ　内容のBについては，次のとおり取り扱うものとすること。
> 　(ア)　(1)については，次のとおり取り扱うこと。
> 　　　…(略)…
> 　　　その際，地理的環境には，自然環境だけでなく，歴史的背景や人々の産業の営みなどの社会環境も含まれることに留意すること。また，ここでは，生活と宗教の関わりなどについて取り上げるとともに，日本との共通点や相違点に着目し，多様な

　　　　習慣や価値観などをもっている人々と共存してい
　　　　くことの意義に気付くよう工夫すること。

　　文部科学省『高等学校学習指導要領(平成30年告示　令和3年8
　月一部改訂)解説　地理歴史編』より抜粋

(3)　次の図5，表2を資料として用い，科目「地理探究」で図1中の
　　イの国の地誌を扱う授業において，イの国の国際関係の変化に関
　　して，生徒にどのようなことを読み取らせることができるか答え
　　なさい。

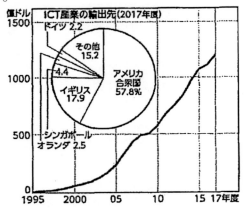

図5　イの国におけるICT関連産業の
　　　輸出額の推移と輸出先
帝国書院『新詳地理資料COMPLETE2022』による

表2　アメリカへの移民の出身国の推移

年代	総数 (千人)	第1位 (%)	第2位 (%)	第3位 (%)	第4位 (%)	第5位 (%)
1991〜 2000	9,081	メキシコ (24.8)	フィリピン (5.6)	中国 (4.7)	ベトナム (4.6)	イ (4.2)
2001〜 2010	10,501	メキシコ (16.1)	中国 (6.3)	イ (6.3)	フィリピン (5.6)	ドミニカ共和 国(3.1)

二宮書店『データブックオブ・ザ・ワールド2022』による

(4)　次の図6は，図1中のイの国，日本，中国，ナイジェリアの人口
　　及び将来人口の推移を1950年における総人口を100として示した
　　ものである。イの国に該当するものを①〜④から1つ選び，番号
　　で答えなさい。

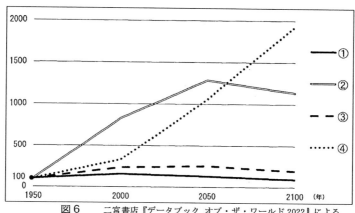

図6 二宮書店『データブック オブ・ザ・ワールド 2022』による

問4　次の写真1は，図1中のエの国で頻繁に起こる自然災害の様子を示したものである。写真3のように，この災害の被害が大きくなる理由を，エの国の人々が居住する地域の地形に関連付けて簡潔に説明しなさい。

写真1　帝国書院『新詳地理資料 COMPLETE2022』による

▌2024年度▌　静岡県・静岡市・浜松市　▌難易度▌

【11】地図や地理情報システムと現代世界について，次の(1)～(3)の各問いに答えよ。

(1)　国家間の結び付きについて述べた次の文中の（　あ　）～（　お　）に入る国際組織名をそれぞれ答えよ。

　　経済のグローバル化が進展し，さまざまな活動が地球規模で行われるようになった現在では，地域ごとの経済的な結び付きが重要になっている。比較的規模の小さな国が多いヨーロッパは，2020年現在(　あ　)として27か国がまとまることで，GDPでアメリカ合衆国と肩を並べる存在となっている。東南アジアでは，1960年代当初は5か国で結成された(　い　)が，1990年代後半には10か国に加盟国を拡大した。このほかにも，北アメリカでは2020年に(　う　)，南アメリカでは1991年に(　え　)，環太平洋地域では1989年に(　お　)が結成されるなど，それぞれの地域内で経済圏がつくられ，貿易の自由化などによって活発な経済活動が行われている。

(2) 次のア，イの各問いに答えよ。

ア　資料1のA〜Dは，それぞれある図法で描かれた地図を示している。A〜Dについての説明として最も適切なものを，以下の1〜4から一つずつ選び，それぞれ記号で答えよ。

資料1

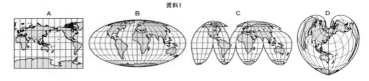

1　高緯度の緯度間隔を正角円筒図法よりも狭くすることで，高緯度の面積のひずみを小さくした図法で，正積でも正角でもないが，水陸の分布と形がバランスよく表現されるため，世界全図などに用いられる。

2　中央経線から遠ざかるにつれて角のひずみが大きくなり，世界全体を描くには適当でないが，正積であるため，中緯度の地方図・大陸図などに用いられる。

3　正積である2つの図法を緯度40度44分で接合した図法で，世界全体を対象とした各種の分布図などに用いられるが，大陸相互の関連性を示す図としては適していない。

4　外縁部のひずみを小さくし，緯線間隔を高緯度ほど狭くし正積性を保っている図法で，世界全図や，世界全体を対象とした

各種の分布図などに用いられる。

イ　地理の授業で，国別のインターネットの利用状況を示す主題図を作成する課題を出したところ，ある生徒が資料2を作成した。資料2は，国別のインターネット利用者数を，10段階の階級を用いて示した階級区分図であるが，適切な主題図とは言えない。どの点が適切ではないかを指摘するとともに，適切な地図に修正するための方法を説明せよ。

資料2

| 8000万人以上 |
| 7000万人以上8000万人未満 |
| 6000万人以上7000万人未満 |
| 5000万人以上6000万人未満 |
| 4000万人以上5000万人未満 |
| 3000万人以上4000万人未満 |
| 2000万人以上3000万人未満 |
| 1000万人以上2000万人未満 |
| 1000万人未満 |
| データなし |

（「International Telecommunication Union、データブック オブ・ザ・ワールド　2023年版」により作成）

(3)　資料3は，2万5千分の1地形図「越後湯沢」の一部である。以下のア～エの各問いに答えよ。

資料3

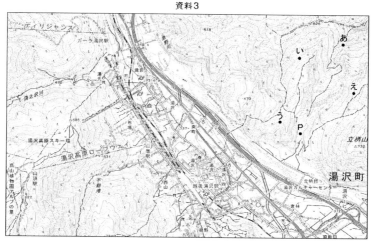

ア　資料3中のあ～えのうち，地点Pの集水域に含まれないものはどれか。あ～えからすべて選び，記号で答えよ。

イ　資料3から読み取れることとして最も適切なものを，次の1～4

から一つ選び，記号で答えよ。

1　湯沢町の町の中心部は「魚野川」の右岸に広がっており，左岸には川のすぐ近くまで山地がせり出している。

2　「越後湯沢駅」を通る線路には，少なくとも二種類の路線がみられるが，いずれも複線化されていない。

3　この地形図の範囲は多くの温泉・鉱泉があるリゾート地であるため，官公署はみられない。

4　「湯沢高原ロープウェイ」の「山頂駅」と「山麓駅」の標高差は，約510メートルである。

ウ　資料3の範囲で起こる可能性のある自然災害として適切でないものを，次の1〜4から一つ選び，記号で答えよ。

1　土石流　　2　地盤の液状化　　3　急傾斜地の地すべり

4　河川の氾濫

エ　資料3には，三角点と水準点が示されている。三角点と水準点の意味や役割と地形図から読み取る際に留意することについて，共通点と相違点を明らかにしながら説明せよ。

▌2024年度▌山口県▌難易度 ■■■□□

【12】農林水産業に関する各問いに答えよ。

1　次の図は，農民1人あたり穀物生産量と耕地1haあたり穀物生産量(2016年)を示しており，図中の(ア)〜(エ)は，日本，アメリカ，フランス，オーストラリアのいずれかである。日本に該当するものを一つ選び，記号で答えよ。

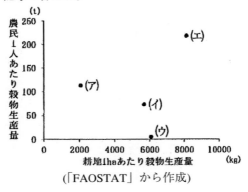

（「FAOSTAT」から作成）

2 混合農業は，中世ヨーロッパの三圃式農業から発達した農業形態である。三圃式農業とはどのような農業か，説明せよ。

3 農業に向かない乾燥地帯では，センターピボット方式による作物栽培が行われている地域がある。この方式を用いた作物栽培が自然環境に与える影響のうち，問題となっている点を説明せよ。

4 農業統計に関する各問いに答えよ。

(1) 次の表は，ある作物の生産量上位5か国と世界の生産量に占める割合(2020年)を示している。AとBに当てはまる作物の組合せとして正しいものを(ア)〜(エ)から一つ選び，記号で答えよ。

A		B	
ブラジル	34.6%	タイ	31.7%
【 X 】	16.5%	【 Y 】	22.7%
コロンビア	7.8%	【 X 】	8.3%
【 Y 】	7.2%	インド	6.5%
エチオピア	5.5%	コートジボワール	6.3%

(『世界国勢図会2022/23』から作成)

(ア) A－バナナ　　　　B－天然ゴム

(イ) A－バナナ　　　　B－油ヤシ

(ウ) A－コーヒー豆　　B－天然ゴム

(エ) A－コーヒー豆　　B－油ヤシ

(2) 表に示した【 X 】と【 Y 】に当てはまる国名をそれぞれ答えよ。

5 樹木を植え，その樹間に農作物を植えるなどの方法で，農業と林業を複合的に経営する取組を何というか，答えよ。

6 養殖業と栽培漁業について，どのような水産業か，それぞれ説明せよ。

7 世界の好漁場は，主にどのような水域に形成されるか。好漁場が形成される自然的条件を挙げ，そこに魚介類が集まる理由を踏まえながら説明せよ。

▎2024年度 ▎岡山県 ▎難易度 ▇▇▇▢▢

【13】東南アジアとその周辺に関する次の略地図を見て，以下の(1)〜(8)の問いに答えよ。

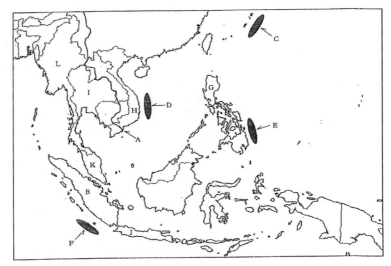

(1) 略地図中にAで示した河川と，Bで示した島はそれぞれ何と呼ばれるか。その呼び名をそれぞれ書け。

(2) 略地図中にC～Fで示した海域のうち，プレートの狭まる境界にある海域として適当でないものはどれか。一つ選んで，その記号を書け。

(3) 次の図は，アマゾン川流域が原産地で，一年を通じて高温多雨の低地を好むある作物について，2020年の生産量上位国とその生産量が世界全体に占める割合を示そうとしたものである。この作物は何と呼ばれるか。その呼び名を書け。

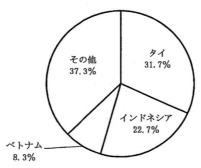

（『データブック・オブ・ザ・ワールド 2023』より作成）

(4) 次の表は，略地図中にG〜Iで示した3カ国における2021年の対日主要輸出品と輸出額に占める割合(%)を示そうとしたものである。表中のa〜cは，G〜Iのいずれかのものである。a〜cにあてはまる国の組み合わせとして適当なものは，以下のア〜カのうちのどれか。一つ選んで，その記号を書け。

a		b		c	
電気機器	23.7	電気機器	37.1	電気機器	27.9
一般機械	12.4	金属鉱と金属くず	11.4	衣類	15.8
肉類	7.2	木製品	9.1	一般機械	6.6
プラスチック	3.6	バナナ	7.0	履物	4.5
科学光学機器	3.6	プラスチック製品	2.0	魚介類	4.2

（『データブック・オブ・ザ・ワールド 2023』より作成）

	ア	イ	ウ	エ	オ	カ
a	G	G	H	H	I	I
b	H	I	G	I	G	H
c	I	H	I	G	H	G

(5) 略地図中にHで示した国では，1986年から市場経済を導入して国際分業による経済開放政策が進められた。1986年の共産党大会で提起されたスローガンでもあるこの政策は何と呼ばれるか。その呼び名を書け。

(6) 次の表は，略地図中にJ〜Lで示した3カ国におけるおもな宗教別人口構成の割合(%)を示そうとしたものである。表中のd〜fは，J〜Lのいずれかのものである。d〜fにあてはまる国の組み合わせとして適当なものは，以下のア〜カのうちのどれか。一つ選んで，その記号を書け。

d （2010年）		e （2000年）		f （2005年）	
イスラーム	87.2	イスラーム	60.4	仏教	74.0
キリスト教	9.9	仏教	19.2	プロテスタント	6.0
ヒンドゥー教	1.7	キリスト教	9.1	イスラーム	3.0
仏教	0.7	ヒンドゥー教	6.3	ヒンドゥー教	2.0
その他	0.5	その他	5.0	その他	15.0

（『データブック・オブ・ザ・ワールド 2023』より作成）

	ア	イ	ウ	エ	オ	カ
d	J	J	K	K	L	L
e	K	L	J	L	J	K
f	L	K	L	J	K	J

(7) 2002年にインドネシアから独立した東南アジアの国は何と呼ばれるか。その国名を書け。

(8) トランスミグラシ政策について，都市化がもたらす社会問題に着目して授業で説明したい。あなたならどのような説明をするか。人口流入　　インフラ　　地域格差　の3つの語句を用いて，簡単に書け。

‖ 2024年度 ‖ 香川県 ‖ 難易度 ‖■■■□□□‖

【14】次の略地図について，以下の(1)〜(7)に答えなさい。

略地図

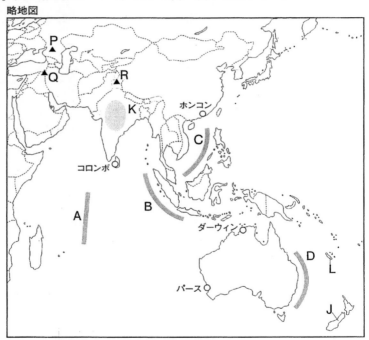

(1) 略地図中のA〜Dのうち，海溝を示しているものを1つ選び，その記号を書きなさい。

(2) 次の雨温図は，略地図中の○で示した4都市のいずれかを表している。雨温図が表す気候区を，ケッペンの気候記号で書きなさい。また，雨温図が表す都市を略地図から1つ選び，その都市名を書きなさい。

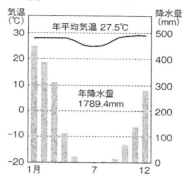

雨温図

(3) 略地図中のJの島は，西側に比べて東側で羊が多く飼育されている。その理由を気候的な見地から説明しなさい。

(4) 略地図中のKで示した地域に分布する，間帯土壌の名称を書きなさい。

(5) 次の資料1は，ある鉱産資源の主要な生産国・地域と世界総生産量に占める割合(2016年)を示したものであり，資料1中のLは，略地図中のLである。この鉱産資源名を書きなさい。

資料1

					世界総生産量：204万 t	
フィリピン 17.0%	ロシア 12.4	カナダ 11.6	オーストラリア 10.0	L 10.0	その他	

(世界国勢図会 2020/2021 より作成)

(6) 略地図中の▲P〜Rはそれぞれ，カシミール紛争，クルド人独立問題，チェチェン紛争のいずれかの紛争地域である。P〜Rと紛争名の組み合わせとして適切なものを，次のア〜カから1つ選び，その記号を書きなさい。

	P	Q	R
ア	カシミール紛争	クルド人独立問題	チェチェン紛争
イ	カシミール紛争	チェチェン紛争	クルド人独立問題
ウ	クルド人独立問題	カシミール紛争	チェチェン紛争
エ	クルド人独立問題	チェチェン紛争	カシミール紛争
オ	チェチェン紛争	カシミール紛争	クルド人独立問題
カ	チェチェン紛争	クルド人独立問題	カシミール紛争

(7) 次の資料2は，ラオスと東ティモールを除く東南アジア9カ国の主

な宗教，旧宗主国，1人当たりのGNI，主な輸出品の上位4品目をまとめたものである。資料2中のア，エ，キに適する国名をそれぞれ書きなさい。

資料2

国名	主な宗教	旧宗主国	1人当たりのGNI(ドル)(2020年)	主な輸出品の上位4品目(2021年)
ア		イギリス	1,340	衣類，天然ガス，野菜と果実，穀物
イ	上座仏教	フランス	1,510	衣類，金（非貨幣用），履物，バッグ類
ウ		独立国	7,070	機械類，自動車，金（非貨幣用），プラスチック
エ	大乗仏教	フランス	3,390	機械類，衣類，履物，家具
オ	仏教，ヒンドゥー教，イスラム教	イギリス	55,010	機械類，石油製品，精密機械，金（非貨幣用）
カ		イギリス	31,510	液化天然ガス，石油製品，原油，化学薬品
キ	イスラム教		10,570	機械類，石油製品，衣類，パーム油
ク		オランダ	3,870	パーム油，石炭，鉄鋼，機械類
ケ	キリスト教	スペイン→アメリカ	3,430	機械類，野菜と果実，銅，精密機械

(2023 データブックオブ・ザ・ワールド等より作成)

┃ 2024年度 ┃ 青森県 ┃ 難易度 ■■■□□

【15】ヨーロッパに関する次の各問いに答えなさい。

(1) 図1中の X が示す本初子午線が通過するアフリカの国として該当しない国を，次の①～⑥からすべて選び，番号で答えなさい。

図1

① アルジェリア   ② ガーナ   ③ ナイジェリア
④ ベナン   ⑤ ブルキナファソ   ⑥ マリ

(2) 次の図2中の①～④は，図1中の ア ～ エ のそれぞれの国における牛，豚，羊の家畜頭数(2020年)の割合を示したものである。 ウ に該当するものとして最も適切なものを①～④から一つ選び，番号で答えなさい。

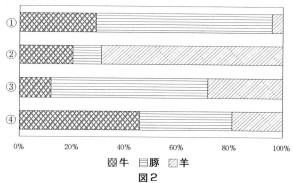

図2

（『世界国勢図会 2022／23』により作成）

(3) 図1中の オ ～ ク のそれぞれの国の主な民族・宗教の組み合わせとして最も適切なものを次の①～④から一つ選び，番号で答えなさい。

	国	主な民族	主な宗教
①	オ	スラブ系	正教会
②	カ	ラテン系	カトリック
③	キ	スラブ系	カトリック
④	ク	ラテン系	正教会

(4) ヨーロッパの工業と貿易に関する次の各問いに答えなさい。

① 次のA～Cの文は，ヨーロッパの主な工業地域について説明したものである。それぞれの工業地域が何と呼ばれているか答えなさい。

A 西ヨーロッパの経済成長を支えた，北フランスとドイツのルール地方，フランスのロレーヌ地方の一帯。

B 飛行機産業などのハイテク産業が発達する，イタリア中部からフランス南部を経てスペインの中部に至る地中海沿岸地域。

　C　現在，ヨーロッパで最も工業が発達する，イギリス南部から
　　ドイツ西部やフランス東部を経て北イタリアに至る地域。

② 　次の図3は，アメリカ合衆国，中華人民共和国，日本，EU*間
における貿易額(2018年)の様子を示している。Ⅰ～Ⅲに該当する
国・経済圏の組み合わせとして最も適切なものを以下のア～カか
ら一つ選び，記号で答えなさい。

　　＊EUは28か国。

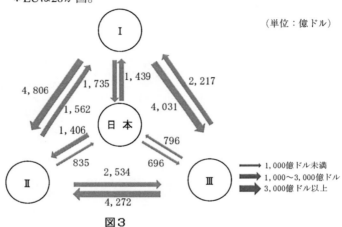

図３

（『世界国勢図会 2020／21』により作成）

	ア	イ	ウ	エ	オ	カ
Ⅰ	アメリカ合衆国	アメリカ合衆国	中華人民共和国	中華人民共和国	EU	EU
Ⅱ	中華人民共和国	EU	アメリカ合衆国	EU	アメリカ合衆国	中華人民共和国
Ⅲ	EU	中華人民共和国	EU	アメリカ合衆国	中華人民共和国	アメリカ合衆国

(5)　次の表は，ヨーロッパの統合の歩みを表したものである。以下の
各問いに答えなさい。

表

年	事　　項
1948	ベネルクス三国関税同盟発足
1952	ヨーロッパ石炭鉄鋼共同体発足
1958	⑦ヨーロッパ経済共同体，⑦ヨーロッパ原子力共同体発足
1967	ヨーロッパ共同体発足
1973	イギリス，アイルランド，（　A　）加盟

1981	ギリシャ加盟
1986	スペイン，ポルトガル加盟
1992	マーストリヒト条約調印
1993	⑦ヨーロッパ連合発足
1995	スウェーデン，フィンランド，（ B ）加盟
	（ C ）協定の施行
1999	単一通貨ユーロの導入
2002	ユーロ紙幣・硬貨流通開始
2004	⑤東ヨーロッパを中心とした国々加盟
2007	ブルガリア，ルーマニア加盟
2009	リスボン条約発効
2013	クロアチア加盟
2020	イギリスがヨーロッパ連合を正式に離脱

① 下線部⑦・⑦に関して，この組織の略称をそれぞれアルファベットで答えなさい。

② 表中の(A)，(B)に該当する国名と(C)に該当する協定名を答えなさい。

③ 下線部⑦に関して，ヨーロッパ連合について述べた次の(ア)～(エ)の文のうち，誤っているものを一つ選び，記号で答えなさい。

(ア) 加盟国を中心に国境管理が廃止され，国境をこえて買い物や通勤する人や旅行する人が増えている。

(イ) 協定非参加国の人が複数の参加国を通過する時，国ごとに入国審査を受ける。

(ウ) ヨーロッパ連合域内の国同士での貿易にかかる関税は無税で，域内での輸出入は活発である。

(エ) 2022年7月現在，ユーロ導入国は19か国で，非導入国はヨーロッパ連合加盟国中8か国になった。

④ 下線部⑤に関して，この年に加盟した東ヨーロッパの国の組み合わせとして最も適当なものを次の(ア)～(エ)から一つ選び，記号で答えなさい(ただし，キプロスとマルタは除く。)。

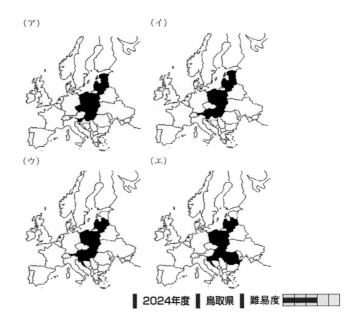

(ア)　　　　　　　(イ)

(ウ)　　　　　　　(エ)

┃ 2024年度 ┃ 鳥取県 ┃ 難易度 ┃■■■□□

【16】 ラテンアメリカに関する各問いに答えよ。

1　アタカマ砂漠とパタゴニアでみられる砂漠の成因の違いについて，生徒にわかりやすく説明したい。それぞれの砂漠の成因を説明するための板書例を，次の指示事項に従い以下の図に記せ。

〔指示事項〕

・二つの砂漠の位置と名称をそれぞれ示すこと。

・それぞれの砂漠の成因となる自然的条件を図示し，その名称を示すこと。

2 観光地として有名なウユニ塩原は，小型蓄電池の材料などに使われている資源の埋蔵量が世界有数であるといわれている。この資源名と，ウユニ塩原が位置する国名を答えよ。

3 バイオ燃料の導入について述べた次の文章中の(①)には当てはまる語句を，(②)には考えられる問題点を一つ答えよ。

> ブラジルでは，ガソリンの代替エネルギーとして(①)を主な原料としたバイオエタノールの普及が進んでいる。バイオ燃料は，地球環境にやさしいとされる一方，(②)といった問題点も指摘されている。

4 次の表は，ラテンアメリカの国々の人種・民族構成を示している。表中のA～Eは，アルゼンチン，ハイチ，ブラジル，ペルー，メキシコのいずれかである。以下の各問いに答えよ。

	人種・民族構成
A	ヨーロッパ系48%、ムラート43%、アフリカ系8%、その他1%
B	ムラート5%、アフリカ系94%、その他1%
C	ヨーロッパ系86%、メスチーソ7%、先住民3%、その他4%
D	ヨーロッパ系12%、メスチーソ32%、先住民52%、その他4%
E	ヨーロッパ系15%、メスチーソ64%、先住民18%、その他3%

(1) AとBの国の旧宗主国をそれぞれ答えよ。

(2) Cの国において，大土地所有制に基づく大農園は何と呼ばれているか，答えよ。

(3) DとEに当てはまる国をそれぞれ答えよ。

| 2024年度 | 岡山県 | 難易度 ■■■□□ |

【17】平成30年3月告示の高等学校学習指導要領 地理歴史 地理探究 内容 A 現代世界の系統地理的考察 (2) 資源，産業 の授業で，工業の種類と立地について学習することとします。次の資料Ⅰは，この授業を含む単元の計画の一部を示したものです。資料Ⅰを基に，以下の1・2に答えなさい。

資料Ⅰ

単元を貫く問い	工業の立地の特徴はどのように説明できるだろうか。
次	主な学習活動
第1次	【学習課題】工業の種類によって工業の立地が異なるのはなぜだろうか。 ・主なセメント工場、ビール工場、IC工場の立地を基に、工業の立地に影響を与える要因について考察する。
第2次	【学習課題】□□□はどのような立地となるのだろうか。 ・第1次で理解したことを用いて、□□□の立地について考察する。

1　次の地図Ⅰ～Ⅲは，それぞれ2018年7月現在の主なセメント工場，ビール工場，集積回路(IC)工場の位置を示したものです。資料Ⅰ中の第1次で，地図Ⅰ～Ⅲを用いた指導を構想することとします。地図Ⅰ～Ⅲを用いて，どのように指導を行いますか。簡潔に書きなさい。

地図Ⅰ

0　250km
・主なセメント工場

地図Ⅱ

0　250km
・主なビール工場

地図Ⅲ

0　250km
・主なＩＣ工場

2　次の文は，平成30年3月告示の高等学校学習指導要領　地理歴史　地理探究　内容の取扱い　(2)　ア　(イ)を示したものです。この配慮事項を踏まえて以下の【第2次のねらい】を設定して，第2次の授業を行うこととします。資料Ⅰ中の [　　] に当てはまる考察の対象として，どのような産業が考えられますか。また，そのように考えたのはなぜですか。考察の対象と，そのように考えた理由を，簡潔に書きなさい。

> (イ)　(2)については，次のとおり取り扱うこと。
> 　「資源・エネルギーや農業，工業などに関わる諸事象」については，技術革新などによって新たに資源やエネルギーの利

用が可能になったり，新たな産業が生まれたり成長したりすることから，社会の動向を踏まえて取り上げる事象を工夫すること。

【第2次のねらい】

第1次で学習した要素から受ける影響が小さい産業とその立地の特徴について理解させる。

2024年度 | 広島県・広島市 | 難易度 ■■■■■□□

【18】 ラテンアメリカに関する次の文章を読み，以下の1～6の問いに答えなさい。

(ア)ラテンアメリカは，赤道をまたいで南北に広がる広大な地域である。大陸の北部に位置するアマゾン盆地には，(イ)世界最大の熱帯雨林が広がる。

南北アメリカ大陸には(ウ)先住民の文明があった。しかし，16世紀以降，ラテン系のヨーロッパ人が進出し，(エ)植民地がつくられた。それにもかかわらず，今日も(オ)伝統的な農業が続けられているが，現在は国際市場向けの新しい農業もさかんである。

1 次の表は，銅鉱の産出量を示している。(X)～(Z)に入る下線部(ア)の国の組み合わせとして，最も適切なものを，以下のa～eから一つ選びなさい。ただし，表中の％は，2017年における世界計にしめる割合を示している。

国名	1990	2010	2017	％
(X)	159.0	541.9	550.4	27.5
(Y)	33.9	124.7	244.6	12.2
中国	28.5	120.0	171.0	8.6
アメリカ合衆国	158.4	111.0	126.0	6.3
コンゴ民主共和国	…	42.0	109.0	5.5
オーストラリア	32.7	87.0	86.0	4.3
ザンビア	42.1	67.2	79.4	4.0
(Z)	29.4	27.0	74.2	3.7
ロシア	(1) 69.9	70.3	70.5	3.5
インドネシア	16.4	87.8	62.2	3.1
世界計（万トン）	895.0	1610.0	2000.0	100.0

(1) 1992

	X	Y	Z
a	メキシコ	チリ	ペルー
b	チリ	メキシコ	ペルー
c	メキシコ	ペルー	チリ
d	ペルー	メキシコ	チリ
e	チリ	ペルー	メキシコ

(『データブック　オブ・ザ・ワールド2023年版』により作成)

2　文中の下線部(イ)の名称として最も適切なものを，次のa〜eから一つ選びなさい。

　　a　カンポ　　　b　セラード　　　c　セルバ　　　d　パンパ
　　e　パタゴニア

3　文中の下線部(ウ)の文化または文明の例として最も適切なものを，次のa〜eから一つ選びなさい。

　　a　コルコバードのキリスト像　　b　マチュピチュ　　c　タンゴ
　　d　サンバ　　　　　　　　　　　e　カーニバル

4　文中の下線部(エ)の時代に発展した産業と関連する語句として最も適切なものを，次のa〜eから一つ選びなさい。

　　a　輸入代替型工業　　b　モノカルチャー
　　c　マキラドーラ　　　d　南米南部共同市場（MERCOSUR）
　　e　ファベーラ

5　文中の下線部(オ)と関連する語句として最も適切なものを，次のa〜eから一つ選びなさい。

　　a　焼畑　　　　　　　b　フィードロット　　　c　ファゼンダ
　　d　エスタンシア　　　e　アシエンダ

6　次の表は，ブラジルで生産される農産物のグラフである。A〜Cの作物の組み合わせとして最も適切なものを，次のa〜eから一つ選びなさい。

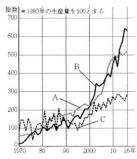

	A	B	C
a	コーヒー豆	大豆	さとうきび
b	さとうきび	コーヒー豆	大豆
c	コーヒー豆	さとうきび	大豆
d	大豆	コーヒー豆	さとうきび
e	さとうきび	大豆	コーヒー豆

┃ 2024年度 ┃ 茨城県 ┃ 難易度 ███████

【19】 ヨーロッパに関する次の地図を見て，以下の(1)～(12)の問いに答え
　　　よ。

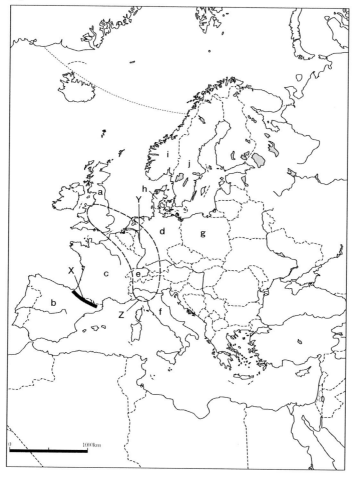

455

(1) 地図中のXの山脈名を書け。

(2) 地図中のYの河川名を書け。

(3) 次の写真は，地図中のiの国の海岸線に多くみられる地形である。この地形の成因や特徴について，地形の名称を含めて簡単に説明せよ。

(4) 地図中のa〜jの国のうち，日本より陸地面積が大きな国として適当なものを，次のA〜Jから全て選び，その記号を書け。

A a　B b　C c　D d　E e　F f　G g
H h　I i　J j

(5) 次の文は，地図中のa〜dのいずれかの国の首都について述べたものである。この首都が含まれる国として適当なものを，以下のA〜Dから一つ選び，その記号を書け。

> この都市のインナーシティ問題を解決するために，造船所や倉庫などの，かつての港湾施設が取り壊され，金融機関・企業などが入るオフィスビルをはじめ，高層住宅や商業施設も集まる地区へと再開発された。

A a　B b　C c　D d

(6) ヨーロッパの統合に関して，それまでのECSCやEEC，EURATOMを統合して，1967年に成立した組織の名称を書け。

(7) 地図中のa〜jの国のうち，2022年の時点で，EUに加盟していない国として適当なものを，次のA〜Jから全て選び，その記号を書け。

A a　B b　C c　D d　E e　F f　G g
H h　I i　J j

(8) ヨーロッパの工業地域について，次の文で説明された地域の名称を書け。

> 　地図中のZの地域は，いくつもの大都市と，発達した交通網を有し，先端技術産業や自動車産業，化学工業などが発達している。この地域の名称は，地図で表したときの形状と，EUのシンボル色にちなんでいる。

(9)　1995年に発効したシェンゲン協定について，この協定の内容と，それによってヨーロッパの人々がどのようなことが可能になったか，簡単に説明せよ。

(10)　次の表は，2019年における，世界の，ぶどうとワインの生産国の上位5か国を表したものであり，P〜Rは，それぞれ，イタリア，中国，フランスのいずれかに当たる。P〜Rに当たる国の組み合わせとして適当なものを，以下のA〜Dから一つ選び，その記号を書け。

ぶどう		ワイン	
P	14195千t	Q	4923千t
Q	7900	R	4166
アメリカ合衆国	6315	スペイン	3370
スペイン	5745	アメリカ合衆国	2583
R	5490	P	2066

(2022/23年版　世界国勢図会による)

A　P−中国　　　　　Q−フランス　　　R−イタリア

B　P−中国　　　　　Q−イタリア　　　R−フランス

C　P−フランス　　　Q−イタリア　　　R−中国

D　P−イタリア　　　Q−中国　　　　　R−フランス

(11)　次の表は，2020年における，ヨーロッパに属するSと日本とのおもな貿易品とその金額を表したものである。Sに当たる国として適当なものを，以下のA〜Dから一つ選び，その記号を書け。

Sへの輸出		Sからの輸入	
機械類	115841百万円	たばこ	193326百万円
自動車	93305	機械類	146929
有機化合物	29373	バッグ類	100725
二輪自動車	20123	医薬品	99183
医薬品	13454	衣類	85009
プラスチック	12366	自動車	83649
科学光学機器	11452	有機化合物	63513
自動車部品	8049	はきもの	33693
計	403243	計	1119894

(2022/23年版　日本国勢図会による)

    A イギリス　　B フランス　　C ドイツ　　D イタリア

(12)　次の表は，2021年における，難民の受け入れ国の上位10か国を
　　表したものである。表中のTに当たる国として適当なものを，以下
　　のA～Dから一つ選び，その記号を書け。

国	人数
トルコ	3759817人
ウガンダ	1529903
パキスタン	1491070
T	1255694
スーダン	1103918
バングラデシュ	918907
レバノン	845865
エチオピア	821283
イラン	798343
ヨルダン	712823

(2023年版　データブック　オブ・ザ・ワールドによる)

    A スウェーデン　　B フランス　　C ポーランド
    D ドイツ

┃ 2024年度 ┃ 愛媛県 ┃ 難易度 ┃ ■■■□□

【20】次の各問に答えよ。

〔問1〕 次の雨温図ア～ウは，以下のA～Cのいずれかの都市のもので
　ある。ア～ウと，A～Cとの組合せとして適切なものは，以下の1～
　4のうちのどれか。

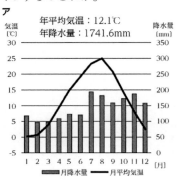
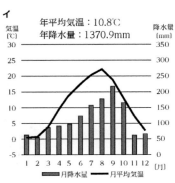

458

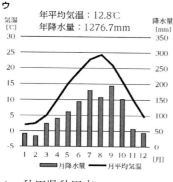

ウ

年平均気温：12.8℃
年降水量：1276.7mm

※ 気温及び降水量は、1991年から2020年までの
30年間の観測値の平均を基に算出した値である。

（「理科年表　2021」から作成）

A　秋田県秋田市
B　岩手県宮古市
C　宮城県仙台市

1　アーA　　イーB　　ウーC
2　アーA　　イーC　　ウーB
3　アーB　　イーA　　ウーC
4　アーC　　イーB　　ウーA

〔問2〕　次の略地図中の河川アに関する記述として適切なものは，以下
の1～4のうちのどれか。

略地図

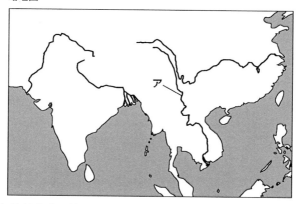

1　水量が豊富で流れがゆるやかなため，広く水運に利用され，流
域は豊かな水田地帯となっている。中流域の峡谷には，2009年に
世界最大の多目的ダムが建設され，利水や発電に利用されている。

2 国際河川である。下流に広大な三角州を形成し，稲作地域が広がる。1992年から，アジア開発銀行を中心に，流域の開発が進められている。

3 上流域では小麦や綿花，下流域では米やジュートの栽培が盛んである。流域国のある宗教では，聖なる川とされ，この川で身体を清める沐浴が有名である。

4 上流域で他の河川と合流する地域は，植民地時代に灌漑が進んで，小麦や綿花の大産地となり，現在も流域国の穀倉地帯となっている。

〔問3〕 次の図は，ある地図記号である。この地図記号の名称として適切なものは，以下の1〜4のうちのどれか。

図

1 灯台　　2 工場　　3 発電所等　　4 風車

〔問4〕 統計地図に関する記述として適切なものは，次の1〜4のうちのどれか。

1 流線図は，モノや人の移動を矢印で結び，その量を太さで表した地図で，等高線図や等降水量線図が該当する。

2 メッシュマップは，一定間隔の区画ごとの数値を階級区分し，色彩や模様などで表した地図で，絶対分布図の一つである。

3 カルトグラムは，数量を点で表し，分布の状態を示した地図で，人口や家畜頭数の分布，農産物の産出量の分布を把握するときに用いる。

4 階級区分図は，調査地域ごとの割合をランク分けし，色彩や模様などで表した地図で，市町村ごとの人口密度を表すときに使われる。

〔問5〕 次の表は，2020年における都市人口数と，1980年，2000年，2020年における全人口に占める都市人口の割合の推移をまとめたものである。また，表中のア〜エは，韓国，オーストラリア，パキス

タン，タイのいずれかが当てはまる。ウに当てはまるものとして適切なものは，以下の1～4のうちのどれか。

表

	2020年における都市人口数〔万人〕	全人口に占める都市人口の割合〔％〕		
		1980年	2000年	2020年
日本	11610.0	76.2	78.6	91.8
ア	7743.8	28.1	33.0	37.2
イ	4193.4	56.7	79.6	81.4
ウ	3569.8	26.8	31.4	51.4
エ	2190.4	85.6	84.2	86.2

（矢野恒太記念会「世界国勢図会2020/21年版」から作成）

1 韓国　　2 オーストラリア　　3 タイ　　4 パキスタン

〔問6〕次の表は，2017年における農産物自給率をまとめたものである。表中のア～エは，米，小麦，大豆，とうもろこしのいずれかが当てはまる。エに当てはまるものとして適切なものは，以下の1～4のうちのどれか。

表
〔％〕

	ア	イ	ウ	エ
中国	98	100	98	13
インド	101	112	108	118
アメリカ合衆国	148	158	115	195
カナダ	297	0	103	238
ブラジル	39	97	128	243
アルゼンチン	341	193	239	113
オーストラリア	402	143	118	80

（矢野恒太記念会「世界国勢図会2020/21年版」から作成）

1 米　　2 小麦　　3 大豆　　4 とうもろこし

〔問7〕次の表ア～エは，2019年における我が国と，アラブ首長国連邦，インドネシア，オーストラリア，マレーシアのいずれかの国との間の貿易における輸入額の上位5品目とそれらの全輸入額に占める割合をまとめたものである。アに当てはまる国名として適切なものは，以下の1～4のうちのどれか。

ア

	全輸入額に占める割合〔%〕
石炭	15.2
機械類	13.8
液化天然ガス	12.3
衣類	5.8
天然ゴム	4.1

イ

	全輸入額に占める割合〔%〕
液化天然ガス	35.4
石炭	30.0
鉄鉱石	12.4
肉類	4.5
銅鉱	3.5

ウ

	全輸入額に占める割合〔%〕
機械類	32.7
液化天然ガス	25.5
プラスチック	3.0
合板	2.9
衣類	2.6

エ

	全輸入額に占める割合〔%〕
原油	83.4
石油製品	7.4
液化天然ガス	4.3
アルミニウム	2.5
液化石油ガス	1.5

(矢野恒太記念会「日本国勢図会2020/21年版」から作成)

1　アラブ首長国連邦　　2　インドネシア　　3　オーストラリア
4　マレーシア

〔問8〕　次の表は，2018年における産業中分類別の製造品出荷額等をまとめたものである。また，表中のア～エには，愛知県，大阪府，千葉県，兵庫県のいずれかが当てはまる。ウに当てはまるものとして適切なものは，以下の1～4のうちのどれか。

表

	産業中分類別の製造品出荷額等〔億円〕								
ア	輸送用機械器具製造業	269341	電気機械器具製造業	29355	鉄鋼業	25129	生産用機械器具製造業	24027	食料品製造業	17251
イ	化学工業	22210	鉄鋼業	19266	輸送用機械器具製造業	17247	食料品製造業	17128	電気機械器具製造業	15572
ウ	石油製品・石炭製品製造業	31256	化学工業	23509	鉄鋼業	17422	食料品製造業	16384	金属製品製造業	6799
エ	化学工業	18844	金属製品製造業	16230	生産用機械器具製造業	15983	石油製品・石炭製品製造業	15218	鉄鋼業	15183

(経済産業省大臣官房調査統計グループ「2019年　工業統計表『地域別統計表』」から作成)

1　愛知県　　2　大阪府　　3　千葉県　　4　兵庫県

〔問9〕　次の図は，日本の地体構造を模式的に表したものである。この
　　図に関する記述として適切なものは，以下の1〜4のうちのどれか。

図

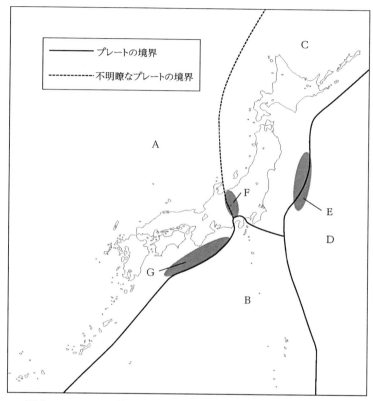

　1　図中のA〜Dの四枚のプレートのうち，海洋プレートに分類され
　　るのはB，C，Dのプレートである。
　2　図中のEの地域は，プレートの狭まる境界で，プレートが衝突し
　　て海溝が形成されている。
　3　図中のFの地域には，ホットスポットが形成されている。
　4　図中のGの地域には，フォッサマグナとよばれる地溝帯がある。
〔問10〕　高等学校学習指導要領地理歴史の「各科目」の「地理総合」
　　の「目標」に関する記述として適切なものは，次の1〜4のうちのど
　　れか。

1 　現代世界の地理的な諸課題を地域性や歴史的背景，日常生活との関連を踏まえて考察し，現代世界の地理的認識を養うとともに，地理的な見方や考え方を培い，国際社会に主体的に生きる日本国民としての自覚と資質を養う。

2 　現代世界の地理的事象を系統地理的に，現代世界の諸地域を歴史的背景を踏まえて地誌的に考察し，現代世界の地理的認識を養うとともに，地理的な見方や考え方を培い，国際社会に主体的に生きる日本国民としての自覚と資質を養う。

3 　地理に関わる諸事象に関して，世界の生活文化の多様性や，防災，地域や地球的課題への取組などを理解するとともに，地図や地理情報システムなどを用いて，調査や諸資料から地理に関する様々な情報を適切かつ効果的に調べまとめる技能を身に付けるようにする。

4 　地理に関わる事象の意味や意義，特色や相互の関連を，位置や分布，場所，人間と自然環境との相互依存関係，空間的相互依存作用，地域などに着目して，系統地理的，地誌的に，概念などを活用して多面的・多角的に考察したり，地理的な課題の解決に向けて構想したりする力や，考察，構想したことを効果的に説明したり，それらを基に議論したりする力を養う。

▌2024年度▌東京都▌難易度■■■□□

解答・解説

【1】1　c　　2　a　　3　c　　4　b　　5　c　　6　e

○**解説**○　1　早くから都市化が進んだ旧市街地において，人口減少や高齢化，コミュニティの崩壊などが起こる現象はインナーシティー問題。郊外で人口増加とともに無秩序な開発があいつぎ，居住環境に問題のある住宅地が形成されることはスプロール(虫食い)現象。ドーナツ化現象は都心部とその周辺の地価が高騰し，環境の悪化によって都市部の居住人口が減少し，郊外で人口が増加する現象。　　2　インフラス

トラクチャーはインフラと略され，上下水道，電気，道路といった社会資本のこと。　3　空港や鉄道の集まる中心にある(d)が中心業務地区である。高級住宅地は郊外に少しある(e)。標高の高い斜面に分布する(c)がスラムで市街地の外縁部に広がっている。工業地と中級住宅地はこの図から判別できない。　4　中心部に入ってくる車から課徴金を徴収することをロードプライシングといい，dの市街地の外側に車をとめて，市電やバスに乗り換えるパークアンドライドと併用させ，中心部の渋滞を緩和させようとしている。　5　a　スモッグは自動車の排ガスによる大気汚染物質。　b　ウォーターフロントはロンドンのドックランズや神戸のポートアイランドのように倉庫の跡地や港湾の埋め立て地を再開発させること。　c　サステナブルシティは英語の訳通り持続可能な都市を目指すこと。　d　中心業務地区は名前の通り，大企業の本社機能などの業務中心機能が集約した地区で，隣接する形で都心商業地区がある。　e　ニュータウンは鉄道沿線などに計画的に開発された大規模市街地。　6　dはカウンティ・オブ・ロンドンと呼ばれる区域でその外側のeが大ロンドンの境界である。大ロンドンは中心部の人口爆発や住環境の悪化の解決によってニュータウンを郊外に造り都市圏を広げた計画である。

【2】(1)　①　分類…卓状地　　名称…ケスタ　　②　アパラチア山脈，ペニン山脈　　③　ウ　　(2)　①　A　火災(火事，延焼，類焼)　B　津波　C　変動　　②　北アメリカプレート　　(3)　ウ　(4)　寒流が流れており，水温が低いため。　　(5)　エ　　(6)　イ　(7)　①　海岸段丘　　②　2万5千分の1　　③　ラグーン(潟湖)　④　ア

○**解説**○　(1)　①　地殻変動によって褶曲した地層が侵食されるときに，硬い層が残って軟らかい層が削られることで差別侵食が生じ，崖と斜面が交互に残ったケスタは，安定陸塊に地層が堆積した卓状地に見られる。パリ盆地では崖でブドウを，緩斜面で小麦の栽培が行われている。　　②　アパラチア山脈とペニン山脈は，古期造山帯でBの時代に造山運動を受けた。ピレネー山脈とアルプス山脈は，Cの時代に造山運動を受けたアルプス＝ヒマラヤ造山帯の一部をなし，ロッキー山脈

は環太平洋造山帯の一部である。　③　ロシア西部のウラル山脈，オーストラリア東部のグレートディヴァイディング山脈，北欧のスカンディナヴィア山脈はいずれも低平な山地となっているが，テンシャン山脈は，ユーラシアプレートにぶつかるインド・オーストラリアプレートによって隆起を続ける再生山脈である。　(2)　①　関東大震災は1923(大正12)年9月1日午前11時58分に発生したため，昼時で火災が各地で広がった。東日本大震災では海溝型の地震だが震源は浅く，大きな津波が広い範囲を何度も襲った。プレートはおおむね海洋プレートの比重の方が大きく，大陸プレートに沈み込み，変動帯となっている。②　日本列島は4つのプレートの上にあり，東北日本は北アメリカプレートに位置する。そこに海洋プレートである太平洋プレートが沈み込んでいる。また，ユーラシアプレートにフィリピン海プレートが沈み込み，富士山付近では3つのプレートのぶつかり合う境界がある。(3)　ハワイはプレートの境界ではないのに溶岩が噴出するホットスポットによる火山がある。非常に粘度が低く，広く流れることによってできる楯状火山で，キラウェア，マウナロア，マウナケアなどの山では活発に噴火が起こる。太平洋プレートが北西方向に移動しているのに合わせて，ハワイ諸島も移動し，沈降していくことが知られている。(4)　サンゴ礁の生育条件は，海水温が25～30度と温かく，水深40m以内の浅くきれいな水域であること。E地点は赤道のやや南に位置し，エクアドル沿岸部である。高緯度から寒流のペルー海流(フンボルト海流)が流れ，海水温が低く，サンゴが育たない。　(5)　ナイル川はビクトリア湖から流れる白ナイルとエチオピア高原から流れる青ナイルがスーダンで合流し，エジプトのカイロから地中海へ注ぐ。ティグリス川はバグダッドを通ってペルシャ湾へ，インダス川はカシミールからアラビア海へ，コロラド川はグランドキャニオンを刻み，ラスベガスを通って，メキシコ領のカリフォルニア湾へ流出する。ヨルダン川はレバノンから死海へ流れる内陸河川である。　(6)　氷河地形のうち，山頂付近や山腹の半円形の凹地はカールまたは圏谷という。氷食による尖った峯はホーンまたはホルン，とがった稜線はアレート。氷河が削った谷はU字谷となり，谷底は平らで，沈水すると良港となる。(7)　①　図Xは日本で最も有名できれいな海岸段丘の形成されている

高知県室戸岬。太田，立石，西灘，西の宮の集落はいずれも海岸線から100m崖の上に位置し，それぞれの間を河川が海に向かって流れているために小さな谷ができており，内陸に行くか海岸線に降りないと隣村に行くことができない。　②　150m，250mの等高線が見られるが，これは2万5千分の1地形図における計曲線である。主曲線は10mごとに引かれている。5万分の1地形図では，計曲線が100m，主曲線が20mごとである。　③　図Yは鹿児島県の甑島(こしきしま)列島の上甑島(かみこしきしま)。海鼠池(なまこいけ)，貝池(かいいけ)，鍬崎池(くわざきいけ)，須口池は甑四湖(こしきよんこ)とよばれる。砂州や砂嘴によって海から切り取られた海跡湖では潟湖(せきこ，ラグーン)。

④　函館は陸繋島である函館山と北海道本土を結ぶトンボロ上にできた都市。福岡県の海の中道は志賀島と九州を結ぶトンボロ。三保半島は砂嘴。京都府宮津市の天橋立は須口池他と同様，砂州。宮城県の松島，広島県の宮島と共に，日本三景のひとつである。

【3】Ⅰ　問1　(1)　エ　　(2)　イ　　(3)　ホワイ川(淮河)　　問2　外国企業は中国の安価な労働力を求めて進出し，中国企業との合弁企業を設立し，輸出指向型工業を発展させた。　問3　イ　　問4　(1)　ウ
(2)　中国からヨーロッパにいたる内陸の交易ルートと，海の交易ルートを構築し，関係国のインフラ投資に中国が積極的に関わる広域経済圏構想。　　Ⅱ　問5　イ　　問6　(1)　漢江(ハン川)の奇跡
(2)　アジア通貨危機の影響を受けて経済危機に陥ったが，IMF の支援を受け財閥系企業の経営改革により回復した。　　問7　財閥

○**解説**○　Ⅰ　問1　(1)　1950年代から始まった，農商工業などの経済活動と教育や文化を一体化した中国の共産主義の基本単位であった人民公社は共産主義のほかの例にもれず労働者の生産意欲低下を招いた。その状況を打破するために1978年からの改革開放政策によって生産責任制が導入された。これにより，人民公社は解体され，生産量は農家個人に任せられ，政府が買い取る量を超えた分は自由市場で販売できるようになり，商品作物や付加価値の高い作物の生産が盛んとなり生産性は上がった。　(2)　チャンチュンは旧満洲の首都であり，東北地方にある。北海道と同緯度でDw気候であることからD。チンタオは

Cw気候で冬の降水量が少ないためC。上海はCfa気候であり，年中降水量が多いためA。ラサはチベット高原上にあり，年較差が小さく平均気温が低いH気候である。よってB。この雨温図は降水量の幅が小さいことに注意する。　(3)　中国の小麦と米の栽培境界をチンリン山脈ホワイ川ラインと呼ばれる。　問2　外国企業は中国の安価な労働力と税制の優遇を目的として進出した。中国では外国企業の進出に100％の出資を認めず中国企業との合弁企業の形をとっており，技術力が高まった。合弁企業は複数の国の企業が出資している企業で中国の農村が設立する郷鎮企業とは別物なので区別しておく。中国も他のアジア諸国の発展の例にもれず輸出指向型の工業により発展していった。　問3　アジアNIEsは輸出指向型工業化政策に取り組み1970年代に経済発展を遂げた韓国，台湾，香港，シンガポールのことである。問4　(1)　世界最大の太平洋北部漁場は日本，韓国，中国が主漁場にしている。それに加え中国は国を挙げて養殖業に力を入れており，えさとなる魚粉を輸入し，成長した水産物を輸出している。そのため生産，輸出ともに世界1位である。日本は，漁獲量は多いが養殖に向いている温暖な海が少ないことから養殖量は割合として少なくなっている。インドは東南アジア同様にエビの養殖が盛んで，国内に魚を食べる習慣がない人が多いため輸出に回されている。　(2)　昔のシルクロードのような中国と欧州を結ぶ交通路を再度構築しようとする考え方で陸の鉄道や道路の一帯と船による海路の一路で成り立っている。一帯一路の経由国の鉄道や道路，港といったインフラを整備するために中国が貸し付けを行ったり，中国企業が建設を行ったりしている。しかし国の予算規模を超えた貸し付けや，返済不要の条件でその港の半永久権を得て，軍事利用するのではないかと問題となっている。

Ⅱ　問5　造船業は日本，韓国，中国の3ヶ国で世界シェアの9割を占めている。日本は高度経済成長期に造船業で世界シェアトップに立ったが，韓国に抜かれ，その後現在1位の中国にも抜かれた。韓国は人口が少ないため国外向けの造船が大半を占めることが特徴である。問6　(1)　アジアNIEsに加えられているように，1970年前半から輸出指向型工業に取り組み朝鮮戦争後20年での経済発展は漢江の奇跡と呼ばれている。　(2)　1997年にタイのバーツがドルを軸とした固定相場

制から変動相場制に変わるタイミングで通貨不安から暴落が起き，それを起因としてドル固定性を使っていた韓国，マレーシア，インドネシア，フィリピンに波及し，アジア通貨危機が起きた。自国で対処できないと考えた韓国はIMF(国際通貨基金)や世界銀行に融資を要請し，財閥への融資を中心とした不透明な金融状況の透明化やWTOコミットメントの完全履行などを条件に融資を受けた。　問7　チェボルは財閥を指す。先述のアジア通貨危機において現代に次いで2位の規模の大宇財閥が破綻し，現代財閥も解体された。しかしいまだに財閥系は韓国で力を持っている。

【4】(1)　A　ア　　B　イ　　C　ウ　　(2)　①　カルスト(地形)
②　場所…平尾台(福岡県)，秋吉台(山口県)　から一つ　産業との結び付き…石灰岩が広く分布するため，石灰岩が原料となるセメント産業が原料立地型の産業として発達する。　　(3)　E　ク　F　キ
G　カ　　(4)　①　H　熱帯収束帯(赤道低圧帯・赤道収束帯)
I　亜熱帯高圧帯(中緯度高圧帯)　②　J　イ　K　ア　③　赤道付近は太陽からの熱エネルギーを最も強く受けるため，地上付近の空気が暖められて上昇気流が発生しやすく，降水量が多くなる。一方，回帰線付近は，赤道付近で上昇した大気が冷えて下降するため，降水量が少なくなり蒸発量が上回るため乾燥する。

○**解説**○　(1)　太平洋東部では太平洋プレートとナスカプレートが東太平洋海嶺をはさんで広がる境界を形成しており，ナスカプレートはペルー，チリ海溝で南米大陸に沈み込んでいてア。Bは大西洋中央海嶺より東でアフリカプレートとなっているためイ。Cはフィリピン海プレートを横断しており，伊豆，小笠原海溝をはさんでいると考えてウ。
(2)　①　Dはアドリア海に面した地域を指しており，石灰岩地形のカルストの元となったスロベニアのカルスト地方である。溶食されてできる凹地の大きさによって，ドリーネ，ウバーレ，ポリエと称する。中国のコイリンでは尖塔状のタワーカルストが見られ，観光地となっている。　②　日本の三大カルストは山口県秋吉台，福岡県平尾台，そして四国の四国カルストである。ほかに埼玉の秩父でもカルスト地形が見られる。石灰岩を原料としたセメント産業は，製品になると軽

くなるので，原料立地型であることが多い。　(3)　E　ニジェール川は湿潤地域から流れ出す外来河川だが，マリで内陸三角州とよばれる大湿地帯を経て，サヘルの乾燥地帯から南流してギニア湾に注ぐ。地点での平均河川流量は少ないと考えられるため，ク。　F　コンゴ川は熱帯雨林地域を流れ，流域面積が最大の河川であることから，年間を通じて流量の多いキ。　G　エニセイ川は，南部の湿潤地域から北流する河川で，春になって南部から雪解け水が流れるため河口では初夏に流量が増える。冬季には河口付近は凍結しているため，流量が増えると洪水が起きることがある。　(4)　①　赤道付近は日射量が多く大気が温められ，上昇気流が生まれる。そのため，熱帯収束帯(赤道低圧帯)が形成される。上昇した大気は回帰線付近で下降気流となるため，地球上では高圧となり，中緯度高圧帯が形成される。赤道付近から極に向かって順に低圧帯・高圧帯・低圧帯・高圧帯。　②　風向は高圧帯から低圧帯に向かい，さらにコリオリの力によって，北半球では進行方向右に曲がる。したがって，Jでは北東の貿易風，Kは南西の偏西風となる。　③　太陽は，地球上の北回帰線から南回帰線の間を見かけ上は動き，赤道上を通過する。もっとも日射量の多い赤道付近で上昇気流が生まれ，対流圏付近の高さまで上昇すると，下降気流となる。これを低緯度から順にハドレー循環，フェレル循環，極循環という。なお大気の大循環は地球の公転に伴って南北に移動することで四季や高日季・低日季が生じている。

【5】(1)　3　　(2)　2　　(3)　4　　(4)　4　　(5)　5　　(6)　3
○**解説**○ (1)　段階①を富士山型，段階②をピラミッド型という。段階③はつり鐘型，段階④はつぼ型。星型は，雇用を求める人々が都市に移動することによって生産年齢人口と年少人口の割合が高くなってできる。逆に，若い世代が移動して減少してしまった農山村では，ひょうたん型の人口ピラミッドとなる。　(2)　ア　丘の上に立地している丘上集落。　ウ　同心円状に家屋が並び，教会を中心とする円村。エ　道路に沿って家屋が並び，その背後に耕地や草地，森林がみられる林地村。　オ　碁盤目に道路が整備されていることから，タウンシップ制による土地区画。　(3)　人口が増加するとともに高度経済成長

を遂げた時代から人口が減少する超高齢社会へと変容する日本では，都市も地方も課題が生まれている。汐留地区はかつての貨物操車場，豊洲は造船所などがあった地区。　(4)　ア　キリスト教カトリックは地中海沿岸諸国で信者が多く，その植民地であったラテンアメリカで多い。ブラジルの人口が多いため，ヨーロッパよりも割合が高い。イ　正教会はロシアと東ヨーロッパで多い。　ウ　キリスト教プロテスタントというのは違和感があるかもしれないが，人口の多いアフリカのナイジェリアやタンザニアなどがある。　エ　イスラムは西アジア，北アフリカに信者が多い。　(5)　海岸線が複雑で島が多いインドネシアから考えよう。領土面積に対し，排他的経済水域が非常に広いエ。メキシコも領土の割に排他的経済水域が広く，オ。カナダは国土面積がロシアに次いで広くイ。アがアメリカ。ブラジルはアメリカ，カナダに比べると海岸線が短く，ウ。　(6)　赤道など低緯度に広がるエは，木や葉，草を利用する。土とレンガは，乾燥帯のアフリカ北部や西アジアのほか，南北アメリカの乾燥地域や高山，アジア内陸部でも見られるア。地中海に多いイは，石造建築で，インドやロッキー山脈，アンデス山脈の高山地域，チベットなどでも見られる。最後にウはヨーロッパの一部に見られるが，石・土・木を混用した木骨造りなどの住居を作る。

【6】1　(1)　A・D　(2)　断面図…(Ⅱ)　組合せ…ア
2　(1)　エ　(2)　X地点では，降水量が夏に少なく冬に多くなる。これは，夏は中緯度高圧帯に覆われ下降気流が卓越する一方，冬は亜寒帯低圧帯に覆われるため上昇気流が起きやすくなるからである。Y地点では，降水量が夏に多く冬に少なくなる。これは，夏は南西の季節風により高温多湿な空気が海上から流れ込む一方，冬は北東の季節風により乾いた空気が大陸から流れ込むためである。　(3)　ウ
○解説○　1(1)　X　インド・オーストラリアプレートとユーラシアプレートがぶつかる狭まる境界で，ヒマラヤ山脈はその衝突帯上の褶曲山脈である。　A　アリューシャン海溝であり，海溝は狭まる境界の沈み込み帯である。　B　東太平洋海嶺で，広がる境界である。海上の広がる境界を海嶺，大陸上の広がる境界を地溝帯という。　C　大西

洋中央海嶺で，同様に広がる境界である。　D　スンダ海溝で狭まる境界である。　(2)　先カンブリア時代に造山運動を受けたが，古生代以降安定している地球上最古の陸地を安定陸塊という。E上はウラル山脈という古期造山帯があり，この山脈がアジアとヨーロッパの境目である。中生代以降に造山活動をしたものが新期造山帯といわれる。大陸上の広がる境界なので地溝帯であり，海上なら海嶺である。褶曲山脈は狭まる境界上にできる。地溝帯上は起伏が激しいため(Ⅱ)がFである。　2　(1)　Ⅱ　ナイロビで高原上にあるため年中気温が安定していて，花卉栽培や茶栽培が盛んである。　Ⅰ　ガーナの首都アクラで，暖流のギニア海流が流れており，年中高温なAm気候でありア。　Ⅲ　シンガポールは赤道直下のためAf気候で乾季がなくイ。　Ⅳ　オーストラリアのケアンズはAm気候であるが周囲がAf気候であるため雨季の降水量が多い。　(2)　X　南アフリカのケープタウンで夏乾燥，冬湿潤であるためCs気候。夏は中緯度高圧帯に覆われ下降気流が卓越する一方，冬は亜寒帯低圧帯に覆われるため上昇気流が起きやすくなる。この気候は30〜45°の緯度帯で見られる。　Y　インドのムンバイで，陸地と海の比熱の違いで季節風の向きが変わることで雨量が変化する。夏は暖かい陸地へ湿潤な風が海上から吹くため，多雨になるが，冬は温暖な海へ乾燥した風が大陸から吹くため乾燥し，乾季となるAm気候である。　(3)　ア　ラトソルの説明で熱帯，亜熱帯に分布するためB。　イ　チェルノーゼムの説明で黒海沿岸からウクライナ，ロシアに多く見られるためA。　ウ　ポドゾルの説明で亜寒帯から寒帯に分布しているためC。　エ　褐色森林土の説明で温帯の森林地域に分布しているためD。

【7】問1　3　　問2　4　　問3　4　　問4　3　　問5　3　　問6　4
○解説○　問1　人口が1億人を超えている国は，インド，中国，アメリカ，インドネシア，パキスタン，ナイジェリア，ブラジル，バングラデシュ，ロシア，メキシコ，日本，フィリピン，エジプト，エチオピアの14か国である。　問2　キャンベラはオーストラリアの政治都市である。　問3　あ　1650年には江戸城が見られ，2014年には高層ビルが見られるため東京。　い　2013年にエッフェル塔が見られ，中心部に高

いビルがなく，郊外に見られるためパリ。　う　イスラム教の国で見られるドーム型の建物が見られるためイスタンブール。　問4　バージェスの同心円モデルでは都市の内部はCBDを中心として軽工業地区などの推移地帯，労働者住宅地帯，優良住宅地帯，郊外住宅地帯と広がっていく仮説が立てられている。　問5　ドックランズは一掃型(クリアランス型)の再開発である。　問6　1　都市人口率が比較的低く，人口が最も多いためアジアである。　2　都市人口率が最も低いためアフリカである。　3　都市人口率が最も高く，4よりも人口が多いためヨーロッパである。　4　オセアニアは比較的人口が少ない。

【8】(1)　①　　(2)　②　　(3)　穀物メジャー　　(4)　混合　　(5)　①,⑤　　(6)　②　　(7)　②　　(8)　②

○解説○　(1)　キャッサバはラテンアメリカ，バナナとタロいもは東南アジア，ヤムいもはインド〜東南アジアが原産地とされている。
(2)　同様の地下水路は，アフガニスタンなどではカレーズ，北アフリカではフォガラとよばれている。　(3)　穀物メジャーは，国際的な穀物価格の形成に大きな影響力がある。また，産地の集荷施設や輸出用の港湾施設も所有していることがある。　(4)　混合農業は，麦(小麦，ライ麦など)，根菜類(じゃがいも，てんさいなど)，飼料作物(大麦，えん麦，とうもろこし，牧草など)の栽培と，肉用家畜(豚，牛など)の飼育を組み合わせた農業である。　(5)　地中海式農業では，乾燥に強い作物が栽培される。カカオや天然ゴムは，熱帯地域で栽培される。
(6)　チェルノーゼムは，温帯に形成される成帯土壌である黒色土である。北アメリカのプレーリー土も，黒色土の一種である。　(7)　①は，肉類の供給量が少ないことから，インド。③は，魚介類の供給量が多いことから，日本。④は，牛乳・乳製品の供給量が多く，魚介類の供給量が少ないことから，モンゴル。⑤は，いも類の供給量が多いことから，ナイジェリア。残りの②が，ドイツとなる。　(8)　①について，遺伝子組み換え作物の導入は進んでいない。③について，広まった地域は東南アジアや南アジアなどである。④について，農民間の経済的な格差は広がった。

● 中高・高校

【9】問1　エ　　問2　(1)　エ　　(2)　記号…イ　　理由…・アジア地域で約90%近く生産されているから。　　・生産量に占める輸出量の割合が最も低いから。　　問3　ア　　問4　番号…②　家畜名…ヤク　問5　ア　　問6　③　　問7　ウ　　問8　ウ　　問9　ア　問10　イ

○解説○　問1　Aは，非農業地域と牧畜地域の境目の250mm。Bは，牧畜と畑作の境目の500mm。Cは，畑作と稲作の境目の1000mm。

問2　(1)　アは米，イは小麦，ウはとうもろこし，エは大豆。

(2)　アは，ブラジルやアメリカなどで生産が多い大豆。イは，アジアで生産が多い米。自給用作物としての性格が強く，生産量に対して輸出量は少ない。ウは，寒冷なロシア，アメリカ，カナダなどで生産が多い小麦。エは，生産量が多く，特にアメリカで生産が多いとうもろこし。　問3　油やしは，熱帯のインドネシアやマレーシアで生産が多い。なつめやしは，乾燥地域で生産が多い。　問4　①はラクダで，乾燥地域で飼育されているのでC。②はヤクで，標高が高い地域で飼育されているのでB。③はトナカイで，寒冷な地域で飼育されているのでA。　問5　ドイツは，日本と比較して発電量が少なく，再生可能エネルギーの導入が進み，風力の割合が高い。日本は，ドイツと比較して発電量が多く，火力が中心。原子力は東日本大震災以降，発電量が減少した。風力の発電量は少ない。　問6　①は，1960年時点で生産量が多かったものの，アジア各国からの輸入品に代替された綿織物。②は，石油危機以降に電力費が高騰し，衰退したアルミニウム。③は，現在も生産量が多い粗鋼。④は，一時期に産業の空洞化が起こり，2000年代に国内で再び生産が盛んになったものの，価格下落やアジア諸国での生産増により国内生産が減少したテレビ。　問7　Xは，商圏が狭く，最寄り品の食料品。Yは，商圏が広く，買い回り品の高級家具。　問8　Aは，隣国フランスから多く観光客を受け入れているスペイン。Cは，隣国日本へ多くの観光客を送り出している中国。残りのBは，日本からの観光客が多いアメリカ。　問9　一人あたりGNIが高いAとBは，デンマークもしくは日本。低いCとDは，エチオピアもしくはブルガリア。Bは，少子高齢化が進み，高齢者の死亡率が高い日本。Aがデンマーク。Dは，出生数が少なく，死亡率が高くなっているブ

ルガリア。残りのCがエチオピアとなる。　問10　Xは，東ヨーロッパやAのトルコなどから多くの外国人労働者を受け入れているドイツ。Yは，Bのインドなど南アジアから，多くの男性の外国人労働者を受け入れているサウジアラビア。

【10】問1　(1)　Aは亜熱帯高圧帯の影響により年間通して降水量が少ない。Bは夏季に海洋からの季節風の影響を受け，多雨となる。
(2)　番号…④　X…ケニア　(3)　カシミール地方
問2　(1)　ア，イ，エ　　(2)　ア，エ，オ　　問3　(1)　公用語のヒンディー語を話せる人が4割程度であり，その他の多くの地方公用語が存在しているため，多くの言語が記載されている。　　(2)　課題…なぜ，近年インドで鶏肉の生産量が増加しているのだろうか。　　知識や概念…インドでは近年人口増加が著しいこと，経済発展に伴い生活水準が向上したことにより食肉の消費が増加した。また，ヒンドゥー教徒やムスリムが多いインドにおいて，宗教的禁忌が少ない鶏肉の生産が特に増加している。　　(3)　インドにおけるICT産業の発達により，アメリカ合衆国との経済的なつながりが増した。さらに，インドの高度な技術を持ち，英語が堪能な人材がアメリカに渡ることも多く，アメリカにおけるインド系移民の増加にもつながっている。
(4)　②　　問4　ガンジス川のデルタの低平な地域に人口が集中しているため。

○解説○　問1　(1)　A　亜熱帯高圧帯の影響により，年中乾燥し，砂漠気候が広がっている。　B　アッサム地方は南西モンスーンの影響により，夏は多雨となる。世界的な多雨地域でもある。　(2)　Bのアッサム地方では，茶の生産が盛んで，日本でもダージリンティーが有名である。①はサトウキビ，②はコーヒー豆，③はジュート，④は茶。表7中のXのケニアは旧イギリス領であり，茶の生産が盛んな国である。
(3)　Cのカシミール地方では，王族がヒンドゥー教徒であるのに対し，住民がイスラム教徒であり，その帰属を巡ってアのパキスタンとイのインドが対立し，現在も国境は未画定である。　問2　(1)　日本は1.25億人で，イのインドは13.6億人，アのパキスタンは2.0億人，エのバングラデシュは1.6億人である。　(2)　イスラム教徒が多い国はアのパキ

スタン，エのバングラデシュ，オのモルディブ。ヒンドゥー教徒が多い国は，イのインド，ウのネパール。仏教徒が多い国はカのスリランカ。　問3　(1)　インド北部・中部はインド・ヨーロッパ系の言語が話され，南部はドラヴィダ系の言語が主に話されている。インドの連邦公用語のヒンディー語を話す人は4割を超えるにすぎず，少数民族の言語などを含めると数百から数千の言語があるとされている。そのうち22の指定言語が憲法で定められており，紙幣にもその一部が記載されている。　(2)　ヒンドゥー教徒やイスラム教徒が多くを占めるイのインドは，牛肉や豚肉が忌避食物であること，人口増加とGDPの増加に伴い鶏肉の需要が増加していることなどを結び付けて考える学習活動を展開すると，生徒の理解も深まるだろう。　(3)　インドでは，準公用語として英語が話せる人が多いこと，理数系に強い人材が豊富なこと，シリコンバレーの裏側に位置し24時間体制をとることができる等により，バンガロールなどでICT産業の発展が著しい。アメリカへの移民も増加しており，結びつきを更に強めている。

(4)　①　少子高齢化が進行し，人口減少が進む日本。　③　一人っ子政策の影響などにより，一貫して人口増加率が低い中国。　④　人口爆発が起き，急速な人口増加が見込まれるアフリカのナイジェリア。　②　インドの人口は2050年には16億6800万人となって中国の13億1700万人を大きく引き離すと見られている。　問4　バングラデシュでは低平なガンジスデルタが広がり，モンスーンやハリケーンによる多雨が頻発し，洪水を引き起こしている。

【11】(1)　あ　ヨーロッパ連合　　い　東南アジア諸国連合　　う　米国・メキシコ・カナダ協定　　え　南米南部共同市場　　お　アジア太平洋経済協力　　(2)　ア　A　1　　B　4　　C　3　　D　2　イ　資料19は国別のインターネット利用者数という絶対値を用いており，階級の数も10段階と多く，濃淡のパターン分けがばらばらになっている。このため，データは国別の人口当たりのインターネット利用率などの相対値を用い，階級を5段階程度に設定して，上位の階級から下位の階級に向けて濃色から淡色へと変化するパターン分けに修正する。　　(3)　ア　う　　イ　4　　ウ　2　　エ　三角点は三角測量

を行う際の位置の基準点であり，水準点は水準測量を行う際の高さの基準点である。いずれも地図記号に付記された数値はその地点の標高を示しているが，水準点が主要国道や主要地方道に沿って設置されているのに対し，三角点は見晴らしのよい建物の屋上にも設置されることがあるため，地形図から土地の標高を調べる場合は水準点や標高点の数値を読み取ることに留意する。

○解説○ (1)　USMCA(United States-Mexico-Canada Agreement)は米国・メキシコ・カナダ協定と訳されており，NAFTAを抜本的に見直したもので，2018年に合意され2020年に発効した。　(2)　ア　Aはミラー図法，Bはモルワイデ図法，Cはホモロサイン(グード)図法，Dはボンヌ図法。イ　色で分ける場合は暖色から寒色へ凡例を作成する。　(3)　ア　地点「う」と地点Pの間に尾根がみられるため，地点「う」は地点Pの集水域に含まれない。地形図上の尾根は高いほうから低いほうに等高線が出っ張っていることから判断できる。　イ　1　魚野川に矢印の記号で河川の流れる方向が書いてあり，右岸と左岸は川の上流側から見て右か左かで判断するため，右岸が正しい。　2　越後湯沢駅を通る線路はどちらも複線以上の地図記号で表されている。　3　湯沢(四)付近で官公署の地図記号がみられる。　ウ　地盤の液状化は地下水など水分が多く満たされている場合に多いため，埋立地などでみられやすい。　エ　三角点の地図記号は三角測量の三角網を図案化したもので，水準点の地図記号は埋めてある標石を上から見た姿を図案化している。

【12】1　(ウ)　2　耕地を冬作物，夏作物，休閑地の3つに分け，3年周期で耕作する農業。　3　過剰灌漑による地下水の枯渇が問題となっている　4　(1)　(ウ)　(2)　X　ベトナム　Y　インドネシア　5　アグロフォレストリー　6　養殖業は一定の大きさまで水産生物を育て，出荷し，栽培漁業は人工ふ化させた稚魚を放流して，成長したものを捕獲する。　7　魚介類のエサとなるプランクトンが発生しやすいため，大陸棚などの浅い水域や潮目が発生する水域に好漁場が形成される。

○解説○ 1　(ア)　大型機械を用いて広大な畑を少人数で耕作しているた

め，土地生産性は低いものの，労働生産性が比較的高いオーストラリア。　(イ)　比較的経営規模も大きく，(エ)のアメリカには及ばないものの，土地生産性，労働生産性ともに高いフランス。　(ウ)　国土面積が狭いが，除草や肥料の投入などを行うことで狭い耕地から多くの収穫量を得ている日本。　(エ)　土地生産性も高く，労働生産性のいずれも高いアメリカ。　2　耕地を冬作物(小麦)，夏作物(大麦)，休閑地の3つに分け，3年周期で土地利用を一巡させ，休閑地や集落から離れた放牧地では羊や豚などの共同放牧が行われた。　3　アメリカ合衆国で開発された大規模な灌漑施設で，地下水をくみ上げ，肥料や農薬を混入し，360度回転する自走式の送水管で散水する仕組みをセンターピボットという。アメリカ合衆国中部にはオガララ帯水層と呼ばれる地下水が豊富にあるものの，過剰取水が問題となっている。

4　(1)　A　ブラジル，コロンビア，エチオピアなど熱帯の高原を有する国が上位にあることからコーヒー豆。　B　タイが1位で熱帯の国々が上位にあることから天然ゴム。　(2)　X　1980年代にベトナム政府主導のコーヒー栽培が開始され，約20年でベトナムのコーヒー生産量は世界第2位になるまで成長した。　Y　天然ゴムの生産量はタイとインドネシア50％以上を占める。　5　農業(agriculture)と林業(forestry)の両立を図るしくみを，アグロフォレストリーと呼ぶ。熱帯林の減少が進む地域などでは，アグロフォレストリーによる農民の収入向上ならび，天然林の保全などが果たされている。　6　養殖業は，魚介類を人工的に育てることで，日本ではウナギ，カキなどを種苗から生産する。栽培漁業は，人工的に受精・ふ化をさせ，育成した稚魚や稚貝をいったん放流し，自然界で成長した魚を再び漁獲する漁業。　7　プランクトンの繁殖が盛んな大陸棚やバンク等の水深の浅い海域や，暖流と寒流のぶつかる潮目(潮堺)などが好漁場となる。

【13】(1)　A　メコン川　B　スマトラ島　(2)　D　(3)　天然ゴム
(4)　オ　(5)　ドイモイ(刷新)政策　(6)　ア　(7)　東ティモール
(8)　雇用機会の確保を求めて発生した農村部から大都市への大量の人口流入によって，都市部では安定した仕事に就けない貧困層が急増したため，インフラの整備がおいつかずにスラムの発生や治安の悪化な

ど社会問題化がみられた。そこで都市部への一極集中を解消するために，インドネシアでは首都ジャカルタを含むジャワ島から他の島への移住を推奨し，農業振興や資源開発を行うことで地域格差の是正をめざす，トランスミグラシ政策が進められた。

○**解説**○ (1)　東南アジアの大きな川はミャンマーのエーヤワディー川，タイのチャオプラヤ川，国際河川のメコン川の3つである。Bは赤道直下のスマトラ島，その東にあるのがジャワ島，ジャワ島の北にあるのがカリマンタン島である。　(2)　狭まる境界には海溝ができる。CとEはユーラシアプレートとフィリピンプレートの境目でCは南西諸島海溝，Eはフィリピン海溝，Fはインド・オーストラリアプレートとユーラシアプレートの境目であるスンダ海溝である。よって狭まる境界でないのはD。　(3)　天然ゴムはブラジル原産で，ブラジルが独占するために苗木の国外持ち出しを禁止していたが，イギリスが持ち出しに成功し，東南アジアのイギリス植民地のプランテーションで生産されるようになった。現在は合成ゴムの発展からマレーシアでは収益性の高い油やしに転換する農家も多い。　(4)　Gはフィリピン，Hはベトナム，Iはタイである。東南アジアの国々は輸出指向型工業であるため，機械類が多くの割合を占める。そのため特徴的な産品で見分ける。a　肉類が特徴的で鶏肉の輸出量が世界三位のタイである。また前問で天然ゴムの生産量世界一位であるためプラスチック製品も多い。b　バナナは日本のバナナ輸入の8割を占めるフィリピンである。c　衣類，履物は人件費の安いベトナムへ中国から移転したものが多い。　(5)　社会主義のベトナムでは計画経済で立ちいかなくなり，ドイモイ政策による市場開放を行い労働集約型の工業化がすすめられた。この政策は農業生産の拡大も促し，米やコーヒー豆の輸出国となった。　(6)　Jはインドネシア，Kはマレーシア，Lはミャンマーである。インドネシアは世界最大のイスラム教徒がいる国であるためd。マレーシアの7割を占めるマレー系がイスラム教徒であるが，華僑の人や地続きに仏教国が多いため仏教徒の割合も多いe。ミャンマーは仏教ができたインドに近く上座部仏教を信仰している人が多いためf。東南アジアではスペインの植民地であったことから人口の9割がキリスト教徒のフィリピンにも注意する。　(7)　東ティモールはポルトガ

ルの植民地であったためキリスト教徒が大半を占め，世界最大のイスラム国家であるインドネシアと対立し，約30年かけて独立した。アジアの最貧国の一つに数えられる。　(8)　トランスミグラシ政策は解答の通りだが，批判的な意見として移住先の島の環境破壊や，貧困層の移住が多いことなどがあげられる。またその政策の一環としてインドネシアは首都をジャカルタからカリマンタン島のヌサンタラに移転させることが決定された。

【14】(1)　B　　(2)　気候記号…Aw　　都市名…ダーウィン　　(3)　この島には年間を通して偏西風が吹き，東側が南北に走る山脈の風下にあたり，降水量が比較的少ないため。　(4)　レグール　(5)　ニッケル　(6)　カ　(7)　ア　ミャンマー　エ　ベトナム　キ　マレーシア

○**解説**○　(1)　大スンダ列島に沿ってBの海溝が広がっている。Aは海嶺である。　(2)　雨温図は年中高温で雨季と乾季の差があるサバナ気候である。また気温の変化をみると，1，12月に気温が高いので南半球であることもわかる。よって南半球のサバナ気候の都市であるダーウィンが該当する。　(3)　ニュージーランド南島は偏西風が卓越する。島の中部には山脈が連なっており，西側は湿潤であり，東側の乾燥地域では羊が飼育される。　(4)　デカン高原では，玄武岩が風化した黒色綿花土であるレグール土が分布している。　(5)　ニューカレドニアはフランスの海外領であり，ニッケルの生産と観光で知られる。

(6)　P　ロシア南部のチェチェン共和国では，イスラーム教徒が多く居住する地域で，独立を求めている。　Q　トルコ，イラン，イラクにまたがる地域には，少数民族であるクルド人が居住し，国家建設を目指す運動が続いている。　R　カシミール地方では，王族がヒンドゥー教徒であるのに対し，住民の多くがイスラーム教徒であったため，その帰属をめぐってインドとパキスタンの対立が生じた。

(7)　イ　カンボジア。　ウ　タイ。　オ　シンガポール。　カ　ブルネイ。　ク　インドネシア。　ケ　フィリピン。

【15】(1)　③・④　　(2)　④　　(3)　④　　(4)　①　A　重工業三角地帯　　B　ヨーロッパのサンベルト　　C　青いバナナ(ブルーバナナ)　②　ウ　(5)　①　⑦　EEC　　⑦　EURATOM　　②　A　デンマーク　　B　オーストリア　　C　シェンゲン　　③　(イ)　④　(ア)

○**解説**○　(1)　アフリカは緯度0度と経度0度が通る地域があるため，地図帳で緯度と経度の位置関係を把握しておこう。　　(2)　②は羊の割合が高いため，古くから羊毛製品の生産が盛んなイギリスである。③は豚と羊の割合が高いため，スペインである。中央部の高原地帯では羊の飼育が多い。④は牛の割合が高いため，広く商業的混合農業がおこなわれているフランスで，家畜の中では肉が高く売れる牛の飼育が盛んである。残った①はドイツである。　　(3)　①　ポーランドの主な宗教はカトリックである。　　②　チェコの主な民族はスラブ系である。　　③　イタリアの主な民族はラテン系である。　　④　ルーマニアは主な民族がラテン系，主な宗教は正教会なので正しい。ルーマニアは国名がローマ人の土地という意味で，ラテン系民族の国である。

(4)　①　A　重工業三角地帯は，鉄鉱山や炭田に恵まれた地域に工場が立地した地帯である。　　B　ヨーロッパのエアバス社の飛行機の組み立ては，フランス南部のトゥールーズで行われている。　　C　青いバナナはヨーロッパの核心地域となっている。　　②　Ⅰ　どこに対しても輸出超過であるため，中華人民共和国である。　　Ⅱ　どこに対しても輸入超過であるため，貿易赤字となっているアメリカ合衆国である。　　(5)　①　EEC(ヨーロッパ経済共同体)では加盟国で域内共通関税を撤廃し，域外共通関税を設定することで，共同市場の形成を目指した。EURATOM(ヨーロッパ原子力共同体)では，加盟国で原子力の利用と開発を共同で進めた。　　②　ECに1973年，北部のイギリス，アイルランド，デンマークが加盟した。EUに1995年，北欧のスウェーデン，フィンランド，中立国であったオーストリアが加盟した。シェンゲン協定は，国境検査なしで人が行き来できる協定である。　　③　日本国籍の人がドイツからフランスへ行き，スペインに行くときにいちいち入国審査を受ける必要はない。　　④　(イ)と(ウ)はオーストリアが入っているため誤りである。オーストリアは1995年に加盟して

いる。(エ)はエストニアが入っていないため誤りである。バルト3国は
3つとも同時に加盟している。また，ルーマニアが入っているところ
も誤りである。ルーマニアは2007年の加盟である。よって(ア)が正解
となる。

【16】 1

2 資源名…リチウム　　国名…ボリビア　　3　①　さとうきび
②　本来の食料・飼料用としての農作物供給に影響を与える。
4 (1)　A　ポルトガル　　B　フランス　　C　(2)　エスタンシア
(3)　D　ペルー　　E　メキシコ
○**解説**○　1　アタカマ砂漠は，付近をペルー(フンボルト)海流の寒流
が流れ，下層が冷涼，上層が温暖の安定構造となり，雨の元となる上
昇気流が生じず，海岸砂漠が広がる。パタゴニアは，偏西風が卓越し，
アンデス山脈の風下に位置するため，年中乾燥する雨陰砂漠が広がる。
2　ボリビアにあるウユニ塩原では，スマートフォンの電池などに用
いられるリチウムの埋蔵が確認されており，注目を浴びている。
3　さとうきびからバイオエタノールが製造されている。しかし本来
は食料や飼料用に振り分けられる，さとうきびの供給量が減少すると
いう問題も指摘されている。　4　(1)　　表中のAはCのアルゼンチンに
次いでヨーロッパ系の割合が多いことからブラジル。Bはアフリカ系
の割合が多いことからハイチ。Cはヨーロッパ系の割合が多いことか
らアルゼンチン。ブラジルの旧宗主国はポルトガル，ハイチの旧宗主

国はフランスである。　(2)　アルゼンチンの大土地所有制に基づく農園をエスタンシアと呼ぶ。ブラジルではファゼンダと呼ばれている。(3)　Dは先住民の割合が多いことからペルー。Eはメスチーソ(先住民とヨーロッパ系の混血)の割合が多いことからメキシコ。

【17】1　初めに，地図Ⅰ～Ⅲを相互に比較させ，3つの工業で工場立地の傾向が異なることを読み取らせる。次に，「なぜ，それぞれの工場立地の傾向が異なるのだろう」という問いについて，製品の生産・流通・消費や人件費に着目させながら，それぞれの工業の立地に影響を与える要因を追究させ，原料や製品の輸送費，人件費，地価などが工業の立地に影響を与える要因となることを捉えさせる。　　2　考察の対象…映像や音楽，アニメーションなどの制作や販売に関わるコンテンツ産業　　理由…技術革新によって，付加価値の高い知識集約型の産業が新たに生まれてきたため。

○解説○　1　セメント工場は大都市圏ではなく埼玉県や山口県にあることから，資源の生産地近くに立地することが読み取れる。ビール工場は原料となるホップの生産地ではなく，北海道の札幌市や首都圏，名古屋圏，大阪圏など人口の多いところに立地していることから，消費者が多い地域に建設されることが分かる。IC工場は両者とは異なり，東北地方の内陸部や九州地方に多い。その要因と関連付けて，工業立地には原料，消費地のほか，運送費や地代，人件費も影響があることに気付かせたい。　2　ウェーバーの工業立地論は，原料や製品の輸送にかかる費用が最小となるところに工場が立地すると説いたが，これは20世紀初頭におけるもので，現代でも通用するが，グローバル化した世界では必ずしもこの立地論に沿う結果とはならない。例えばデータ編集やソフト開発，アニメーションなどコンテンツ産業など，いわゆる原料もなく，輸送費もかからないものもある。またオフィスや工場といった概念からも離れて検討する必要が生じてくることに気付かせたい。

【18】1　e　　2　c　　3　b　　4　b　　5　a　　6　e
○解説○　1　銅鉱の産出量トップは，世界最大の銅鉱山のエスコンディ

ーダがあるチリであり，産出量2位はペルーである。メキシコは銀鉱の産出量トップでこちらも2位はペルーである。　2　aのカンポはブラジル高原の樹木が少なく長草なサバナのことで，ブラジル高原のまばらな低木と草原が広がるサバナはbのセラードというが，区別せずカンポセラードということもある。世界最大の流域面積を誇るアマゾン川の流域に広がる熱帯雨林をcのセルバという。アルゼンチンの肥沃な草原をdのパンパといい，年降水量550mm線より東は湿潤パンパで牛の飼育や小麦の栽培がおこなわれ，西は乾燥パンパで牛や羊の放牧を行っている。eのパタゴニアは南アメリカ大陸の南緯40度以南で羊の放牧がおこなわれており，チリではフィヨルド地形もみられる。

3　a　1922年ブラジル独立100周年を記念して建立されたリオデジャネイロのコルコバードの丘の上にある巨大キリスト像である。

b　ペルーのアンデス山麓にあるにあるインカ帝国の遺跡で世界遺産に登録されている。　c　スペインで生まれた舞曲のことで，アルゼンチンで発達したアルゼンチンタンゴが有名である。　e　カーニバルはカトリックの謝肉祭に行われる祝祭でブラジルの音楽であるdのサンバに合わせて踊るリオのカーニバルが有名である。　4　a　輸入代替型の工業化は輸入に頼っていた産業に関して海外からの輸入の関税を上げたり，補助金を出したりするなどして国内産業として育てる政策のことで，途上国の内向きの工業化といわれる。　b　モノカルチャー経済は石油や天然ガス，ダイヤモンドなどの天然鉱物資源やコーヒーやカカオなどの農作物のような特定の一次産品の輸出に経済が依存している状態のことで，植民地時代に宗主国向けに開発された産業であることが多い。　c　マキラドーラはメキシコがアメリカなど先進国の企業の部品を組み立て再度輸出する，輸出加工区に保税をしていた制度のことで，NAFTAの発足により廃止された。　d　南米南部共同市場はブラジル，アルゼンチンが中心となり発足した域内関税撤廃を目的とした関税同盟で，政治統合も視野に入れている。

e　ファベーラは南米の大都市に存在するスラム街のことである。

5　aの焼畑農業は赤道直下のやせた土地で灰を肥料と中和剤として利用し，キャッサバや大豆などを作る農業で短期の耕作と長期の休耕で地力を回復させるが人口増加による過耕作で環境破壊につながり問題

となっている。bのフィードロットは肉牛を販売用に飼育する集中肥育施設のこと。大規模農園に多くの労働者を雇い，農園主の管理の下行われる農業経営を大都市所有制といい，その大農園をラティフンディオという。それをブラジルではcのファゼンダ，アルゼンチンではdのエスタンシア，メキシコ，ペルーなどではeのアシエンダという。
6　最も伸びたBは中国向けの飼料用として生産される大豆で，次に伸びたAはバイオエネルギーとして使われるサトウキビ。コーヒー豆は農業技術の進歩に伴って伸びたため，伸び率は低い。

【19】(1)　ピレネー山脈　　(2)　ライン川　　(3)　氷河によって侵食されたU字谷が沈水してできたフィヨルド(峡湾)と呼ばれる入江は，幅に比べて長さが長く，陸地の奥まで入り込んでおり，また深いものが多い。(氷河が形成したU字谷に海水が浸入したフィヨルド(峡湾)は，長く深いものが多い。)　　(4)　B，C，J　　(5)　A　　(6)　EC(ヨーロッパ共同体)　　(7)　A，E，I　　(8)　ブルーバナナ　　(9)　国境管理を廃止し，人の移動が自由になったことにより，国境を越えて買い物や通勤ができるようになった。　　(10)　B　　(11)　D　　(12)　D
○解説○ (1)　ピレネー山脈は，新期造山帯のアルプス＝ヒマラヤ造山帯に属し，フランスとスペインの山岳国境をなしている。　　(2)　アルプス山脈を水源とし，スイス，フランス，ドイツを流れ，オランダのロッテルダム付近で北海に注ぐ国際河川である。　　(3)　氷食によるU字谷に海水が浸入した湾をフィヨルドと呼ぶ。世界ではノルウェー西岸の他にチリ南部，ニュージーランド南島などでみられる。　　(4)　ヨーロッパで日本より国土面積が広い国は他に，ウクライナとロシアの2か国である。　　(5)　説明文は，イギリス・ロンドンのテムズ川沿いにあるウォーターフロントの再開発地区で，かつての港湾施設がオフィスや商業施設，住宅などに再生されたことを記述している。
(6)　EC(ヨーロッパ共同体)は1967年にECSC(ヨーロッパ石炭鉄鋼共同体)，EEC(ヨーロッパ経済共同体)，EURATOM(ヨーロッパ原子力共同体)が統合され誕生した組織である。域内の関税撤廃や，対外共通関税の設定などを行った。　　(7)　aのイギリスは2020年にEUを離脱した。eのスイス，iのノルウェーもEU未加盟国である。　　(8)　イギリスのバ

ーミンガム付近から，ドイルのルール地方，イタリアのミラノ周辺にかけての地域は，ヨーロッパの中でも産業が発達している地域であり，その形状とEUのシンボルカラーから，ブルーバナナ(青いバナナ)と呼ばれている。　(9)　シェンゲン協定締結により，域内の国境管理の廃止などが行われ，人や物の移動が自由化された。　(10)　中国はぶどうの生産は第1位だが，ワインの生産は伝統があるイタリアやフランス程ではない。ぶどうは地中海沿岸の温暖な気候を好み，高緯度に位置するフランスよりイタリアの生産が盛んと考えられる。　(11)　輸入品目にバッグ類，衣類とあることから，高級服飾品の生産が盛んなイタリアである。　(12)　ドイツは第二次世界大戦後以降，各国から難民を受け入れている。

【20】問1　1　　問2　2　　問3　4　　問4　4　　問5　3　　問6　3　　問7　2　　問8　3　　問9　2　　問10　3

○**解説**○　問1　ア　日本海側に面し，季節風によって冬の降水量も多い秋田県秋田市。1月の平均気温も約0℃と低い。　イ　アの秋田市とほぼ同緯度であるが，日本海側よりも低温で，夏も2~3℃ほど低い岩手県宮古市。積雪は少ない。　ウ　イの宮古市よりも緯度は低く，平均気温も高くなる宮城県仙台市。　問2　1　長江の説明文。　3　ガンジス川の説明文。　4　インダス川の説明文。　問3　平成18年に地図記号として採用された新しい地図記号である。　問4　1　流線図は貿易量などに用いられる。文中の等高線図や等降水量線図は等値線図である。　2　メッシュマップは，絶対分布図ではなく相対分布図の一つである。　3　説明文はドットマップである。　問5　ア　都市人口の割合が一貫して低いパキスタン。　イ　都市人口の割合が56.7％から81.4％へと高くなった韓国。　ウ　都市人口の割合がもともと26.8％と低かったが，近年都市化が進み51.4％へと高くなっているタイ。　エ　都市人口の割合がイギリス入植時より一貫して高いオーストラリア。　問6　ア　オーストラリア，アルゼンチン，カナダと半乾燥地帯などで生産が盛んな小麦。　イ　寒冷なカナダでは生産が難しく，自給率が0％となっている米。　ウ　アメリカ合衆国のほか，近年南アメリカ諸国で生産量が増加している，とうもろこし。　エ

ブラジル，アメリカ合衆国で生産が盛んな大豆。　問7　ア　石炭の輸入が多いことからインドネシア。　イ　液化天然ガス，石炭，鉄鉱石などの鉱物資源，肉類も多いことからオーストラリア。　ウ　機械類，液化天然ガスが多いことからマレーシア。　エ　原油が輸入量の大部分を占めていることからアラブ首長国連邦。　問8　ア　輸送用機器の出荷額が多いことから愛知県。　イ　第2位に鉄鋼業が入っており，神戸製鋼所(加古川市)を有する兵庫県。　ウ　石油製品・石炭製品製造，化学工業，鉄鋼業など臨海部で製造される出荷額が大きい千葉県。　エ　伝統的に金属製品製造業が盛んな大阪府。

問9　1　海洋プレートに分類されるのは，Bのフィリピン海プレートとDの太平洋プレートである。　3　Fの地域には，フォッサマグナが形成されている。　4　Gの地域には，南海トラフと呼ばれるプレート境界に形成される窪地がある。　問10　1と2は従前の学習指導要領の地理A，Bの目標，3は地理総合の目標，4は地理探究の目標である。

中高・高校
政治経済

要点整理

▮▮民主主義の基本

政治理論家の領域からよく出題される思想家は，ボーダン，ホッブズ，ロック，ルソー，ダイシー，クック（コーク），ラスキ，マルクスなどである。ホッブズ，ロック，ルソーの社会契約説の違いについて説明できるようにしておきたい。国家学説としては，国家有機体説，法人説，実力説，多元的国家論などを説明させる問題が出されている。また，ウェーバーの国家支配の正統性の三類型も説明できるようにしておかなければならない。権力分立論では，ロックとモンテスキューの違いが問われることもある。

▮▮日本の憲法

高校政経の指導者は，日本国憲法について，かなり"専門的な"知識を要求される。したがって，前文を含む基本的な条文の暗記から始まり，旧憲法との比較，制定の経緯，条文の解釈に至るまで，詳細な検討をしておかなければならない。教採受験時からこのような取組みを行う者は，自ずと政治学習にも通じ，"大きな"声で立憲主義の理念を生徒たちに説くことができるだろう。政治的関心を惹起し得るのは憲法の精神を理解する者だけなのだ。

▮▮日本の政治

ここでは，国会の権限，内閣の職権，裁判所の機能，政党政治，選挙と民主政治，大衆民主政治と世論，圧力団体，行政機関の拡大，地方自治などをとりあげる。問題は記述式が中心で「国会の最高機関性について」「衆議院の優越」「弾劾裁判の意義」「内閣が総辞職しなければならない場合」「政党と圧力団体の違い」「現代国家と行政権の拡大について」「地方自治の本旨」などがテーマである。

▮▮現代経済

金融政策（金利政策・公開市場操作・準備預金制度），金融制度

（金本位制度と管理通貨制度・日本銀行の役割），財政政策（財政政策の目的・所得の再分配・ビルト＝イン＝スタビライザー・スペンディング＝ポリシー・ポリシー＝ミックス・財政投融資），国民経済の循環（国民総生産・国民純生産・国内総生産・国民所得・国民純福祉・三面等価の原則・国富と国民所得），景気変動（景気変動の4局面・恐慌・キチンの波・ジュグラーの波・クズネッツの波・コンドラチェフの波・コスト＝インフレ・ディマンド＝プル＝インフレ・スタグフレーション）などの出題が予想される。そこで，上にあげた項目を正確に説明できるようにしておきたい。次に，「不況対策としての金融政策」などについて論述できる必要がある。最後に，最近の出題例として，「金融政策が効果的に作用しにくくなっている理由」について説明が求められている。基本的事項の学習に加え，新聞や雑誌などにもよく目を通し金融市場の動向について的確に把握しておかなければならない。

▌▌▌経済と国民生活

　ワークシェアリング，パートタイマーやフリーター，フレックスタイム制，男女雇用機会均等法とセクハラ対策，ノーマライゼーション，社会保障制度の4つの権利，PPP（汚染者負担の原則），PL法（製造物責任法）などが出題される項目となる。まず，ここに挙げた項目を正確に説明できるようにしておきたい。

▌▌▌国際問題

　冷戦の終結，サミット（日本の沖縄・イタリアのジェノバ・カナダのカナナスキス・フランスのエビアン・アメリカのシーアイランド），コソボ紛争，チェチェン紛争，東ティモールの独立，PKO（国連平和維持活動）と日本の自衛隊参加，国際テロとアフガニスタン紛争，イラク戦争など。まず，ここに挙げた項目を正確に説明できるようにしておきたい。

▌▌▌環境問題

　地球サミット，ワシントン条約，ラムサール条約，オゾンホール，

● 中高・高校

温暖化防止京都会議と京都議定書，SDGs，身近なエコライフ，ゼロエミッション，カーシェアリング，ナショナルトラスト，アイドリングストップ，パークアンドライドなど。まず，ここに挙げた項目を正確に説明できるようにしておきたい。

【1】政治に関して，次の(1)～(10)の問いに答えよ。

(1) 男女別の普通選挙の実現の年を示した次の表中の(A)～(D)に入る国名の組合せとして最も適当なものを，以下の1～4のうちから一つ選べ。

国名	男子	女子
(A)	1848年	1944年
アメリカ	1870年	1920年
(B)	1871年	1919年
イギリス	1918年	1928年
(C)	1925年	1945年
(D)	1848年	1971年

1 A－スイス　　　B－フランス　　　C－ドイツ　　　D－日本

2 A－日本　　　　B－ドイツ　　　　C－スイス　　　D－フランス

3 A－ドイツ　　　B－日本　　　　　C－フランス　　D－スイス

4 A－フランス　　B－ドイツ　　　　C－日本　　　　D－スイス

(2) 近代刑法の大切な原則である，法律で罪を定めておかなければ罰することができないという考え方を表す言葉として最も適当なものを，次の1～4のうちから一つ選べ。

1 罪刑法定主義　　2 一事不再理　　3 推定無罪

4 遡及処罰の禁止

(3) 次のA～Dの日本国憲法の制定過程に関する事項を，古い順に並べたものとして最も適当なものを，以下の1～4のうちから一つ選べ。

A 松本案(憲法改正要綱)をGHQに提出

B GHQ(マッカーサー)草案の作成開始

C 天皇の「人間宣言」

D 近衛案を天皇に上奏

1 A→B→C→D　　2 B→D→A→C　　3 C→A→D→B

4 D→C→B→A

(4) 物として形がない情報やデザイン，アイデアなどの知的財産に関する権利のうち，出願や登録を必要とせず，創作された時点で権利

が発生するものとして最も適当なものを，次の1〜4のうちから一つ選べ。

1　特許権　　2　意匠権　　3　著作権　　4　商標権

(5)　労働基本権の範囲と制限について示した次の表中の（　A　）〜（　C　）に入る権利の組合せとして最も適当なものを，以下の1〜4のうちから一つ選べ。

		（ A ）	（ B ）	（ C ）
民間企業の労働者		○	○	○
国家公務員	行政執行法人職員	×	○	○
	一般職公務員	×	△	○
	警察・自衛隊員など	×	×	×

○：適用あり　△：制限あり　×：適用なし

1　A−争議権　　　　　B−団結権　　　　C−団体交渉権

2　A−団体交渉権　　　B−争議権　　　　C−団結権

3　A−争議権　　　　　B−団体交渉権　　C−団結権

4　A−団体交渉権　　　B−団結権　　　　C−争議権

(6)　日本国憲法に規定されている義務のうち，公務員だけでなく国民すべてを対象とした義務として適当でないものを，次の1〜4のうちから一つ選べ。

1　憲法尊重擁護義務　　2　普通教育を受けさせる義務

3　納税の義務　　　　　4　勤労の義務

(7)　国会および国会議員の特権に関する記述として適当でないものを，次の1〜4のうちから一つ選べ。

1　罷免の訴追を受けた裁判官を裁判する弾劾裁判所は，国会に設けられている。

2　国会議員には，任期中には逮捕されないという不逮捕特権が与えられている。

3　国会議員には，院内での発言や表決について院外で責任を問われない免責特権が与えられている。

4　国政調査権は，衆議院と参議院の両議院に与えられている。

(8)　裁判に関する記述として適当でないものを，次の1〜4のうちから一つ選べ。

1　判決が確定し裁判が終了した事件は，後に重大な欠陥があることがわかったとしても，裁判をやり直すことはできない。

2　裁判は，原則として公開されなければならない。

3　同じ事案について，原則3回まで裁判を受けることができる。

4　下級裁判所の裁判官は，最高裁判所の示した名簿に従って内閣が任命する。

(9)　戦後日本の地方自治に関する記述として適当でないものを，次の1～4のうちから一つ選べ。

1　地方公共団体の活動は行政の全国的水準を維持するナショナル・ミニマムを踏まえる必要がある。

2　地方自治の運営は，二元代表制と呼ばれる大統領制に近い性格を持っている。

3　地方公共団体が行う事務のうち，国が実施方法まで指示できる事務を法定受託事務という。

4　地方自治の本旨のうち，地域住民が中央政府に対して自立した分権的団体をつくることを住民自治という。

(10)　国際人道法に反する個人の重大な犯罪を裁くため，2003年に開設された国際刑事裁判所(ICC)について述べた次の文A～Dのうち適当なものはいくつあるか，以下の1～5のうちから一つ選べ。

A　国家間紛争や国内紛争などで重大な非人道的行為を犯した個人を裁くための常設裁判所である。日本は2007年に批准した。

B　集団殺害(ジェノサイド)犯罪，人道に対する犯罪，戦争犯罪，侵略犯罪の4分野に管轄権がある。

C　ICC検察官1名の独自捜査が認められている。また，市民やNGOも検察官へ捜査要請が可能である。

D　犯罪が締約国以外で行われた場合でも，その国で容疑者を逮捕できる。

1　1つもない　　　2　1つ　　　3　2つ　　　4　3つ　　　5　4つ

【2】次の資料について，問1～問5に答えなさい。

資料

学習指導要領における「公共」の大項目C「持続可能な社会づくりの主体となる私たち」という単元の授業において，持続可能な地域，国家・社会及び国際社会づくりに向けた役割を担う主体となることに向け，様々な現代の諸課題を踏まえたSDGsの目標から，生徒が設定した考察，構想する問いの一部です。

＜生徒が選んだＳＤＧｓの目標＞	→	＜考察、構想する問い＞
3　すべての人に健康と福祉を	→	安全で豊かな暮らしのために、どのような①基本的人権が保障されているのだろうか。
10　人や国の不平等をなくそう	→	②外交など、国際社会のなかで、日本はどのような役割を果たす必要があるのだろうか。
11　住み続けられるまちづくりを	→	③地域社会の課題に、私たちの意思を反映させるには、どうしたらよいのだろうか。
13　気候変動に具体的な対策を	→	様々な④地球環境問題に対して、どのような取組がなされているのだろうか。
16　平和と公正をすべての人に	→	⑤軍縮に向けて不断に努力するためには、どのようなことが大切なのだろうか。

問1　下線部①について述べたa〜cの文の正誤の組合せとして正しいものを選びなさい。

a　表現の自由とは，言論，出版，集会，結社など，人が自由に自分の思想を形成し，発表する自由のことである。

b　居住・移転の自由とは，自分が住みたい場所に住み，そのために自由に移転できる権利のことである。

c　勤労の権利とは，労働の意思と能力を持ちながら就業機会に恵まれない者が，国に労働機会を与えることを要求する権利のことである。

	a	b	c
ア	正	正	正
イ	正	誤	正
ウ	正	誤	誤
エ	誤	正	正
オ	誤	誤	誤

問2　下線部②に関して，X群の内容について説明した文をY群からそれぞれ選んだとき，組合せとして正しいものを選びなさい。

> 【X群】
>
> 　a　集団安全保障　　b　人間の安全保障

> 【Y群】
>
> 　Ⅰ　それぞれの加盟国が武力の不行使と，平和を乱す国家に対する制裁を約束すること。
> 　Ⅱ　国連中心主義，自由主義諸国との協調，アジアの一員としての立場を堅持すること。
> 　Ⅲ　紛争，人権侵害，貧困，感染症，テロ，環境破壊など，人間の生存や尊厳を脅かす存在のない状態を確保すること。

	a	b
ア	Ⅰ	Ⅱ
イ	Ⅰ	Ⅲ
ウ	Ⅱ	Ⅰ
エ	Ⅱ	Ⅲ
オ	Ⅲ	Ⅰ

問3　下線部③に関して，地方自治について述べた文として最も適当なものを選びなさい。

ア　リコールは，重要事項の決定を住民の投票によって決めていく直接民主制の制度のことであり，議会の議員・議長の解職請求などが成立したときに行われる投票と，ある地方公共団体にのみ適用される特別法の制定に関して行われる投票がある。

イ　イニシアティブは，公職にある者を任期満了前にその職から解任する制度のことで，公選職である議員・議長の解職請求は選挙管理委員会へ請求し，有権者の投票で過半数の同意を得た場合に確定する。

ウ　レファレンダムは，国民または地方公共団体の住民が直接，立法に関する提案をする制度のことで，日本では，一定数の連署に

よる直接請求を通じて条例の制定・改廃の提案をする制度である。

エ　地方自治特別法は，他方公共団体の組織と運営に関する基本的事項を定めた法律であり，目的は，国と地方公共団体との基本的関係を規定し，地方公共団体の民主的・能率的な行政の確保と健全な発達を保障することにある。

オ　地方分権一括法は，国から地方公共団体への権限委譲の一環として成立した法律であり，機関委任事務が廃止され，地方公共団体が扱う事務は，自治事務と法定受託事務の2つとなった。

問4　次の資料は，下線部④について，ある生徒が考察するために収集したものです。資料の説明をX群から，資料の内容を表す例をY群からそれぞれ選んだとき，組合せとして正しいものを選びなさい。

資料

100人の羊飼いが，共有地で，それぞれ10頭の羊を飼っており，毎年1頭あたり1万円の利益が出るとする。

100人の羊飼いのうちの一人であるAさんは，羊をもう1頭追加することを考えている。しかし，もう1頭増やすと，共有地の牧草が不足し，共有地で飼っているすべての羊1頭あたり100円の損失が出る。

【X群】

a　資料は，100人の羊飼いが，それぞれ自分にとっての利益を最大にするために利己的に行動すれば，共有地を持続可能に運営できることを示している。

b　資料は，共有地全体の利益が，100人の羊飼いそれぞれの個人の利益とは対立しないということを示している。

c　資料は，Aさんが自分にとっての利益を最大にするために利己的に行動すれば，他の羊飼い全員に損失が出てしまうことを示している。

【Y群】

Ⅰ 二酸化炭素を排出する自動車に乗ることは，個人の快適さという利益を得ることになるが，多くの人が同じように行動すれば，地球温暖化が進むことになる。

Ⅱ 一人一人がエコバッグなどを持参し，プラスチック製の買い物袋を使用しないことで，地球全体のプラスチックごみ削減に繋がる。

	X	Y
ア	a	Ⅰ
イ	a	Ⅱ
ウ	b	Ⅰ
エ	c	Ⅰ
オ	c	Ⅱ

問5 下線部⑤について，A～Dの条約が調印された年を，年代の古い順に並べたものを選びなさい。

A	部分的核実験禁止条約	B	核兵器禁止条約
C	中距離核戦力全廃条約	D	核兵器拡散防止条約

ア	A → C → D → B
イ	A → D → C → B
ウ	B → C → D → A
エ	C → A → B → D
オ	C → B → D → A

┃ 2024年度 ┃ 北海道・札幌市 ┃ 難易度 ■■□□□

【3】次の文章を読んで，以下の問いに答えなさい。

アメリカの連邦議会は，立法権，予算議決権に加えて，3分の2以上の多数による法案再可決権などを持っている。行政府の長は①大統領で，選挙によって(A)年間の任期で選ばれる。

②イギリスでは，議会の中で多数を占める政党によって内閣が組織

され，行政権を執行する。（　B　）院が内閣の政策や判断に反対する場合，不信任決議を行い，新たな内閣を樹立することができる。また，内閣は不信任決議に対し議会を解散し，総選挙で国民の審判をあおぐこともできる。

　日本では，二院制を採用しており，③衆議院と参議院の両院ともに国民の直接選挙によって選ばれた議員で組織されている。議員の任期と④選挙制度は両院で異なるものとなっており，多様な意見を審議に反映できるしくみをとっている。両院の議決が一致しない場合，⑤衆議院の優越が憲法に規定されている。

1　文中の（　A　），（　B　）にあてはまる語句，数字を書きなさい。

2　下線部①について，アメリカ大統領を説明した文として適切なものを次のア～エから1つ選んで，その符号を書きなさい。

　　ア　大統領は，2期まで再選が可能であるが，第二次世界大戦後は実際に2期務めた大統領はいない。

　　イ　大統領は，条約の締結権や，議会を解散する権限をもち，軍の最高司令官を兼ねている。

　　ウ　大統領は，各州で選ばれた大統領選挙人が大統領を選出する方法で行われる。

　　エ　大統領は，議会には教書を送る権限を持っているが，可決した法案への署名は拒否できない。

3　下線部②に関して，イギリスの選挙制度について述べた次の文中の（　X　），（　Y　）にあてはまる語句の組合せとして適切なものを，以下のア～エから1つ選んで，その符号を書きなさい。

> 　現在，イギリスの選挙制度は，（　X　）制を採用しており，これまで（　Y　）。

　ア　X　小選挙区　　Y　頻繁な政権交代が行われてきた

　イ　X　小選挙区　　Y　小党が乱立してきた

　ウ　X　大選挙区　　Y　頻繁な政権交代が行われてきた

　エ　X　大選挙区　　Y　小党が乱立してきた

4　下線部③について説明した文として適切なものを，次のア～エから1つ選んで，その符号を書きなさい。

ア　衆議院にのみ常任委員会が設置されており，国会議論の中心となっている。

イ　参議院議員選挙は大選挙区制で行われるため，衆議院議員選挙より大政党に有利となっている。

ウ　参議院は，内閣の要求により緊急集会が召集されることがある。

エ　衆議院，参議院ともに解散があるので，国会議員はその任期を最後まで全うできない場合がある。

5　下線部④について，ある議会の定員は5人であり，各選挙区から1名選出されるとする。この議会の選挙において，3つの政党P～Rが5つの選挙区 あ～お で，それぞれ1人の候補者を立てた。次の表は，その選挙での各候補者の得票数を示している。この選挙結果を述べた文aとbの正誤の組合せとして適切なものを，あとのア～エから1つ選んで，その符号を書きなさい。

表

選挙区	得票数			計
	P党	Q党	R党	
あ	45	30	25	100
い	10	70	20	100
う	40	30	30	100
え	10	50	40	100
お	40	25	35	100
計	145	205	150	500

a　得票数の合計が2番目の政党は，獲得した議席数も2番目である。

b　P党は得票数は最も少ないが，死票も少なく，当選者の数は最も多い。

ア　a－正　b－正　　イ　a－正　b－誤

ウ　a－誤　b－正　　エ　a－誤　b－誤

6　下線部⑤について，衆議院の優越に関する記述として適切なものを，次のア～エから1つ選んで，その符号を書きなさい。

ア　条約締結の承認に関して両院が異なる議決をし，両院協議会を開いても意見が一致しないときや10日以内に参議院が議決しないときは，衆議院の議決が国会の議決となる。

イ　弾劾裁判所の設置，国政調査権の行使は衆議院のみに権限が与えられている。

　ウ　内閣不信任決議は，両院で議決されてはじめて国会の議決となる。

　エ　衆議院で可決した法律案を参議院が否決した場合，衆議院が出席議員の3分の2以上の多数で再可決すれば法律が成立する。

7　世界の様々な政治体制について述べた次の文中の(X)，(Y)にあてはまる語句の組合せとして適切なものを，以下のア〜エから1つ選んで，その符号を書きなさい。

> 　アメリカの議会と大統領の関係は，議院内閣制より互いに(X)関係にある。イギリスは，国王をおいた立憲君主制の国であり，他にも(Y)などのように，憲法の下で議院内閣制と世襲君主制を両立している国もある。

　ア　X　抑制し，均衡し合う　　　Y　オランダ
　イ　X　抑制し，均衡し合う　　　Y　フランス
　ウ　X　密接で，協力し合う　　　Y　オランダ
　エ　X　密接で，協力し合う　　　Y　フランス

‖ 2024年度 ‖ 兵庫県 ‖ 難易度■■□□□

【4】次の各問いに答えなさい。

　問1　国会に関する記述として最も適切なものを，次の①〜④のうちから選びなさい。

　　①　国会議員は，その任期中には逮捕されないという不逮捕特権を持つ。

　　②　衆議院の解散中に緊急事態が発生した場合，内閣は臨時国会を召集できる。

　　③　衆議院で可決された法律案を参議院が否決した場合，衆議院で出席議員の3分の2以上の多数で再可決すれば，その法律案は法律として成立する。

　　④　国会ではまず委員会で利害関係者や学識経験者から意見が聴取され，その後の本会議で実質的な議論が行われる。

　問2　日本国憲法の人権保障に関する次の記述ア〜エについて，適切なものはいくつあるか。以下の①〜④のうちから選びなさい。

ア　日本国憲法第22条は，職業選択の自由について「公共の福祉」よる制限を明記している。

イ　日本国憲法第26条は，教育を受ける権利を保障し，義務教育の無償を定めている。

ウ　信教の自由をめぐる訴訟において，最高裁判所は，愛媛県が玉ぐし料などの名目で特定の神社に公金を支出したことは憲法に違反しないと判断した。

エ　三菱樹脂訴訟において，東京地方裁判所は憲法第13条を根拠として，プライバシーの権利が法的に保護されることを初めて認めた。

①　一つ　　②　二つ　　③　三つ　　④　四つ

問3　第二次世界大戦後の国際情勢に関する次の記述ア〜エについて，その内容の正誤の組合せとして最も適切なものを，以下の①〜⑥のうちから選びなさい。

ア　1962年のキューバ危機をきっかけに，米ソ間での核軍拡競争は激化した。

イ　1968年には，米ソ英仏中5か国以外の核保有を防止するため，包括的核実験禁止条約が締結された。

ウ　1979年にソ連がアフガニスタンに侵攻すると，米ソ間の緊張が再び高まった。

エ　1989年には，マルタ会談で米ソ首脳が冷戦の終結を宣言した。

①　ア－正　　イ－誤　　ウ－正　　エ－誤
②　ア－誤　　イ－誤　　ウ－正　　エ－正
③　ア－正　　イ－正　　ウ－誤　　エ－誤
④　ア－誤　　イ－正　　ウ－誤　　エ－正
⑤　ア－正　　イ－誤　　ウ－誤　　エ－誤
⑥　ア－誤　　イ－誤　　ウ－誤　　エ－正

問4　世界の政治体制に関する記述として最も適切なものを，次の①〜④のうちから選びなさい。

①　イギリスの議会は上院と下院で構成され，上院で多数を占める政党の党首が首相となって内閣を組織する。

②　アメリカ合衆国の大統領は，議会に議席を持たないが，議会に

　　　対して解散権を行使できる。

　③　アメリカ合衆国の大統領は，議会への法案提出権は持たないが，議会が可決した法案に対する拒否権を持っている。

　④　中国では，行政府である国務院が，立法機関である全国人民代表大会を統制している。

問5　政府が実施する裁量的財政政策の例として最も適切なものを，次の①〜④のうちから選びなさい。

　①　不況の際に，民間企業の活動促進のため，社会保障給付を縮小する。

　②　不況の際に，減税を実施したり，公共事業を増やしたりする。

　③　好況の際に，公債発行を拡大して，デフレーションの抑制を図る。

　④　好況の際に，財政支出を拡大して，雇用の創出を図る。

問6　第二次世界大戦後の国際経済に関する次の記述ア〜エについて，その内容の正誤の組合せとして最も適切なものを，以下の①〜⑥のうちから選びなさい。

ア　1948年，自由貿易を推進するためにWTO(世界貿易機関)が発足した。

イ　1964年のUNCTAD(国連貿易開発会議)第1回会議において，NIEO(新国際経済秩序)の樹立が宣言された。

ウ　1976年に成立したキングストン合意では，変動為替相場制が承認されるとともに，金に代わってSDR(特別引き出し権)の役割を拡大することが取り決められた。

エ　1985年にはG5(先進5か国財務相・中央銀行総裁会議)が開かれ，ドル安是正を目指すプラザ合意が成立した。

　①　ア—誤　　イ—正　　ウ—正　　エ—正
　②　ア—正　　イ—正　　ウ—正　　エ—誤
　③　ア—誤　　イ—正　　ウ—誤　　エ—誤
　④　ア—誤　　イ—誤　　ウ—正　　エ—誤
　⑤　ア—正　　イ—正　　ウ—誤　　エ—誤
　⑥　ア—誤　　イ—誤　　ウ—正　　エ—正

‖ 2024年度 ‖ 神奈川県・横浜市・川崎市・相模原市 ‖ 難易度 ■■□□□

【5】次の文を読んで，以下の問いに答えなさい。

2000年，激戦となったアメリカ大統領選挙において，ブッシュ(第41代大統領ブッシュの長男)が勝利した。対立候補のゴアが獲得した選挙人の数とは僅差であった。①フロリダ州の開票結果により結果が左右されるという，大統領選挙史上，稀に見る接戦となり，開票結果には多くの疑義も投げかけられた。

ブッシュ政権の発足時，②アメリカは冷戦の勝者として自由主義への信頼を高め，またクリントン時代に進められた経済の立直しにより，好景気に沸いていた。その時に発生したのが③「9.11テロ」であった。(中略)

「9.11テロ」では死者は3000人を超え，その惨事は，報道機関によって世界中に伝えられた。間もなく1人の顔写真(ビン=ラーディン)と，国際テロ組織アルカイダによる犯行の可能性が高いことが伝えられた。世界中の人々は，世界貿易センタービルが倒壊する映像と，ビン=ラーディンの顔写真，さらには国際テロ組織である「アルカイダ」の名前に関する情報を，繰り返し伝えられた。

こうして「対テロ戦争」が始まった。廃墟となった世界貿易センタービルの跡地に立ったブッシュ大統領は，「対テロ戦争」の遂行を繰り返し呼びかけた。アメリカ国民は熱狂的に呼応し，ブッシュ政権は，④アフガニスタン戦争へと突き進んだ。(中略)

アメリカは，さらに，イラクへと戦争の範囲を拡大した。アメリカ国内ではテロへの恐怖が高まっており，そうした国民の不安心理が，ブッシュ政権に⑤「ユニラテラリズム」の傾向を促した。ブッシュは，イラク戦争に関わる戦争の正義を，フセイン政権が大量破壊兵器を隠し持っていること，ならびに，フセイン政権と国際テロ組織アルカイダが連携していることに求めた。危機的状況においてはアメリカには先制攻撃も許されるとする指針をまとめ，その「先制攻撃」論は，「ブッシュ・ドクトリン」とも呼ばれた。(中略)

2003年3月20日，⑥イラク戦争(「イラクの自由作戦」)が開始された。圧倒的な軍事的テクノロジーを誇るアメリカ部隊がイラク国内へと侵攻し，短期間でイラクを制圧した。バグダッドへの侵攻の後，5月1日，ブッシュは戦争終結を宣言した。12月，フセインは拘束された(2006年

12月，死刑が執行された)。

　しかし，その後，大量破壊兵器は見つからなかった。2004年10月，アメリカの調査団は，イラクに大量破壊兵器は存在しない，とする最終報告を提出した。その上，フセイン政権とアルカイダとを結びつける証拠も見つからなかった。2008年3月，アメリカ国防総省は，フセインとアルカイダの関係を示す決定的証拠はない，とする報告書をまとめた。戦争の大義が崩れるなかで，アメリカ国内では，ブッシュ政権の進める占領行政への非難が高まった。イラク国内では報復テロが繰り返され，治安は悪化し，そうしてイラク戦争はイラクを中心として，⑦テロの連鎖が中東各地へと拡大する原因の1つを生み出した。この後，イラクとシリアをつなぐ地域から，「イスラム国」が出現することとなった。

(清水聡『国際政治学　主権国家体制とヨーロッパ政治外交』　一部改)

問1　下線部①に関連して，このときのフロリダ州の選挙人の総数は25であった。フロリダを含む多くの州では選挙人をどのような方式で配分しているのかを，簡潔に説明しなさい。

問2　下線部②に関連して，次の設問に答えなさい。

(1)　東西冷戦の時代には，米ソが武力衝突することはなかったが，いわゆる代理戦争と呼ばれる間接的な衝突など，軍事的対立は幾度か発生した。米ソの対立が背景にあるこの軍事的対立に該当しないものを次のア〜エから1つ選び，記号で答えなさい。

　　ア　朝鮮戦争　　イ　キューバ危機　　ウ　フォークランド紛争
　　エ　ベトナム戦争

(2)　1989年12月に米ソ首脳は会談を行い，冷戦終結を宣言した。この時のソ連の首脳の名前と会談の名称をそれぞれ答えなさい。

(3)　冷戦の時代から現在にまで続いて存在している，大西洋をまたぐ西側諸国による集団防衛組織の名称を答えなさい。

(4)　冷戦終結後，ソ連は解体し，独立国家共同体(CIS)が発足したが，加盟国の中には民族紛争を抱える国も多く，共同体としての統合は形骸化した。このうち，2009年に脱退した国を答えなさい。

問3　下線部③が，国連安保理決議1368において国際の平和と安全に対する脅威と認められたことなどを踏まえ，日本国内では，日本が

国際的なテロリズムの防止・根絶のための国際社会の取組に積極的かつ主体的に寄与することを目的とする法律が制定された。この法律名と制定時の首相の名前を答えなさい。

問4　下線部④は約20年続いたのち和平合意が結ばれ，2021年4月，アメリカ軍が撤退することが決定した。この時のアメリカ大統領の名前を答えなさい。

問5　下線部⑤について，次の3語を必ず用いて，簡潔に説明しなさい。
〔　国際問題　多国間　単独　〕

問6　下線部⑥の戦争の際に，日本はイラク復興支援特別措置法を制定し自衛隊をイラクに派遣した。このことについて，各地で違憲訴訟が提起されたが，原告が違憲とした内容について説明しなさい。

問7　下線部⑦に関連して，次の問いに答えなさい。

(1)　2011年，シリアでは内戦が勃発したが，反体制派に対し化学兵器を使用するなど国際的非難を受けた大統領の名前を答えなさい。

(2)　シリアの内戦は，チュニジア，エジプト，リビアなど2010年頃に始まったアラブ地域で連鎖した反政府運動の影響を受けたとされるが，このアラブ地域の反政府運動を総称して何というか答えなさい。

▌2024年度▐長野県▐難易度■■■□□

【6】次の文章を読んで，以下の(1)～(8)の問いに答えよ。

　戦後の日本①政治は，連合国による占領と②民主改革のもとではじまった。初期の③政党政治は流動的だったが，やがて吉田茂を党首とする(　a　)党の優位が確立した。

　占領終了後，保守政党のなかでは④憲法改正を求める声が高まった。改憲案には，⑤憲法第9条の改正による再軍備が含まれていたため，日本社会党，日本共産党などは憲法擁護の運動を強め，革新勢力を形作った。こうして⑥保守と革新の対立が，戦後日本の政治における対立軸となった。

　その後，分裂していた社会党が再統一し，保守政党も(　a　)党と(　b　)党が合同し，自由民主党が誕生した。これによって保守政党と

革新政党が保守優位のもとで対抗しあう「(c)年体制」が定着した。自民党は憲法改正を党の方針としたが，国民には護憲論が強まり，改憲は実現しなかった。1960年，(d)内閣は日米安全保障条約の改定を強行したが，大きな反対運動である「(e)」がおこり，(d)内閣は退陣し⑦池田内閣が生まれた。

(1) 文中の(a)～(e)に当てはまる語句を，それぞれ答えよ。なお，同じ記号には同じ語句が入るものとする。

(2) 下線部①に関連して，マックス・ウェーバーは支配の正統性を三つに分類した。その中の一つである，正当な手続きで制定された法によってなされる支配を何と呼ぶか，答えよ。

(3) 下線部②に関連して，持株会社を解散させた理由を説明せよ。

(4) 下線部③に関連して，一般的に取り上げられる二大政党制の特徴を，二つ答えよ。

(5) 下線部④に関連して，日本国憲法第96条に定められている国民投票の意義を，二つ答えよ。

(6) 下線部⑤に関連して，憲法第9条をめぐる司法判断について述べたものとして誤っているものを，次のア～エから一つ選び，記号で答えよ。

　ア　砂川事件の跳躍上告審では，米軍駐留は，一見極めて明白に違憲とは認められず，司法審査権の範囲外のものであるとした。

　イ　恵庭事件の第一審では，公判の多くが自衛隊の違憲審査にあてられたが，憲法問題を判断する必要はなく，判断すべきでないとしたため「肩すかし判決」といわれた。

　ウ　長沼ナイキ訴訟の第一審では，自衛隊は合憲としたが，上告審では自衛隊の合違憲や第9条解釈には一切触れなかった。

　エ　百里基地訴訟の上告審では，自衛隊は，自衛のための措置や実力組織の保持は禁止されないとの憲法解釈のもとで設置された組織であるとして，第9条には触れなかった。

(7) 下線部⑥に関連して，次の政治の座標軸中の　Ⅰ　と　Ⅱ　に当てはまる政治的立場を，以下のア～エから一つずつ選び，記号で答えよ。

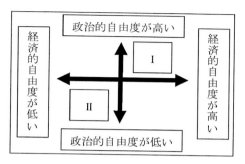

ア　リベラリズム(自由主義)

イ　リバタリアニズム(自由至上主義)

ウ　コンサバティズム(保守主義)

エ　コミュニタリアニズム(共同体主義)

(8)　下線部⑦に関連して，池田内閣の時に起きた日本と世界の出来事として，正しいものをア～オからすべて選び，記号で答えよ。

ア　キューバ危機が発生　　　　イ　ベトナム戦争が終結

ウ　国民所得倍増計画を発表　　エ　第4次中東戦争が勃発

オ　日本がGATT11条国へ移行

┃ 2024年度 ┃ 山梨県 ┃ 難易度 ■■■■□□

【7】次のカード1～5は，政治・経済の授業において，「日本国憲法第9条に関する政府の見解・解釈の変遷」というテーマで，生徒が調査した結果をまとめたものである。これらを読み，以下の問いに答えなさい。

カード1　〔1950年〕吉田茂首相　答弁

> 　警察予備隊の目的は全くの治安維持にある。したがってそれは軍隊ではない。

カード2　〔1952年〕吉田茂内閣　統一見解

> 　「戦力」とは，近代戦争遂行に役立つ程度の装備，編制を備えるもの。「戦力」に至らざる程度の実力を保有し，これを直接侵略防衛の用に供することは違憲ではない。

カード3　〔1972年〕A)田中角栄内閣　統一見解

日本国憲法第9条2項が保持を禁じている「戦力」は自衛のための最小限度を超えるものであり，それ以下の実力の保持は同条項によって禁じられていない。

カード4 〔1994年〕B) 村山富市首相　答弁

専守防衛に徹し，自衛のための必要最小限度の実力組織である自衛隊は，憲法の認めるものである。

カード5 〔2014年〕C) 安倍晋三内閣　閣議決定

我が国と密接な関係にある他国に対する武力攻撃が発生し，これにより我が国の存立が脅かされ，国民の生命，自由及び幸福追求の権利が根底から覆される明白な危険がある場合において，これを排除し，我が国の存立を全うし，国民を守るために他に適当な手段がないときに，必要最小限度の実力を行使することは，自衛のための措置として，憲法上許容されると考えるべきである。

問1　次の文は，「高等学校学習指導要領(平成21年3月告示)第3節　公民　第3　政治・経済」と「高等学校学習指導要領(平成30年3月告示)第3節　公民　第3　政治・経済」部分の抜粋である。文中の(a)に当てはまる語句として最も適切なものを，以下のア～エのうちから1つ選び，記号で答えなさい。ただし，それぞれの(a)には同じ語句が入る。

高等学校学習指導要領(平成21年3月告示)

第3　政治・経済
　3　内容の取扱い
　　(2)　内容の取扱いに当たっては，次の事項に配慮するものとする。
　　　ア　内容の(1)については，次の事項に留意すること。
　　　　(ア)　アの「法の意義と機能」，「基本的人権の保障と法の支配」，「権利と義務の関係」については，法に関する基本的な見方や考え方を身に付けさせ

> るとともに，（　a　）を扱うこと。

高等学校学習指導要領(平成30年3月告示)

> 第3　政治・経済
> 　3　内容の取扱い
> 　　(2)　内容の取扱いに当たっては，次の事項に配慮するも
> 　　のとする。
> 　　　ウ　内容のAについては，次のとおり取り扱うものと
> 　　　すること。
> 　　　　(ウ)　(1)のアの(ア)の「政治と法の意義と機能，基
> 　　　　本的人権の保障と法の支配，権利と義務との関係」
> 　　　　については関連させて取り扱うこと。その際，
> 　　　　（　a　）を扱うこと。また，私法に関する基本的な
> 　　　　考え方についても理解を深めることができるよう
> 　　　　指導すること。

ア　司法制度改革　　　イ　裁判員制度
ウ　被害者参加制度　　エ　日本司法支援センター

問2　カード1に関連して，次の問いに答えなさい。

(1)　警察予備隊が創設されるきっかけとなった，1950年にアジア地域で起こった戦争は何か，答えなさい。

(2)　次の資料1は戦後の安全保障理事会において拒否権が発動された回数をまとめたものである。これを参考に，国際連合の安全保障理事会において，実質事項に関する決議がたびたび否決された理由を，以下のⅠ・Ⅱの指示に従い，70字程度で答えなさい。

資料1　安全保障理事会において拒否権が発動された回数

年	中国	フランス	イギリス	アメリカ	ソ連
1946-55	1	2	0	0	80
1956-65	0	2	3	0	26
1966-75	2	2	10	12	7
1976-85	0	9	11	34	6
合計	3	15	24	46	119

国立国会図書館資料により作成

> Ⅰ　実質事項に関する安全保障理事会の決定が行われる条件を説明すること。
> Ⅱ　資料1で示された期間における国際情勢を踏まえて説明すること。

問3　カード2に関連して，次の資料2は，生徒が砂川事件の裁判についてまとめたものである。これを読み，以下の問いに答えなさい。

資料2

第一審(1959年3月30日)東京地裁　【伊達判決】一部無罪
日本国憲法第9条は自衛のための戦力も一切否定，在日米軍の指揮権の有無にかかわらず戦力にあたり，D)安保条約は違憲。自衛隊の実態判断なし。

跳躍上告(1959年12月16日)最高裁　原判決を破棄差し戻し
以下，最高裁の裁判要旨
7　わが国が主体となつて指揮権，管理権を行使し得ない外国軍隊はたとえそれがわが国に駐留するとしても憲法第9条第2項の「戦力」には該当しない。
8　安保条約の如き，主権国としてのわが国の存立の基礎に重大な関係を持つE)高度の政治性を有するものが，違憲であるか否の法的判断は，純司法的機能を使命とする司法裁判所の審査に原則としてなじまない性質のものであり，それが一見極めて明白に違憲無効であると認められない限りは，裁判所の司法審査権の範囲外にあると解するを相当とする。

『最高裁判所判例集』により作成

(1)　資料2の下線部D)に関連して，1959年当時の日米安全保障条約に明記されている内容として最も適切なものを，次のア～エのうちから1つ選び，記号で答えなさい。

ア　この条約が10年間効力を存続した後は，締約国から条約を終了させる意思の通告がない場合，自動的に延長される。

イ　各締約国は，日本の施政下にある領域における，いずれか一方に対する武力攻撃に対しては，共同で防衛にあたる。

ウ　外国の教唆または干渉による日本国内の大規模な内乱および騒擾に対しては，その鎮圧のため駐留米軍を使用できる。

エ　在日米軍基地で働く従業員の基本給や基地内の水道光熱費については，日本の負担とする。

(2)　資料12の下線部E)が示す考え方を何というか，答えなさい。

問4　カード3の下線部A)に関連して，田中角栄が首相の在任中に行った外交政策として最も適切なものを，次のア～エのうちから1つ選び，記号で答えなさい。

ア　日ソ共同宣言調印　　　イ　日韓基本条約調印

ウ　日中国交正常化　　　　エ　日朝首脳会談開催

問5　カード4に関連して，次の問いに答えなさい。

(1)　下線部B)に関連して，村山富市を首相とする連立政権を構成した政党として適切でないものを，次のア～エのうちから1つ選び，記号で答えなさい。

ア　自由民主党　　　イ　日本社会党　　　ウ　日本新党

エ　新党さきがけ

(2)　自衛隊がPKO協力法に基づいて派遣された国を，次のア～カのうちからすべて選び，記号で答えなさい。

ア　カンボジア　　　イ　イラク　　　　　ウ　ソマリア

エ　ジブチ　　　　　オ　南スーダン　　　カ　東ティモール

(3)　次の文は，自衛隊の防衛政策に関してまとめた生徒のメモである。文中の(a)～(c)に当てはまる語句の組合せとして最も適切なものを，以下のア～カのうちから1つ選び，記号で答えなさい。

・防衛政策の策定では，内閣に設置された(a)会議が司令塔の役割を担っている。

・現在は，「防衛計画の大綱」により防衛力の具体的な体制が定められている。

・武器の輸出については，2014年に(b)三原則が閣議決定され，これにより武器の輸出が(c)されることとなった。

---

	a	b	c
ア	国家安全保障	武器輸出	原則禁止
イ	防衛省改革	防衛装備移転	原則容認
ウ	国家安全保障	防衛装備移転	原則禁止
エ	防衛省改革	武器輸出	原則禁止
オ	国家安全保障	防衛装備移転	原則容認
カ	防衛省改革	武器輸出	原則容認

問6　下線部C)に関連して，次の問いに答えなさい。

(1)　第二次安倍内閣が行った政策として適切なものを，次のア～カのうちからすべて選び，記号で答えなさい。

ア　選挙年齢を18歳に引き下げ

イ　道路公団や郵政事業の民営化

ウ　消費税率10％引き上げと軽減税率の導入

エ　裁判員制度の導入

オ　1府12省庁に省庁を再編

カ　地方財政に関する「三位一体の改革」

(2)　衆議院と参議院で，与党と野党の合計議席数が逆転している状態の国会を何というか，5文字で答えなさい。

(3)　カード5が示す自国の防衛に関する権利を何というか，6文字で答えなさい。

▌2024年度▐　静岡県・静岡市・浜松市　▌難易度▐

【8】次の資料1は，政治・経済の「民主政治の実現」を主題とする探究学習で，生徒が設定した問いの一覧である。これに関連する以下の問いに答えなさい。

資料1

生徒P	主権はどこにあるべきか？
生徒Q	憲法で保障するべき基本的人権とは何だろうか？
生徒R	世論を反映させた選挙とは？
生徒S	三権分立とはどのような仕組みだろうか？

問1　次の文は「高等学校学習指導要領(平成30年3月告示)第1節　公民

第1 公共」部分の抜粋である。文中の(a)～(c)に当てはまる語句の組合せとして最も適切なものを，以下のア～エのうちから1つ選び，記号で答えなさい。

高等学校学習指導要領(平成30年3月告示)

第1 公共

2 内容

(3) 公共的な空間における基本的原理

自主的によりよい公共的な空間を作り出していこうとする自立した主体となることに向けて，(a)，(b)，(c)などに着目して，課題を追究したり解決したりする活動を通して，次の事項を身に付けることができるよう指導する。

---

	a	b	c
ア	幸福	正義	公正
イ	思考	判断	表現
ウ	協働	公平	尊重
エ	合理性	協調性	多様性

問2 生徒Pのテーマに関連して，次の問いに答えなさい。

(1) 主権の概念を提唱したフランスの思想家ボーダンの著書と，その著書で示した主張の組合せとして最も適切なものを，あとのア～カのうちから1つ選び，記号で答えなさい。

【著書】

① 『国家論』　② 『君主論』

【主張】

a 君主が主権を握り，あらゆる分野で絶大な権力を行使する。

b 国民が政治権力の主体であり，政府は国民の信託により運営する。

c 政府は人々に共通する一般意思に基づいて政治を行う。

ア ①－a　イ ②－a　ウ ①－b

エ ②－b　オ ①－c　カ ②－c

(2) 資料2は日本国憲法第1条の条文である。文中の(a)に当ては

まる語句を答えなさい。

資料2

> 天皇は，日本国の象徴であり（　a　）統合の象徴であつて，
> この地位は，主権の存する（　a　）の総意に基く。

問3　生徒Qのテーマに関連して，次の問いに答えなさい。

(1) 日本国憲法で保障された基本的人権についての説明として適切なものを，次のア～エのうちからすべて選び，記号で答えなさい。

ア　財産権の内容は，公共の福祉に適合するように法律で定められ，私有財産は正当な補償の下，公共のために用いることができる。

イ　自由権は「国家による自由」と言われ，個人が国家権力による干渉や介入を受けずに自由に行動する権利である。

ウ　在日外国人については，国政における選挙権は認められていないが，地方自治においては選挙権が認められている。

エ　生存権をめぐる訴訟で最高裁が示したプログラム規定説は，国の責務を宣言したものであって，国民に具体的権利を保障したものではないとした。

(2) 原告側が「表現の自由」を侵害するとして争った裁判として最も適切なものを，次のア～エのうちから1つ選び，記号で答えなさい。

ア　『宴のあと』事件　　イ　袴田事件
ウ　チャタレー事件　　エ　『石に泳ぐ魚』事件

問4　生徒Rのテーマに関連して，次の問いに答えなさい。

(1) 衆議院議員総選挙の小選挙区での導入が議論された，人口変動に応じて自動的に各都道府県への議席数の配分を決める方式を何というか，答えなさい。

(2) 参議院議員選挙の選挙区選挙の一部で採用されている，合区の組合せとして適切なものを，次のア～エのうちからすべて選び，記号で答えなさい。

ア　大分県・熊本県　　イ　鳥取県・島根県
ウ　青森県・秋田県　　エ　徳島県・高知県

(3)　次の資料3は，ある年に行われた衆議院議員総選挙(小選挙区)における得票率と獲得した議席数を示したものである。生徒Rは，この資料を見て，選挙の当選者が述べる「選挙で民意を得た」という言葉に疑問を持った。なぜ「選挙で民意を得た」と言い難いと考えられるのか，またそのような課題を現行の国政の選挙制度ではどのように補おうとしているのかを，小選挙区の選出方法と資料3から読み取れるその特徴に触れながら，100字程度で説明しなさい。

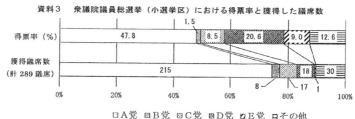

資料3　衆議院議員総選挙（小選挙区）における得票率と獲得した議席数

□A党　□B党　□C党　□D党　□E党　□その他

総務省ＨＰにより作成

問5　生徒Sのテーマに関連して，次の問いに答えなさい。

(1)　アメリカ大統領制の説明として適切でないものを，次のア〜エのうちから1つ選び，記号で答えなさい。

ア　アメリカ大統領は，議会を解散する権限や法案を提出する権限がない。

イ　アメリカ大統領は，議会に教書を送付し，立法の要請を行うことができる。

ウ　アメリカ大統領は，議会で不信任が決議されると辞職しなければならない。

エ　アメリカ大統領は，間接選挙によって選出され，議員との兼職はできない。

(2)　日本の国会が持つ権限として適切でないものを，次のア〜エのうちから1つ選び，記号で答えなさい。

ア　条約の承認　　イ　内閣総理大臣の指名

ウ　予算の作成　　エ　法律案の議決

▌2024年度▐　▌静岡県・静岡市・浜松市▐　▌難易度▐

【9】 次の(1)～(6)の政治・経済に関する問いに答えなさい。

(1) 次の図は，日本銀行の金融政策をまとめたものである。表中のア～エにあてはまる語句の組合せとして最も適当なものを，以下の①～④のうちから一つ選びなさい。

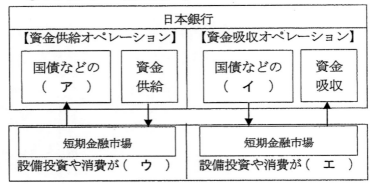

① ア 売却　　イ 買い入れ　　ウ 増加　　エ 減少
② ア 売却　　イ 買い入れ　　ウ 減少　　エ 増加
③ ア 買い入れ　　イ 売却　　ウ 増加　　エ 減少
④ ア 買い入れ　　イ 売却　　ウ 減少　　エ 増加

(2) 次の文章は，地方自治における住民の直接請求権について述べたものである。文章中の[　A　]～[　C　]にあてはまる語句の組合せとして最も適当なものを，以下の①～⑧のうちから一つ選びなさい。

> 　住民は，地方自治法第74条の規定に基づき，有権者の[　A　]以上の署名をもって，条例の制定改廃を[　B　]に請求することができる。また，住民は首長や議員を信用できず仕事を任せられないと判断したら，必要数の署名を集めて住民投票を求め，有効投票の[　C　]の賛成があれば，その首長や議員を辞めさせることができる。

	①	②	③	④	⑤	⑥	⑦	⑧
A	3分の1	50分の1	3分の1	50分の1	3分の1	50分の1	3分の1	50分の1
B	首長	首長	首長	首長	監査委員	監査委員	監査委員	監査委員
C	3分の2	3分の2	過半数	過半数	3分の2	3分の2	過半数	過半数

(3) 人権について述べた文として最も適当なものを，次の①～④のうちから一つ選びなさい。

① 国民に国及び地方公共団体の情報を公開させる権利として，知る権利が主張され，多くの地方公共団体が情報公開条例を制定した後，国も情報公開法を制定した。

② 犯罪の被害者やその遺族を保護するために特定秘密保護法が制定され，被害者が刑事裁判で意見陳述をしたり，公判記録を閲覧したりできるようになった。

③ 日本国憲法は，基本的人権の保障一般に公共の福祉による制約を認めている。しかし，経済的自由権に対する公共の福祉による制約は，一切認められていない。

④ 国際連合を中心とした国際機関で定められた人権に関する国際的取り決めについて，日本はすべて批准し，国内の法律や制度を整備している。

(4) 次のX〜Zは，労働に関わることがらについて述べた文である。X〜Zの正誤の組合せとして最も適当なものを，以下の①〜⑧のうちから一つ選びなさい。

X 労働関係調整法により，公益事業などの大規模な争議によって国民の経済や生活に多大な影響があると認められる場合には，国家公安委員会の意見に基づき内閣総理大臣が争議行為を30日間禁止する緊急調整が行われる。

Y 労働組合法により，使用者による団体交渉の拒否や組合員への差別的待遇，組合への支配・介入などは不当労働行為として禁止され，それに対して，労働組合には労働委員会への申し立てによる救済制度が設けられている。

Z 労働基準法では，研究開発や企画・立案などの業務について，労働時間を労働者の裁量に任せる裁量労働制は認められていない。

① X：正 Y：正 Z：正　　② X：正 Y：正 Z：誤

③ X：正 Y：誤 Z：正　　④ X：正 Y：誤 Z：誤

⑤ X：誤 Y：正 Z：正　　⑥ X：誤 Y：正 Z：誤

⑦ X：誤 Y：誤 Z：正　　⑧ X：誤 Y：誤 Z：誤

(5) 日本の政治機構について述べた文として最も適当なものを，次の①〜④のうちから一つ選びなさい。

① 違憲立法審査権は，「憲法の番人」と呼ばれる最高裁判所が最終的な審査権をもつため，すべての裁判所がもつわけではない。

② 内閣は，国会に対して連帯して責任を負い，衆議院が内閣不信任の決議をしたときは，総辞職か衆議院の解散かいずれかを選択しなければならない。

③ 内閣に設置される弾劾裁判所は，職務上の義務に著しく違反するなどの国民の信託に違反するような行為を行った裁判官を訴追し，辞めさせることができる。

④ 内閣総理大臣は，他のすべての案件に先立って，国会の議決により指名され，最高裁判所長官は，内閣によって任命される。

(6) 完全競争市場の中で，ある財の均衡価格をP，均衡取引量をQと表すとき，その需要曲線が$Q=300-P$で，供給曲線が$Q=-200+P$で示されるとする。この場合の均衡価格や均衡取引量から，政府が数量規制を行い，供給量を40に規制すれば，市場はどのようになるか。最も適当なものを，次の①〜④のうちから一つ選びなさい。

① 市場において成立する取引価格は260となり，消費者の利益が損なわれる。

② 市場において成立する取引価格は260となり，消費者の利益が生まれる。

③ 市場において成立する取引価格は240となり，消費者の利益が損なわれる。

④ 市場において成立する取引価格は240となり，消費者の利益が生まれる。

┃ 2024年度 ┃ 千葉県・千葉市 ┃ 難易度 ■■■□□

【10】 次の会話文は，令和5年4月に行われた統一地方選挙の後，高校生の芽衣さんと，芽衣さんの通う高校で政治・経済の授業を担当している先生がやりとりしている様子である。会話文を読み，以下の(1)〜(7)の問いに答えなさい。

会話文

> 芽衣：私は4月3日生まれなので，4月に行われた2回の選挙で投票することができました。

先生：今年は_(a)統一地方選挙の年でしたし，良い経験をすることができましたね。

芽衣：以前，政治・経済の授業で，選挙について考える機会をもてたことが，とても役に立ちました。

先生：そうでしたか。投票に当たって，どんなことをしましたか？

芽衣：初めての選挙だった県議会議員選挙では，選挙公報を見て，各候補者の公約を比較したり，候補者が所属する_(b)政党や会派のホームページで情報を集めたりしました。ただ，_(c)どの候補者の主張も，全て自分の意見と合っているわけではなかったので，最終的にどの候補者に投票するか決めるのは難しかったです。

先生：なるほど，投票先を決めるのが難しかったと感じたのですね。2度目の選挙はどうでしたか？

芽衣：2度目の選挙では市長選挙と市議会議員選挙が同時にありました。授業で_(d)地方自治について学びましたが，首長と議員とをそれぞれ選ぶ経験をしたことで，国会の_(e)議院内閣制と地方議会の二元代表制について考えるきっかけになりました。

先生：芽衣さんのように，選挙をきっかけにして，さまざまな分野の政策に関心を持ったり，政治制度について考えたりすることは，_(f)民主主義の維持や発展にとって非常に重要なことだと思います。

芽衣：私自身，とても良い経験になりました。今回は初めての選挙で不安もあったので，親と一緒に投票に行ったのですが，次に選挙に行くときは，友達を誘って行ってみようと思います。

先生：私も，みなさんが，政治や選挙に一層関心をもってもらえる_(g)主権者教育について，引き続き考えてみたいと思います。

(1) 下線部(a)に関して，初の統一地方選挙となった1947年は，全ての

地方選挙が同時期に実施されていたが，その後，選挙の日程が異なるようになった。日程が異なるようになった要因として考えられるものを一つ答えよ。

(2)　下線部(b)に関して，次の①～③の問いに答えよ。

①　一定の要件を満たした政党に対し，国庫から資金を提供することを定めた法律名を答えよ。

②　特定の支持政党を持たない人々のことを，総称して何というか答えよ。

③　民主主義にとって，政党は欠かすことができないものと考えられている。民主的な政治の運営を行う上で，政党の果たす役割について，政治・経済の授業の中で生徒に伝えようとする時，どのような説明をするか，述べよ。

(3)　選挙での投票について，生徒が下線部(c)のように言った場合，生徒が自らの考えをもち選挙に臨めるよう，政治・経済の教員としてどのようなアドバイスをするか，述べよ。

(4)　下線部(d)に関して，地方自治について「民主主義の学校」と表現したイギリスの政治家を答えよ。

(5)　下線部(e)に関して，次のア～エのうち，日本とイギリスの政治制度に共通して見られるものを全て選び，記号で答えよ。

ア　二院制をとり，両院の議員とも直接選挙で選ばれる。

イ　議院内閣制をとり，内閣は連帯して国会(議会)に責任を負う。

ウ　衆議院(下院)は，小選挙区制のみで選出される。

エ　全ての国務大臣は，国会議員でなくてはならない。

(6)　下線部(f)に関して，民主主義にとって「表現の自由」は特に重要とされている。このことについて，次の①，②の問いに答えよ。

①　次の日本国憲法の条文の空欄[　A　]，[　B　]に適する語句をそれぞれ答えよ。

> 第21条　[　A　]，結社及び[　B　]，出版その他一切の表現の自由は，これを保障する。

②　民主主義にとって表現の自由が重要であることについて，生徒の理解を促したいと考えた時，あなたなら，政治・経済の授業で

　どのような説明を行うか。具体的な例を挙げて述べよ。

(7)　下線部(g)に関して，政治・経済の授業において，現実社会で政治的に対立する見解がみられる課題について，新聞記事を準備し生徒に比較させたい。あなたがこのような授業を行うと想定した場合，どのような配慮をするか，具体的に述べよ。

｜2024年度｜群馬県｜難易度■■■□□

【11】次の(1)，(2)の問いに答えよ。

(1)　国際司法裁判所(ICJ)と国際刑事裁判所(ICC)の活動内容について，裁判の対象になるものや裁判の開始の違いに触れて，それぞれ説明せよ。

(2)　6次産業化について，説明せよ。

｜2024年度｜山梨県｜難易度■■■■□

【12】次の文章を読んで，以下の(1)〜(8)の問いに答えよ。

　経済活動は，ある程度規則的な拡張と収縮を繰り返している。そのような①経済の動きを景気変動とよぶ。景気変動の幅が大きくなると，不況期には大量の失業や設備の過剰が生じ，好況期には②インフレーションなどの問題が生じる。景気変動の幅をできるだけ小さくして景気の安定をはかろうと，政府や中央銀行は，③財政政策や金融政策などによって，社会全体の総需要を管理しようとする。例えば，不況の際には，④ケインズの有効需要の原理を根拠に，公共投資の拡大などの積極的な財政政策が実施される。金融面でも金融緩和政策が行われる。ただし，財政政策は，⑤議会などの承認が必要なため実施までに時間がかかるという問題がある。金融政策は，中央銀行が独自で行うため実施までにかかる時間は少ないが，⑥金利や⑦通貨量の変化が投資意欲に与える効果は不透明であり，⑧日本のバブル経済期のように地価や株価などの資産価格の変動に大きな影響を与えることもある。

(1)　下線部①に関連して，経済学ではある選択に対してさまざまな費用がかかると考えられている。例えば，ある休日の使い方として，映画を鑑賞することで1,500円の料金を支払うこと，アルバイトで1,800円の給与を得ること，家事を手伝うことで1,000円の小遣いを

得ること，これらの中から映画を鑑賞することを選択した場合の機会費用はいくらになるか，答えよ。

(2)　下線部②に関連して，第一次世界大戦後のドイツや2000年代のジンバブエでみられた，短期間に物価が急激に高騰したインフレーションに共通する要因は何か，答えよ。

(3)　下線部③に関連して，次の表は日本の所得税率を示したものである。課税所得額が650万円の場合，所得税額はいくらになるか，答えよ。

適用課税所得	税率
〜195万円以下	5％
195万円超〜330万円以下	10％
330万円超〜695万円以下	20％
695万円超〜900万円以下	23％
900万円超〜1800万円以下	33％
1800万円超〜4000万円以下	40％
4000万円超	45％

(4)　下線部④に関連して，ケインズ理論を批判したフリードマンが主張したマネタリズムの内容について，説明せよ。

(5)　下線部⑤に関連して，次の財政法第5条に示されている原則とは何か，答えよ。

> 第5条　すべて，公債の発行については，日本銀行にこれを引き受けさせ，又，借入金の借入については，日本銀行からこれを借り入れてはならない。但し，特別の事由がある場合において，国会の議決を経た金額の範囲内では，この限りでない。

(6)　下線部⑥に関連して，金融政策におけるゼロ金利政策とマイナス金利政策との違いは何か，簡潔に説明せよ。

(7)　下線部⑦に関連して，通貨の4つの機能は何か，すべて答えよ。

(8)　下線部⑧に関連して，1980年代後半に発生した日本でのバブル経済の要因を，「プラザ合意」，「円高不況対策」という語句を用いて，説明せよ。

▌2024年度 ▌山梨県 ▌難易度 ■■■□□

【13】 次の(1)～(16)の問題に答えよ。

(1) 1990年代以降のわが国の政治についての説明として適当でないものを，次のA～Dから一つ選び，その記号を書け。

A 1989年に摘発されたリクルート事件をきっかけに，1994年，細川護熙内閣のもとで公職選挙法改正案，政治資金規正法案，政党助成法案，選挙区画定審議会設置法案の四法案が成立した。

B 1993年の総選挙では，その直前に自民党が分裂し，新党さきがけや新生党が発足し，総選挙では自民党，社会党が議席数を減らした。その結果，新党を中心とする非自民の連立内閣が発足した。

C 構造改革を掲げて発足した小泉純一郎内閣は，郵政民営化をすすめるために郵政民営化法案を国会に提出したが，2005年参議院で否決された。その結果を受けて，衆議院が解散された。

D 1996年，民進党，自由党，共産党などから離党した議員を中心に，民主党が結成された。民主党は，2009年の総選挙で政権交代を果たしたが，2012年の総選挙で敗退した。

(2) わが国の内閣の権限と機能についての説明として適当でないものを，次のA～Dから一つ選び，その記号を書け。

A 内閣は司法権によって科せられた刑の全部，または一部を消滅させることができる。

B 内閣は条約を締結することができるが，事前あるいは事後に，国会が条約の承認をしなければならない。

C 防衛大臣は自衛隊の最高指揮権を有している。

D 内閣総理大臣は国務大臣の任命権と罷免権を有している。

(3) わが国の地方自治の組織と運営についての説明として適当なものを，次のA～Dから一つ選び，その記号を書け。

A 都道府県知事は，条例案に対する拒否権，予算の作成と執行，知事部局職員の人事権，地方税の賦課徴収などの権限を有している。

B 都道府県議会の議員は，任期は4年であり，満25歳以上の者に被選挙権が与えられ，市町村議会の議員は，任期は6年であり，満25歳以上の者に被選挙権が与えられる。

C 地方議会は首長に対して，議会の意思として信任しないことを

決議することができ，不信任決議を受けた首長は30日以内に議会を解散できる。

D　政令指定都市とは，政令によって指定された人口50万以上の市のことであり，2022年現在，全国で21市が指定されている。

(4) 民族問題と地域紛争に関する説明として適当でないものを，次のA〜Dから一つ選び，その記号を書け。

A　チャイルドソルジャーとは，兵隊として戦闘に参加させるために集められた18歳未満の子どものことである。

B　マルチカルチュラリズムとは，ある民族がほかの民族や国家の干渉を受けることなく，自らの意思で政治の在り方を決定することである。

C　エスニック集団とは，人種的，地域的起源が同じで，固有の言語，慣習，信仰，文化的伝統をもった集団のことである。

D　ユニラテラリズムとは，自国の主張のみが正義であり，世界はそれに従っていればよく，この秩序を保つためであれば戦争も含めて，いかなる行為に出ることも許されるという考え方である。

(5) 戦後日本の国際政治に関する，次の①〜④の条約を時代の古い順に左から並べたものとして適当なものを，以下のA〜Dから一つ選び，その記号を書け。

①　日ソ共同宣言　　②　日韓基本条約
③　沖縄返還協定　　④　日中平和友好条約

A　①→②→③→④　　B　②→①→④→③　　C　③→④→②→①
D　④→③→①→②

(6) 経済指標についての説明として適当なものを，次のA〜Dから一つ選び，その記号を書け。

A　CPI(消費者物価指数)とは，全国の世帯が購入する家計にかかる財及びサービスの価格等を総合した物価の変動を時系列的に測定するものである。

B　NNP(国民純生産)とは，GDP(国内総生産)に海外からの純所得を加えたものである。

C　GNI(国民総所得)とは，GNP(国民総生産)から固定資本減耗分を差し引いたものである。

D　名目GDPとは，実際に市場で取引されている価格で産出された実質GDPから，物価変動の影響を取り除いて得られるGDPである。

(7)　戦後日本経済に関する説明として適当でないものを，次のA～Dから一つ選び，その記号を書け。

A　GHQによる財閥解体を進めるための法律として，1947年に過度経済力集中排除法が公布された。

B　ガリオア資金とは，1947年から1951年まで，アメリカ政府が第二次世界大戦後，アメリカの占領地に飢餓や疾病が広がらないように援助した資金のことである。

C　1948年，GHQは経済の自立・安定を促し，復金インフレを収束させるために経済安定九原則を発した。

D　ドッジ・ラインとは，1949年と1950年に出された，アメリカの税制調査団による勧告に基づく，直接税を中心とする税制改革のことである。

(8)　国際資本移動についての説明として適当でないものを，次のA～Dから一つ選び，その記号を書け。

A　資本輸入とは，外国からの投資額，融資額が，外国への投資額，融資額を上回っていることをいう。

B　第一次所得収支とは，政府による消費財の無償資金援助や海外からの労働者送金，国際機関拠出金など対価をともなわない移転収支のことをいう。

C　外国から資金を借りている国が，国際収支が悪化したために返済困難になった際，返済期限を延ばしてもらうことをリスケジューリングという。

D　諸外国から資金を借り入れ，その元金と利子との返済額が大きくたまり，返済が困難になっていることをデフォルトという。

(9)　発展途上国の経済に関する説明として適当でないものを，次のA～Dから一つ選び，その記号を書け。

A　第二次世界大戦後のIMF・GATT体制の下で，自由貿易の恩恵を受けた先進工業国に対し，農産物や鉱産物などの一次産品輸出に頼る発展途上国の経済状態が悪化した。

B　発展途上国が先進国から輸入する場合に，通常よりも特別に高

い関税率を適用して，発展途上国の経済発展の促進をはかること
を一般特恵関税制度という。

C　資源をもつ発展途上国や工業化が進んでいる発展途上国と，資
源をもたずに開発の遅れている発展途上国との間に，南南問題と
呼ばれる経済格差が生じた。

D　1964年，第1回UNCTAD会議で，事務局長のプレビッシュは
GATTの自由貿易制度に不満を表明した。

(10)　資源・エネルギー問題に関する説明として適当でないものを，
次のA～Dから一つ選び，その記号を書け。

A　国連は，1962年，天然資源に関する恒久主権宣言により，天然
資源は保有国のみに属するものではなく，世界全体の発展と福祉
のために用いられるべきことを宣言した。

B　1960年，欧米の国際石油資本に対抗するために，石油輸出国機
構(OPEC)という石油輸出国のカルテルが結成された。

C　枯渇性資源とは，石炭，石油，天然ガス，シェールガスなどの，
使えば使うほど減少していく資源のことである。

D　石油代替エネルギーとは，天然ガス，シェールガス，太陽エネ
ルギーなどの，石油に代えて利用できるエネルギーのことである。

(11)　新しい人権の一つであり，国民の言論の自由を実現するために
マスメディアを開かれたものにし，市民がそれに参入し利用する権
利を何というか。

(12)　銀行に当座預金口座をもっている個人や企業が，支払いのため
に用いる有価証券のうち，振出日より前であっても受取人が支払い
手続きを行うことができるものを何というか。

(13)　1985年にアメリカ，イギリス，西ドイツ，フランス，日本のG5
でなされた，為替市場への協調介入によってドル高を是正すること
についての合意を何というか。

(14)　1985年に採択されたオゾン層保護条約に基づき，1987年に採択
されたオゾン層の破壊物質に関する取り決めを何というか。

(15)　「コンシューマリズム」について簡単に説明せよ。

(16)　「アンチダンピング関税」について簡単に説明せよ。

▌2024年度 ▌愛媛県 ▌難易度 ■■■■□□

【14】 次の文章を読み，以下の(1)〜(4)の問いに答えなさい。

　　近年，世界的に(a)グローバル化が急速に進展する中で，(b)自由貿易体制を維持・発展させ，(c)経済連携を強化することは，より質の高い雇用を生み出すとともに，新たな技術やノウハウの取得を通じて，国民全体の所得を高め得るものである。したがって，グローバル化に対応し，それを(d)経済発展にいかに活かしていくかについて考察することは，経済政策上の重要な課題の一つである。

(1)　下線部(a)に関して，多国籍企業は複数国に生産・流通・販売拠点をもち，世界規模で経営を行っている。多国籍企業の本社と他国にある子会社との企業内貿易が，子会社の置かれた国に与える経済的なメリットを説明せよ。

(2)　下線部(b)に関して，次の①〜③の問いに答えよ。

　①　次の図は，自由貿易の下で，ある商品の国際価格がPのときに，国内供給S_1と国内需要D_1との差だけ輸入されることを示している。ここで，他の事情を一定とした場合，当該商品の輸入量を減少させうる，輸入国に関係する要因として正しいものを，以下のア〜エのうちから一つ選び，記号で答えよ。

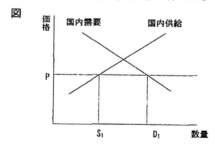

図

ア　関税の引下げ　　　　　　イ　国民の所得の減少
ウ　国内産業の生産性の低下　エ　国際価格の下落

　②　国際分業のメリットを説明する比較生産費説について考える。次の表は，X，Yの各国で，工業製品と農産品をそれぞれ1単位生産するのに必要な労働者数をあらわす。これらの生産には労働しか用いられず，各国内の労働者は，この二つの産業で全員雇用されるとしたとき，この表から読みとれる内容について，以下の文章中の[　A　]，[　B　]に入る語句の組合せとして正しいものを，

529

後のア～エのうちから一つ選び，記号で答えよ。

表

	工業製品	農産品
X国	3人	6人
Y国	14人	7人

　　いずれの産業においてもX国はY国よりも労働生産性が[　A　]。ここで農産品の生産をX国が1単位減らしY国が1単位増やすとする。すると生産量の両国の合計は，農産品では変わらないが工業製品について[　B　]増える。

ア　A　低い　　B　1単位　　　イ　A　高い　　B　1単位
ウ　A　低い　　B　1.5単位　　エ　A　高い　　B　1.5単位

③　2国間の為替相場は，各国の通貨で同じだけのものを買える水準に決定されるべきであるという説があり，これを購買力平価説という。この説に従ったとき，現在「1ドル＝75円」の為替相場で，1年後，日本の物価水準が1倍，アメリカの物価水準が1.5倍になったと仮定した際の為替相場として最も適切なものを，次のア～エのうちから一つ選び，記号で答えよ。

ア　1ドル＝50円　　イ　1ドル＝82.5円　　ウ　1ドル＝100円
エ　1ドル＝125円

(3)　下線部(c)に関して，次の①，②の問いに答えよ。

①　次の会話文中の空欄[　C　]，[　D　]に当てはまる語句をそれぞれ答えよ。

　　生徒：最近は，世界のさまざまな地域での経済連携についての話題が，ニュースで取り上げられることが多いですね。
　　先生：日本も2020年に，世界のGDP，貿易総額及び人口の約3割を占める経済連携協定である[　C　](地域的な包括的経済連携)に署名しました。中国や韓国とは初めての経済連携協定締結となり，日本の貿易額の約5割を占める地域がカバーされることになりました。

生徒：すごい規模ですね。

先生：特許・著作・商標・意匠などの[　D　]や，電子商取引などのルール整備を通じて，地域における貿易・投資の促進や，サプライチェーンの効率化なども期待されます。

② 「地域的経済統合」の一形態であるFTA(自由貿易協定)に関する記述として最も適切なものを，次のア～エのうちから一つ選べ。

ア　FTA締結のためには，域内における関税率と域外諸国に対する関税率を，同一にしなければならない。

イ　大国同士や広範な地域を対象とした自由貿易協定であるメガFTAは，ルール作りの難しさから，締結の動きは見られない。

ウ　日本は，長らくGATTやWTOの原則である多角主義をとってきたが，1990年代末以降は，FTAやEPAを締結する方向へと舵を切った。

エ　FTAの締結には，貿易の自由化に加え，人の移動など幅広い経済関係の強化を網羅したルール作りが必須となる。

(4)　下線部(d)に関して，次の文章中の空欄[　E　]に当てはまる語句を答えよ。

先進国は，途上国に対して，開発援助委員会([　E　])を中心に経済協力を行ってきた。途上国の成長に寄与するものには，先進国の民間企業による直接投資と政府開発援助がある。

┃ 2024年度 ┃ 群馬県 ┃ 難易度 ■■■□□

【15】日本の政治機構に関わる，次の1～5の問いに答えなさい。

1　次の文は「司法制度改革」について述べたものである。文中の（　ア　）～（　ウ　）に当てはまる語句の組み合わせとして最も適切なものを，以下のa～eの中から一つ選びなさい。

　　日本は欧米に比較し法曹人口が少なく，結果として，裁判期間の長期化や訴訟費用がかかりすぎるという指摘があった。そこで，1999年7月に内閣に「司法制度改革審議会」が設置され，2001年6月に司法制度改革審議会意見書がとりまとめられた。例えば，東京高等裁判所内に（　ア　）の設置が設置されたり，裁判員制度が導入されたりしたのも，その一部である。裁判の迅速化については，2003年に「裁判迅速化法」が成立し，第一審の訴訟を（　イ　）以内に終了させることが目標に掲げられた。これ以外にも国民が利用しやすい司法制度を目指すため，2006年に法律相談の窓口として法務省所管の（　ウ　）が全国各地に設置された。

	（　ア　）	（　イ　）	（　ウ　）
a	国税不服審判所	2年	日本司法支援センター（法テラス）
b	国税不服審判所	6ヶ月	国民生活センター
c	知的財産高等裁判所	2年	日本司法支援センター（法テラス）
d	知的財産高等裁判所	6ヶ月	国民生活センター
e	知的財産高等裁判所	6ヶ月	日本司法支援センター（法テラス）

2　「行政改革」に関わる説明として最も適切なものを，次のa～eの中から一つ選びなさい。

　a　1960年代に行政のスリム化と効率化を目指した行政改革の議論があり，1961年には「第一次臨時行政調査会」が設置された。

　b　1981年に「第二次臨時行政調査会」が設置され，「電電公社」，「専売公社」，「道路公団」の三公社の民営化が決定された。

　c　2001年に1府22省庁から1府12省庁と再編されたことにより，同じタイミングで郵政民営化も行われた。

　d　2008年に「官民人材交流センター」が設置され，公務員人材の流動化を図る目的で「天下り」が全面的に自由化された。

　e　2014年に内閣官房に内閣人事局が設置され，人事院が担ってい

た公務員の採用試験や研修制度を担うことになった。

3　民事裁判に関わる説明として適切ではないものを，次のa～eの中から一つ選びなさい。

　　a　民事裁判とは，個人や団体間の，主に財産や身分に関する権利・義務について争いを解決するための裁判のことである。

　　b　民事裁判で行われる「和解」については，双方が合意した場合，裁判が終了する場合もある。

　　c　民事裁判で行われる「調停」は，それが成立した場合，判決と同様の効力をもつ。

　　d　民法では故意か過失がある場合に損害賠償責任が生じると規定されており，民事裁判で他人に与えた不法行為に対して賠償請求ができる。

　　e　行政裁判は刑事裁判の一種とされ，国民や住民が原告となって国や地方公共団体の行為や決定に対して，訴えを起こすものである。

4　国政選挙に関わる説明として適切ではないものを，次のa～eの中から一つ選びなさい。

　　a　参議院議員選挙においては，都道府県を基本的な単位とする選挙区と全国を単位とする非拘束名簿式比例代表制が採用されており，その選挙区選挙では一票の格差が問題視されている。

　　b　小選挙区制では死票が少なく，得票率と獲得議席に開きが生じやすいため，多くの国民の声を吸い上げるという意味での民意を反映しにくいとされている。

　　c　1994年に成立した政党助成法により，政党活動にかかる費用の一部を政党交付金として国庫から交付している。

　　d　国政選挙の投票率の推移を見たときに，一般的に参議院選挙の投票率より，衆議院議員選挙の投票率が高い傾向にある。

　　e　かつて衆議院の選挙で導入されていた中選挙区制度は大選挙区制度の一種であり，55年体制時には1と2分の1政党制と呼ばれる状況が出現した。

5　大日本帝国憲法下の統治機構に関わる説明として最も適切なものを，次のa～eの中から一つ選びなさい。

a　大日本帝国憲法は自由民権運動の高まりのなか制定された民定憲法であり，帝国議会の衆議院を通して臣民が政治参加できる仕組みが整えられていた。

b　大日本帝国憲法下の帝国議会では衆議院の優越が法的に認められており，貴族院に比べて権限が強いものであった。

c　天皇がもつ大権には外交大権や戒厳大権，非常大権や官制大権などがあり，特に統帥権については議会や内閣の干渉を受けないことから，「統帥権の独立」と称せられた。

d　尾崎行雄は天皇制の下で，実際の政治の運用によって実現しようとする「民本主義」を主張した。

e　大日本帝国憲法下では1925年から男子普通選挙が実施されたが，男女普通選挙での実施例はなかった。

┃ 2024年度 ┃ 茨城県 ┃ 難易度 ■■■■□

解答・解説

【1】(1) 4　　(2) 1　　(3) 4　　(4) 3　　(5) 3　　(6) 1

(7) 2　　(8) 1　　(9) 4　　(10) 4

○**解説**○ (1)　A　二月革命により第二共和政が実現し，同年に男子普通選挙が実施された。　B　ワイマール憲法により，男女普通選挙が導入された。　C　第二次世界大戦での敗北後，男女普通選挙が実現した。　D　直接民主制が女性参政権の実現を遅らせた。州レベルで女性参政権認められたのは，もっと遅かった。　(2)　罪刑法定主義といえども，条例で罰則を科すことは認められている。　2　確定判決のあった裁判はやり直さない原則。　3　有罪が確定するまでは被疑者や被告人は無罪と扱われる原則。　4　事後法で処罰してはならないとする原則。　(3)　D　1945年11月の出来事。近衛文麿による憲法改正草案である。　C　1946年の元日の出来事。　B　1946年2月3日の出来事。AとBの間は数日で，事情が込み入っているが，2月1日に松本案の内容が新聞にスクープされ，不満を感じたマッカーサーはGHQ民政

局に憲法改正草案の作成を指示した。　A　1946年2月8日の出来事。松本案とは憲法問題調査委員会委員長を務めた松本烝治による憲法改正草案のこと。GHQは天皇を絶対不可侵とした松本案を認めず，マッカーサー草案を受け入れた。　(4)　著作権は文章や画像，映像などの創作物に発生する権利であり，特許権，意匠権，商標権とは異なり，出願や登録は不要。1は新規の発明，2は工業デザイン，4はトレードマークなどを独占的に使用できる権利である。　(5)　A　争議権は団体交渉権とも呼ばれるが，公務員には一切認められていない。B　一般職公務員も団体交渉はできるが，交渉による労働協約の締結は認められていない。　C　警察官らには労働三権のいずれもが認められていない。　(6)　日本国憲法第99条に「天皇又は摂政及び国務大臣，国会議員，裁判官その他の公務員は，この憲法を尊重し擁護する義務を負ふ」とあるように，憲法尊重擁護義務は権力を行使する側の人々の義務である。2, 3, 4は国民の三大義務とされている。

(7)　国会議員の不逮捕特権とは，会期中には原則として逮捕されない特権のこと。任期中でも，会期外であれば逮捕される。また，会期中であっても，現行犯の場合や所属議院が逮捕を許諾した場合には逮捕される。　(8)　たとえ有罪とする新証拠が見つかったとしても，一事不再理の原則により，無罪の確定判決があった刑事事件のやり直しは認められない。だが，有罪の確定判決があった刑事事件については，冤罪を救済する必要があるので，再審制度がある。　(9)　4の説明は住民自治ではなく団体自治についてのもの。住民自治とは，地方自治は地域住民の意思に基づいて行われなければならないという原則のこと。この原則に基づき，地方自治体の首長や議員は直接選挙で選ばれているし，直接請求制度も導入されている。　(10)　A　正。ただし，ICCは国連の機関ではない。　B　正。ただし，関係国に被疑者の捜査・訴追を真に行う能力や意思がない場合などでのみ，管轄権が認められる。　C　正。ICC検察官には，自らの発意に基づき裁判所の許可を得て捜査を開始する権限がある。　D　誤。締約国以外の国で被疑者を逮捕することはできない。締約国は120か国を超える程度であり，アメリカ，中国，ロシアなどは締約国ではない。

● 中高・高校

【2】問1　ア　　問2　イ　　問3　オ　　問4　エ　　問5　イ

○**解説**○　問1　a　日本国憲法第21条には「集会，結社及び言論，出版その他一切の表現の自由」とある。精神的自由権の一つである。

b　日本国憲法第22条で職業選択の自由とともに保障されている。経済的自由権の一つである。　　c　日本国憲法第27条で保障されている。社会権の一つだが，勤労は国民にとって義務でもある。　　問2　a　国際連合やその前身の国際連盟は，集団安全保障のための国際機関。国際連合では，安全保障理事会の決議により，平和を乱した国に対し，経済制裁や軍事的措置が実施されることがある。　　b　「人間の安全保障」は日本外交の柱とされている。　　問3　国と地方を「対等・協力」の関係とするために，地方分権一括法が制定された。　　ア　リコールではなく，レファレンダム。　　イ　イニシアティブではなく，リコール。　　ウ　レファレンダムではなく，イニシアティブ。　　エ　地方自治特別法ではなく，地方自治法。地方自治特別法とは，特定の地方自治体だけに適用される法律のこと。　　問4　X　「共有地の悲劇(コモンズの悲劇)」に関する出題。1頭当たり100円の損失が出ても，11頭の羊を飼えば，9900×11で108，900円と，まだ羊が10頭だった時よりもAさんの利益は増える。だが，他の羊飼いの利益は減る。そこで，他の羊飼いも羊を増やすと，共有地はさらに荒れ，結果的に全員の利益は減ってしまう。　　Y　地球環境という共有資源が回復不可能な損失を受けることになる。　　問5　A　1963年の出来事。米ソ英の3か国で調印され，その後に多くの国が参加した。　　D　1968年の出来事。米ソ英仏中以外の国々による核兵器の保有などが禁止された。

C　1987年に米ソの二国間条約として調印されたが，2019年に失効した。　　B　2017年の出来事。ただし，核保有国のほか，日本などのアメリカの同盟国は参加していない。

【3】1　A　4　　B　下　　2　ウ　　3　ア　　4　ウ　　5　ウ
6　エ　　7　ア

○**解説**○　1　アメリカの大統領の任期は4年，イギリスの議会は上院(貴族院)と下院(庶民院)の2院制(両院制)である。　　2　アメリカ合衆国憲法修正第22条によって，3選は禁止されている。第二次世界大戦後に2

536

期務めた大統領として，戦後すぐのハリー・トルーマン，ドワイト・D・アイゼンハワー，リンドン・ジョンソン，リチャード・ニクソン，ロナルド・レーガン，ビル・クリントン，ジョージ・W・ブッシュ，バラク・オバマと多数いる。大統領の権限としては，行政府の長官とおもな役人の任免権，恩赦を与える権限がある。議会に対して法案提出権はないが立法措置を講ずるよう要請・勧告する権限と法案に対する拒否権がある。　**3**　イギリスの上院は政党や首相上院議員任命委員会などの推薦で国王が任命するのに対して，下院は1選挙区1名の小選挙区から選出される。定数は650名で任期は5年である。1997年から2009年までは労働党が，2009年以降は保守党が政権を担っているが，それ以前も，約10年ごとに政権が交代している。ほぼ保守党と労働党の2大政党制である。　**4**　**ア**　日本の国会は議案の審議や国政の調査などの議会運営を効率的に行うために委員会中心主義を採用している(国会法40条以下)。委員会は衆参両院にあり，常任委員会と特別委員会からなり，国会議員はいずれかの委員会に所属することが義務づけられている(同42条)。　**イ**　日本の参議院議員選挙は，都道府県単位の選挙区選出(一部2県でひとつの選挙区のため，全国45選挙区)と全国を1選挙区とする非拘束名簿式比例代表制を採用している。　**エ**　議会の解散があるのは衆議院のみ。衆議院の解散については学説上では争いがあるも，実務では日本国憲法7条と69条により解散が行われている。　**5**　各選挙区から1名選出されるということは，小選挙区選挙である。　**a**　P党は「あ」，「う」，「お」の選挙区で最も多い得票数を上げているので当選者3人で議席数3，Q党は「い」，「え」の選挙区で最も多い得票数を上げているので当選者は2人で議席数2，R党はどの選挙区でも1位になっていないので当選者がゼロで議席はなし。得票数が2番目のR党は議席なしなのでaは誤り。　**b**　P党は得票数は最も少ないが，死票は「い」，「え」の選挙区の10票ずつで20票しかない。したがってbは正しい。　**6**　日本国憲法第60条「予算は，さきに衆議院に提出しなければならない。」第2項「予算について，参議院で衆議院と異なつた議決をした場合に，法律の定めるところにより，両議院の協議会を開いても意見が一致しないとき，又は参議院が，衆議院の可決した予算を受け取つた後，国会休会中の期間を除いて三十日以内

に，議決しないときは，衆議院の議決を国会の議決とする。」第61条「条約の締結に必要な国会の承認については，前条第2項の規定を準用する」とある。　イ　弾劾裁判所の設置と国政調査権の行使は衆議院の優越事項ではない。　7　解答参照。

【4】問1　③　　問2　②　　問3　②　　問4　③　　問5　②
問6　④

○解説○ 問1　参議院で与党が少数派の「ねじれ国会」では，与党が衆議院で再可決できる勢力でないと政府提出法案が成立しにくくなる。① 任期中ではなく，会期中。　② 臨時国会ではなく，参議院の緊急集会。　④ 委員会では議員による審議が行われる。利害関係者や学識関係者の意見聴取は，公聴会で行われる。　問2　ウ　愛媛玉ぐし料訴訟では，最高裁が政教分離原則違反を初めて認めた。　エ　三菱樹脂訴訟ではなく，『宴のあと』事件。三菱樹脂訴訟では，最高裁は思想・良心の自由を保障する憲法規定は私人間には直接適用されないとした。　問3　ア　核戦争の抑止と核軍縮が進められるようになった。　イ　包括的核実験禁止条約ではなく，核兵器拡散防止条約。包括的核実験禁止条約は，1996年に国連で採択されたが，未発効である。　ウ　デタント(緊張緩和)の時代が終わり，米ソ対立が激化した。エ　同年には東欧革命で，東欧諸国の社会主義体制が崩壊した。
問4　アメリカ大統領は，法案提出権を持たないが，法案への署名拒否権を持つ。それに，教書によって議会に立法を促すことはできる。① 上院ではなく，下院。　② 議会の解散権を持たない。　③ 大統領は解散権を行使できない一方，議会は大統領を不信任とすることができない。　④ 全国人民代表大会は，憲法上の最高権力機関。
問5　実際に貨幣支出を伴う需要を有効需要というが，不況とは有効需要が縮小した状態のこと。ゆえに，景気対策としては有効需要を拡大する政策が実施される。　① 縮小ではなく，拡大する。　③ 公債発行は中央銀行が行う。公債を売ると景気の過熱がおさえられる。④ 不況の際に行われる。　問6　ア　1948年ではなく，1995年。1948年にはGATT(関税及び貿易に関する一般協定)が締結された。
イ　NIEO樹立宣言は1974年の国連資源特別総会での出来事。　エ　ド

ル安是正ではなく，ドル高是正(ドル安誘導)。そのため，日本は円高不況に見舞われた。

【5】問1　一票でも多くの票を取った候補が選挙人をすべて獲得するという「勝者総取り(ウィナー・テイク・オール)方式」で配分している。問2　(1)　ウ　　(2)　首脳名…ゴルバチョフ　会談名…マルタ会談(3)　NATO(北大西洋条約機構)　　(4)　グルジア(ジョージア)問3　法律名…テロ対策特別措置法　首相名…小泉純一郎問4　バイデン　　問5　国際問題を外交交渉など多国間の協調によって解決するのではなく，自国の主張のみで単独行動によって解決しようとする考え。　　問6　自衛隊派遣は憲法前文の「平和的生存権」の侵害にあたる。イラクでの自衛隊の活動は「武力の行使」にあたり憲法第9条第1項に違反する。　　問7　(1)　アサド　　(2)　アラブの春

○**解説**○　問1　大統領選挙は過半数の選挙人を獲得した候補者が当選となる。だが，勝者総取り方式により，一般の有権者の投票では他候補に負けていても，獲得選挙人数で上回り，当選となる事例が過去に数回発生している。　　問2　(1)　フォークランド紛争は，1982年にフォークランド諸島(マルビナス諸島)の領有をめぐり，イギリスとアルゼンチンとの間で勃発した紛争。両国はいずれも冷戦時には西側に属しており，米ソ冷戦の代理戦争ではない。　　(2)　ゴルバチョフは，ソ連の最高権力者に就任すると，ペレストロイカ(改革)や新思考外交，情報公開を推し進め，米ソ冷戦は終結に向かった。1989年にアメリカのブッシュ大統領と地中海のマルタで首脳会談を行い，両首脳は冷戦終結を宣言するに至った。　　(3)　NATOは米ソ冷戦時に西側諸国によって結成された軍事同盟。東側諸国はこれに対抗してワルシャワ条約機構を設立したが，冷戦終結により解散した。一方，NATOは冷戦終結後も存続し，かつての東側諸国にも勢力を拡大した。　　(4)　ソ連は解体したが，ロシアをはじめとするその連邦構成国の多くにより，CISが結成された。ジョージアもCISに加盟したが，ロシアとは対立関係にあり，2008年には自治南オセチアをめぐって両国間で武力紛争も勃発し，ジョージアはCISを脱退した。　　問3　アフガニスタン戦争は，

アルカイダと関係のあったイスラム原理主義タリバンを掃討するため勃発した。当時の小泉政権はこの「対テロ戦争」に賛同し，テロ対策特別措置法に基づき，わが国はインド洋上での海上自衛隊による多国籍軍艦船への給油支援活動などを行った。　問4　アメリカ軍のアフガニスタンからの撤収は，前任のトランプ政権によって決まっていたが，バイデン政権によって実行された。だが，アメリカ軍の撤収に伴い，イスラム原理主義勢力であるタリバンが勢力を回復し，アフガニスタンの実権を再び掌握した。　問5　ユニラテラリズムは単独行動主義と訳される。対義語はマルチラテラリズム(国際協調主義)である。近年のアメリカは，共和党政権ではユニラテラリズム，民主党政権ではマルチラテラリズム的な姿勢が目立っている。また多国間交渉によってではなく，相手国との2国間交渉で処理することをバイラテラリズムという。　問6　わが国は，イラク復興支援特別措置法に基づき，自衛隊がイラクに派遣され，給水活動などに従事した。自衛隊の派遣地域は非戦闘地域に限定され，実際は自衛隊が戦闘行為に及ぶことはなかったが，法制定に際しては厳しい批判も生じた。　問7　(1)　バッシャール・アル・アサドは，父親から権力を継承する形で，2005年からシリアの大統領を務めている。2011年のシリア内戦勃発後も大統領として政府軍を率い，2023年に至っても反政府軍との戦いを継続している。　(2)　チュニジアでジャスミン革命が勃発し，市民によって独裁政権が打倒されると，他のアラブ諸国にも反政府運動が波及した。これを「アラブの春」という。だがこれにより，シリアをはじめ，多くの国では内戦や政情不安に陥る結果となった。

【6】(1)　a　自由　　b　日本民主　　c　55　　d　岸(信介)　e　安保闘争　　(2)　合理的支配　　(3)　少数の企業による過度な市場支配と不公正な取り引きを禁止するため。　　(4)　・政権交代が起こりやすい。　　・政策上の論点が明確になる。　　(5)　・国の政治のあり方を最終的に決定する権限は国民に属する。国民主権の原理。　・国家の基本法である憲法を制定する権限は国民に帰属する。　　(6)　ウ　(7)　Ⅰ　イ　　Ⅱ　エ　　(8)　ア，ウ，オ
○解説○ (1)　a　後に自民党で保守本流とされた勢力の源流である。

b　日本民主党は改憲や再軍備に積極的な政党だった。　c　1955年に成立したことから，このように呼ばれている。1993年まで続いた。d　岸信介により，現行の日米安保条約が締結された。　e　左派勢力である市民運動家や学生運動家らが安保改定に反対し，大規模なデモ運動を行った。　(2)　ウェーバーは，支配のあり方をその正統性の根拠に応じて伝統的支配，カリスマ的支配，合理的支配に分類した。合理的支配は近代的な支配のあり方であり，その典型例は官僚制である。なお，実際の支配は，これら3つの混合型として存在する。　(3)　戦後占領期に，三大経済改革の一つとして財閥解体が行われた。持株会社とは，株式保有を通じて多くの企業を支配下に置く会社であり，かつては財閥の復活を防ぐため，独占禁止法によってその設立は禁止されていた。だが，現在は持株会社の設立は解禁されている。　(4)　二大政党制の国の例としては，イギリス(保守党と労働党)やアメリカ(共和党と民主党)などがある。各選挙区の定数が1名のみの選挙制度を小選挙区制というが，小選挙区制だと中小規模の政党は不利になるため，二大政党制になりやすいとされている。　(5)　日本国憲法第96条は，憲法改正の手続に関する規定。憲法改正の発議には衆参各院で総議員の3分の2以上の賛成を要し，かつ憲法改正の承認には国民投票で過半数の賛成を要するとされている。なお，国民主権という場合の主権とは，国政の最終決定権の意味を持つ。　(6)　長沼ナイキ訴訟では，第一審で自衛隊は違憲とされたが，控訴審では統治行為論により憲法判断は行われなかった。上告審では自衛隊の合違憲や第9条解釈には一切触れられず，原告である住民には訴えの利益がないとして，上告が棄却された。　(7)　Ⅰ　リバタリアニズムは最小国家を理想とする政治思想。　Ⅱ　コミュニタリアニズムとは，個人の存立の基盤としての共同体の意義を重視する思想。なお，リベラリズムは政治的自由度は高いが経済的自由度は低く，コンサバティズムは政治的自由度は低いが経済的自由度は高い。　(8)　池田内閣は1960年から1964年まで続いた。　ア　1962年の出来事。　イ　1975年の出来事。　ウ　1960年の出来事。池田内閣による。　エ　1973年の出来事。第一次石油危機の発端となった。　オ　1963年の出来事。国際収支上の理由による輸入制限ができなくなった。

● **中高・高校**

【7】問1　キ　　問2　(1)　朝鮮戦争　　(2)　実質事項は，常任理事国の同意投票を含む9理事国の賛成投票が必要であるが，冷戦期の米ソ対立の激化により，拒否権が行使されまとまらなかったから。(70字)
問3　(1)　ウ　　(2)　統治行為論　　問4　ウ　　問5　(1)　ウ
(2)　ア，オ，カ　　(3)　オ　　問6　(1)　ア，ウ　　(2)　ねじれ国会
(3)　集団的自衛権

○**解説**○　問1　政治・経済の内容の取扱いとして，平成21年3月告示版と平成30年3月告示版に共通して裁判員制度を扱うことが挙げられている。　問2　(1)　朝鮮戦争とは，朝鮮半島の支配をめぐり，韓国と北朝鮮の間で勃発した戦争。1953年に休戦協定が結ばれた。わが国に駐留していたアメリカ軍が朝鮮半島に出動することとなったことから，治安維持のために警察予備隊が創設された。　(2)　安全保障理事会は，5つの常任理事国と10の非常任理事国によって構成されている。手続事項では，9か国の賛成があれば決議が成立するが，実質事項では，常任理事国に拒否権があり，常任理事国の1か国が反対すれば決議は成立しない。　問3　(1)　旧日米安保条約には内乱条項があった。この内乱条項は，1960年に締結された現在の日米安保条約には存在しない。　ア・イ　現在の安保条約にある条項。共同防衛義務の規定がないなど，旧条約は片務的な内容だった。　エ　「思いやり予算」と呼ばれる，在日米軍の駐留費用の一部負担は，1978年に始まった。
(2)　高度に政治性を有する問題に対する司法判断は，三権分立や国民主権を脅かすことになるというのが，統治行為論の根拠とされている。砂川事件のほか，衆議院解散の憲法適合性が争われた苫米地事件でも，統治行為論に基づき最高裁は憲法判断を示さなかった。　問4　田中角栄が1972年に訪中し，日中共同声明に調印し，両国は国交を正常化した。　ア　鳩山一郎内閣による1956年の出来事。　イ　佐藤栄作内閣による1965年の出来事。　エ　小泉純一郎内閣による2002年と2004年の出来事。　問5　(1)　1993年に日本新党党首の細川護熙を首班とする非自民8党派による連立内閣が成立したが，1994年の細川内閣の退陣後，この連立政権に参加していた日本社会党と新党さきがけが非自民8党派の枠組みから離脱して自民党と連立し，村山富市を首班とする連立内閣が発足した。　(2)　カンボジアは自衛隊が初めてPKO派

遣された地で，南スーダンのPKOでは自衛隊に初めて駆けつけ警護の任務が与えられた。インドネシアから独立することとなった東ティモールのPKOにも参加している。　イ　イラクへは2003年のイラク戦争勃発義に，イラク復興支援特措法に基づき自衛隊が派遣された。

(3)　a　国家安全保障会議は内閣に設置された機関で，内閣総理大臣が議長，一部の国務大臣が議員を務める。　b　武器輸出三原則に代わり，防衛装備移転三原則が策定された。　c　それまで実質的に禁止されていた武器輸出が解禁された。　問6　(1)　第二次安倍内閣は2012年に成立し2014年に終了したが，選挙権年齢を18歳に引下げる公職選挙法の成立は第3次安倍内閣だった2015年，消費税率の10％引上げと軽減税率の導入は，第4次安倍内閣だった2019年の出来事である。その他の選択肢は第2次安倍内閣以前の出来事。総選挙が行われた後に首相が再任した場合，第○次内閣と表記される。安倍内閣は第四次まで続いたが，この問題では安倍元首相の再任以降を第二次安倍内閣と表記している。　(2)　参議院で否決された法案の成立は，衆議院で出席議員の3分の2以上による再可決が要件。衆議院で多数派の政党が与党となるが，ねじれ国会では与党が衆議院で再可決の要件を満たす勢力を保持していないと政府提出法案が成立せず，政治が膠着しやすくなる。　(3)　集団的自衛権とは，自国の同盟国が攻撃を受けた際，同盟国とともに反撃する権利のこと。かつて政府は集団的自衛権の行使を違憲としてきたが，2014年に政府見解を改め，翌年に安全保障関連法の制定により，集団的自衛権の限定的行使を解禁した。

【8】問1　ア　　問2　(1)　ア　　(2)　日本国民　　問3　(1)　ア，エ　(2)　ウ　問4　(1)　アダムズ方式　　(2)　イ，エ　　(3)　選挙で民意を得たとは言い難いのは，A党の投票率と獲得議席数に大きな乖離があるためである。小選挙区制は1つの選挙区から1人選出するため，大政党に有利になりやすい特徴があり，比例代表制によって補っている。(100字)　　問5　(1)　ウ　　(2)　ウ

○**解説**○　問1　公共的な空間における基本的原理として，幸福，正義，公正などに着目して，課題を追究したり解決したりする活動を通しての指導について言及がある。　問2　(1)　ボーダンは『国家論』で国

家主権を初めて理論化した思想家だが，王権神授説に基づく絶対君主制の支持者でもあった。②の『君主論』はマキャヴェリが政治を現実主義的な観点から考察した著。bはロック，cはルソーの思想である。
(2)　憲法第1条は象徴天皇制と国民主権に関する規定。大日本帝国憲法の第一条では，「大日本帝国ハ万世一系ノ天皇之ヲ統治ス」と，天皇は主権者とされていたが，日本国憲法では天皇主権は否定され，国民主権は平和主義，基本的人権の尊重とともに，基本原理の一つとされている。　問3　(1)　ア　憲法第29条の2，3項の内容。　エ　朝日訴訟や堀木訴訟に関する記述である。　イ　「国家による自由」ではなく，「国家からの自由」。「国家による自由」は社会権である。　ウ　在日外国人には国・地方のいずれにおいても公職者の選挙権は認められていない。　(2)　チャタレー事件とは，小説『チャタレイ夫人の恋人』の翻訳者らが，わいせつ物頒布罪違反で摘発された事件。最高裁は表現の自由の侵害を認めなかった。アとエはプライバシー権が争われた事件。イは死刑囚の再審が開始された事件である。　問4　(1)　アダムズ方式により，国政調査の結果に基づき，各都道府県の人口を調整された数値で割り，その答えの小数点以下を切り上げた数が各都道府県の小選挙区数となる。2022年の公職選挙法改正で，初めてこの方式を用いた各都道府県の小選挙区数の是正が行われた。　(2)　参院選の選挙区選挙では，原則として各都道府県が一つの選挙区となり，3年ごとに各選挙区から1〜6名の議員を改選する仕組みとなっている。だが，「一票の格差」を解消するために，合区(合同選挙区)が導入された。　(3)　小選挙区制では各選挙区の定員は1名であるため，有効投票の過半数が死票(選挙結果に反映されない票)になることも珍しくない。これに対し，比例代表制は各政党に対し，得票数に応じて議席が配分される。衆院選には両方の制度で議員を選ぶ小選挙区比例代表並立制が採用されている。　問5　(1)　アメリカの議会には，大統領を不信任とする権限はない。　ア　議会が議決した法案への署名拒否権はある。　イ　一般教書，予算教書，経済教書を三大教書という。　エ　大統領は各州の有権者の投票で選ばれた選挙人によって選出される。　(2)　予算の作成や国会への提出は内閣のみが持つ権限。ただし，国会には予算の議決権がある。　ア　条約の締結権は内閣にある。　イ　天皇が任命を行

う。　エ　法律案の提出権は内閣と国会議員にある。

【9】(1)　③　　(2)　④　　(3)　①　　(4)　⑥　　(5)　②　　(6)　①

○**解説**○　(1)　各国の中央銀行は，政府とは独立して金融政策を行う。基本は不景気のときに国債などを買い入れて市場に資金を供給する資金供給オペレーションと，好景気のときに国債などを売却して資金を吸収する資金吸収オペレーションがある。供給オペの結果，金融市場の資金が潤沢になり，企業の設備投資や家計も含んだ消費が増加する。一方吸収オペの結果，資金が減り，設備投資や消費が控えられ，結果加熱した景気を抑えることができる。　(2)　地方自治は国政とくらべ，住民に直接請求権がある。条例については有権者の50分の1以上の署名を首長(都道府県知事・市町村長)に請求することができる(イニシアティブという)。首長が議会にかけ，結果を報告しなければならない。解職請求(リコールという)の必要投票数は有権者の3分の1で議会や議員，首長については選挙管理委員会，主要な職員(副知事，副市町村長など)は首長に請求をし，認められると住民投票が行われる。問題文はこの必要投票数については聞いていないことに注意。その後，住民投票を行い過半数の同意で失職または解散する。　(3)　①　情報公開については条例制定後に法が制定された。　②　特定秘密保護法ではなく犯罪被害者等基本法。平成17(2005)年施行。　③　経済的自由権は精神的自由権より公共の福祉による制約は強いとされる。これを「二重の基準論」と呼び憲法学説としては通説となっている。日本国憲法における経済的自由権の条文である第22条，第29条にはかさねて「公共の福祉」という文言がある。　④　国際人権規約については公務員のストライキ権や，労働者への公の休日についての報酬など国内法との関係から留保などをしている。　(4)　X　労働関係調整法第35条の2により，国民の生活に多大な影響がある場合，「中央労働委員会」の意見に基づき，「50日間」争議行為を禁止する緊急調整が行われる(同第38条)。難問である。　Y　これもかなり難しいが法の趣旨を考えれば正しいことがわかる。　Z　労働基準法第38条の3(専門業務型裁量労働時間制)による。したがって裁量労働制は労使双方の合意により認められる。　(5)　①　日本の違憲審査制度は付随的審査制を採用して

いる。憲法第81条にも「最高裁判所は…終審裁判所である」とあり，各裁判所が，個々の具体的裁判に適用される法令が憲法に違反しているかを行う。　② 憲法第69条の内容である。　③ 弾劾裁判所は国会に設置される(憲法第64条)。　④ 最高裁長官は天皇が任命する(憲法第6条第2項)。　(6) まず完全競争市場ということは，需要と供給が等しい状態である。需要曲線は$Q＝300－P$，供給曲線は$Q＝－200＋P$，$Q＝300－P＝－200＋P$を解いて$P＝250$。これが，均衡価格。問題文によると「政府が数量規制を行い，供給量を40に規制」とある。政府が数量規制をして供給量を40に制限したので市場の均衡価格が260に大幅に上昇し，それが取引価格となる。結果として，消費者の利益は価格の上昇によりこちらも大幅に減少する。

【10】(1) 議会の解散，市町村合併，災害による延期　から1つ
(2) ① 政党助成法　② 無党派層　③ 政党は社会に存在する多様な利益や意見を集約し，国民に提示したり，政策の実現に取り組んだりする役割を持っている。仮に政党がない場合，複雑で多様な意見が無数に存在し，調整や意思決定が困難になると考えられる。
(3) 自分が特に関心をもっているいくつかの分野について，候補者の主張を比較してみてはどうかとアドバイスをする。　(4) ブライス
(5) イ　(6) ① A 集会　B 言論　② 表現の自由が制限され，自由に意見を述べることができなかったり，一部の偏った情報しか入手できなかったりしたら，民主主義の根幹である国民による意思決定を，適切に行うことができなくなってしまう。　(7) 政治的中立性を確保するため，異なる見解を持つ複数紙の記事を用意し，記事について生徒が安心して自由に議論できる環境を準備する。

○解説○ (1) 首長については任期途中に辞職，死亡する例があるほか，議会によって不信任とされる例がある。また，議会は首長を不信任とすると，首長によって解散させられる場合があるし，自主解散の制度がある。首長，議会は住民の直接請求で解職，解散させられることもある。　(2) ① 政党助成法は，1994年に政治改革関連法の一つとして制定された法律。この法律に基づき，所属議員が1名以上で国政選挙での得票率が2％以上か，あるいは所属議員が5名以上の政党には，

国庫から政党交付金が支給されている。　②　無党派層とは，特定の支持政党を持たない人で，世論調査によってはどの政党の支持者よりも多いこともある。決して政治に対して関心がないとも選挙があっても投票に行かないとも限らず，むしろその投票行動は選挙の帰趨を決するといわれている。　③　政党には，国民の様々な利益や意見を集約して政策にまとめる機能や，それを表出して政治的に実現する機能，政治指導者になる人物を育てる機能などがある。また，与党として政権を担当する機能や，野党として政府の政策の問題を指摘する機能もある。　(3)　すべての政策について，自分と全く同じ考え方の政党，候補者が存在するわけではない。かといって，安易に政党政治に対して失望して政治への関心を失うのは間違っている。重要と思う政策について，自分の考えに最も近い政党を「妥協して」選ぶということも必要である。　(4)　ブライスは19世紀イギリスの政治学者。彼の「地方自治は民主主義の学校である」は，地方自治の民主主義における意義を唱えた言葉。また，同時期にフランスのトクヴィルは，充実した地方自治に自由と民主主義を両立させる可能性を見た。　(5)　日本やイギリスは議院内閣制の国である。　ア　イギリスの上院は貴族院であり，貴族が議員を務めている。　ウ　日本の衆議院議員は小選挙区比例代表並立制によって選出されている。　エ　日本の国務大臣は，過半数が国会議員であればよい。　(6)　①　表現の自由は精神的自由権に属する権利の一つ。また，健全な民主主義にとっては知る権利の保障が重要だが，これは新しい人権であり，憲法によって明文で保障されていない。だが，表現の自由を情報の受け手の側から捉えた権利とされている。　②　表現の自由により，様々な情報や意見が伝えられ，世論が喚起される。また，表現の自由を含めて，精神の自由は一度奪われてしまうとその回復は難しくなることから，公共の福祉による制約には慎重でなければならないとされている。　(7)　良識ある公民となるための教育と，特定の政治的主張を教え込むのは全く異なるものと認識しなければならない。独りよがりに自己の政治的信条を教え込む授業を行えば，教育への信頼を失う生徒や保護者もいることを忘れてはならない。

【11】(1)　国際司法裁判所(ICJ)は，国家間の問題を対象とし，当事国の合意により裁判が開始される。国際刑事裁判所(ICC)は，集団殺害，戦争犯罪などを指導した個人を対象とし，検察官による訴追，締約国や安全保障理事会の検察官への付託により裁判が開始される。

(2)　農産物をはじめとする農村の地域資源を有効に活用し，農業による生産・加工・販売や，第1次産業・第2次産業・第3次産業の融合によって地域ビジネスを展開すること。第1次産業，第2次産業，第3次産業をかけあわせて6次産業という。

○**解説**○ (1)　国際司法裁判所は，国連の主要機関の一つであり，領土問題など，国家間の紛争を平和的に解決するために設置されている。これに対し，国際刑事裁判所は2003年に設立された刑事裁判所であるが，国連の機関ではなく，アメリカや中国，ロシアなどは参加していない。

(2)　1次産業である農林水産業が，2次産業である食品加工業や3次産業であるサービス業などに進出することを，6次産業化という。グリーンツーリズムとして，農家が旅行客に宿泊場所を提供し，農業体験の機会を提供することも6次産業化の取組みの例といえる。

【12】(1)　3,300円　　(2)　政府が紙幣を大量に発行したため。

(3)　87.25万円　　(4)　政府の裁量的な財政金融政策を排し，貨幣供給量の増加率を経済成長率にあわせて一定に保つこと。　　(5)　市中消化の原則　　(6)　ゼロ金利政策は，政策金利が安定的に0％の水準で推移するように促す政策である。マイナス金利政策は，日本銀行の当座預金の一部の金利をマイナスにして名目金利を引き下げる政策である。　　(7)　価値尺度，交換手段，支払い手段，価値貯蔵手段

(8)　1985年のG5では，各国が協調介入してドル高を是正するプラザ合意が決定した。この結果，日本は急激な円高・ドル安による円高不況に陥った。円高不況対策としておこなわれた超低金利政策でカネあまりが発生し，投機的な行動が広がり地価や株価が高騰して，バブル経済が発生した。

○**解説**○ (1)　映画鑑賞によって，料金の1,500円を支払っただけでなく，アルバイトあるいは家事の手伝いで金銭を得る機会も失った。機会費用は得られたであろう利益の最大金額なので，家事の手伝いよりもア

ルバイトによって得られたはずの金額の方が大きいから，1,500＋1,800で3,300円の機会費用が発生したことになる。　(2)　インフレとは物価が持続的に上昇する現象であり，貨幣価値が持続的に低下する現象ともいえる。紙幣が大量に発行されれば，貨幣価値は低下し，物価は上昇する。第一次大戦後，敗戦国のドイツは賠償金支払いのために紙幣を大量発行した。　(3)　わが国では超過累進課税制度が導入されており，課税所得のうち一定水準を超えた分に対し，高い税率が適用される。課税所得金額(収入－必要経費－所得控除)が650万円のケースでは，所得税率は20％・控除額は42万7,500円となり，650万円×20％－42万7,500円＝872,500円。　(4)　ケインズは裁量的な財政金融政策によって有効需要をコントロールすべきとした。フリードマンはこうした政策の有効性を否定し，市場機構を信頼して，政府の経済政策は貨幣増加率の固定化による物価安定化に限られるべきとした。(5)　日銀が政府から直接的に国債を購入すれば，財政節度が失われて国債が大量発行され，激しいインフレを招くおそれが高まる。ゆえに，国債は原則として，いったんは市中銀行などの民間企業によって買い取られなければならないことになっている。　(6)　わが国では，1998年からゼロ金利政策が導入された。また，第二次安倍政権のもと，2013年から「異次元の金融緩和(量的・質的緩和)」が実施されていたが，これに加える形で，2016年からマイナス金利政策が導入された。(7)　貨幣により，様々な財の価値が統一的な尺度で示される。また，貨幣を交換や払いの手段とすることで，取引は物々交換よりも格段にスムーズになる。貨幣の形で貯蔵すれば，腐敗などによる貯蔵物の価値の減少を防ぐこともできる。　(8)　1980年代に，アメリカでは高金利政策によってドル高が進み，経常収支の赤字と財政赤字(双子の赤字)が膨張した。これに対処してドル高を是正するために，ニューヨークのプラザホテルで開催されたG5(主要5か国財務相・中央銀行総裁会議)にて，プラザ合意が決定した。

【13】 (1) D　 (2) C　 (3) A　 (4) B　 (5) A　 (6) A
(7) D　 (8) B　 (9) B　 (10) A　 (11) アクセス権
(12) 小切手　 (13) プラザ合意　 (14) モントリオール議定書

(15)　消費者の力を強め，社会経済のなかに消費者主権を確立しよう
とする主張及び運動のこと　　(16)　自国の産業を救済するために，
不当に安い価格で輸入された商品に対して，特別に課税する関税のこ
と

○**解説**○ (1)　民主党は社会民主党や自民党から離党した議員による新党
さきがけなどの議員によって結成された。その後，自由党の議員らが
合流し，2009年に政権政党となった。民進党は民主党が政権を失った
後に，他の野党と合流して結成した政党である。　　(2)　自衛隊の最高
指揮権を持っているのは内閣総理大臣である。　　A　恩赦を決定でき
る。　　B　条約の承認でも衆議院の議決が優先する。　　D　ただし，国
務大臣の過半数は国会議員の中から任命しなければならない。

(3)　条例案などに対する拒否権が，再議請求権とも呼ばれている。
B　市町村議会議員の任期も4年。　　C　30日以内ではなく，10日以内。
D　21市ではなく，20市。　　(4)　マルチカルチュラリズムとは多文化
主義のこと。様々な文化が共生することをいう。民族がほかの民族や
国家の干渉を受けることなく，自らの意思で政治の在り方を決定する
ことは，民族自決と呼ばれている。　　(5)　①　1956年の出来事。日ソ
両国は国交を正常化し，同年にわが国は国連に加盟した。　　②　1965
年の出来事。日韓両国は国交を正常化した。　　③　1971年の出来事。
④　1978年の出来事。日中国交正常化は1972年の日中共同声明による。
(6)　物価指数には，消費者物価指数のほか，企業間取引における企業
物価指数や，名目GDPから実質GDPを計算する際に用いられるGDPデ
フレーターがある。　　B　NNPではなく，GNP。NNPはGNPから固定
資本減耗分を除いたもの。　　C　GNIは分配面からみたGNPであり，
両者は等しい。　　D　名目GDPから物価変動分を除いたものが実質
GDP。　　(7)　D　ドッジ・ラインではなくシャウプ勧告に関する記述。
ドッジ・ラインとは，戦後の悪性インフレを収束させるために，GHQ
の経済安定9原則に基づいて実施された，財政金融引き締め政策のこ
とである。　　(8)　B　第一次所得収支ではなく第二次所得収支に関す
る記述。第一次所得収支とは，対外金融債権・債務から生じる利子・
配当や雇用者報酬などを計上する収支である。なお，第一次所得収支
と第二次所得収支は，貿易・サービス収支とともに，経常収支を構成

している。　(9)　一般特恵関税制度とは，先進国が発展途上国から輸入する場合に，通常よりも特別に低い関税率を適用して，発展途上国の経済発展の促進をはかることをいう。第1回UNCTAD会議に討議資料として提出された，プレビッシュ報告で提案された。　(10)　天然資源に関する恒久主権とは，天然資源はその地域の人民や民族が所有者として，自由に開発，使用，処分できる権利のこと。また，天然資源の保有国はこうした権利を持っているとする思想を，資源ナショナリズムという。　(11)　新しい人権とは，憲法に明文の保障規定はないものの，人権として主張されるようになった権利のこと。なお，日本共産党がサンケイ新聞に反論文の無料掲載を要求したサンケイ新聞意見広告訴訟において，最高裁はアクセス権を認めなかった。

(12)　当座預金とは小切手や手形の支払いに用いられる預金であり，利息は付かない。小切手は，この当座預金の保有者でなければ振り出すことはできない。また，小切手を受け取った者は，銀行で小切手を現金化できる。　(13)　アメリカの通貨当局のドル高政策により，アメリカの経常赤字と財政赤字の「双子の赤字」が肥大化していた。ゆえに，ドル高を是正するため，先進5か国の通貨当局は，ドル高を是正するために外為市場に協調介入することで合意した。これをプラザ合意という。　(14)　オゾン層保護条約はウィーン条約とも呼ばれている。また，この条約に基づき，オゾン層の破壊物質であるフロンの製造などを規制するために，モントリオール議定書が締結された。近年は代替フロンも規制対象としている。　(15)　消費者主権とは，消費者が経済活動において優位する立場にあるべきとする考え方のこと。なお，「情報の非対称性」と呼ばれているが，企業と消費者の間には保有する情報量に格差があり，消費者が不利益を受ける例が多い。

(16)　ダンピングとは，不当廉売と訳されるが，不当な安値で販売すること。市場の独占につながることから，独占禁止法により禁止されている。国際貿易においてもダンピングが行われることがあり，これに対抗するアンチダンピング関税は，WTO協定によって認められている。

【14】(1) グローバルに展開するサービスや商品が手に入ったり，子会社による従業員雇用が促進されたりする。　(2) ① イ　② エ　③ ア　(3) ① C RCEP　D 知的財産(権)　② ウ　(4) DAC

○**解説**○ (1) 多国籍企業の子会社を置かれた国にはメリットだけでなく，デメリットもある。例えば，競争相手の増加により国内企業や産業は打撃を受け，衰退を招くリスクがあるし，慣習や価値観の違いによる衝突や地元の文化の破壊をもたらすこともある。　(2) ① 国民の所得が減少すれば国内需要量が減退し，国内需要曲線が左にシフトする。価格がPのままならば国内供給量は変わらないが，輸入量は減少することになる。なお，ア，エの場合，Pが下にシフトして国内需要量と輸入量が増える反面，国内供給量は減る。ウの場合，国内供給曲線は左にシフトして，国内供給は減る分，輸入量が増える。

② A 労働生産性とは労働者1人あたりの生産量の多さをいう。いずれの財についても，X国のほうが少ない労働者で生産できる。　B X国が農産品の生産を1単位減らせば，6人の労働者を工業製品の生産に投下できるので，工業製品を3単位生産できるようになる。他方，Y国が農産品の生産を1単位増やすには労働者7人追加する必要があるが，それには工業製品を生産する労働者を7人減らさないといけない。すると，工業製品の生産量は0.5単位となる。ゆえに，X国とY国の工業製品の生産量は合計で3.5単位となる。　③ 1ドル＝75円の時，アメリカで1ドルのものは日本では75円となる。1年後，アメリカの物価が1.5倍となったのに日本の物価は変わらなければ，アメリカで1.5ドルに値上がりしたものは日本では75円のままということになる。つまり，1.5ドル＝75円である。　(3) ① C RCEP協定は日本や中国など，15か国で締結された世界最大規模のEPA(経済連携協定)である。2022年に10か国で発効に至っている。　D 知的財産権は特許権，実用新案権，意匠権，商標権などの産業財産権と，著作権からなる。

② わが国は，シンガポールと初めてEPAを締結し，その後様々な国・地域とEPAを締結し，現在に至っている。　ア 域内と域外の関税率を同一にしてはFTAの意味がない。　イ メガFTAはすでに締結されている。RCEP協定もその一つである。　エ EPAに関する記述。

(4)　DACはOECD(経済協力開発機構)の中にある委員会の一つで，開発途上国に対する開発援助の量や質の改善などに取り組んでいる機関。OECDの加盟国(38か国)のうち30か国とEUによって構成されている。

【15】　1　c　　2　a　　3　e　　4　b　　5　c

○解説○　1　ア　平成17(2005)年4月1日に設立。知的財産に関する事件を専門に取り扱う東京高等裁判所の特別の支部。　　イ　裁判迅速化法では第一審の訴訟を2年以内に終局させることを目標としている(同法2条)。　　ウ　平成16(2004)年に公布された総合法律支援法に基づき，総合法律支援に関する事業を迅速かつ適切に行うことを目的に日本司法支援センター通称，法テラス(同法第14条)が全国に設置された。

2　b　このとき民営化された公企業は「電電公社」「専売公社」「日本国有鉄道」である。　　c　郵政省の郵便事業は，平成19(2007)年10月1日，郵政民営化関連法により，日本郵政株式会社と4つの事業会社に分かれ，民営化された。　　d　国家公務員に対し各省庁で行われていた民間企業への再就職先幹旋いわゆる天下りを廃し，一元的に再就職先の幹旋を行う機関として設立された。　　e　国家公務員の採用試験や研修制度，その他分限，研修，給与，懲戒，苦情の処理などは人事院の業務である。内閣人事局の主な仕事は各省庁の幹部職員の人事の一元管理である。平たくいえば縦割り行政を排除して，政治主導をめざす「行政改革」の一環である。　　3　e　行政裁判は，国民や住民が原告，国や地方公共団体などの行政機関を被告として民事裁判と同様の手続きで裁判が行われる。　　4　b　小選挙区制は，1つの選挙区で当選者は1人となる。落選した候補者に投票した票はすべて死票となる。したがって死票は多くなる。　　5　a　大日本憲法は欽定憲法(君主が定めた)憲法である。ほかの部分は正しい。　　b　明治憲法下の議会は衆議院と貴族院でほぼ対等とされた(明治憲法第34条)。　　d　「民本主義」を主張したのは吉野作造。ほかの部分は正しい。　　e　第22回総選挙は，大日本帝国憲法下の最後の選挙で，男女普通選挙(女子にも選挙権がある)で行われた。

中高・高校
倫理・公共

要点整理

倫理

■■思想の源流Ⅰ

　　西洋思想の源流については，古代ギリシアにおける哲学の誕生から，ソフィストを経て，ソクラテスまでを確認しておかねばならない。自然（宇宙や万物）の「始源」（アルケー）探求はタレスから始まった。ソフィストに至ると，自然ではなく，人間が哲学的考察の対象になった。プロタゴラスの「人間は万物の尺度である」は有名である。その後，「無知」を自覚したソクラテスによって，哲学は「愛智の学」として生まれ変わった。

■■思想の源流Ⅱ

1. ユダヤ教の成立

(1) キリスト教の母胎…『旧約聖書』

(2) イスラエル民族…流浪生活中，ヤーヴェ信仰形成

2. 契約と律法

(1) 神は唯一の人格神，神と民との契約関係→律法

(2) 終末観の展開→メシアの待望

3. イエスの登場

(1) 神の国の福音を宣教

(2) 律法を生かす神の愛（アガペー）と隣人愛

(3) イエスの十字架上の刑死→復活信仰

4. キリスト教の現代的意義

民主主義の源泉，国際政治緊張緩和，科学の合理性

■■仏教・儒学

1. 仏教

(1) 古代インドの社会と思想…『ベーダ』→バラモン教

(2) 仏陀の教え

①寛容の態度と平和主義…解脱が目標

　　②中道…正しい認識に基づいた修行

　　③四諦（苦諦・集諦・滅諦・道諦)…4つの真実

(3)　仏教の発展…小乗仏教と大乗仏教（龍樹・無着）

(4)　仏教の現代的意義…平等主義・平和主義

2.　儒学

(1)　諸子百家…春秋戦国時代，孔子，孟子，老子その他

(2)　孔子…①徳の根本…「仁」，忠と恕が必要　②徳知主義…法治主義を否定

(3)　孟子…①性善説…四端（惻隠・羞悪・辞譲・是非）　②四徳（仁・義・礼・智）→聖人君子

▮▮近代思想Ⅰ

□カント（1724〜1804）

　イギリス型経験論と大陸型合理論とを結合→ドイツ型理想主義（観念論）の確立

　人格主義→理性的存在としての人間→「善意志」のみ無条件に善と考えられるもの→道徳法則の順守→真の自由

□ヘーゲル（1770〜1831）

　ドイツ型理想主義の完成→歴史は絶対精神が自己を弁証法的に実現していく過程

▮▮近代思想Ⅱ

□マルクス（1818〜1883）

　ドイツ生まれのユダヤ人。資本主義社会の変革のため，ドイツ観念論，イギリス経済学，フランスの空想的社会主義を徹底的に研究・批判し，哲学では弁証法的唯物論，歴史学では唯物史観，経済学では剰余価値学説，実践論では科学的社会主義を創始，それらを総合してマルクス主義と呼ぶ。

□功利主義

　19世紀にイギリスのベンサムが定式化。人生の目的である幸福は量的に客観的に算定でき，それによって道徳に普遍妥当性を与えようとする立場。「最大多数の最大幸福」とし，J.S.ミルが継承。

□実証主義

19世紀の代表的思想。科学による知識以外に真の知識はないとする考え方。コントが体系化。

□実存主義

19世紀後半のキルケゴール，ニーチェが先駆。実存という名称でとらえられるようになったのは20世紀に入ってから。人間を本来，論理的にとらえることの不可能な非合理的存在と考え，不条理の中で動揺する人間の真の在り方を追究する立場。ヤスパース，ハイデッカー，サルトルなど。

□実用主義（プラグマティズム）

現代アメリカの代表的哲学。思想や観念は生活実践に利益か否かで，真理か否かを決定する立場。1870年代にパースが提唱。19世紀末にW.ジェームズが広め，20世紀前半にデューイやG. H.ミードによって発展。

日本の思想

1. 日本の古代人の考え方

多神教→八百万神（やおよろずのかみ），「清き明き心」（罪は「けがれ」として洗い清められる）

2. 日本の仏教

聖徳太子の『三経義疏』，十七条憲法

3. 鎌倉仏教

親鸞…悪人正機説，『歎異抄』

道元…只管打坐，『正法眼蔵』

日蓮…法華経のみ真の仏教，『開目抄』

4. 江戸時代の儒学

朱子学派…藤原惺窩，林羅山→封建秩序の維持

陽明学派…中江藤樹→「孝」（天に奉仕）

古学派…山鹿素行，伊藤仁斎→五倫

国学…本居宣長の『古事記伝』，「清き明き心」

町人の思想…石田梅岩→石門心学「正直と倹約」

農民の思想…安藤昌益→差別のない社会，自然世　二宮尊徳→「農

は万業の大本」

▌▌▌日本の近代思想

1. 西洋科学との接触
- 杉田玄白『解体新書』『蘭学事始』
- 新井白石『西洋紀聞』

2. 東洋の道徳と西洋の芸術
- 佐久間象山

3. 日本の近代化
- 福沢諭吉『西洋事情』『学問のすゝめ』
- 中江兆民『社会契約論』の翻訳，自由民権運動，内村鑑三の無教会主義

4. 近代的自我の追究
- 島崎藤村『破戒』…自然主義文学
- 森鷗外・夏目漱石…西欧的個人主義を追究

5. 社会主義の台頭
- 安部磯雄，片山潜，木下尚江らの研究と運動
- 大正デモクラシー
- 吉野作造の民本主義

6. 日本独自の哲学・倫理学
- 西田幾多郎の純粋経験の哲学の樹立
- 和辻哲郎の人間の学としての倫理学の樹立

▌▌▌世界の近代思想

□実存

　本質に対する概念で，「現実の存在」という意味，特に現実の人間存在を指す。

□実存主義

　人間の現実的存在を具体的，個別的に見ようとする。現代の人間性抑圧の傾向に対して，人間の主体性や個別性を擁護し，回復しようとする。

□実存主義の先駆者

- キルケゴール：美的・倫理的・宗教的実存の3段階。キリスト教的，弁証法的実存主義。
- ニーチェ：超人の道徳，生命の哲学，意志の哲学，反キリスト教の思想。

□現代の実存哲学者
- ハイデッガー：人間は死へと投げ出された存在。主著は『存在と時間』。
- ヤスパース：死・苦など限界状況の挫折を乗り越えて，超越者（神）に行き着く。
- サルトル：人間は，自由に自己のあり方を決定できる存在。全ての責任は自己の上にかかってくる。

▮▮▮社会主義

□空想的社会主義

　マルクス主義以前の社会主義の別称。エンゲルス（1820～95）がマルクス主義を科学的社会主義と称し，サン＝シモン，フーリエ，オーウェンらの社会主義を「空想的（ユートピア的）」として対置した。

□科学的社会主義

　マルクスの盟友，エンゲルスの命名による共産主義の別名。マルクスとエンゲルスは『共産党宣言』（1848）の中で，科学的社会主義を定式化して簡潔に示した。エンゲルスは自著『反デューリング論』の中で，「2つの偉大な発見により，社会主義は科学となった」と述べた。

公共

　公共は，平成30年の学習指導要領の改訂により，新たに設けられた科目である。授業では，法と政治・経済の幅広い課題で，その中には消費者教育，金融教育，職業選択，雇用問題，少子高齢社会，社会保障，安全保障や国際貢献，地球環境や資源・エネルギー問題など，これから直面するきわめて現代的なテーマが中心となる。

【1】 次の文を読んで，以下の問いに答えなさい。

　　近世は儒教(儒学)の時代で，儒教は倫理の教えであって宗教ではなく，宗教，とりわけ中世まで栄えた仏教は衰退するというのが，かつて常識化していた近世のイメージである。古代・中世は①仏教の時代，近世は儒教の時代というのである。その②儒教の中でも③朱子学が正統で，それに対して，④陽明学や古学が勃興し，他方，中国由来の儒学に対して，日本本来の道を明らかにするものとして⑤国学が起こる——これが教科書などに出る江戸時代の思想状況である。しかし，そのような図式は今日では大きく変わってきた。儒教ははたして江戸時代の主流の思想であったかというと，疑問視されるようになってきている。

　　　　　　　　　　　　　　　(末木文美士『日本宗教史』 一部改)

問1　下線部①に関連して，インドから中国，朝鮮半島を経由して日本に伝わった大乗仏教に関する次の問いに答えなさい。

(1)　大乗仏教が重視する六波羅蜜について，6つの実践徳目とその内容を説明したものとして適当でないものを次のア〜エから1つ選び，記号で答えなさい。

　　ア　貧しい者に財を与え，理を教え安心させる「喜捨」
　　イ　戒律を守り，常に自己を反省する「持戒」
　　ウ　苦しみを耐え，忍ぶ「忍辱」
　　エ　精神を統一し，安定させる「禅定」

(2)　ナーガールジュナ(竜樹)の空の思想を，次の2語を必ず用いて，簡潔に説明しなさい。

　　〔　浄　　不浄　〕

(3)　大乗仏教には，命あるものすべてが悟りを開く可能性を備えているとする「一切衆生悉有□□」という思想がある。□□に当てはまる語を漢字2字で答えなさい。

問2　下線部②に関連して，孟子に関する次の問いに答えなさい。

(1)　孟子は，四つの徳すなわち「四徳」を身につけることを重視す

るとともに，その芽生えである「四端」の心は，人間には生まれ
ながらに備わっていると説いた。井戸に落ちそうな子どもを見て，
なんとかしなければと思う他者への思いやりの心は，「四端」の
うちどれに当たるか，また，それが養い育てられると「四徳」の
うちどの徳になるか，次の語から選び，それぞれ答えなさい。

〔 辞譲　羞悪　側隠　是非　仁　義　礼　智 〕

(2)　孟子が理想とした政治について，次の2語を必ず用いて，簡潔
に説明しなさい。

〔 覇道　王道 〕

問3　下線部③についての説明として適当でないものを次のア〜エか
ら1つ選び，記号で答えなさい。

ア　天地万物は，宇宙の原理である理と物質的要素である気とで成
り立っている。

イ　人間の本性は善であるが，気の働きが邪魔をして，その発現が
妨げられてしまう。

ウ　人間の欲望を抑えるには，礼を定めて人々を教え導く礼治主義
が必要である。

エ　万物の理を究める窮理と心身を修養する居敬の態度を重視し
た。

問4　下線部④に関連して，次の問いに答えなさい。

(1)　陽明学では，実践の伴った知識を重視しているが，この考えを
漢字4字で答えなさい。

(2)　陽明学に影響を受けた江戸初期の人物で，『翁問答』を著し，
近江聖人と呼ばれた人物の名を漢字で答えなさい。

問5　下線部⑤に関連して，次の問いに答えなさい。

(1)　国学者の説明として適当でないものを次のア〜エから1つ選び，
記号で答えなさい。

ア　契沖は，『万葉集』を研究し，その注釈書『万葉代匠記』を
著した。

イ　荷田春満は，『万葉集』だけでなく，『古事記』や『日本書紀』
の研究の基礎を築いた。

ウ　賀茂真淵は，『万葉集』にますらをぶりを見出し，本居宣長

に影響を与えた。

　エ　本居宣長から直に教授された平田篤胤は、国家神道を唱え尊王攘夷運動に影響を与えた。

(2)　次の【資料1】を読み、文中の空欄部Aに当てはまる語を漢字2字で答えなさい。

【資料1】

　まず（　A　）、儒意を捨てることについて。わが説くところはなにこつけても、ひとえにこれを捨てよというのは、わけもなくにくいからにくいというのではない。わけは大いにある。そのわけをいおう。古代の道のこころがあきらかでなく、ひとびとがこれを大まちがえに解したのはなにゆえかとたずねれば、みなこの（　A　）のためにこころが迷わされて、それにさまたげられるせいである。(中略)

　道を知るの肝腎かなめはまずこの（　A　）をきれいにのぞき去るにありとはいうぞ。これをさっぱりと掃き出さなくては、道はえがたいだろう。

（本居宣長　石川淳訳一部改『宇比山踏』）

---

(3)　本居宣長の説く「道」とは、どのような生き方を意味するか、「真心」の内容を明らかにしながら説明しなさい。

‖ 2024年度 ‖ 長野県 ‖ 難易度 ■■■□□

【2】次の1〜10の問いに答えなさい。

　1　心理学者トベルスキーとともに、確率をともなう選択をする際の人間の意思決定に関するプロスペクト理論を提唱し、経済学と心理学が融合した行動経済学の発展に貢献した人物を、次のa〜eから一つ選びなさい。

　　a　フリードマン　　b　カーネマン　　c　アドラー
　　d　ジュグラー　　　e　オルポート

　2　キリスト教に関する次の説明A〜Cについて、その正誤の組み合わせとして適切なものを、以下のa〜eから一つ選びなさい。

　　A　パウロは、「人が義とされるのは律法の行いによるのではなく、

信仰による」と述べ，イエスの死と復活に示された神の愛を信じ，神の恵みを受け入れ，信仰と希望と愛による救いの道を説いた。

B　トマス＝アクィナスは，哲学の理性に基づく神の理解は，信仰の源である神からの啓示によって初めて完全なものになり，逆に信仰の内容を明らかにするためには理性が役立つとした。

C　アウグスティヌスは，『キリスト教綱要』を著し，職業を神からの召命(天職)とし，職業から得られる富は正当であり，神聖なものであるとした。

a　A—正　　　B—正　　　C—誤

b　A—正　　　B—誤　　　C—正

c　A—誤　　　B—誤　　　C—正

d　A—誤　　　B—正　　　C—誤

e　A—正　　　B—誤　　　C—誤

3　ベーコンによるイドラについて次の説明A・Bは，それぞれ何と呼ばれているか。その組み合わせとして適切なものを，以下のa〜eから一つ選びなさい。

A　人間の本性から生じる偏見。人間の不完全な精神や感覚を通して歪められた事物の姿を，事物の本性と取り違える誤り。

B　個人の性向・教育・環境に由来する，狭い考え方から生まれる偏見。

a　A—劇場のイドラ　　　B—市場のイドラ

b　A—市場のイドラ　　　B—洞窟のイドラ

c　A—種族のイドラ　　　B—洞窟のイドラ

d　A—市場のイドラ　　　B—劇場のイドラ

e　A—種族のイドラ　　　B—劇場のイドラ

4　カントの思想に関する記述として最も適切なものを，次のa〜eから一つ選びなさい。

a　人間が認識するものを現象といい，現象そのものや現象の背後にある物自体のすべては認識できるとした。

b　普遍的に妥当する，絶対に確実な真理を得るために，すべてを疑うという方法をとり，感覚や学問，身体の存在さえも疑った。

c　感性の働きを思考，悟性の働きを直観とよび，「内容なき思考は

空虚であり，概念なき直観は盲目である」と述べた。

d 自由は歴史の歩みの中で，法や制度という社会的・客観的なものとして，具体的に実現されるべきであると主張した。

e 人間がみずからの理性によって法を立て，それに従うことを「意志の自律」とよび，そうすることで，人間は自然法則の支配から脱して自由になると考えた。

5 ニーチェの思想について，その思想をあらわした著作の一部として適切なものを，次のa〜eから一つ選びなさい。

a 人間は，存在するものの主人公ではありません。人間は存在の牧人です…(略)牧人の尊厳は存在そのものから，存在の真理を守るように，呼びかけられているところにあります…(略)。

b 私に欠けているのは，私は何をなすべきか，ということについて私自身に決心がつかないでいることなのだ…(略)私の使命を理解することが問題なのだ…(略)私にとって真理であるような真理，私がそれのために生き，そして死にたいと思うようなイデー(理念)を発見することが必要なのだ。

c 私が私自身と呼ぶものを(もののように)観ることができないが，私は実存において自身が他に依存しないことを知っている。実存の可能性の中から私は生きる。…(略)実存は，可能的なものであるがゆえに，選択と決断を通して，自らの存在に向かって進むか，それともその存在から無の内に退くかのいずれかである。

d 私はあなた方に超人を教える。人間とは，乗りこえられるべきあるものである。あなた方は，人間を乗りこえるために，何をしたか。およそ生あるものはこれまで，おのれを乗りこえて，より高い何ものかを創ってきた。ところが，あなた方はこの大きい潮の引き潮になろうとするのか。人間を乗りこえるより，むしろ獣に返ろうとするのか。

e 実存が本質に先立つとは，この場合何を意味するのか。それは，人間はまず先に実存し，世界内で出会われ，世界内に不意に姿をあらわし，そのあとで定義されるものだということを意味するのである。

6 ロールズの思想に関する記述として最も適切なものを，次のa〜eか

ら一つ選びなさい。

a　多数派主義や普遍主義に陥らないように，皆で共通善とは何か
を討議し，直面する問題への対応方法と共通善との整合性を考え，
その討議を重ねる中で，コミュニティへの帰属意識と同胞愛を滋
養し，自己統治力と公民的美徳を育て，人格の陶冶を実現すべき
とした。

b　人間の理性には限界があるとするとともに，中央政府は経済活
動のすべてを把握することはできないなどの理由から，市場経済
の優位性を説いた。

c　社会の法や制度の根本となる正義の原理は，各人が将来どのよ
うな能力や地位をもつことになるのか知らされていない無知のヴ
ェールがかけられた原初状態を想定して，その中で社会の成員の
合意に基づいて承認されなければならないとした。

d　人間は，理性的存在であるばかりでなく，同時に動物的である
ので，生存・繁栄のために相互依存を必要とするとし，この相互
依存という人間関係を地域共同体で維持する中から，共同体にふ
さわしい理性的・倫理的共通善が導きだされるとした。

e　何の共同体も存在しない，全くの自然状態から国家の必要性を
考察し，そこにおいて自然発生的につくられる小規模な紛争解決
集団(保護協会)が，やがて「最小国家」に統合され，その地域の
全員を保護するようになる過程を説明した。

7　本地垂迹説についての説明として最も適切なものを，次のa〜eから
一つ選びなさい。

a　念仏とは広大な仏の慈悲に対する感謝の意味で称えるものとい
う考え方。

b　仏が真理の本体で，神は本体が形となってあらわれたものであ
るとする考え方。

c　神が真理の根源で，仏は権(かり)に姿をあらわしたものという考
え方。

d　坐禅の修行は悟りにいたる手段ではなく，修行にうちこむこと
そのものが悟りの体得にほかならないという考え方。

e　ブッダの教えは，正法，像法，末法の三つの時期を経て衰退に

向かうという考え方。

8 朱子学にかかわりのある江戸時代の思想家に関する記述として最も適切なものを，次のa〜eから一つ選びなさい。

a 藤原惺窩は，幕政に参与し，文治主義政治の推進につとめた。

b 林羅山は，『聖教要録』を著し，武士にふさわしい道徳，士道の確立を説いた。

c 佐藤直方は，儒仏の解釈を退けて古典そのものの文献学的・実証的な研究により，古代の精神に触れるべきであると主張した。

d 山崎闇斎は，敬と義を原理とする倫理を説き，厳格な修養主義を主張した。

e 雨森芳洲は，公家や五山の僧侶に教養として学ばれていた儒学を独立させ，近世日本における儒学定着の端緒をなした。

9 次の文は，ある著作(翻訳書)の一部である。この著作名と著作者の組み合わせとして適切なものを，以下のa〜eから一つ選びなさい。

> 民権これ至理なり。自由平等これ大義なり。これら理義に反する者は，ついにこれが罰を受けざるあたわず。百の帝国主義ありといえども，この理義を滅没することはついに得べからず。帝王尊しといえども，この理義を敬重して，ここにもってその尊をたもつを得べし…(略)王公将相無くして民有る者これ有り，民無くして王公将相有る者いまだこれ有らざるなり。

a 『現代日本の開化』　　　　　— 夏目漱石

b 『日露戦争より余が受けし利益』 — 内村鑑三

c 『一年有半』　　　　　　　　— 中江兆民

d 『カズイスチカ』　　　　　　— 森鷗外

e 『善の研究』　　　　　　　　— 西田幾多郎

10 三宅雪嶺に関する記述として最も適切なものを，次のa〜eから一つ選びなさい。

a 『国民新聞』を発刊して，民衆の力により，近代的な産業社会へ前進することを力説した。

b 西洋思想や近代化をむやみに排斥せず，西欧文化の一面的模倣

　　に走る欧化主義の風潮を戒め，国粋保存を主張した。

　c　聖書に感銘を受け，西洋文明とキリスト教で日本に尽くすと決
　　意した。

　d　古美術調査を行って東洋美術の優秀さを確信し，以後，日本美
　　術の振興と刷新を図った。

　e　西洋の近代哲学の教養をもとに，仏教の近代化を進めた。

‖ 2024年度 ‖ 高知県 ‖ 難易度 ■■■□□

【3】倫理に関して，次の(1)～(12)の問いに答えよ。

(1)　ソクラテスについて述べた次の文A～Cの正誤の組合せとして最
　　も適当なものを，以下の1～6のうちから一つ選べ。

　A　自己の権限内のものと権限外のものを分け，権限外にある富・
　　名声・地位・肉体・健康などには無関心の態度をとり，すべてを
　　神の摂理に任せて運命に服従するべきとした。

　B　魂にそなわる優れた性質であるアレテーについて倫理的意味を
　　もたせ，人間の人間としての優秀性，魂の優れた働きを生みだし，
　　徳という意味を与えた。知恵・節制・敬虔・正義などの徳の定義
　　を求め，徳とは何かを知ることによって魂に徳をそなえた善い生
　　き方ができるとした。

　C　「何ものも有らぬ。有るにしても，何ものも知り得ない。たとい
　　知り得るにしても，それを何人も他の人に明らかにすることは出
　　来ないであろう。」と「非存在」の論理を示し，人間の社会にお
　　いて，真理は人により異なる相対的なものであり，絶対的な真理
　　は存在しないとした。

　　1　A－正　　　B－正　　　C－正
　　2　A－正　　　B－誤　　　C－正
　　3　A－誤　　　B－正　　　C－誤
　　4　A－誤　　　B－誤　　　C－正
　　5　A－正　　　B－正　　　C－誤
　　6　A－誤　　　B－誤　　　C－誤

(2)　近代科学の考え方について述べた次の文A～Cに関係する考え方
　　として最も適当なものを，以下の1～6のうちから一つ選べ。

A 観察や実験によって多くのデータを集め，少しずつ一般的な法則に近づく。

B ある物事や主張は，必ず自分の中に自分と対立・矛盾するものを含んでいて，対立をこえた新たな次元で総合されることによって，高次の第三のものが生み出される。

C 誰にとっても疑うことのできない真理から出発し，論理的な推論を通じて結論を導く。

1 A－弁証法　　B－帰納法　　C－演繹法
2 A－帰納法　　B－演繹法　　C－弁証法
3 A－演繹法　　B－弁証法　　C－帰納法
4 A－弁証法　　B－演繹法　　C－帰納法
5 A－帰納法　　B－弁証法　　C－演繹法
6 A－演繹法　　B－帰納法　　C－弁証法

(3) 生命倫理について述べた文として最も適当なものを，次の1～4のうちから一つ選べ。

1 アメリカ・イギリス・日本など6か国による「国際ゲノム計画」の国際プロジェクトチームや民間企業によってヒトゲノムの解析が行われているが，解読は完了していない。

2 体外受精した受精卵の遺伝子や染色体を検査し，子宮にもどす着床前診断が，重い遺伝病児の出産や習慣流産の可能性がある場合に限り認められている。

3 1997年に制定された臓器移植法が2009年に改正され，親族の優先提供が不可になることで，提供臓器の配分の公平性が保たれるようになった。

4 日本では，医師による安楽死事件がたびたび起きているため，耐えがたい肉体的苦痛があり回復の見込みがないなどの基準を定め，安楽死を認める法律を制定させた。

(4) 次のA～Dの環境と資源・エネルギーに関する文を，古い順に並べたものとして最も適当なものを，以下の1～8のうちから一つ選べ。

A 地球温暖化防止を目的として，二酸化炭素の排出量に応じて課せられる炭素税(環境税)が，フィンランドで初めて施行された。

B 茨城県東海村の株式会社JCOの核燃料試験棟で，ウラン溶液が

臨界に達して事故が発生した。

C　植林を通して環境保護と女性の雇用・教育確保を行ったワンガリ＝マータイが，ノーベル平和賞を受賞した。

D　日本で，環境アセスメント法(環境影響評価法)が成立した。

1　A→B→C→D　　2　B→D→C→A　　3　A→D→B→C

4　B→C→D→A　　5　C→A→D→B　　6　C→A→B→D

7　D→B→A→C　　8　D→C→A→B

(5)　マズローの欲求の構造を示した次の表中の(　A　)，(　B　)に入る語句の組合せとして最も適当なものを，以下の1～6のうちから一つ選べ。

区分	内容	説明
成長欲求	自己実現の欲求	最も健康なパーソナリティの特徴
欠乏欲求	(　A　)の欲求	集団からの尊重、自尊
	所属と愛情の欲求	集団への帰属と愛情
	(　B　)の欲求	健康、危険・苦痛の回避
	生理的欲求	食事・排泄・睡眠など

1　A－安全　　B－承認　　　2　A－承認　　B－安定

3　A－安定　　B－共感　　　4　A－安定　　B－安全

5　A－承認　　B－安全　　　6　A－安全　　B－共感

(6)　日本の宗教について述べた次の文の下線部A，Bの正誤の組合せとして最も適当なものを，以下の1～4のうちから一つ選べ。

　　鎌倉時代には，伊勢神道が形成され，神が本地であり仏が仮の姿とする A 一乗思想が唱えられた。伊勢神道は，室町時代の唯一神道や江戸時代の B 垂加神道に影響を与えた。

1　A－正　　B－正　　2　A－正　　B－誤

3　A－誤　　B－正　　4　A－誤　　B－誤

(7)　風土と文化の関係について述べた次の文A～Cに関係する風土の型として最も適当なものを，以下の1～6のうちから一つ選べ。

A　人々は自然の規則性に合わせて農耕や牧畜を営み，合理的・計画的な思考を発達させる。

B　人々は農耕を営み，自然に対して受容的・忍従的な性格になる。

C　人々は放牧生活を営み，強い意志によって自然や他の部族と戦

う対抗的・戦闘的な性格になる。

1　A－モンスーン型風土　　　B－牧場型風土
　　C－砂漠型風土

2　A－モンスーン型風土　　　B－砂漠型風土
　　C－牧場型風土

3　A－牧場型風土　　　　　　B－砂漠型風土
　　C－モンスーン型風土

4　A－牧場型風土　　　　　　B－モンスーン型風土
　　C－砂漠型風土

5　A－砂漠型風土　　　　　　B－モンスーン型風土
　　C－牧場型風土

6　A－砂漠型風土　　　　　　B－牧場型風土
　　C－モンスーン型風土

(8)　江戸時代の庶民の思想について述べた次の文A，Bの正誤の組合せとして最も適当なものを，以下の1～4のうちから一つ選べ。

A　懐徳堂で学んだ富永仲基は，儒教の経典を歴史的に分析して批判した。また，仏教経典の研究にも取り組んで，『出定後語』を著した。

B　播磨(兵庫県)に生まれ，大阪の商家の養子となり懐徳堂で学んだ山片蟠桃は，『夢の代』を著し，天文・地理・歴史・経済など多方面にわたって考察を加えた。

1　A－正　　　B－正　　　2　A－正　　　B－誤
3　A－誤　　　B－正　　　4　A－誤　　　B－誤

(9)　近代日本の思想について述べた次の文A～Cと人物の組合せとして最も適当なものを，以下の1～6のうちから一つ選べ。

A　「人は正しく堕ちる道を堕ちきることによって自分自身を発見し，救わなければならない」(『堕落論』)と主張した。

B　戦後，『超国家主義の論理と心理』で，日本を超国家主義に追いやった要因と精神構造としての天皇制の解明を試みた。

C　第二次世界大戦中は，『無常といふ事』で「現代人には鎌倉時代の何処かのなま女房ほどにも無常といふ事がわかっていない。常なるものを見失ったからである」と述べた。

  1　A－小林秀雄　　　B－坂口安吾　　　C－丸山真男
  2　A－坂口安吾　　　B－小林秀雄　　　C－丸山真男
  3　A－丸山真男　　　B－小林秀雄　　　C－坂口安吾
  4　A－小林秀雄　　　B－丸山真男　　　C－坂口安吾
  5　A－丸山真男　　　B－坂口安吾　　　C－小林秀雄
  6　A－坂口安吾　　　B－丸山真男　　　C－小林秀雄

(10)　ハーバーマスの考えについて述べた文として最も適当なものを，次の1～4のうちから一つ選べ。

  1　官庁や企業，学校などの組織を能率よく管理，運営していくしくみを官僚制といい，大衆民主主義の出現や貨幣経済の発展を条件として近代西欧社会において官僚制が進行すると分析した。

  2　人間の理性には，認知的・道具的な側面だけではなく，相互の了解をめざすコミュニケーション的理性が内在しているとした。

  3　主体性を失い，孤独と不安を抱えた人々が，外在的な権威に服従したり画一性に同調したりすることで，自己の不安を埋めようとする社会的性格を権威主義的パーソナリティとした。

  4　パーソナリティの構造を時代・社会のあり方と関連させて，3つの型に分類し，20世紀になって出現した他人指向型の人間は自己の無力感と常に他人を気にしなければいけない不安の中に生きているとした。

(11)　ロールズの考えについて述べた次の文A，Bの正誤の組合せとして最も適当なものを，以下の1～4のうちから一つ選べ。

  A　競争によって生じる格差は，社会の最も不遇な人々の生活を改善するものである。

  B　コミュニティには，市場原理とは無縁に，価値観や伝統から導かれる善があるので，この共通善を目的として追求すべきである。

  1　A－正　　　B－正　　　2　A－正　　　B－誤
  3　A－誤　　　B－正　　　4　A－誤　　　B－誤

(12)　次のA，Bのカントの著書とその内容の正誤の組合せとして最も適当なものを，以下の1～4のうちから一つ選べ。

  A　『道徳形而上学原論』
    「それを考えることはしばしばであり，かつ長きにおよぶにした

がい，つねに新たなるいやます感嘆と畏敬とをもって心を充たす
ものが二つある。わが上なる星しげき空とわが内なる道徳法則が
それである。」

B　『純粋理性批判』

「感性なしには，われわれにはいかなる対象も与えられないであ
ろうし，悟性なしには，いかなる対象も思惟されないであろう。
内容のない思考は空虚であり，概念のない直観は盲目である。」

1　A－正　　　B－正　　　2　A－正　　　B－誤
3　A－誤　　　B－正　　　4　A－誤　　　B－誤

┃ 2024年度 ┃ 大分県 ┃ 難易度 ┃■■■□□┃

【4】次は，ある「倫理」の教科用図書の目次の一部を表したものである。
以下の各問いに答えなさい。

(1) 下線部aについて，宗教改革に影響を与えた人物の主張についての説明として最も適当なものを，次の選択肢から1つ選び，記号で答えなさい。

ア　ルターは，人の罪が赦されるために必要なのは，各人の内面的な信仰のみであるとし，信仰の純粋化・内面化・個人化をはかった。

イ　ルターは，当時用いられたラテン語訳聖書の誤りを正すために，痴愚の女神に託して当時の教会の堕落や神学者の聖書解釈の愚劣さを痛烈に批判した。

ウ　カルヴァンは，神によって正しい人間と認められるためには内面的な信仰だけが重要だと主張し，教会の権威による贖宥状(免罪符)を厳しく批判した。

エ　カルヴァンは，現世での善行によっては救いを実現することができないので，現世の生活は積極的な意味をもたないと考えた。

(2) 下線部bについて，デカルトから始まる大陸合理論に関する次の記述の正誤の組合せとして最も適当なものを，以下の選択肢から1つ選び，記号で答えなさい。

① デカルトは，方法的懐疑で「考えている私」は確実だというとき，「考えている私」である精神と身体は一体化し，延長を持つ実体となると述べた。

② スピノザは，『エチカ』において，万物は神の現れであり，神と自然は同一であると主張し，事物を「永遠の相のもとに」認識するよう説いた。

③ ライプニッツは，『単子(モナド)論』において，世界は無数の個物(モナド)から成り立っているが，全体として調和していると主

張した。

ア ①－正 ②－正 ③－正 　イ ①－正 ②－正 ③－誤

ウ ①－正 ②－誤 ③－正 　エ ①－正 ②－誤 ③－誤

オ ①－誤 ②－正 ③－正 　カ ①－誤 ②－正 ③－誤

キ ①－誤 ②－誤 ③－正 　ク ①－誤 ②－誤 ③－誤

(3) 下線部cについて，カントの人間観についての説明として最も適当なものを，次の選択肢から1つ選び，記号で答えなさい。

　ア 人間は，自らの存在を未来へ向けて自分で切り開く自由をもっているが，結果に大きな責任を持つということでもあり，その意味で自由という刑に処せられているともいえる。

　イ 人間は，法によって外側から規制される一方，道徳によって内側から規制され，外的な法と内的な道徳の対立が生じるが，それらを総合したものにより真の自由が実現する。

　ウ 人間は，自分の個性を自由に発展させることで，社会も進歩するのであり，人々がある人に対して権力を行使できるのは，その人が別の人に危害を加えるのを防ぐ場合だけである。

　エ 人間は，理性によって自分のなすべきことを知り，それを自分の意志で行うことができるのであり，この理性による自己立法・自己服従こそが真の自由である。

(4) 下線部dについて，倫理の授業で実存主義の思想について発表することになった生徒Pは，資料を準備した。次の【資料】は具体的な思想家の原典資料であり，以下の〔語群〕はそれぞれの思想家に関連のある言葉である。【資料】および〔語群〕と関係の深い思想家の組合せとして最も適当なものを，あとの選択肢から1つ選び，記号で答えなさい。

【資料Ⅰ】
　眼を見開いて限界状況へと踏み入ることによって，われわれは，われわれ自身となるのである。知にとっては，単に外面的しか知ることができない限界状況は，実存にとってのみ，現実として感得されるものとなる。

【資料Ⅱ】

> 　存在しうることとして現存在は，死の可能性を追い越すことはできない。死は，現存在であることの絶対的な不可能性という可能性なのである。

> **【資料Ⅲ】**
> 　重要なのは，私にとって真理であるような真理を見出すこと，私がそのために生き，かつ死ぬことをねがうような理念を見いだすことである。

> **【資料Ⅳ】**
> 　およそ生あるものの見いだされるところに，わたしは力への意志をも見いだした。そして服従して仕えるものの意志のなかにも，わたしは主人公であろうとする意志を見いだしたのだ。

〔語群〕
① 宗教的実存・単独者　　② 運命愛・ニヒリズム
③ 包括者・実存的交わり　④ 世界内存在・死への存在
ア　資料Ⅰと①：キルケゴール　　イ　資料Ⅱと②：ヤスパース
ウ　資料Ⅲと③：ハイデッガー　　エ　資料Ⅳと④：ニーチェ
オ　資料Ⅰと③：キルケゴール　　カ　資料Ⅱと④：ヤスパース
キ　資料Ⅲと①：ハイデッガー　　ク　資料Ⅳと②：ニーチェ

(5)　下線部eについて，現代の社会を分析した思想家についての説明として最も適当なものを，次の選択肢から1つ選び，記号で答えなさい。

　ア　フーコーは，人々が外的な権威から自由になると，彼らの間に孤独と無力の感情が募るようになり，そこでは再び権威への服従と力への憧れが生じ，ファシズムを生む心理が作り出されると考えた。

　イ　サイードは，「オリエンタリズム」とは東洋人の力と権威を背景にした知の体系であり，その枠組みの中で規定された西洋人は，非合理的で自治の能力を欠く非東洋的な人間と見なされると捉えた。

　ウ　リースマンは，大衆社会に生きる若者を内部指向型と捉え，マ
　　　スメディアで喧伝されるものに同調し気楽に生きている一方で，
　　　多数の役割に対応していけるかと不安に感じる面もあると捉えて
　　　いる。
　エ　ウェーバーは，近代西洋の文明の特徴を「世界が呪術から解放
　　　され，生活全体が合理化される」ところにあると考え，官僚制が
　　　浸透していく社会で，人々は無気力化していくと警告した。

▌2024年度 ▌宮崎県 ▌難易度 ▌■■■□□□

【5】科目「倫理」の授業で取り組む課題研究のテーマに関する各問いに
　　答えよ。
　1　テーマ「現代の科学技術，社会，文化」に関する各問いに答えよ。
　　(1)　日本政府が，「第5期科学技術基本計画」で提唱し，狩猟社会，
　　　　農耕社会，工業社会，情報社会に続く新たな社会として位置づけ
　　　　ている社会を何というか，答えよ。
　　(2)　正義中心の倫理において見失われがちな人間関係における思い
　　　　やり(ケア)と責任の重要性を指摘したアメリカの倫理学者は誰か，
　　　　答えよ。
　2　テーマ「諸宗教の思想原理」に関する各問いに答えよ。
　　(1)　荘子は，一切の対立・差別や偏見にとらわれず，天地自然と一
　　　　体となり，おおらかな絶対自由の境地に遊ぶ(逍遙遊)人を，真人
　　　　(至人)と呼び，人間の理想とした。この達成のため，心を虚しく
　　　　して知や感覚を忘れることで天地自然と一体となる修養法を何と
　　　　いうか，漢字4字で答えよ。
　　(2)　イスラームにおいて，ムハンマドの言行，慣行に関する伝承の
　　　　ことを何というか，答えよ。
　3　テーマ「日本の思想哲学」に関する各問いに答えよ。
　　(1)　平安時代には，現世利益を重視し，それを目的とする加持祈禱
　　　　が盛んに行われた。この「現世利益」の内容について説明せよ。
　　(2)　即身成仏の実現に必要な三密の修行のうち二つは，手に印契を
　　　　結ぶことと心に仏を念ずることだが，残りの一つを「口に(　　)
　　　　を唱えること」に沿って答えよ。

(3) 明治時代，日本の近代化が自己の内面に根ざし，そこから自然と発展した「内発的開化」ではなく西洋からの圧力によるものであり「皮相上滑り」だと批判した人物は誰か，答えよ。

4 テーマ「西洋の思想哲学」に関する各問いに答えよ。

(1) ドイツのニーチェは，「キリスト教の教えが強者に対する弱者の怨念に満ちた奴隷道徳である」とした。彼が唱えるこの怨念のことを何というか，カタカナで答えよ。

(2) 18世紀のドイツの哲学者カントが唱えた「コペルニクス的転回」について説明せよ。

(3) 西洋の思想哲学者の説明文として適当でないものを，次の(ア)〜(エ)から一つ選び，記号で答えよ。

(ア) レヴィ＝ストロースは，「未開社会の構造」の解明を試みた。

(イ) サンデルは，検証可能な経験的事実だけから法則を引き出す実証主義を説いた。

(ウ) ハイデッガーは，現存在(ダーザイン)という概念で独自の実存哲学を展開した。

(エ) デリダは，西洋の伝統的な思考，哲学からの「脱構築」を提唱した。

‖ 2024年度 ‖ 岡山県 ‖ 難易度 ■■■■□

【6】次の(1)〜(6)の倫理に関する問いに答えなさい。

(1) 精神分析学者のフロイトによると，人間は欲求不満や葛藤が起こると，自我を守るために「防衛機制」という心の自動的な仕組みが働くとされるが，「満たされない欲求を別のより価値の高いものに置き換える防衛機制」を何というか，次の①〜⑧のうちから一つ選びなさい。

① 合理的解決　　② 抑圧　　③ 反動形成　　④ 近道反応
⑤ 昇華　　　　　⑥ 合理化　　⑦ 逃避　　　⑧ 退行

(2) イエスが語ったとされる思想をあらわすものとして，最も適当なものを次の①〜⑤のうちから一つ選びなさい。

① 人間の世俗の職業生活は，神の栄光を現すために人間が奉仕する場であり，神の予定に従うべきとする予定説を説いた。

② 創造主である神への信仰と神によってつくられた被造物である自然についての知識とは矛盾するものではないと説いた。

③ すべての人に平等に注がれる神の愛は，見返りや報いを求めず，ただ与える無償の愛であると述べた。

④ 父なる神，子なるキリスト，聖霊は，その本性において一つであるという三位一体の教義を説いた。

⑤ 神の恩寵，即ち罪深き人間にも与えられる神の無償の愛こそが基本的な徳であると考え，信仰・希望・愛を三元徳とした。

(3) 日本の思想家について述べた文として適当でないものを，次の①～④のうちから一つ選びなさい。

① 賀茂真淵は，『万葉考』を著し，『万葉集』に表現された古代の日本人の精神をおおらかで勇ましい気風の「たおやめぶり」と呼び，また，素朴で力強い「からくにぶり」と呼んだ。

② 本居宣長は，『古事記』や『日本書紀』の神話に描かれた，神代から伝わり，神の働きによってつくられた，人為を加えない，自然のままの古代人の生き方である「かんながらの道」こそ，日本人の道であると説いた。

③ 吉田松陰は，藩ごとに分裂した幕藩体制をこえて天皇を中心に民族が結集する「一君万民論」を唱え，郷里の萩の松下村塾で教え，新しい時代を開くために活躍する青年達に影響を与えた。

④ 内村鑑三は，武士の家に育ち，己の利益や打算を捨てて，正義を貫く清廉潔白な武士道の精神こそがキリスト教を生かすものと考え，「武士道に接木されたるキリスト教」を理想とした。

(4) 次の人物と，その人物に関する説明文の組合せとして最も適当なものを，以下の①～⑥のうちか一つ選びなさい。

[人物]　A　ボッティチェリ　　B　マキァヴェリ
　　　　C　エラスムス

[説明文]　ア　彼は，古典と聖書の文献的研究を通じて，教会の解釈によって歪められていない福音書の復興をめざすと共に，『愚神礼讃』を著して教会の堕落と教皇が引き起こす戦争を痛烈に批判した。

　　　　イ　彼の作品『春』では，愛の神ヴィーナスに見つめら

れながら，春の訪れを喜んで舞う三美神の姿に，封建的な束縛から解放され，自己を肯定して自由に生きる喜びが表現されている。

ウ　彼は，著書『君主論』で「君主は，獅子のどう猛さと狐のずる賢さでもって，あらゆる手段を使って人間を統治すべきである」と説いた。

① Aとア　Bとイ　Cとウ　　② Aとア　Bとウ　Cとイ
③ Aとイ　Bとア　Cとウ　　④ Aとイ　Bとウ　Cとア
⑤ Aとウ　Bとア　Cとイ　　⑥ Aとウ　Bとイ　Cとア

(5)　次の文章は，19世紀のドイツの哲学者ニーチェの思想について述べたものである。[　A　]，[　B　]にあてはまる語句として最も適当なものを選びなさい。その際，[　A　]については，以下の①〜④のうちから，[　B　]については，以下の⑤〜⑧のうちから，それぞれ一つずつ選びなさい。

> 　ニーチェは，現代は伝統的な価値観や権威が崩れ落ち，人々が生きる目的や意味を見失う[　A　]に陥っていると警告した。彼は，[　A　]を引き起こした原因はキリスト教の道徳にあると考えた。彼によれば，キリスト教は強い力をもつ支配者を妬み，彼らに復讐しようとする弱者の怨恨の感情である[　B　]に基づく奴隷道徳である。また，彼は「神は死んだ」と宣言し，神に頼らず過去の人間を乗り越えて，より強くより高く成長する超人として生きよと呼びかけた。超人はより強く成長しようとする力への意志に基づいて，生きる意味や目的を自ら生み出す価値の創造者となって[　A　]を克服すると，彼は考えた。

① プラグマティズム　　② イドラ　　③ ニヒリズム
④ ダスマン　　⑤ サンクション　　⑥ ルサンチマン
⑦ アンガージュマン　　⑧ プロレタリア

(6)　環境倫理に関することとして最も適当なものを，次の①〜④のうちから一つ選びなさい。

① 1992年，ストックホルムで国連環境開発会議，いわゆる地球サミットが開かれ，「かけがえのない地球」の基本理念が共通の認

識になった。

② 「京都議定書」は，1997年に日本で開催された「気候変動枠組
条約第3回締結国会議(COP3)」で採択され，二酸化炭素などの温
室効果ガスの排出削減について，先進国諸国と発展途上国諸国の
すべてに数値目標を定めた。

③ 「パリ協定」は，2015年の「気候変動枠組条約第21回締結国会
議(COP21)」で採択され，世界の気温上昇を産業革命前から2度未
満に抑えることを全体目標として掲げた。

④ 1972年，リオデジャネイロで「持続可能な開発」をスローガン
に国連人間環境会議が開かれ，人間環境の保護と改善を各国政府
の義務とする人間環境宣言が採択された。

▌2024年度 ▌千葉県・千葉市 ▌難易度

【7】次の文章を読み，以下の問いに答えよ。

　中世末期のヨーロッパでは，aルネサンスとよばれる文芸運動がお
こった。そして，キリスト教とは異なる人間像が再発見され，人間の
尊厳が唱えられるようになった。また，教会に対する批判から，b宗
教改革という運動がはじまった。中世末期から近代初期にかけて，科
学や技術が進歩し，それにともなって，自然に対する見方が大きく変
化した。そうした流れのなかで，中世の学問に代わる新しい学問の方
法が探究されるようになり，観察や実験，c合理的な思考を重んじる，
近代の「自然科学」が誕生した。

　また，近代の市民社会では，産業革命がおこり，資本主義がすすむ
と，個人の利益と社会の利益の対立，不平等，貧困，失業などが問題
になった。そこで，社会そのものを変革して，新たな社会をつくろう
とする思想としてd社会主義があらわれた。20世紀には，科学や技術
の革新がすすみ，商品の大量生産がひろまり，このような文明は人間
に大きな恩恵を与えた。その一方で人間の主体性を弱め，人間を受動
的にするとともに人間の平均化や画一化をおしすすめることにもなっ
た。そこで，現代文明に抗して，本来的な自己の回復をよびかける
e実存主義が形成された。20世紀後半には，主体を他者との関係のな
かでとらえようとする思想があらわれた。そのような中で，f構造主義

などの思想が展開された。

(1) 下線部aに関連する人文主義者の記述として最も適当なものを，次の①から④までの中から一つ選び，記号で答えよ。

① ボッカチオは『カンツォニエーレ』で，恋愛のなかに人間らしいあり方を見いだした。

② ペトラルカが魂の遍歴を歌った叙事詩は，ルネサンス文学の先駆とされている。

③ ピコ＝デラ＝ミランドラは，『人間の尊厳について』のなかで，自分のあり方を自由に選ぶところに人間の尊厳があると説いた。

④ エラスムスは，『デカメロン』で，当時の社会を風刺して，ありのままの人間の姿を肯定した。

(2) 下線部bに関連するカルヴァンの記述として適当なものを，次の①から④までの中からすべて選び，記号で答えよ。

① 各人が神の前に一人立ち，それぞれの責任において深く信仰に徹するとき，すべての人は等しく司祭になるといった。

② すべての職業は神から与えられた使命であるから，神の栄光を実現するために，人間は各自の仕事にはげむべきであり，それによって得られた利益は神聖なものであると述べた。

③ 聖職者が聖書の知識を独占することを批判し，民衆が聖書を読むことができるように，聖書をドイツ語に翻訳した。

④ 神は，どの人間を救うのかをはじめから決めており，人間は，その決定をかえることも知ることもできず，神による救済を信じるしかないと述べた。

(3) 下線部cに関連して，デカルトの記述として最も適当なものを，次の①から④までの中から一つ選び，記号で答えよ。

① 確実な知識は理性によってのみ与えられると考え，理性を正しく用いて，疑うことのできない真理を見出し，それから導き出せる確実な知識を推理するべきだとした。

② 外的な事物の存在を否定し，「存在するとは知覚されていること」であるとして，知覚する精神(心)のみが実在すると主張した。

③ 世界は，分割不可能な精神的実体である「モナド」からなり，全体として調和するように定められていると論じた。

④　因果関係を人間の心の習慣によるものとし，その客観性を否定したほか，人間の心そのものをたんなる「知覚の束」ととらえた。

(4)　下線部dに関連する次のアからウの文章に関連する人物の組み合わせとして最も適当なものを，以下の①から⑥までの中から一つ選び，記号で答えよ。

ア　工場経営の経験をもとに，アメリカにニューハーモニー村という名の協同体をつくったり，協同組合や労働組合の運動をおしすすめたりした。

イ　ファランジュとよばれる農業を中心とした協同体を構想して，人道主義の立場から抑圧された労働者を救済しようとした。

ウ　科学者と産業者という新たな指導者たちが理性的に連携しながら商業社会を管理することによって，平和な共同社会へとつくりかえることができると考えた。

	ア	イ	ウ
①	オーウェン	サン＝シモン	フーリエ
②	オーウェン	フーリエ	サン＝シモン
③	フーリエ	サン＝シモン	オーウェン
④	フーリエ	オーウェン	サン＝シモン
⑤	サン＝シモン	オーウェン	フーリエ
⑥	サン＝シモン	フーリエ	オーウェン

(5)　下線部eに関連する記述として適当でないものを，次の①から④までの中から一つ選び，記号で答えよ。

①　キリスト教は，救済の約束のもとで人々を奴隷道徳でしばり，同情や平等を要求するが，その根にあるのは，強者に対する弱者の怨念の感情だとニーチェはいった。

②　実存としての人間は全面的に自由でなければならず，自分で自分を作りあげていくという課題から逃れることはできない。このことを，サルトルは「人間は自由の刑に処せられている」と表現した。

③　キルケゴールにとって重要なことは，いつでもどこでも誰にでも通用する真理ではなく，今，ここに生きている私自身にとっての真理であった。

④　ハイデガーは，人間が自らの根源的な問題に向きあい，本来の意味での哲学をはじめる出発点を，死・苦・闘い・罪など人間にとってどうしようもない壁に求めた。

(6)　下線部fに関連してレヴィ＝ストロースの記述として最も適当なものを，次の①から④までの中から一つ選び，記号で答えよ。

①　近代以降の西洋において，狂気や犯罪，性といった反理性的なものが社会から隔離され，巧妙に管理されていくしくみを暴きだし，近代の理性主義の裏側に，人間を社会に順応させるための見えない権力が働いていることを明らかにした。

②　言語を個々人の発話に先立って存在するシステムとしてとらえる見方を提示し，私たちは自由に考え話しているつもりでいるが，実は自分の用いる言語のシステムによって無意識のうちに規定されているといった。

③　「未開社会」での思考はけっして前論理的なわけではなく，規則性をもった普遍的な体系に従って営まれていることを明らかにし，「未開社会」のもつ野生の思考と西洋社会の科学的思考との間に優劣の差はないと主張した。

④　西洋思想の根底にある理性中心主義は，二項対立図式(真理・虚偽，必然・偶然，精神・身体など)を生みだし，前者を優位においてきたが，そうした秩序関係を解体し，関係性を再構築しようとした。

▎2024年度 ▎沖縄県 ▎難易度

【8】日本思想に関する次の各問に答えよ。

〔問1〕　次の記述は，ある先哲の著作の一部である。この先哲に関する記述として適切なものは，以下の1～4のうちのどれか。

> およそ士の職というものは，主人を得て奉公の忠をつくし，同僚に交わって信を厚くし，独りをつつしんで義をもっぱらとするにある。そして，どうしても自分の身から離れないものとして，父子・兄弟・夫婦の間の交わりがある。これもまた，すべての人が持たなければならない人間関係であるけれども，農・工・商はその職業にいそがしくて，いつもその道

をつくすというわけにいかない。士はこれらの業をさしおい
て，もっぱらこの道につとめ，農・工・商の三民が，人のな
すべきことをすこしでもみだすならば，それをすみやかに罰
し，それによって天の道が正しく行なわれる備えをなすもの
である。

1 武士道の根本は死ぬことであるとし，身心を投げ打って主君の
ことを深く思い，知恵や技芸の才覚を用いて役に立つことを求め
た。

2 武士道を日本の象徴である桜花にたとえ，その精神は武士階級
から様々な経路をたどって流れ出し，日本人全体の道徳律の基準
となったと説いた。

3 武士は徳を身に付け，敬み深く行動することで人々が畏怖する
ような威光が生じるとし，現世的な人倫の教えを説く儒教を重ん
じた。

4 武士のあり方として，人格の修養につとめる士道を提唱し，道
徳的指導者としての役割を自覚し，修養にはげむべきだとした。

〔問2〕 先哲に関する記述として適切なものは，次の1～4のうちのどれ
か。

1 鈴木大拙は，『善の研究』の中で，知情意の分離がなく，主観と
客観の区別があらわれない，主客未分の状態を純粋経験と呼び，
これを真実在と捉えた。

2 折口信夫は，『先祖の話』の中で，日本人は古くから，死者の霊
は国土の内に留まって，遠方へ行ってしまわないという死生観を
持ってきたと述べた。

3 和辻哲郎は『風土』の中で，風土は自然と人間との一体的な関
わり合いであり，人間の生活に取り入れられた自然であるとした。

4 加藤周一は，『菊と刀』の中で，キリスト教に基づく西洋文化を
「罪の文化」，共同体の和合を重んじる日本文化を「恥の文化」と
特徴付けた。

▌2024年度 ▌東京都 ▌難易度 ▋▋▋▋▋

【9】現代社会の諸課題に関して，次の(1)～(8)の問いに答えよ。

(1) 日本の社会保障給付費を部門別にグラフにした次の図中（　A　）
～（　C　）に入る部門の組合せとして最も適当なものを，以下の1～
4のうちから一つ選べ。

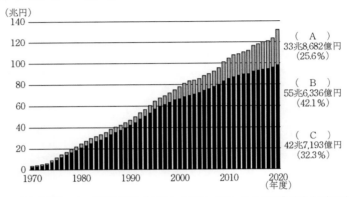

（兆円）

（　A　）
33兆8,682億円
（25.6％）

（　B　）
55兆6,336億円
（42.1％）

（　C　）
42兆7,193億円
（32.3％）

出典：国立社会保障・人口問題研究所『令和2（2020）年度　社会保障費用統計の概要』

1　A－年金　　　　　　B－福祉・その他　　C－医療
2　A－福祉・その他　　B－医療　　　　　　C－年金
3　A－年金　　　　　　B－医療　　　　　　C－福祉・その他
4　A－福祉・その他　　B－年金　　　　　　C－医療

(2) 地球環境とその保全に関する記述として適当でないものを，次の
1～4のうちから一つ選べ。

1　ヒートアイランド現象とは，都市化の進展にともなって目立つ
ようになった現象であり，都市の気温が郊外よりも高くなること
をいう。

2　越境汚染とは，汚染物質が国境を越えて，発生源から遠く離れ
た地域にまで運ばれ，他国の環境を汚染することをいう。

3　環境ISOとは，先進国の間での温室効果ガスの排出量の売買のこ
とをいう。

4　地球温暖化対策推進法とは，1998年に日本で制定された温暖化
防止を目的とする法律である。

(3) 国際社会における地域統合に関する記述として最も適当なもの
を，次の1～4のうちから一つ選べ。

1 ラテンアメリカ統合連合(ALADI)とは，1995年に発足した，ブラジル，アルゼンチン，ウルグアイ，パラグアイ，ベネズエラ，ボリビアの6か国による地域経済統合である。

2 南米南部共同市場(MERCOSUR)とは，1981年に設立された，スペイン，ポルトガル，フランス系の住民・文化を持つ南部アメリカなどの国々で形成された地域経済統合である。

3 欧州連合(EU)とは，1993年にリスボン条約が発効し，欧州経済共同体(EEC)が改組されて成立した地域経済統合である。

4 東南アジア諸国連合(ASEAN)は，1967年にインドネシア，マレーシア，フィリピン，シンガポール，タイの5か国で結成した地域連合である。

(4) 人権の国際化に関する記述として最も適当なものを，次の1〜4のうちから一つ選べ。

1 障害者の権利条約は，2006年に国際連合総会で採択された，障がい者の人権と基本的自由の享有を確保し，障がい者の固有の尊厳の尊重を促進することを目的とする条約であり，日本も加入している。

2 人種差別撤廃条約は，1965年に国際連合総会で採択された人種差別を禁止する条約であり，日本は加入していない。

3 難民の地位に関する条約は，国際連合が1951年に採択した難民の人権保護と難民問題の解決をめざした条約であり，アメリカは加入していない。

4 子どもの権利条約は，国際連合が2009年に採択した子どもの人権を包括的に規定した条約であり，アメリカは加入している。

(5) 民族問題と地域紛争に関する記述として適当でないものを，次の1〜4のうちから一つ選べ。

1 エスノセントリズムとは，自分の属している民族や人種などの集団の文化を最も正しく，優れたものとする考えや態度のことである。

2 ユニラテラリズムとは，自国の主張のみが正義であり，世界はそれに従っていればよく，この秩序を保つためであれば戦争を含めて，いかなる行為に出ることも許されるという考え方である。

　　3　バルフォア宣言とは，1993年にアメリカが仲介してイスラエル
　　　とパレスチナ解放機構の間で合意された，暫定自治原則の宣言で
　　　ある。

　　4　インティファーダとは，アラビア語で蜂起や反乱を意味し，イ
　　　スラエル占領下のパレスチナでアラブ系民衆がイスラエルに対し
　　　て行った抵抗運動をいう。

(6)　次の化石燃料のロシアへの依存率を示した図中の（　Ａ　）～
　　（　Ｄ　）に入る国名の組合せとして最も適当なものを，以下の1～4
　　のうちから一つ選べ。

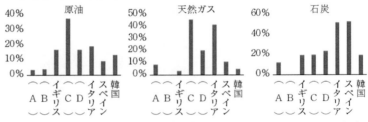

出典：経済産業省『令和３年度エネルギーに関する年次報告』

　　1　Ａ－フランス　　　Ｂ－ドイツ　　　Ｃ－アメリカ　　Ｄ－日本
　　2　Ａ－ドイツ　　　　Ｂ－フランス　　Ｃ－日本　　　　Ｄ－アメリカ
　　3　Ａ－アメリカ　　　Ｂ－日本　　　　Ｃ－フランス　　Ｄ－ドイツ
　　4　Ａ－日本　　　　　Ｂ－アメリカ　　Ｃ－ドイツ　　　Ｄ－フランス

(7)　世論と政治参加に関する記述として適当でないものを，次の1～4
　　のうちから一つ選べ。

　　1　マス＝メディアが送る情報が客観的でなくセンセーショナリズ
　　　ムであると，様々な問題を社会にもたらす。

　　2　大衆民主主義とは，大衆が主権者として政治参加することを，
　　　制度的に保障している現代民主主義のことである。

　　3　政教分離原則を採用している日本国憲法の下では，宗教団体は
　　　圧力団体とされていない。

　　4　政治的アパシーとは，主権者としての国民が政治に対して興味，
　　　関心を持たないことをいう。

(8)　2020年現在の日本における労働問題と雇用に関する記述として適
　　当でないものを，次の1～4のうちから一つ選べ。

1 日本の総労働時間は，オランダやドイツ，フランスと比較し，年間数百時間も長い。

2 日本では研究職や技術職などの専門職，あるいは技能実習制度に基づく研修生や技能実習生として，多くの外国人が働いているが，外国人の単純労働への就労は原則禁止されている。

3 日本における男女間の賃金格差は以前と比べて縮小してきており，ドイツやイギリスより格差は小さくなっている。

4 欧米諸国ではジョブ型で働く人が多く，日本ではメンバーシップ型で働く人が多いと言われている。

┃ 2024年度 ┃ 大分県 ┃ 難易度 ┃

【10】「公共」の授業で，功利主義と義務論の考え方を理解させるために，環境と人間社会の問題を題材に学習することとします。次の資料Ⅰは，単元を貫く問い及び単元の評価規準を示しています。以下の資料Ⅱは，授業で使用する資料を示しています。資料Ⅱの事象の解決方法を見い出すに当たり，義務論の考え方を理解させるために，どのような問いを用いて考察させますか。また，この考察を表現した生徒の記述として，「おおむね満足できる」状況(B)を満たす記述とはどのようなものですか。あとの資料Ⅲの考察例を参考にしてそれぞれ簡潔に書きなさい。

資料Ⅰ

【単元を貫く問い】

公共的な空間をどのように作っていけばよいだろうか。

【単元の評価規準】

選択・判断の手掛かりとして，行為の結果である個人や社会全体の幸福を重視する考え方や，行為の動機となる公正などの義務を重視する考え方などについて理解している。(知識・技能)

幸福，正義，公正などに着目して，公共的な空間における基本的原理について，思考実験など概念的な枠組みを用いて考察する活動を通して，個人と社会との関わりにおいて多面的・多角的に考察し，表現している。(思考・判断・表現)

公共的な空間を作る私たち，公共的な空間における人間としての在り方生き方，公共的な空間における基本原理について，

よりよい社会の実現を視野に，現代の諸課題を主体的に解決しようとしている。(主体的に学習に取り組む態度)

資料Ⅱ

X県にあるY島は，貴重な自然環境と生態系が魅力の観光地である。島に行く手段は船のみで，定期船でX県の都市部から往復2時間かかる。島には，道路と橋の建設計画があり，この開発に対する意見は様々である。開発賛成派は，開発によって，緊急時の医療などの島民の福祉や生活の利便性の向上に寄与すると主張している。行政も同様に，交通アクセスが改善し，島外の県民や観光客の往来の増加など地域振興につながると考えている。一方，反対派は，建設場所によっては立ち退きに遭う人が出てきたり，開発によって自然環境が損なわれ，生態系が崩れてしまったりすると主張している。また，開発反対派の多くは，自然環境の悪化が景観の喪失につながりかねないことも危惧している。

資料Ⅲ　「功利主義を理解させるための問い」と「おおむね満足できる」状況(B)を満たす生徒の考察例

【問い】
・道路と橋の建設は，島の「誰に」，「どのような利益又は不利益」をもたらすだろうか。
・生じるであろう利益・不利益とそれらが及ぼす影響の範囲のみで考えた場合，道路と橋の建設は，島の人にとってはよいことなのだろうか。

↓

【例】
　道路と橋の建設によって，島民の立ち退きや自然環境への影響が生じるかもしれないが，島民や地域全体の交通アクセスが改善され，それによる島民の福祉や生活の利便性の向上や地域振興などのメリットが期待できる。自然環境に少しでも配慮し

た工事や立ち退き島民への補償によって，犠牲を最小限にとどめ，全体の利益が増加する。このことから，この開発は，一部の犠牲を払うことより島全体の利益を高めることにつながるので，望ましい選択といえる。

【例】

　道路と橋の建設によって，島民の立ち退きや自然環境への影響が生じるかもしれないが，島民や地域全体の交通アクセスが改善され，それによる島民の福祉や生活の利便性の向上や地域振興などのメリットが期待できる。自然環境に少しでも配慮した工事や立ち退き島民への補償によって，犠牲を最小限にとどめ，全体の利益が増加する。このことから，この開発は，一部の犠牲を払うことより島全体の利益を高めることにつながるので，望ましい選択といえる。

「義務論を理解させるための問い」と「おおむね満足できる」状況(B)を満たす生徒の考察例

【問い】

↓

【例】

‖ **2024年度** ‖ 広島県・広島市 ‖ 難易度 ■□□□□

解答・解説

【1】問1 (1) ア (2) すべてのものごとは固有で不変の性質はもたず，たとえば浄も不浄も絶対的な基準はなく，浄があるから不浄，不浄があるから浄のように，他者との関わり合いにおいて他と支え合いながら存在するという考え方。 (3) 仏性 問2 (1) 四端…惻隠 四徳…仁 (2) 力によって民衆を支配する覇道ではなく，仁義にもとづき民衆の幸福をはかる王道による政治を理想とした。問3 ウ 問4 (1) 知行合一 (2) 中江藤樹 問5 (1) エ (2) 漢意 (3) 真心とは，悲しむべきことを悲しみ，喜ぶべきことを喜ぶありのままの心であり，儒教や仏教のものの考え方に染まる以前の日本人にみられた，あらゆるものを素直に感受する生き方を道とした。

○**解説**○ 問1 (1) 貧しい者に財を与え，理を教えて安心させることは布施という。なお，六波羅蜜には，布施，持戒，忍辱，禅定のほか，精進(努力すること)と智慧(真実の智慧を得ること)がある。 (2) ナーガールジュナは，大乗仏教の二大学派の一つである中観派の祖であり，『中論』を著して空の思想を大成した。空の思想とはすべてのものは因果関係によって成り立っており，独立した不変の実体は存在しないとする思想である。 (3) 天台宗の開祖である最澄は，この一切衆生悉有仏性の考え方を重視した。さらに，天台宗ではこの考え方を徹底し，人間のみならず，この世に存在するものはすべて仏となる可能性を持っているとして，山川草木悉皆成仏が説かれている。

問2 (1) 惻隠とは他者に同情する気持ちのことで，仁は他者への慈しみのこと。また，羞悪(悪を憎む心)は義，辞譲(他者に譲る気持ち)は礼，是非(善悪を判断する心)は智の端緒とし，孟子はこれらの感情は人間誰もが持っているから誰もが有徳になれるとする，性善説を唱えた。 (2) 孔子も有徳な者が徳によって民衆を治める徳治主義を唱えているが，孟子は，覇道政治を否定し，王道政治を理想とした。また，孟子は易姓革命を唱え，君主が徳を失えば天命によってその地位を失い，別の有徳な者が君主となるとした。 問3 ウ 荀子が唱えた礼

治主義に関する記述である。荀子は「人の性は悪，其の善あるものは偽(人為)なり」と性悪説を唱え，礼による人間性の矯正を唱えた。なお，朱子学では，アの理気二元論，イの性即理，エの居敬窮理が説かれる。　問4　(1)　朱子学が主知主義的で，先知後行説の立場に立つのに対し，王陽明は実践を伴わない知を批判し，知行合一を唱えた。ゆえに，大塩平八郎の乱も，大塩平八郎が学んだ陽明学の知行合一の考えに端を発すると考えられており，陽明学は江戸幕府から危険思想とされた。　(2)　中江藤樹はわが国における陽明学の祖。門人には熊沢蕃山らがいる。『翁問答』では，孝を道徳の根幹として捉えるとともに，その具体的実践では「時・処・位」を考慮して，状況に応じた柔軟に対応していくことが必要とした。　問5　(1)　平田篤胤が大成したのは復古神道。国家神道とは，明治期に国家によって作られた天皇を頂点とする神道である。なお，アの契沖は国学の祖であり，荷田春満，賀茂真淵，本居宣長，平田篤胤は「国学の四大人」とされている。　(2)　漢意とは，儒学や仏教など，外国の思想を学び，感化された心のこと。理屈っぽく，日本人の本来の心ではないとされる。本居宣長は，この漢心を捨て，日本人の本来の精神である大和心に立ち返ることを唱えた。　(3)　本居宣長は，真心を「よくもあしくも生まれたるままの心」とし，この自然の感情のままに生きる真心こそが大和心であるとした。また，『古事記』に登場する神々の生き方である「惟神の道」は，真心に通じるものがあるとした。

【2】1　b　　2　a　　3　c　　4　e　　5　d　　6　c　　7　b　　8　d
9　c　　10　b

○**解説**○　1　カーネマンは行動経済学の開拓などへの貢献が称えられ，ノーベル経済学賞を受賞している。　a　マネタリズムの提唱者。　c　アドラー心理学(個人心理学)の創始者。　d　ジュグラーの波の発見者。　e　人格の形成に関する研究で知られる心理学者。
2　A　パウロは初期キリスト教の使徒。彼が唱えた信仰義認説は，後に宗教改革の指導者の一人であるルターによって強調された。
B　トマス＝アクィナスは中世スコラ哲学の第一人者。　C　これは宗教改革の指導者の一人であるカルヴァンに関する記述。アウグスティ

ヌスは中世キリスト教最大の教父である。　3　ベーコンは市場のイドラと劇場のイドラも唱えている。市場のイドラは言語の不適切な使用による偏見，劇場のイドラは権威ある者の言説を鵜呑みにすることから生じる偏見をいう。　4　カントは，欲望に従うのではなく，自律的に行動できることに人間としての自由を求めた。　a　物自体は認識できないとした。　b　デカルトに関する記述。　c　感性の働きを直観，悟性の働きを思考とした。　d　ヘーゲルに関する記述。

5　d　『ツァラトゥストラはこう言った』の一節。ニーチェは永劫回帰に過ぎない世界を積極的に受け入れつつ，力強く生きる超人を理想とした。　a　ハイデッガーの『ヒューマニズムについて』の一節。b　キルケゴールの『ギーレライエの手記』の一節。　c　ヤスパース『哲学』の一節。　e　サルトルの『実存主義とは何か』の一節。

6　ロールズは，無知のヴェールで覆われた原初状態では誰もが同意する正義の二原理を提示し，現代国家の福祉政策を理論的に正当化した。　a・d　サンデルに関する記述。こうした思想は，コミュニタリアニズムと呼ばれている。　b　ハイエクに関する記述。　e　リバタリアニズムを唱えたノージックに関する記述。　7　仏が本地(真の姿)で日本の神は垂迹(化身)とすることから，本地垂迹説とされる。

a　浄土真宗で説かれる報恩感謝の念仏に関する記述。　c　反本地垂迹説(神本仏迹説)に関する記述。　d　曹洞宗で説かれる修証一等に関する記述。　e　末法思想に関する記述。　8　山崎闇斎は朱子学者で，垂加神道の創始者として知られる。　a　新井白石に関する記述。

b　古学の祖である山鹿素行に関する記述。林羅山は朱子学の官学化に努めた。　c　国学の祖である契沖に関する記述。佐藤直方は赤穂浪士を批判した朱子学者。　e　藤原惺窩に関する記述。　9　中江兆民は自由民権運動の理論的指導者で，ルソーの『社会契約論』を『民約訳解』として翻訳し「東洋のルソー」と呼ばれた。　a　日本の近代化を「皮相上滑り」と批判した。　b　日露戦争の際に非戦論を唱えた。　d　『カズイスチカ』は短編小説である。　e　主客未分の純粋経験を真の実在とした。　10　三宅雪嶺は政教社を設立して雑誌『日本人(日本及日本人)』を創刊し，国粋主義を唱えた。　a　徳富蘇峰に関する記述。後に強硬な国権論者に転向した。　c　内村鑑三に

関する記述。　d　岡倉天心に関する記述。　e　井上円了に関する記述。

【3】(1)　3　　(2)　5　　(3)　2　　(4)　3　　(5)　5　　(6)　3
　　　(7)　4　　(8)　1　　(9)　6　　(10)　2　　(11)　2　　(12)　3

○**解説**○　(1)　A　マルクス・アウレリウスに関する記述である。ローマ帝国皇帝を務めた一方，後期ストア学派の哲学者として，『自省録』を著した。　C　ゴルギアスに関する記述である。ゴルギアスは若者に弁論術を教えたソフィストの一人である。　(2)　A　帰納法とは，個別的な命題から一般的命題を導く思考法で，ベーコンが提唱した。B　ヘーゲルが唱えた弁証法に関する記述。ヘーゲルは，歴史は弁証法的に発展していくとした。　C　演繹法とは，一般的命題から個別的命題を導く思考法で，デカルトが提唱した。　(3)　着床前診断は妊娠前に行われるが，命の選別をもたらす危険があり，限定的に実施されている。　1　解読は完了済し，その成果が医療に活かされるようになっている。　3　親族への優先提供が可能となった。　4　安楽死を認める法律は制定されていない。　(4)　A　1990年の出来事。日本でも地球温暖化対策税が導入されている。　D　1997年の出来事。環境アセスメントとは，大規模開発が環境に与える影響を事前評価することをいう。　B　1999年の出来事。死者を出す大事故だった。C　2004年の出来事。日本語の「もったいない」に感銘を受け，世界に広めた。　(5)　A　承認の欲求は，欠乏欲求の中では最上位に位置づけられる。　B　安全の欲求は生理的欲求が満されると生じる。マズローは，さまざまな欲求は階層をなしており，低次の欲求が満たされることによって，より高次の欲求が芽生えるとした。　(6)　A　一乗思想ではなく，反本地垂迹説が当てはまる。一乗思想とは，真の教えは一つだけであり，それによって誰もが成仏できるとする思想のこと。天台宗の中心的思想である。　B　垂加神道とは儒学者の山崎闇斎が提唱した神道である。　(7)　和辻哲郎の風土論に関する問題。和辻哲郎は世界の風土を3つに分類し，風土が人間の特性に影響を与えるとした。　A　牧場型風土はヨーロッパにみられる。　B　モンスーン型風土は，東アジアにみられる。　C　砂漠型風土は中東にみら

れる。 (8) A 富永仲基は，大乗仏教の思想は釈迦の後世の産物にすぎないとした。また，後代の説は先代の説よりも古い時代にその起源を求めるとする加上説を唱えた。 B 山片蟠桃は無鬼論(無神論)を唱え地動説を支持した。 (9) A 坂口安吾は第二次世界大戦後の混沌とした世相の中，『堕落論』を著した。 B 丸山真男は政治学者として，日本の思想を批判的に研究した。 C 小林秀雄は文芸評論家として，『様々なる意匠』や『無常といふ事』など，数多くの著作を遺した。 (10) ハーバーマスは，システム合理性による生活世界の植民地化を批判する一方，コミュニケーション的理性に理性の復権を求めた。 1 ウェーバーに関する記述。 3 フロムに関する記述。『自由からの逃走』でナチズムに服従した人々の心理を論じた。

4 リースマンに関する記述。『孤独な群衆』を著した。 (11) A 公開解答では正となっているが，ロールズは，社会的・経済的不平等は最も不遇な人々の生活を改善するもので，かつ機会均等の競争の結果である場合にのみ認められるとした。格差そのものを最も不遇な人々の生活を改善するものとしたわけではない。 B コミュニタリアニズムの主張。その代表的論者の一人であるサンデルは，ロールズの正義論が「負荷なき自己」を前提としていることを批判した。

(12) A カントの『実践理性批判』の一節である。ただし，『道徳形而上学原論』もカントの著書である。 B 『純粋理性批判』でカントは認識論における経験論と合理論の融合を試みた。カントの三批判書には『判断力批判』もある。

【4】(1) ア (2) オ (3) エ (4) ク (5) エ
○解説○ (1) ルターは信仰義認説を唱え，ローマ・カトリック教会による贖宥状(免罪符)の乱発を批判した。 イ 『痴愚神礼讃』を著したエラスムスに関する記述。 ウ ルターに関する記述。 エ 職業召命説を唱え，世俗の労働に禁欲的に励むことを正当化した。
(2) ① デカルトは物心二元論を唱え，精神と物体を分離したものとした。また，延長を持つ実体であるのは身体などの物質だけとした。② スピノザは汎神論を唱え，神即自然とした。 ③ ライプニッツはモナド論と予定調和を唱えた。 (3) カントは動物のように自己の

欲望のままに動くのではなく，自律できることに人間の自由を求め，自律ができる人間を人格と呼んだ。　ア　サルトルに関する記述。　イ　ヘーゲルに関する記述。　ウ　ミルに関する記述。他者危害の原則を唱えた。　(4)　Ⅰ　ヤスパースは限界状況の中での包括者(神)との出会い，他者との実存的交わりによって人間は自己を確立するとした。　Ⅱ　ハイデッガーは人間を世界内存在とし，死への存在の自覚によって実存に目覚めるとした。　Ⅲ　キルケゴールの実存の三段階では，人間は最終的に単独者として神の前に立つ宗教的実存に至る。　Ⅳ　ニーチェは自己の運命を積極的に受け入れる運命愛と，積極的ニヒリズムを唱えた。　(5)　ウェーバーは官僚制を合理的組織とした一方で，その弊害も唱えた。　ア　『自由からの逃走』を著したフロムに関する記述。フーコーは『狂気の歴史』などを著した思想家である。　イ　西洋人と東洋人が入れ替わっている。　ウ　内部指向型ではなく，外部指向型。

【5】1　(1)　Society5.0　　(2)　ギリガン　　2　(1)　心斎坐忘
(2)　ハディース　　3　(1)　仏の力によって，息災・治病・延命などの現世における願望が生きている間にかなえられること。　　(2)〔口に〕真言〔を唱えること〕　　(3)　夏目漱石　　4　(1)　ルサンチマン　　(2)　「認識が対象に従う」のではなく，「対象が認識に従う」のであるという認識のとらえ方が180度転換されること。
(3)　(イ)

○**解説**○　1　(1)　Society5.0とは，AI(人工知能)やIoT(モノのインターネット)の開発やビッグデータの活用などによって可能となる，超スマート社会のこと。狩猟社会から数えて5段階目の社会であることから，このように呼ばれている。　(2)　キャロル・ギリガンは現代アメリカの女性心理学者。『もうひとつの声で──心理学の理論とケアの倫理』を著し，規範倫理学の学説の一つとして，人間の相互依存関係におけるケアと責任の重要性を強調するケアの倫理を唱えた。　2　(1)　荘子は，老子と並ぶ道家の思想家の一人で，両者の思想はあわせて老荘思想と呼ばれている。心斎坐忘のほか，万物斉同(すべてのものの価値は等しい)などを唱えた。道家は人為を否定し，自然の道(タオ)に従っ

て生きるべきとする思想である。 (2) クルアーンはムハンマドが預言者として伝えた神の言葉であるのに対し，ハディースはムハンマドの日常の言行録である。クルアーンに次ぐ第二の経典とされ，クルアーンとともにイスラム法(シャリーア)の法源となっている。

3 (1) 現世利益とは，仏教用語であり，信仰や修行の結果としてこの世において享受する利益のことをいう。唐から密教が伝わった平安時代に，息災延命や国家安穏などの現世利益を求めて，加持祈禱が盛んに行われるようになった。 (2) 真言(マントラ)とは，仏や菩薩などの真実の言葉のことをいう。なお，三密のうち，手に契印を結ぶことを身密，心に本尊を観ずることを意密，口に真言を唱えることを口密という。また，即身成仏とは，今生において成仏することをいう。(3) 小説家の夏目漱石は，講演『現代日本の開化』において，日本の開化(近代化)を「皮相上滑り」と批判した。また，講演『私の個人主義』では自己本位に基づく個人主義を唱えたが，晩年には東洋的な則天去私の境地に至った。 4 (1) ニーチェはキリスト教をルサンチマンに満ちた奴隷道徳として批判する一方，もはや「神は死んだ」とし，永劫回帰に過ぎない世界を受け入れ，自ら価値を作り出そうと力強く生きる超人を理想とする，積極的ニヒリズムを唱えた。 (2) ヒュームの経験論哲学によって「独断のまどろみ」から目覚めたカントは，認識が対象に従うのではなく対象が認識に従うのであるとし，これを地動説を唱えたコペルニクスになぞらえて，「知のコペルニクス的転回」とした。 (3) サンデルは，個人に対する共同体の意義を強調するコミュニタリアニズム(共同体主義)を論じている現代の政治哲学者の一人である。実証主義を唱えたのは，19世紀の「社会学の父」であるコントである。

【6】 (1) ⑤ (2) ③ (3) ① (4) ④ (5) A ③
B ⑥ (6) ③

○**解説**○ (1) 防衛機制とはフロイトが明らかにしたもので，欲求不満から生まれる不安や緊張から自我を守るための自動的な心の働きをいう。昇華はより高い価値のものに置き換える防衛機制。失恋を短歌や小説にするのが，端的な例。 ① 合理的解決は要求水準の引き下げ

や回り道によって解決する。主流学説では「防衛機制」に分類しない。　② 抑圧は欲求や不安を無意識に抑え込む防衛機制。　③ 抑圧した欲求と反対の行動をとる防衛機制。　④ 衝動的な攻撃や破壊で緊張を解放しようとするのでこれも防衛機制に含まない。　⑥ もっともらしい理由をつけて正当化する防衛機制。合理的解決とことばは似ているが違うので区別をしっかりしておこう。　⑦ 空想などに逃げ込んで不安を解消する防衛機制。　⑧ 幼時化など発達段階を逆戻りする防衛機制。　(2)　① 予定説はキリスト教神学で，個々の人間が救われるか滅びるかはあらかじめ定められているとする説。プロテスタントのカルバンがその代表。　② トマス＝アクィナスの『神学大全』にみられる考え方。　③ イエス＝キリストが語った「愛」の思想。　④ 三位一体論。アウグスティヌスが説いた考え方。　⑤ これもアウグスティヌスの説。　(3)「たおやめぶり」を「まさらおぶり」，「からくにぶり」を「高き直き心」と改めれば，正しい意味となる。「たおやめぶり」とは漢字では「手弱女振り」と書き，主として古今集以後の勅撰集に広くみられる女性的な詠みぶりをさす。賀茂真淵は批判的であるが，本居宣長は評価している。「からくにぶり」とは，仏教や儒教の影響を受けた思想をいう。　(4)　A ボッティチェリはイタリアのルネサンス期の画家。代表作は「春(プリマヴェーラ)」「ヴィーナスの誕生」。　B マキァヴェリはイタリアのルネサンス期の外交官，政治思想家。『ローマ史論』，『君主論』などの著書がある。
C エラスムスはルネサンス期のオランダのヒューマニスト(人文主義者)。『愚神礼讃』が主著。「エラスムスが産んだ卵をルターがかえした」といわれる。しかし本人はルターの宗教改革も批判していた。

(5) ニーチェは，キリスト教を支配者に復讐を試みる奴隷の道徳であるとした。それは支配者に対するルサンチマンに基づくものであると考えた。「神は死んだ，今や超人が生きることを欲する」と語り，神なき時代，ニヒリズムを克服して奴隷道徳から人間を解き放つのは，生命力に満ちた主体的人間像としての「超人」であるとし，その生き方を理想と考えた。　(6)　① 地球サミットが開かれたのはリオデジャネイロ。またスローガンは「持続可能な開発」。　② 京都議定書では，先進国の温室効果ガス排出削減目標は規定されたが途上国につ

いては規定されていない。　④　国連人間環境会議が開かれたのはストックホルム。また，このときのスローガンは，「かけがえのない地球」である。

【7】(1)　③　　(2)　②，④　　(3)　①　　(4)　②　　(5)　④
(6)　③

○解説○　(1)　ピコ＝デラ＝ミランドラは，自由意志に人間の尊厳を求めた。　①　ペトラルカに関する記述。　②　ダンテに関する記述。　④　ボッカチオに関する記述。エラスムスは『愚神礼讃』で世情を批判し，ルターと自由意志をめぐって論争した人文主義者。　(2)　カルヴァンは職業召命説や予定説を唱えた。後にウェーバーは，神の栄光を示すために世俗の職業に勤勉に励み，蓄財を正当化するカルヴァン主義は，資本主義の精神的基盤になったとした。なお，ルターは万人司祭説を唱え，聖書のドイツ語訳を行った。　(3)　デカルトは方法的懐疑を唱え，「われ思う，ゆえにわれあり」を哲学の第一原理とした。②はバークリー，③はライプニッツ，④はヒュームに関する記述。デカルトとライプニッツは大陸合理論，バークリーとヒュームはイギリス経験論の哲学者である。　(4)　この三者は後にエンゲルスによって空想的社会主義者として批判された。　(5)　④　ハイデガーではなくヤスパースに関する記述。ヤスパースは，死・苦・闘い・罪などの限界状況において，人間は実存に目覚めるとした。ハイデガーは，人間は「死への存在」であることを自覚することで，没個性的なダス＝マンとして生きるのをやめるとした。　(6)　文化人類学者のレヴィ＝ストロースは，『野生の思考』を著し，西洋中心主義的な思考を批判した。　①　フーコーに関する記述。　②　ソシュールに関する記述。レヴィ＝ストロースの構造主義に影響を与えた。　④　デリダに関する記述。

【8】問1　4　　問2　3

○解説○　問1　資料は『山鹿語録』の一節の現代語訳。山鹿素行は士道を説き，平和な時代の武士は三民の道徳的模範たるべきとした。
1　山本常朝に関する記述。『葉隠』で武士道を論じた。　2　新渡戸

稲造に関する記述。『武士道』を英語で著し，武士道を世界に広めた。
3　林羅山に関する記述。江戸時代に，朱子学の官学化に努めた。
問2　和辻哲郎は，風土をモンスーン型，砂漠型，牧場型に分類した。
1　西田幾多郎に関する記述。鈴木大拙は仏教学者である。　2　柳田
国男に関する記述。折口信夫は「まれびと」を論じた。　4　ルー
ス・ベネディクトに関する記述。加藤周一は日本文化を雑種文化とし
た。

【9】(1)　4　　(2)　3　　(3)　4　　(4)　1　　(5)　3　　(6)　4
(7)　3　　(8)　3

○解説○ (1)　A　福祉・その他の額は年金や医療と比べると少ないもの
の，増加傾向にある。　B　高齢化の進展とともに，年金の額は増加
している。　C　かつては医療の占める割合が最も高かったが，現在
は年金に越されている。　(2)　環境ISOとは国際標準化機構(ISO)が策
定した環境マネジメントシステムの国際認証規格であるISO14001のこ
と。温室効果ガスの排出権取引のことではない。　(3)　ASEANには
10か国が加盟し，さらに東ティモールが加盟の見込みとなっている
(2023年6月現在)。　1　MERCOSURに関する記述。　2　ALADIに関
する記述。　3　EUは1993年にマーストリヒト条約が発効し，欧州共
同体(EC)が改組されて成立した地域経済統合。リスボン条約は2009年
発効のEU大統領の設置などに関する条約で，EECはECの前身である。
(4)　障害者の権利条約の批准にあたり，わが国では障害者差別解消法
の制定など，国内法の整備が行われた。　2　加入している。　3　ア
メリカや日本も加入している。　4　採択は1989年のことである。ま
た，アメリカは加入していない。　(5)　バルフォア宣言とは，1917年
にイギリスがユダヤ人に対し，パレスチナにユダヤ民族国家の建設を
認めることを約束した宣言のこと。1993年の暫定自治原則の宣言はオ
スロ合意という。なお，オスロ合意により，パレスチナ暫定自治政府
が発足した。　(6)　A　わが国は石油の中東依存度が高く，天然ガス
や石炭はオーストラリアが主な輸入先だが，ロシアからも輸入してい
る。　B　2022年のロシアによるウクライナ侵攻開始後，アメリカは
ロシアから石油と天然ガスの輸入を停止したが，元々あまり輸入して

いなかった。　C　ドイツは，ロシアから大量の化石燃料を輸入していた。　D　フランスは原発大国で，ドイツほどにはロシアにエネルギー資源を依存していなかった。　(7)　宗教団体も圧力団体であり，実際に政党の有力な支持母体となっている。　1　センセーショナリズムは扇情主義と訳される。　2　大衆民主主義の一方，大衆迎合的な政治姿勢もあり，こうした政治姿勢はポピュリズムと呼ばれている。　4　現代では政治への失望から関心を失う例もある。　(8)　わが国の男性フルタイム労働者の賃金を100とした場合の，女性フルタイム労働者の賃金は70台となっている。男女間賃金格差は縮小傾向にはあるものの，ドイツやイギリスだけでなく，OECD(経済協力開発機構)の平均をも上回っている。

【10】問い…・「道路と橋の建設は，島において，人以外のものには，どのような影響を及ぼすのだろうか」　・「道路と橋の建設は，島の将来の世代にはどのような影響を及ぼすのだろうか」　・「道路と橋の建設によって生じる影響は，人以外や島の将来の世代にとっては，よいことなのだろうか」　例…開発の発想自体が人間中心の行為で，開発は生態系の破壊をもたらし，一度失われた自然環境は元には戻らない。自然を守ることは人間にしかできない。また，開発行為は，結果として将来世代の生活のあり方を現在世代が決めるという性格をもっている。現在世代の都合だけでなく，将来世代に対する責任についてもっと重視すべきなので，これまで受け継がれてきた景観を将来世代にも引き継いでいくのは現在世代や地域全体の義務であることを十分に踏まえるべきである。

○解説○　問題にあるような，環境問題や生命倫理をめぐる問題は，なにを重視するかで大きく考え方が異なる。代表的なものが「行為の結果である個人や社会全体の幸福を重視する考え方」でこれを功利主義という。代表的な論者はイギリスのベンサムとミルである。それに対して，「行為の動機となる公正などの義務を重視する考え方」を義務論という。代表的な論者はドイツのカントである。カントは人間ならば，だれもが無条件に従うべき道徳法則が存在すると主張した。人間ならば，無条件に従うべき道徳法則を定言命法と呼び，自分の意志で定言

命法をたてそれに則って生きることが人間としての自由な生き方であると考え，行為の結果ではなく動機を重視した。問題文の「義務論を理解させるための問い」はこれらの考え方の違いを踏まえ以下のような視点が見いだされる。問題文の資料Ⅲを読むと，「功利主義」の立場は，自然環境の影響は問題ではあるが…という視点である。一方，資料Ⅱの後半を読むと，義務論の主張が見いだされる。そこから読み取れるのは，①自然環境の悪化，②生態系の喪失，③景観の喪失の3点である。その際，試験場では参考になるものは問題文であるので，その視点から「功利主義」で示されている【問い】を参考に「義務論」の【問い】を，同様に【例】を書く。道路と橋の建設は，動機が公正かどうかを考える。詳しく述べるなら，「道路と橋の建設は確かに人間にとっては利益が生まれるかもしれない。しかし開発によって自然環境が損なわれ，生態系が崩れてしまったらそれは人間として正しい行いといえるのだろうか。これは公正な行為ではない。開発によって自然環境を悪化させてはならないのは人間としての義務である」とするのが義務論の考え方である。

●書籍内容の訂正等について

　弊社では教員採用試験対策シリーズ（参考書，過去問，全国まるごと過去問題集），公務員試験対策シリーズ，公立幼稚園・保育士試験対策シリーズ，会社別就職試験対策シリーズについて，正誤表をホームページ（https://www.kyodo-s.jp）に掲載いたします。内容に訂正等，疑問点がございましたら，まずホームページをご確認ください。もし，正誤表に掲載されていない訂正等，疑問点がございましたら，下記項目をご記入の上，以下の送付先までお送りいただくようお願いいたします。

---

① **書籍名，都道府県（学校）名，年度**
　（例：教員採用試験過去問シリーズ　小学校教諭 過去問　2025年度版）
② **ページ数**（書籍に記載されているページ数をご記入ください。）
③ **訂正等，疑問点**（内容は具体的にご記入ください。）
　（例：問題文では"ア～オの中から選べ"とあるが，選択肢はエまでしかない）

〔ご注意〕

○ 電話での質問や相談等につきましては，受付けておりません。ご注意ください。

○ 正誤表の更新は適宜行います。

○ いただいた疑問点につきましては，当社編集制作部で検討の上，正誤表への反映を決定させていただきます（個別回答は，原則行いませんのであしからずご了承ください）。

●情報提供のお願い

　協同教育研究会では，これから教員採用試験を受験される方々に，より正確な問題を，より多くご提供できるよう情報の収集を行っております。つきましては，教員採用試験に関する次の項目の情報を，以下の送付先までお送りいただけますと幸いでございます。お送りいただきました方には謝礼を差し上げます。

（情報量があまりに少ない場合は，謝礼をご用意できかねる場合があります）。

◆あなたの受験された面接試験，論作文試験の実施方法や質問内容

◆教員採用試験の受験体験記

送付先	○電子メール：edit@kyodo-s.jp
	○FAX：03-3233-1233（協同出版株式会社　編集制作部 行）
	○郵送：〒101-0054　東京都千代田区神田錦町2-5
	協同出版株式会社　編集制作部 行
	○HP：https://kyodo-s.jp/provision（右記のQRコードからもアクセスできます）

　※謝礼をお送りする関係から，いずれの方法でお送りいただく際にも，「お名前」「ご住所」は，必ず明記いただきますよう，よろしくお願い申し上げます。

教員採用試験「全国版」過去問シリーズ⑤

全国まるごと過去問題集
社会科

編　集	ⓒ 協同教育研究会
発　行	令和6年1月25日
発行者	小貫　輝雄
発行所	協同出版株式会社
	〒101-0054　東京都千代田区神田錦町2‐5
	電話　03－3295－1341
	振替　東京00190－4－94061
印刷所	協同出版・POD工場

落丁・乱丁はお取り替えいたします。